# Der Kreditvertrag als Instrument zur Lösung von Anreizproblemen

# Physica-Schriften zur Betriebswirtschaft

Eva Terberger

# Der Kreditvertrag als Instrument zur Lösung von Anreizproblemen

## Fremdfinanzierung als Principal/Agent-Beziehung

Mit 20 Abbildungen

Physica-Verlag Heidelberg

Dr. Eva Terberger, Johann Wolfgang Goethe-Universität, Fachbereich Wirtschaftswissenschaften, Mertonstraße 17, D-6000 Frankfurt am Main, FRG

ISBN-13: 978-3-7908-0364-8 e-ISBN-13: 978-3-642-99750-1
DOI: 10.1007/978-3-642-99750-1

CIP-Kurztitelaufnahme der Deutschen Bibliothek

Terberger, Eva:
Der Kreditvertrag als Instrument zur Lösung von Anreizproblemen: Fremdfinanzierung als Principal/Agent-Beziehung / Eva Terberger. - Heidelberg: Physica-Verlag, 1987.
(Physica-Schriften zur Betriebswirtschaft; Bd. 18)

NE: GT



7120/7130-543210

**Vorwort**

Die vorliegende Arbeit wurde im Januar 1986 unter dem Titel "Der Kreditvertrag als Instrument zur Lösung von Anreizproblemen - Fremdfinanzierung als Principal/Agent-Beziehung" vom Fachbereich Wirtschaftswissenschaften der Johann Wolfgang Goethe-Universität in Frankfurt am Main als Dissertation angenommen.

Meine verehrte akademische Lehrerin, Frau Prof. Dr. Rosemarie Kolbeck, hat die Entstehung dieser Arbeit in vielerlei Hinsicht gefördert. Ich möchte mich nicht nur für ihre Anregungen und Kritik sowie für die idealen Arbeitsbedingungen bedanken, die sie mir während meiner Tätigkeit als wissenschaftlicher Mitarbeiterin an ihrer Professur einräumte. Besonders dankbar bin ich für ihr Verständnis und ihre stete Unterstützung, die weit über das hinausgingen, was ich von einem (einer) guten Vorgesetzten und Doktorvater erwartet hätte.

Herrn Prof. Dr. Helmut Laux danke ich für die Übernahme des Korreferates. Ich hoffe, daß er nach all den Mühen, die er während meiner Studienzeit in meine Ausbildung investiert hat, von dem Inhalt der vorliegenden Arbeit nicht enttäuscht war. Ich jedenfalls glaube, von ihm sehr viel gelernt zu haben.

Ebenfalls Dank schulde ich vielen meiner Frankfurter Kollegen. Felix Liermann fand die Zeit, Teile des Manuskripts zu diskutieren. Mein Kollege Günter Hofmann entlastete mich während der letzten Monate der Fertigstellung von allen Pflichten innerhalb des Seminars und sorgte durch seine Ermunterung dafür, daß wir auch in dieser Zeit gemeinsam lachen konnten.

Gela Leder und Sabina Thiele danke ich für ihre freundschaftliche Hilfe bei den letzten Tipp- und Zeichenarbeiten. Sie brachten es fertig, die Zusammenarbeit bis tief in die Nacht fast zu einem Vergnügen zu machen.

Besonders viel verdanke ich jedoch Jan P. Krahnen, Harry Schmidt und Gabriel Schor. Harry brachte mir vor Jahren die Grundzüge der Investitions- und Finanzierungstheorie und vor allem die Freude an der Ökonomie bei, so daß ich ihn wohl als meinen wichtigsten akademischen Lehrer bezeichnen muß. Jan und Harry ließen mich an ihrer eigenen Arbeit teilnehmen, so daß ich von ihnen lernen konnte, fanden immer Zeit für meine Probleme und waren mir in jeder Hinsicht gute Freunde. Gabriel wußte zuzuhören, Fragen so zu stellen, daß ich Klarheit in meine Gedanken bekam, und Unterstützung dann zu geben, wenn ich sie nötig brauchte.

Schließlich danke ich Kati, daß sie die Abwesenheit ihrer Mutter so oft entschuldigte, und Steve, der dafür sorgte, daß Kati mich kaum vermißte.

Den Herausgebern dieser Reihe und dem Physica-Verlag danke ich dafür, daß die Veröffentlichung in der vorliegenden Form zustande kommen konnte. Ebenso danke ich der Interessengemeinschaft Frankfurter Kreditinstitute für die großzügige finanzielle Förderung der Drucklegung.

Eva Terberger

## Gliederung

# A. Einleitung: Zur Fragestellung und Konzeption der Arbeit

## I. Problemstellung: Die optimale Gestaltung von Kreditverträgen - ein ungelöstes Problem der Betriebswirtschaftslehre

"Geldsache ist Vertrauenssache", so lautet der Werbeslogan einer deutschen Bank. Besonders gilt dies - wie der Wortlaut vermuten läßt - für die Kreditvergabe, denn "Kredit" ist auf das lateinische Wort "credere" (vertrauen, Vertrauen schenken, glauben)[1] zurückzuführen. Glauben und Vertrauen erscheinen notwendig, weil das charakteristische Merkmal des Kredites gerade darin liegt, daß der Kreditgeber eine Leistung in Form der Zurverfügungstellung von Kapital in der Gegenwart vollbringt und damit zum Gläubiger wird, während die Gegenleistung des Kreditnehmers als des Schuldners in einem Zahlungsversprechen besteht, d. h. in seiner Verpflichtung, das Kapital einschließlich der Verzinsung zu einem vereinbarten Zeitpunkt in der Zukunft zurückzuzahlen.[2]

Vertrauen in das Zahlungsversprechen des potentiellen Schuldners ist dann als wesentliche Voraussetzung für die Vergabe von Kredit überzeugend, wenn das Verhältnis zwischen Kreditnehmer und Gläubiger in starkem Maße von persönlichen Beziehungen geprägt ist. Dies mag auch heute noch typisch sein für eine Kreditvergabe, die informellen Charakter trägt, wie z. B. die Geldleihe im Familienkreis oder aber die Kreditaufnahme vom dörflichen Geldverleiher, die man in Entwicklungsländern noch häufig findet.[3] Auf offiziellen Märkten in hochentwickelten Volkswirtschaften dagegen tritt die persönliche Bindung als Grundlage

---

1. Vgl. MENGER, Hermann/MÜLLER, Heinrich (Hrsg.): Langenscheidts Taschenwörterbuch Latein - Deutsch, Berlin 1959, Stichwort: credere, S. 93.

2. Vgl. FALTER, Manuel/HERMANNS, Fritz: Die Praxis des Kreditgeschäfts bei Sparkassen und anderen Kreditinstituten, 10. Aufl., Stuttgart 1980, S. 29, vgl. weiterhin HAGENMÜLLER, Karl F.: Der Bankbetrieb, Bd. II, 4. Aufl., Wiesbaden 1978, S. 15, PRIEWASSER, Erich: Bankbetriebslehre, München 1982, S. 248.

3. Vgl. ADAMS, Dale W./GRAHAM, Douglas H.: A Critique of Traditional Agricultural Credit Projects and Policies, in: Journal of Development Economics, Vol. 8 (1981), S. 347 - 366.

für eine Tauschbeziehung in den Hintergrund; Marktpartner stehen sich weitgehend anonym gegenüber. Auf dem Kapitalmarkt ist das Zustandekommen von Finanzierungsbeziehungen ohne Finanzmittler[4] kaum mehr denkbar, die die Aufgabe der Weiterleitung anlagesuchenden Kapitals an Kunden wahrnehmen, die Kapital zum Zweck von Investition oder Konsum aufnehmen möchten. Daß auch auf hochentwickelten Kapitalmärkten Vertrauen eine dominierende Rolle bei der Entscheidung über die Einnahme einer Gläubigerposition spielt, ist zu bezweifeln. Vielmehr deutet vieles darauf hin, daß das Kreditvergabeverhalten - dem Werbeslogan "Wir schenken Ihnen Vertrauen"[5] zum Trotz - eher von dem Sprichwort "Vertrauen ist gut, Kontrolle ist besser"[6] geleitet wird.

Wie die Kreditvergabepraxis der Banken als der größten institutionellen Gläubiger belegt, ist der Kreditgeber bestrebt, sich durch Information und Prüfung des Kreditnehmers von dessen Vertrauenswürdigkeit zu überzeugen sowie durch zahlreiche Vertragsklauseln ein Wohlverhalten des Schuldners zu sichern.[7] Die Praxis scheint die Lösung für das Problem, daß in einer hochentwickelten Volkswirtschaft ein auf persönliche Beziehungen gegründetes Vertrauen in das Zahlungsversprechen eines Schuldners in der Regel fehlt, gefunden zu haben: Vertrauen wird durch Information, Kontrolle und Sicherung erst ermöglicht bzw. ersetzt.

Vor jeder Fremdfinanzierung stellt sich jedoch sowohl für den Gläubiger als auch für den Schuldner die Frage, welche Form des "Vertrauensersatzes" gewählt werden sollte. Die Gestaltungsmöglichkeiten für Kreditverträge sind vielfältig, und es ist nicht davon auszugehen, daß

---

4. Vgl. GÖPPL, Hermann: Banken und Versicherungen als Finanzmittler, in: GÖPPL, H./HENN, R. (Hrsg.): Geld, Banken und Versicherungen, Königstein 1981, S. 635 - 671, und PYLE, David: On the Theory of Financial Intermediation, in: Journal of Finance, Vol. 26 (1971), S. 737 - 747.

5. Sinngemäße Wiedergabe eines Werbeslogans der Wiesbadener Volksbank von 1985.

6. Dieses Sprichwort, auch bekannt in der Fassung "Vertrauen ist gut, Vorsicht ist besser", ist die deutsche Version eines russischen Sprichwortes, das von Wladimir Illitsch LENIN häufig verwendet wurde.

7. Vgl. FALTER/HERMANNS (1980), HIEBLER, Franz: Die Praxis der Kreditgewährung, 4. Aufl., Wiesbaden 1979 und JÄHRIG, Alfred/SCHUCK, Hans: Handbuch des Kreditgeschäfts, 3. Aufl., Wiesbaden 1978, und SCHOLZ, Hellmut/LWOWSKI, Hans-Jürgen: Das Recht der Kreditsicherung, 5. Aufl., Berlin 1980.

sich für jedes Finanzierungsproblem eine spezielle Vertragskonstruktion als so gut erweist wie eine beliebige andere. Einerseits kann die Zweckmäßigkeit bestimmter Informations-, Kontroll und Sicherungsmaßnahmen von der Art der Kreditvergabe abhängig sein, z.B. vom Verwendungszweck des Kredites, seiner Höhe, der Zugehörigkeit des Kreditkunden zu einer bestimmten Kundengruppe etc., andererseits sind Information, Kontrolle und Sicherung nicht kostenlos. In Bezug auf diesen Punkt ist also dem oben zitierten Sprichwort zu widersprechen, denn ein Vertrag, der auf Treu und Glauben abgeschlossen werden kann, ist einem Vertrag, der dieses Vertrauen durch zusätzliche Vertragsvereinbarungen ersetzen muß, unter dem Gesichtspunkt der Vertragsabschluß- und Überwachungskosten eindeutig überlegen.

Doch auch die Frage nach der Angemessenheit von Vertragskonstruktionen für bestimmte Typen von Kreditvergabeentscheidungssituationen scheint ebenfalls durch einen Blick in die Praxis beantwortbar zu sein. So ist zu beobachten, daß im Massengeschäft der Vergabe von Konsumenten- und Kontokorrentkrediten eine weitgehende Standardisierung von Kreditverträgen erfolgt, z. B. durch die Begrenzung des Spielraumes von Überziehungskrediten auf das Vielfache eines Nettomonatsgehalts. So werden die Vertragsabschlußkosten niedrig gehalten, als Sicherung erscheint das Pfandrecht auf die eingehenden Zahlungen ausreichend, und eine Überwachung des Kredites erfolgt im Rahmen der ohnehin vorzunehmenden Überprüfung des laufenden Kontos. Im Geschäft mit vermögender Privatkundschaft und Firmenkunden dagegen sind Vertragskonstruktionen üblich, die stärker auf die individuellen Verhältnisse des einzelnen Kreditnachfragers zugeschnitten sind. Die höheren Kreditsummen rechtfertigen die höheren Bearbeitungskosten, und eine Abstimmung der Sicherung auf das zu finanzierende Objekt wird als erforderlich und lohnend erachtet. Im Geldmarktgeschäft schließlich herrschen wegen des Erfordernisses schneller, oft telefonischer Abwicklung zwar standardisierte Konditionen vor, eine Besicherung ist trotz der hohen Summen unüblich. Für die Qualität des Zahlungsversprechens bürgt der Name des Vertragspartners, denn nur sogenannte erste Adressen werden als Marktteilnehmer akzeptiert.[8]

Für solche Kreditgeber, deren Verhandlungsposition zu schwach ist, um die Kontrolle des Kreditnehmers selbst vorzunehmen, wie z. B. die Po-

---

8. Vgl. RUDOLPH, Bernd: Kreditsicherheiten als Instrumente zur Umverteilung und Begrenzung von Kreditrisiken, in: Zeitschrift für betriebswirtschaftliche Forschung, 36. Jg. (1984), S. 16 - 43, hier S. 37/38.

sition der Einleger bei Banken, wird von seiten des Gesetzgebers ein Schutzbedürfnis gesehen.[9] Für die genannte Gruppe wird diesem Bedürfnis durch gesetzliche Regelungen[10] sowie durch die Einrichtung des Bundesaufsichtsamtes für das Kreditwesen Rechnung getragen, das die Einhaltung der gesetzlichen Regelungen überwacht und so - unter anderem - den Einleger als Kontrollinstanz vertritt.[11] Die Kreditvergabe ohne vertragliche Kontroll- und Sicherungsvereinbarungen wird durch die Schaffung von gesetzlichen Rahmenbedingungen ermöglicht, die Vertrauen in die kreditnehmende Institution erzeugen.[12]

Angesichts dieser augenscheinlichen Funktionstüchtigkeit des Kreditmarktes in der Praxis ist zunächst wenig offensichtlich, inwiefern noch ein Interesse an einer eher theoretisch orientierten Behandlung der Frage nach der Vorteilhaftigkeit alternativer Konstruktionen von Fremdfinanzierungsverträgen besteht, die im Mittelpunkt der vorliegenden Arbeit stehen soll. Doch

- erstens ist die Beobachtung, daß in der Praxis in bestimmten Kreditvergabeentscheidungssituationen auf bestimmte Regelungstypen zurückgegriffen wird, noch kein Beweis, sondern lediglich ein Indiz dafür, daß damit auch eine gute bzw. die bestmögliche Regelung für das Verhältnis zwischen den Vertragspartnern getroffen wird, und

- zweitens werden auch in der Praxis Stimmen laut, die die Kreditvergabepolitik der Banken in Frage stellen, so daß keineswegs Einigkeit über die Zweckmäßigkeit der Finanzierungpraxis konstatiert werden kann.

So ist im Bereich der Baufinanzierung[13] von einer Unterversorgung der Wirtschaft mit Fremdkapital - nicht zuletzt aufgrund zu hoher Sicher-

---

9. Vgl. etwa STÜTZEL, Wolfgang: Bankpolitik heute und morgen, 2. Aufl., Frankfurt 1964, S. 31.

10. Vgl. vor allem das KWG aber auch Spezialgesetze für einzelne Institutsgruppen.

11. Vgl. § 6 Abs. 2 KWG.

12. Vgl. MÜLLER, Werner A.: Bankenaufsicht und Gläubigerschutz, Baden-Baden 1981.

13. Vgl. HOOVEN, Eckart van: Verbesserung der Eigenheimfinanzierung - eine vordringliche Gemeinschaftsaufgabe, in: Der langfristige Kredit, 29. Jg. (1978), S. 632 - 635, RÜCHARDT, Konrad: Preis und Wert im Zentrum des Realkredits - Erfahrungen, Beobachtungen, An-

heitsanforderungen der Banken - die Rede. In anderen Bereichen wiederum wird den Banken eine zu riskante Kreditpolitik - gelegentlich sogar aus eigenen Reihen - angekreidet, wie nicht zuletzt die Diskussion um die Länderrisiken zeigt.[14] In dem Ruf nach einer Erhöhung der Eigenkapitalquoten durch Schaffung neuer Risikokapitalformen, z. B. Venture Capital[15], wird ebenfalls der Wunsch nach einer Verminderung der Riskanz der Gläubigerpositionen deutlich. Aber auch die gesetzlichen Regelungen, die direkt oder indirekt Einfluß auf die Gestaltung von Kreditverträgen nehmen, sind in der Diskussion; als naheliegendes Beispiel sei das Insolvenzrecht genannt. Ein Grund für die Funktionsschwäche des Insolvenzrechts wird in der Aushöhlung der Konkursmassen durch bevorrechtigte Forderungen institutioneller Kreditgeber gesehen,[16] die ihrerseits wiederum die Sicherung durch Aus- und vor allem Absonderungsrechte für unverzichtbar halten.[17] Ein Ende der Auseinandersetzungen um das Für und Wider von Vertragsklauseln ist bisher nicht abzusehen.[18]

---

regungen, in: Der langfristige Kredit, 34. Jg. (1983), S. 706 - 713 sowie ZINK, Achim: Personal- und Realkredit im Wandel des Marktes, in: Der langfristige Kredit, 32. Jg. (1981), S. 100 - 104.

14. Vgl. MERTIN, Klaus: Bewertung von Auslandsrisiken, in: Zeitschrift für das gesamte Kreditwesen, 31. Jg. (1978), S. 100 - 104.

15. Vgl. FRITSCH, Ulrich: Die Eigenkapitallücke in der Bundesrepublik, Köln 1981, und CLAUSSEN, Carsten P.: Die Rolle des Kapitalmarktes und der Börsen bei der Technologiefinanzierung, in: HEILMAYR, E. (Hrsg.), Workshop '83 - Venture Capital für junge Technologieunternehmen, Haar bei München 1983, S. 35 - 50, hier S. 36 und 42.

16. Vgl. aus juristischer Sicht DROBNIG, Ulrich: Empfehlen sich gesetzliche Maßnahmen zur Reform der Mobiliarsicherheiten? Gutachten F zum 51. Deutschen Juristentag, in: Ständige Deputation des Deutschen Juristentages (Hrsg.): Verhandlungen des 51. Deutschen Juristentages Stuttgart 1975, Bd. I, München 1976, S. F 1 - F 90, vgl. aus ökonomischer Sicht DRUKARCZYK, Jochen: Kreditverträge, Mobiliarsicherheiten und Vorschläge zu ihrer Reform im Insolvenzrecht, in: Zeitschrift für Betriebswirtschaft, 53. Jg. (1983), S. 328 - 349, SCHMIDT, Reinhard H.: Ökonomische Analyse des Insolvenzrechts, Wiesbaden 1980, S. 91 - 100.

17. Vgl. zu dieser Charakterisierung der Praktikermeinung auch STAHLSCHMIDT, Dirk: Schutzbestimmungen in Kreditverträgen, Wiesbaden 1982, S. 40/41.

18. Zur neueren Literatur, die eine ökonomische Analyse der Kreditsicherheiten anstrebt, vgl. etwa ADAMS, Michael: Ökonomische Analyse der Sicherungsrechte, Königstein 1980, RUDOLPH, Bernd: Können die Banken ihre Kreditsicherheiten "vergessen"?, in: Kredit und Kapital, 15. Jg. (1982), S. 317 - 339, RUDOLPH (1984), RUDOLPH, Bernd: Zur Funktionsanalyse von Kreditsicherheiten, in: Die Bank 1985, S. 503 - 507, STAHLSCHMIDT (1982), und SWOBODA, Peter: The Relevance of Securing Debts, Manuskript, Graz 1982.

Vieles deutet darauf hin, daß die Kreditvergabepraxis mit den wirtschaftlichen Gegebenheiten gewachsen ist - man denke an die Ausweitung des Sicherungsrechtes für Mobiliarsicherheiten. Die Rechtfertigung der Kreditvergabepolitik wird oft aus einer stark interessengebundenen Argumentation und aus Erfahrungswerten bezogen, die in ihrer Tragfähigkeit als vornehmliche Grundlage für die Festlegung zukünftiger Kreditpolitik aufgrund des sich gerade heute in stetigem Wandel befindlichen wirtschaftlichen Umfeldes zu bezweifeln sind.[19]

Auf der Suche nach einer "ökonomischen" Rechtfertigung für die Beibehaltung oder Umgestaltung des Bildes, das die Kreditvergabe in der Realität bietet, tappt man noch weitgehend im Dunkeln. Dies kann jedoch kaum der Praxis vorgeworfen werden, denn in einem "ökonomischen" Argumentationsrahmen ist gerade der Beitrag zu sehen, den die <u>Theorie</u> zu den angesprochenen Diskussionen zu leisten hat. Die Aufgabe der Betriebswirtschaftslehre ist es, zu klären, worin die Bedeutung der einzelnen Elemente eines Fremdfinanzierungsvertrages für die Entscheidungskalküle der Beteiligten liegt. Sie sollte Methoden entwickeln, die die Beurteilung alternativer Vertragskonstruktionen im Hinblick auf ihre Vorteilhaftigkeit erlauben.

Insofern beginnt die vorliegende Arbeit mit einer <u>Bestandsaufnahme</u>, was die Betriebswirtschaftslehre in dieser Hinsicht zu bieten hat. Obwohl sich gleich zwei Teilgebiete der Betriebswirtschaftslehre mit dem Thema der Fremdfinanzierung auseinandersetzen, die Lehre von den Finanzen und die Bankbetriebslehre, läßt die Durchforstung der Literatur kaum Ansätze zu einer adäquaten Erfassung der Fremdfinanzierungsproblematik erkennen. Die Literatur geht vielfach nur wenig über die Beschreibung der Kreditvergabepraxis hinaus. Wird wirklich einmal eine eher modelltheoretische Behandlung der Kreditfinanzierung versucht, zeichnen sich die Modelle durch Inkonsistenzen und ad hoc Annahmen aus bzw. führen insofern in eine Sackkasse, als die Konstruktion realer Kreditverträge nicht erklärt werden kann und/oder eine entsprechende Weiterentwicklung der Ansätze fehlt. Dies gilt besonders bezüglich der Erfassung solcher Vereinbarungen zwischen Gläubigern und Schuldnern, die sich nicht auf zu leistende Zahlungen, sondern auf sonstige im Vertrag verbriefte Pflichten und Rechte beziehen. Die Betriebswirt-

---

19. Das beste Beispiel hierfür liefert die "Neuentdeckung" des Zinsänderungsrisikos. Vgl. hierzu z. B. SCHOLZ, Walter: Zinsänderungsrisiken im Jahresabschluß der Kreditinstitute, in: Kredit und Kapital, 12. Jg. (1979), S. 517 - 544, hier S. 517/518.

schaftslehre weist Lücken auf.

Erst in jüngster Zeit zeichnen sich Entwicklungen in der Theorie ab, die Hoffnung auf eine Schließung dieser Lücken erwecken.

Ausgelöst wurde diese Entwicklung durch die Übertragung von Ergebnissen der Informationsökonomie[20] - einer aus der Kritik der allgemeinen Gleichgewichtstheorie[21] entstandenen Richtung der neueren Mikroökonomie[22] - auf Finanzierungsfragen. Die Informationsökonomik hebt eine der zentralen Annahmen der allgemeinen Gleichgewichtstheorie auf, die Annahme der zwischen den Marktteilnehmern symmetrisch verteilten Information, und ersetzt sie durch die einer asymmetrischen Informationsverteilung. Die Annahme asymmetrisch verteilter Information rückt Funktionsschwächen von Märkten in den Mittelpunkt des Interesses, die aus der Rückwirkung von Vertragskonditionen auf das Verhalten der Marktteilnehmer entstehen: sogenannte adverse selection- und moral hazard-Probleme. Moral hazard[23] entsteht aus dem Anreiz einer jeden Vertragspartei, im Eigeninteresse zu handeln und dabei unter Umständen gegen die Interessen der anderen Vertragspartei zu verstoßen. Adverse selection[24] bezeichnet eine Verdrängung vorteilhafter Geschäfte vom

---

20. Den ersten Überblick über informationsökonomische Fragestellungen in deutscher Sprache gibt SCHMIDT, Reinhard H.: Die Rolle von Informationen und Institutionen auf Finanzmärkten, Habilitationsschrift, Frankfurt/M. 1979, S. 127 - 220. In der amerikanischen Literatur vgl. den Überblicksartikel von HIRSHLEIFER, Jack/RILEY, John G.: The Analytics of Uncertainty and Information - An Expository Survey, in: Journal of Economic Literature, Vol. 17 (1979), S. 1375 - 1421.

21. Als Standardmodell der Allgemeinen Gleichgewichtstheorie gilt die ARROW/DEBREU-Welt, vgl. ARROW, Kenneth J.: The Role of Securities in the Optimal Allocation of Risk Bearing, Review of Economic Studies, Vol. 31 (1963/64), S. 91 - 96, und DEBREU, Gérard: The Theory of Value, New York 1959, S. 98 - 102.

22. Zur Kritik der Informationsannahmen der ARROW/DEBREU-Welt vgl. RADNER, Roy: Competitive Equilibrium under Uncertainty, in: Econometrica, Vol. 36 (1968), S. 31 - 58, ders.: New Ideas in Pure Theory - Problems in the Theory of Markets under Uncertainty, in: American Economic Review, Vol. 60 (1970), papers and proceedings, S. 454 - 460.

23. Vgl. ARROW, Kenneth J.: Uncertainty and the Welfare Economics of Medical Care, in: American Economic Review, Vol. 53 (1963), S. 941 - 973, und PAULY, Marc V.: The Economics of Moral Hazard, in: American Economic Review, Vol. 58 (1968), S. 531 - 537.

24. Vgl. AKERLOF, George A.: The Market for "Lemons": Quality Uncertainty and the Market Mechanism, in: Quarterly Journal of Economics, Vol. 84 (1970), S. 488 - 500.

Markt, die auf eine Durchschnittspreisbildung für Güter heterogener Qualität aufgrund von asymmetrischer Informationsverteilung zurückzuführen ist.

Bezüglich der Fremdfinanzierungsproblematik haben moral hazard und adverse selection nicht nur zum ersten Mal eine überzeugende modelltheoretische Erklärung für solche Vereinbarungen in Kreditverträgen erlaubt, die über zu leistende Zahlungen hinausgehen.[25] Sie bieten gleichzeitig eine mögliche Erklärung dafür an, daß eine sinnvolle Erfassung der Grundprobleme der Fremdfinanzierung in der Betriebswirtschaftslehre bis dahin nicht möglich war: Die Interaktion zwischen den Vertragsparteien wurde vernachlässigt.

Jedoch hat die Welle der Veröffentlichungen zu Problemen asymmetrischer Informationsverteilung nicht nur die Finanzierungsliteratur, sondern auch ganz andere Bereiche der Betriebswirtschaftslehre, so z. B. die Bilanzierung und die Kostenrechnung[26], erfaßt. Es drängt sich insofern die Frage auf, ob es sich hier nicht eher um einen "Modetrend" als um eine konsequente Weiterentwicklung der Literatur zur Fremdfinanzierung handelt.

Auf diese Frage versucht der zweite Teil der vorliegenden Arbeit anhand einer Analyse ausgewählter Modelle zur Erklärung von Kreditrationierung[27] eine Antwort zu geben. Hier soll gezeigt werden, daß - schon

---

25. Vgl. DRUKARCZYK, Jochen: Verschuldung, Konkursrisiko, Kreditverträge und Marktwert von Aktiengesellschaften, in: Kredit und Kapital, 14. Jg.(1981), S. 287 - 319, RUDOLPH (1984), SMITH, Clifford W./WARNER, Jerold B.: On Financial Contracting: An Analysis of Bond Covenants, in: Journal of Financial Economics, Vol. 7 (1979), S. 117 - 161, und SWOBODA (1982).

26. Vgl. zur Kostenrechnung z. B. DEMSKI, Joel S./FELTHAM, Gerald A.: Cost Determination, A Conceptual Approach, Ames, Iowa 1976, DEMSKI, Joel S./FELTHAM, Gerald A.: Economic Incentives in Budgetary Control Systems, in: Accountig Review, Vol. 53 (1978), S. 336 - 359, zur Bilanzierung z. B. GONEDES, Nicholas J./DOPUCH, Nicholas: Capital Market Equilibrium, Information Production, and Selecting Accounting Techniques: Theoretical Framework and Review of Empirical Work, in: Studies on Financial Accounting Objectives, Ergänzungsheft zum Journal of Accounting Research, 1974, S. 48 - 169, RONEN, Joshua: The Dual Role of Accounting: A Financial Perspective, in: BICKSLER, J. E. (Hrsg.): Handbook of Financial Economics, Amsterdam 1979, S. 415 - 454, in der deutschen Literatur z. B. HARTLE, Joachim: Möglichkeiten zur Entobjektivierung der Bilanz - eine ökonomische Analyse, Diss., Frankfurt 1984.

27. Einen Überblick über die Kreditrationierungsliteratur gibt BALTENSPERGER, Ernst: Credit Rationing, Issues and Questions, in: Journal of Money, Credit, and Banking, Vol. 10 (1978), S. 170 - 183.

vor der expliziten Einführung informationsökonomischer Argumentationsmuster - Phänomene, die aus Interessenkonflikten zwischen Schuldnern und Gläubigern resultieren, zur Erklärung von Kreditrationierung herangezogen werden. Es wird nachgewiesen, daß die Literatur zur Kreditrationierung, die weder eindeutig der Finanzierungs- noch der Bankliteratur zuzuordnen ist und deren Fragestellung weder eindeutig betriebswirtschaftlich noch eindeutig volkswirtschaftlich geprägt ist, vielleicht gerade deswegen ein Bindeglied zwischen der älteren bankbetrieblichen und finanzwirtschaftlichen Literatur und der informationsökonomischen Literatur darstellt. Insofern stellt die explizite Einführung von moral hazard und adverse selection mehr als einen "Modetrend" dar, sie kann als folgerichtige Fortführung der Literatur zum Gläubiger- und Schuldnerverhalten gewertet werden.

Der dritte Teil der Arbeit schließlich folgt der durch die neuere Entwicklung der Theorie aufgezeigten Richtung, indem ein einfaches Modell einer Gläubiger/Schuldner-Beziehung, ein sogenanntes Principal/Agent-Modell[28], zugrunde gelegt wird. Das zentrale Merkmal von Principal/Agent-Modellen liegt darin, daß ihre Konstruktion es ermöglicht, Interessenkonflikte zwischen Vertragsparteien durch Anreiznebenbedingungen zu erfassen. Mit ihrer Hilfe gelingt es, Handlungen des Schuldners im Eigeninteresse zu berücksichtigen und so einerseits erste Aussagen zu der Auswirkung alternativer Vertragskonstruktionen in Fremdfinanzierungsbeziehungen abzuleiten, andererseits aber auch einen Einblick in die Probleme zu gewinnen, die mit einer Bewertung von Kreditverträgen verbunden sind.

## II. Vorgehensweise

Eines der wichtigen Ziele ökonomischer Überlegungen ist es, Hilfestellung für die Lösung wirtschaftlicher Entscheidungsprobleme zu geben. Die Zielsetzung der vorliegenden Arbeit liegt darin, einen Beitrag zur Lösung des Problems der Gestaltung von Fremdfinanzierungsverträgen zu leisten.

---

28. Vgl. ROSS, Stephen A.: The Economic Theory of Agency: The Principal's Problem, in: American Economic Review, Vol. 63 (1973), S. 134 - 139.

Der erste Teil der Arbeit übernimmt die Aufgabe einer erweiterten Problemstellung. Er soll zeigen, daß die Gestaltung von Fremdfinanzierungsverträgen ein bis heute noch weitgehend ungelöstes Problem der Betriebswirtschaftslehre darstellt. Zumindest bis in jüngste Zeit, so gilt es zu belegen, hat ein Modellrahmen gefehlt, der eine überzeugende Erfassung der Probleme erlaubt, die es bei der Gestaltung eines Fremdfinanzierungsvertrages zu lösen gilt.

Wie aber läßt sich beurteilen, ob die vorhandenen Modelle zur Kreditfinanzierung "brauchbar" sind oder nicht?

Modelle müssen die Realität vereinfacht abbilden, will man nicht angesichts der Komplexität der Realität an der Aufgabe scheitern, zu Aussagen über das betrachtete Problem zu gelangen. Und eine vereinfachende Darstellung ist immer mit der Gefahr verbunden, gerade von solchen Aspekten der Realität zu abstrahieren, die für die Erfassung des Phänomens, das man mit Hilfe des Modells beschreiben möchte, wesentlich sind.

An dieser mit jeder Modellbildung verbundenen Problematik wird zugleich die Schwierigkeit einer Beurteilung von Modellen deutlich - und damit auch die Schwierigkeit einer Stützung der Behauptung, daß eine fehlende modellmäßige Erfassung einen Hemmschuh für die Lösung von Fremdfinanzierungsproblemen bildete. Um Aussagen darüber machen zu können, wann ein Modell eine für die zugrunde liegende Problemstellung hinreichend genaue Abbildung der Realität liefert, müßten bereits Erkenntnisse darüber vorliegen, welche Elemente es enthalten muß. Gerade diese fehlen jedoch.

Als Ausweg aus diesem Dilemma soll hier ein Hilfskriterium zur Beurteilung herangezogen werden. Ein Modell soll dann als die Fremdfinanzierungsproblematik angemessen erfassend bezeichnet werden, wenn reale Fremdkapitalnehmer und -geber ihre (Entscheidungs-)Probleme in dem Modell wiederfinden. Da eine diesbezügliche Befragung kaum möglich ist, soll die Finanzierungsliteratur als eher stellvertretend für die Unternehmens-, d. h. Kapitalnehmerseite, die Bankliteratur als die Seite des Fremdkapitalgebers repräsentierend angesehen werden.[29]

---

29. Zu dieser Charakterisierung von Modellen mit den drei wesentlichen Eigenschaften: Abbildungsmerkmal, Verkürzungsmerkmal und pragmatisches Merkmal, vgl. STACHOWIAK, Herbert: Allgemeine Modelltheorie, Wien - New York 1973, S. 131 - 133, besonders S. 132/133.

Eine rückblickende Betrachtung und Gegenüberstellung, wie in beiden Literaturrichtungen Fremdfinanzierungsprobleme beschrieben werden, wie sich diese Beschreibungen in Modellen niederschlagen und wie diese weiterentwickelt und weiterverfolgt werden, soll Anhaltspunkte für die Beantwortung der Frage liefern, ob die oben aufgestellte Behauptung, daß ein adäquates Modell fehlt, ihre Berechtigung hat. Das erste Kapitel dient also einerseits einer Prüfung dessen, was "verwertbar" ist, andererseits soll gerade die Gegenüberstellung der Sichtweisen von Kapitalnehmer und Kapitalgeber erste Rückschlüsse darüber zulassen, welche Probleme als die wesentlichen Probleme einer Fremdfinanzierungsbeziehung charakterisiert werden, und insofern in einem Modell zur Beurteilung von alternativen Vertragsgestaltungen nicht fehlen dürfen.

Die rückblickende Betrachtung der Literatur zur Fremdfinanzierung verdeutlicht, daß Diskrepanzen in der Wahrnehmung des Fremdfinanzierungsproblems aus Kapitalnehmer- und Kapitalgebersicht auftreten und bezüglich der Verwertbarkeit der vorhandenen Modelle konstatiert werden muß: Sowohl die Literatur zur Finanzierung der Unternehmung als auch die Bankbetriebslehre ist bis in neueste Zeit an einer überzeugenden modellmäßigen Abbildung der Fremdfinanzierungsproblematik gescheitert.

Anlaß, diese Einschätzung zu überdenken, gibt jedoch die Belebung der theoretisch orientierten Diskussion der Fremdfinanzierung, die in den letzten Jahren durch die Einführung informationsökonomischer Fragestellungen eingetreten ist. Ist eine Fremdfinanzierungsbeziehung durch eine asymmetrische Informationsverteilung und/ oder moral hazard gekennzeichnet, so fehlen die Voraussetzungen, um alle Entscheidungen, die die Vorteilhaftigkeit einer Finanzierungsbeziehung beeinflussen, kooperativ, d. h. in gemeinsamem Interesse von Kreditnehmer und Kreditgeber zu treffen. Die Berücksichtigung der Tatsache, daß Handlungsspielräume im Eigeninteresse einer jeweiligen Vertragspartei genutzt werden, führt spieltheoretische Elemente als Charakteristikum einer Fremdfinanzierungsbeziehung ein, die in modellmäßigen Abbildungen bis dahin fehlten. Modelle, die neben den Auswirkungen eines Kreditvertrages auf die Teilung von Einkommensströmen auch seine Anreizwirkung auf das Verhalten beider Vertragsparteien erfassen können, sind sogenannte Principal/Agent-Modelle. Eine Aufhebung des Mangels einer fehlenden modelltheoretischen Abbildbarkeit der Fremdfinanzierungsprobleme, die implizit den Beschreibungen der Praxis der Kreditfinanzierung zu entnehmen sind, scheint sich abzuzeichnen.

Die im ersten Teil vorgenommene rückschauende Betrachtung kann die Entwicklungstendenzen der Fremdfinanzierungsliteratur schon allein aus Gründen des Umfangs nur sehr grob skizzieren, und die vorgenommene Einschätzung, daß Teilungs- und Anreizprobleme die wesentlichen Merkmale eine Fremdfinanzierungsbeziehung darstellen, ist naturgemäß stark geprägt von der Entwicklung, die die Literatur in jüngster Zeit genommen hat - eine Entwicklung, die - wie bereits in der Problemstellung angedeutet - nicht nur die Literatur zur Finanzierung, sondern die Betriebswirtschaftlehre im Allgemeinen erfaßt hat. Deshalb wird im zweiten Teil der vorliegenden Arbeit die Suche nach den Grundproblemen der Fremdfinanzierung und nach einem Modell, das es erlaubt, diese Probleme zu erfassen, fortgesetzt, um die im ersten Teil vorgenommene Einschätzung relativieren oder auch erhärten zu können. Untersucht wird die Literatur zur Kreditrationierung, die sich - zumindest in ihrer neueren Entwicklung - weder eindeutig der Bankliteratur, noch eindeutig der Finanzierungsliteratur zuordnen läßt, gerade weil der Begriff der Rationierung eine gemeinsame Betrachtung von Kreditangebot und Kreditnachfrage einschließt.

Die Tatsache, daß Kreditnachfrage- und Kreditangebotsverhalten gemeinsam betrachtet werden, stellt den Grund dafür dar, gerade diesen Literaturzweig einer genaueren Analyse zu unterziehen. Stellen die Interaktion von Kreditnehmer und Kreditgeber sowie die Anreize, die ein Fremdfinanzierungsvertrag auf das Verhalten des Kreditnehmers ausübt, wirklich zentrale Probleme einer Fremdfinanzierungsbeziehung dar, so ist zu vermuten, daß Ansätze zur Erfassung solcher Anreizprobleme bereits in Modellen zur Erklärung von Kreditrationierung zu finden sind.

Diese Vermutung wird im zweiten Hauptteil der vorliegenden Arbeit bestätigt, denn dort wird gezeigt, daß in der Kreditrationierungsliteratur auch ohne die explizite Einführung der informationsökonomischen Argumentation eine Erklärung für Kreditrationierung in der Anreizwirkung von Kreditverträgen gesucht wird. Zumindest für die Kreditrationierungsliteratur läßt sich deshalb nicht behaupten, daß erst die Entwicklung der Informationsökonomik den Anstoß zu einer modellmäßigen Erfassung von Rückwirkungen einer Kreditfinanzierung auf das Verhalten der Vertragsparteien gab. Die explizite Modellierung von moral hazard und adverse selection kennzeichnet jedoch auch die jüngsten Veröffentlichungen zur Kreditrationierung, die nach dem heutigen Stand der Diskussion als eine "gute" Erklärung für Kreditrationierung liefernd angesehen werden. Die Entwicklung der Kreditrationierungsliteratur zeigt demnach in dieselbe Richtung, die im ersten Teil für die Behandlung der Fremdfinanzierungsproblematik in Bank- und Finanzierungsliteratur als notwendig angedeutet wird.

Man kann das Ergebnis sogar schärfer formulieren: Die neueren Modelle, die der Kreditrationierungsliteratur zugeordnet werden, stellen im Grunde keine Erklärungsansätze für Kreditrationierung, sondern vielmehr Modelle dar, die die Anreizwirkung von Kreditverträgen im Rahmen eines Principal/Agent-Ansatzes untersuchen und den Kreditvertrag ableiten, der unter Berücksichtigung der Anreizwirkung das Gleichgewicht in der betrachteten Kreditnehmer/Kreditgeber-Beziehung kennzeichnet.

Die Analyse der Kreditrationierungsliteratur bestätigt damit das im dritten Hauptteil der vorliegenden Arbeit verwendete Modell, ein Principal/Agent-Modell, und rechtfertigt gleichzeitig die hier verfolgte Fragestellung. Weist der Kreditmarkt aufgrund von Anreizproblemen Ineffizienzen auf, die sich z. B. in Rationierung äußern, so ist zu fragen, ob sich solche Ineffizienzen durch eine alternative Gestaltung von Fremdfinanzierungsverträgen beheben lassen. Insofern wird in diesem dritten Teil - den Kreditrationierungsmodellen vergleichbar - zunächst untersucht, welche Anreizprobleme sich im Rahmen einer Fremdfinanzierungsbeziehung ergeben und wie sie sich auf den zu schließenden Kreditvertrag auswirken, wenn dieser nur die Vereinbarung der Kredithöhe und der geforderten Verzinsung zuläßt. Bereits hier wird deutlich, daß selbst ein Blankokreditvertrag mehr ist als ein Instrument, das den Anteil des Kreditgebers an der zukünftigen Einkommensposition des Kreditnehmers festlegt, denn der Kreditbetrag kann zur Steuerung des Schuldnerverhaltens eingesetzt werden. Anreizprobleme beseitigen kann ein Blankokreditvertrag allerdings in der Regel nicht. Wie im Vergleich zum optimalen steuernden Blankokreditvertrag die Einführung zusätzlicher Vertragsvereinbarungen, insbesondere Negativklauseln und Sicherheiten, die Entscheidungskalküle von Gläubigern und Schuldnern beeinflußt, läßt erste Aussagen darüber zu, unter welchen Bedingungen zusätzliche Vertragsvereinbarungen eine Milderung von Anreizproblemen zulassen, so daß zusätzliche Vorteile einer Kooperation zwischen Gläubiger und Schuldner realisierbar werden.

## B. Probleme der Fremdfinanzierung - die Fremdfinanzierungsentscheidung aus der Sicht von Kapitalnehmer und Kapitalgeber in der Literatur

### I. Fragestellung und Argumentationsablauf

Das Ziel dieses Kapitels besteht darin, anhand einer rückblickenden Betrachtung der Literatur zur Fremdfinanzierung aufzuzeigen, daß es bis vor wenigen Jahren an einer analytischen Konzeption gefehlt hat, die es erlaubt, die Merkmale realer Fremdfinanzierungsprobleme hinreichend zu erfassen.

Die Literatur zur Fremdfinanzierung läßt sich in die eher kapitalnehmerorientierte Literatur zur Finanzierung der Unternehmung und in die bankbetriebliche Literatur, die die Fremdkapitalgebersicht einnimmt, unterteilen.

Die Untersuchung der Diskussionsschwerpunkte und Modellbildungen zum Thema der Kreditfinanzierung in der Finanzierungs- und Bankliteratur führt zu folgenden Ergebnissen:

- Die Finanzierungsliteratur zeichnet sich gegenüber der Bankliteratur zwar durch einen "Theorievorsprung" im Hinblick auf eine konsistente modellmäßige Erfassung von Finanzierungsproblemen aus; die Fremdfinanzierung wird im Vergleich zur Finanzierung mit Eigenkapital jedoch weitgehend vernachlässigt, oder aber der Annahmenrahmen der Modelle führt zur Ableitung der Irrelevanz der Art der Finanzierung.

- Die Bankliteratur läßt sich gerade umgekehrt durch Praxisnähe und ein "Theoriedefizit" im Sinne von weitgehend fehlenden Versuchen charakterisieren, die in den praxisnahen Beschreibungen der Probleme einer Kreditvergabe implizit getroffenen Prämissen durch modellmäßige Abbildungen zu explizieren.

- Ein gemeinsames Bild der Fremdfinanzierungsproblematik in beiden Literaturrichtungen existiert nicht, und eine gegenseitige Befruchtung findet nur in Ansätzen statt.

Da die Finanzierungs- und Bankliteratur im Grunde dieselbe Thematik - nur aus unterschiedlichen Gesichtspunkten - behandeln, erscheint es sinnvoll, ihre (unterschiedlichen) Beschreibungen der "Welt", in der Fremdkapitalnehmer ihre Kreditaufnahmeentscheidungen bzw. Fremdkapitalgeber ihre Kreditvergabeentscheidungen treffen, als sich gegenseitig ergänzend zu betrachten und zu einer gemeinsamen Problemsicht zu integrieren. Es wird deutlich, daß eine Welt mit "echten" Fremdfinanzierungsproblemen durch eine Unvollkommenheit des Kapitalmarktes und durch Unsicherheit gekennzeichnet sein muß. Da sich Modelle, die mit der Annahmenkombination Unsicherheit und Unvollkommenheit des Kapitalmarktes arbeiten, erst im Entwicklungsstadium befinden, ist es auch nicht erstaunlich, daß ein Modellrahmen zur Erfassung von Fremdfinanzierungsproblemen noch weitgehend fehlt.

Vermutungen darüber, welcher Art die Unvollkommenheit des Kapitalmarktes sein könnte, die die Fremdfinanzierungsproblematik prägt, läßt die Informationsökonomik zu, die ein Versagen des Marktmechanismus auf eine asymmetrische Informationsverteilung zwischen den Marktteilnehmern und hieraus resultierende adverse selection- und moral hazard-Probleme zurückführt.

Asymmetrische Informationsverteilung und moral hazard führen zu der Erkenntnis, daß die Funktion von Finanzierungsverträgen nicht nur in der Festlegung der Teilung von unsicheren Einkommensströmen, sondern auch darin liegt, Anreize für das Verhalten beider Vertragsparteien zu setzen. Sieht man Teilungs- und Anreizprobleme als Charakteristika einer Fremdfinanzierungsbeziehung an, so liegt die Aufgabe bei der Gestaltung eines Kreditvertrages darin, eine möglichst gute Lösung beider Probleme zu finden, denn die Lösung jedes Problems für sich genommen würde einer unterschiedlichen Vertragsgestaltung bedürfen.

## II. Die Kreditaufnahmeentscheidung in der Literatur zur Finanzierung der Unternehmung

### 1. Themenschwerpunkte in der Finanzierungslehre

Im Unterschied zu der rein zahlungsstromorientierten Betrachtungsweise der Finanzierungstheorie wird die traditionelle, eher institutionell orientierte Behandlung von Finanzierungsproblemen als Finanzierungslehre bezeichnet.[1]

In der Literatur, die als die Sicht der Finanzierungslehre vertretend einzuordnen ist, nimmt vor allem die detaillierte Beschreibung und Systematisierung der möglichen Formen der Fremdfinanzierung, der unterschiedlichen Gestaltungsmöglichkeiten von Kreditverträgen, einen breiten Raum ein. Es werden sowohl die Formen der kurzfristigen Fremdfinanzierung - vom Akzept- über den Kontokorrent- bis zum Wechseldiskontkredit - als auch die Formen der langfristigen Fremdfinanzierung - vom Pfandbrief über den Hypothekarkredit bis zum Schuldscheindarlehen - sowie die für die einzelnen Formen jeweils typischen Sicherungsvereinbarungen oft bis in juristische Details abgehandelt.[2]

Empfehlungen, wie unter den Finanzierungsalternativen, speziell unter den Fremdfinanzierungsalternativen, auszuwählen ist, werden kaum gegeben. Als Erklärung für das Fehlen von Empfehlungen bezüglich der Auswahl bieten sich mehrere Gründe an.

Zum einen gilt es als typisch für die Sichtweise der Finanzierungslehre, daß die Aufgabe der Finanzierung in erster Linie in der Deckung eines durch die Investitions- und Produktionsentscheidungen vorgegebenen Kapitalbedarfs gesehen wird.[3] [4] Diese vordringliche Aufgabe der Finanzierung kann zunächst einmal von jeder Finanzierungsform gleich

---

1. Vgl. SCHMIDT, Reinhard H.: Grundzüge der Investitions- und Finanzierungstheorie, Wiesbaden 1983, S. 5 - 22.

2. Vgl. BOEMLE, Max: Unternehmensfinanzierung, 2. Aufl., Zürich 1967, S. 229 - 273, HAGENMÜLLER, Karl F./KOLBECK, Rosemarie: Finanzierung, in: Handbuch der Aktiengesellschaft, Bd. II, 2. Aufl., Stuttgart 1967, V. Teil, S. V1 - V 290, hier S. V101 - V128, HAHN, Oswald: Finanzwirtschaft, München 1975, S. 218 - 258, VORMBAUM, Herbert: Finanzierung der Betriebe, 5. Aufl., Wiesbaden 1977, S. 192 - 301, und WÖHE, Günter/BILSTEIN, Jürgen: Grundzüge der Unternehmensfinanzierung, München 1978, S. 116 - 236.

3. Vgl. HAX, Karl, Langfristige Finanz- und Investitionsentscheidungen, in: HAX, K./WESSELS, Th. (Hrsg.): Handbuch der Wirtschaftswissenschaften, Bd. 1, Betriebswirtschaftslehre, 2. Aufl., Köln - Opladen 1966, S. 399 - 489, hier S. 414, und WITTMANN, Waldemar: Betriebswirtschaftslehre, Bd. I, Tübingen 1982, S. 17.

4. Zur Ermittlung des Kapitalbedarfs aus den Produktionsbedingungen als Aufgabe des Finanzbereichs vgl. GUTENBERG, Erich: Grundlagen der Betriebswirtschaftslehre Bd. III, Die Finanzen, 3. Aufl., Berlin - Heidelberg - New York 1969, S. 5 - 122, HAHN (1975), S. 121 - 162, MÜLHAUPT, Ludwig: Der Bindungsgedanke in der Finanzierungslehre, Wiesbaden 1966, und VORMBAUM (1977), S. 83 - 94.

gut erfüllt werden, vorausgesetzt, sie steht für den erforderlichen Zeitraum zur Verfügung. Die Auswahl unter den Finanzierungsmöglichkeiten ist im Vergleich zur Sicherung des finanziellen Gleichgewichts nur ein zweitrangiges Problem.[5] [6]

Zum anderen dürfte gerade die Detailliertheit der Beschreibung der Finanzierungsalternativen die Entwicklung einer Beurteilungsgrundlage erschweren. Es fehlt zwar nicht an der Darstellung unternehmerischer Zielsetzungen, die die Basis für die Ableitung von Handlungsempfehlungen bilden könnten. Vielmehr wird eine Vielzahl möglicher Zielgrößen annähernd genauso detailliert geschildert, wie die zur Auswahl stehenden Finanzierungsformen selbst. Erwähnung finden das Ziel der Erhöhung der Eigenkapitalrentabilität oder des Gewinns, die Verwirklichung eines hohen Maßes an Kapitalsicherheit durch eine risikogerechte Finanzierung, die Aufrechterhaltung der Liquidität zu jedem Zeitpunkt und damit ein Schutz vor Zahlungsunfähigkeit, das Streben nach Elastizität zur Anpassung an schwankende Kapitalbedürfnisse und die Bewahrung der unternehmerischen Unabhängigkeit und Dispositionsfreiheit.[7] Als Grundlage für Handlungsempfehlungen sind diese Ziele in der vorliegenden Form jedoch kaum geeignet. Einerseits tritt bei einigen der genannten Zielinhalte das Problem der Operationalisierbarkeit auf, wie schon die oft unbestimmte Formulierung der Zielsetzungen andeutet. Andererseits sind nur wenige der genannten Zielgrößen als kompatibel anzusehen. Stehen Zielsetzungen jedoch in konfliktärer Beziehung zueinander, so wird eine Austauschregel benötigt, die ein Abwägen zwischen ihnen ermöglicht. Regeln dieser Art werden nicht angeboten. Versuche, die in diese Richtung zielen, beschränken sich auf die Ableitung von Zielhierarchien, die Klassifizierung in Haupt- und Nebenziele und existenzsichernde Nebenbedingungen.[8]

---

5. Bezeichnend für diese Sichtweise ist die folgende Formulierung von JONAS, Heinrich H.: Grenzen der Kreditfinanzierung, Wiesbaden 1960, S. 391: "Die Finanzierungspolitik muß für die Deckung des Kapitalbedarfs der Unternehmung Sorge tragen; nicht nur des gegenwärtigen, sondern auch des künftigen Kapitalbedarfs. Alle anderen Ziele sind entweder diesem Grundsatz untergeordnet oder eine direkte Folgerung aus ihm."

6. Vgl. die Charakterisierung der Finanzierungslehre bei SCHMIDT, R. H. (1983), S. 5/6.

7. Vgl. BOEMLE (1967), S. 33 - 50, HAHN (1975), S. 165 - 191, HAX, K. (1966), S. 418 - 421, PERRIDON, Louis/STEINER, Manfred: Finanzwirtschaft der Unternehmung, München 1980, S. 13 - 18, und VORMBAUM (1977), S. 38 - 45.

8. Vgl. VORMBAUM (1977), S. 38 - 45.

Insofern kann es kaum erstaunen, daß sich die Ausführungen, die eine Hilfestellung für die Auswahl unter den Finanzierungsalternativen bieten könnten, auf die isolierte Diskussion von Auswirkungen beschränken, die bestimmte Finanzierungsformen auf einzelne der Ziele ausüben. Bezüglich der Fremdfinanzierung wird auf die Financial-Leverage-Wirkung verwiesen, die das Ziel der Erhöhung der Eigenkapitalrentabilität positiv beeinflußt[9] und zur Ableitung der These von der Existenz eines optimalen Verschuldungsgrades führte.[10] Negative Auswirkungen der Finanzierung durch Fremdkapital sind dagegen auf die Kapitalsicherheit und die Wahrung der Zahlungsfähigkeit zu jedem Zeitpunkt zu erwarten, da die Verlustauffangfunktion fehlt und feste Zahlungsverpflichtungen zu erfüllen sind. Für die Elastizität ist auf einen ausreichenden Kreditspielraum zu achten, zur Erhaltung der unternehmerischen Dispositionsfreiheit ist die Vermeidung einer Abhängigkeit von Fremdkapitalgebern eine wichtige Voraussetzung.[11]

Solche Ausführungen können nicht mehr als erste Orientierungshilfen für die Finanzierungsentscheidung sein. Dementsprechend sind Handlungsanweisungen, nach K. HAX unter dem Begriff der Finanzierungsprinzipien[12] in die Literatur eingegangen, recht pauschaler Natur, wie z. B. die Aufforderung zur Suche nach Finanzierungsquellen, "die ein Mindestmaß an Kapitalkosten verursachen".[13] Werden tatsächlich konkrete Empfehlungen abgegeben, die zumeist die Form von Finanzierungsregeln annehmen,[14] entbehren sie einer theoretischen Fundierung im Sinne einer konsistenten Ableitung aus den genannten unternehmerischen Zielsetzungen.[15] Als Beispiel kann hier die sogenannte 1:1-Regel dienen, die eine Finanzierung mit Eigen- und Fremdkapital zu gleichen Teilen fordert. Obwohl den Finanzierungsregeln in traditionellen Ver-

---

9. Vgl. GUTENBERG (1969), S. 184 - 208, und VORMBAUM (1977), S. 46 - 60.

10. Vgl. zur Zuordnung der These von der Existenz einer optimalen Verschuldung zur Finanzierungslehre auch Gliederungspunkt B.II.2. dieser Arbeit.

11. Vgl. BOEMLE (1967), S. 33 - 55, und HAHN (1975), S. 165 - 191.

12. Vgl. HAX, K. (1966), S.418 - 421.

13. HAX, K. (1966), S. 418.

14. Vgl. BOEMLE (1967), S. 59 - 62, HAX, K. (1966), S. 420/421 und WÖHE/BILSTEIN (1978), S. 279 - 290.

15. Vgl. HÄRLE, Dietrich: Finanzierungsregeln und ihre Problematik, Wiebaden 1961.

öffentlichungen zur Finanzierung allgemein Bedeutung zugemessen wird, werden sie in dieser konkreten Form auch von Lehrbüchern, die der Finanzierungslehre zuzuordnen sind, stark kritisiert.[16] Der immer noch weit verbreitete Gebrauch von Finanzierungskennziffern in der Praxis läßt jedoch die Frage aufkommen, ob er nicht doch seine Berechtigung hat.[17]

Zusammenfassend läßt sich folgern, daß in der Finanzierungslehre neben der ausführlichen Darstellung und Systematisierung der Fremdfinanzierungsformen die Diskussion einer Vielzahl von für die Kreditaufnahmeentscheidung wichtigen Gesichtspunkten erfolgt. Die Praxisnähe und die Erfassung von Details haben jedoch den Preis, daß eine Ableitung von Handlungsempfehlungen kaum möglich ist. Eine Beurteilung der Finanzierungsformen setzt die Entwicklung eines Bewertungsrahmens, eine Modellbildung voraus. Dies erfordert jedoch Abstraktion durch die Konzentration auf die Aspekte, die für die Kreditaufnahmeentscheidung als wesentlich erachtet werden, eine Vorgehensweise, die die Finanzierungstheorie charakterisiert.

## 2. Themenschwerpunkte in der Finanzierungstheorie

Im Gegensatz zur Finanzierungslehre wird in der Finanzierungstheorie von der Vielfalt der in der Realität vorhandenen Finanzierungsformen abstrahiert und so die Modellbildung ermöglicht. Man vermeidet damit den Mangel der Finanzierungslehre, auf Aussagen zum Problem der Auswahl zwischen Finanzierungsalternativen verzichten zu müssen, muß aber den Nachteil in Kauf nehmen, daß sich viele der Merkmale realer Finanzierungsformen in den Modellwelten der Finanzierungstheorie nicht erfassen lassen.

Die Beschreibung der Finanzierung reduziert sich auf die Charakterisierung als Zahlungsreihe, die mit einer Einzahlung beginnt, auf die

---

16. Vgl. VORMBAUM (1977), S. 43.

17. Zum Versuch der Rechtfertigung des Gebrauchs von Finanzierungsregeln, vor allem in nach Branchen differenzierter Form, vergleiche das auch finanzierungstheoretische Argumentationen enthaltende Lehrbuch von SÜCHTING, Joachim: Finanzmanagement, 4. Aufl., Wiesbaden 1984, S. 364 - 382.

eine oder mehrere (unsichere) Auszahlunge(n) folgen.[18] Finanzierungsformen werden nur grob in die Finanzierung durch Eigenkapital und die durch Fremdkapital unterschieden. Die erstere bringt gewinnabhängige Auszahlungen, die letztere feste, gewinnunabhängige Zahlungsverpflichtungen mit sich.

Die Erkenntnis der ebenfalls zahlungsstromorientierten Investitionstheorie, daß die Vorteilhaftigkeit einer Investition gemessen wird an den Verzinsungsforderungen der Kapitalgeber, stellt die Frage nach den Kapitalkosten als dem Kalkulationszinsfuß für die Beurteilung von Investitionsvorhaben in den Mittelpunkt der Finanzierungstheorie und lenkt sie damit in eine Richtung, die sich auf die Bewertung von Investitionsvorhaben durch Kapitalgeber auf dem Kapitalmarkt konzentriert.

Die traditionellen (dynamischen) Verfahren zur Berechnung der Wirtschaftlichkeit von Investitionen, die Kapitalwertmethode, Annuitätenmethode und Methode des internen Zinsfußes, gehen von einer Meßbarkeit der Vorteilhaftigkeit an einem einheitlichen, gegebenen Kalkulationszinsfuß aus.[19] Die Voraussetzungen, die zur Existenz eines solchen einheitlichen Kalkulationszinsfußes gegeben sein müssen, bilden den Annahmenrahmen der Modellwelt eines vollkommenen Kapitalmarktes bei Sicherheit. Die Aufnahme und Anlage von beliebigen Kapitalbeträgen ist zu jeder Zeit zu einem einheitlichen Marktzinsfuß möglich. In einer solchen Welt sind die Kapitalkosten für alle Finanzierungsformen gleich; Konsumpräferenzen haben ebenfalls keine Bedeutung, da die zeitliche Transformation von Einkommen zum gegebenen Marktzins jederzeit möglich ist. Die Investitionsentscheidung kann unabhängig von der Finanzierung erfolgen, Investition und Finanzierung sind separierbar.[20] Spezielle Probleme der Finanzierung durch Kredit können im Rahmen dieser Modellwelt offensichtlich nicht existieren und daher auch nicht erfaßt werden.

Aber auch die Ausweitung der Problemstellung auf die Ermittlung von

---

18. Vgl. SCHNEIDER, Dieter: Investition und Finanzierung, 5. Aufl., Wiesbaden 1980, S. 151.

19. Vgl. z. B. SWOBODA, Peter: Investition und Finanzierung, Göttingen 1971, S. 33 - 80, HAX, Herbert: Investitionstheorie, 4. Aufl., Würzburg - Wien 1979, S. 11 - 23.

20. Vgl. FISHER, Irving: The Theory of Interest, New York 1930, vgl. auch SCHNEIDER, Dieter: Geschichte betriebswirtschaftlicher Theorie, München - Wien 1981, S. 342 - 346.

Kapitalkosten bei Unsicherheit bringt bezüglich der Behandlung der Fremd- bzw. Kreditfinanzierung kaum eine "Verbesserung". Zwar wird unter der Annahme der Unsicherheit die Ermittlung von Kapitalkosten für unterschiedliche Finanzierungsformen zum Problem, denn, da sich die Finanzierungsformen im Hinblick auf die Riskanz der Geldanlage unterscheiden, kann auch unter der Annahme eines vollkommenen Kapitalmarktes nicht mehr von Kapitalkosten ausgegangen werden, die unabhängig davon sind, ob die Kapitalanlage in Form von Eigenkapital oder Fremdkapital erfolgt.[21] Jedoch erscheint die Bestimmung von Fremdfinanzierungskosten im Vergleich zur Ermittlung von Eigenkapitalkosten problemlos, denn die Aufnahme von Fremdkapital ist im Unterschied zum Eigenkapital mit festen Zahlungsverpflichtungen an den Kapitalgeber verbunden, so daß eine Finanzierungszahlungsreihe aufgestellt werden kann. Das Problem der Ermittlung von Fremdkapitalkosten wird in der Regel auf das rechentechnische Problem der Bestimmung des internen Zinsfußes der Finanzierungszahlungsreihe reduziert.[22] Breiten Raum nimmt die Frage nach den Eigenkapitalkosten ein.

Als "lohnende" Fragestellung im Zusammenhang mit der Fremdfinanzierung erweist sich lediglich die nach ihrer Auswirkung auf die Eigenkapital- und damit auf die durchschnittlichen Kapitalkosten. Wird wie in der traditionellen These zum Verschuldungsgrad dem Anteil des Fremdkapitals am Gesamtkapital eine Bedeutung zuerkannt, da sich durch den positiven Leverage-Effekt des "billigen" Fremdkapitals die durchschnittlichen Kapitalkosten senken lassen,[23] läßt sich dies nur durch den Rückgriff auf Plausibilitätsannahmen begründen. Die These von der Existenz des optimalen Verschuldungsgrades leitet sich nicht aus Prämissen als rationales Verhalten der Kapitalgeber ab. Sie gibt eine vage Beschreibung eines Kapitalgeberverhaltens, das zwar einsichtig ist, sich aber weder empirisch prüfen läßt, noch die Möglichkeit eröffnet, den Punkt der optimalen Verschuldung zu ermitteln.[24] Die traditionelle These ist demnach von der Art und Weise ihrer Begründung her eher der Finanzierungslehre zuzuordnen, deren "Mangel" sich auch hier widerspiegelt.

---

21. Vgl. z. B. SCHMIDT, R. H. (1983), S. 196 - 215.

22. Vgl. z. B. SÜCHTING (1984), S. 398/399, SCHMIDT, R. H. (1983), S. 213 - 214.

23. Vgl. SOLOMON, Ezra: The Theory of Financial Management, New York - London 1963, S. 92 - 98.

24. Vgl. SCHNEIDER (1981), S. 357.

Werden Aussagen über den Verschuldungsgrad modelltheoretisch abgeleitet, so wird die Annahme eines vollkommenen Kapitalmarktes bei Unsicherheit (oder Quasi-Sicherheit[25]) getroffen. Die Gleichgewichtsbedingungen eines vollkommenen Kapitalmarktes führen zur Ableitung der Unabhängigkeit der durchschnittlichen Kapitalkosten von der Art der Finanzierung; die Kapitalstruktur ist irrelevant, so daß die Separierbarkeit von Investitions- und Finanzierungsentscheidungen weiterhin Gültigkeit besitzt.[26] Typisch für diese Modelle ist wiederum, daß das Fremdkapital im Gegensatz zum Eigenkapital als risikolos angenommen wird. Die Einschätzung bestätigt sich, daß Probleme der Unsicherheit für die Fremdfinanzierung als vernachlässigbar angesehen werden. Allerdings handelt es sich bei dieser Annahme nicht um eine notwendige Annahme. Das Ergebnis der Irrelevanz der Kapitalstruktur gilt auf einem vollkommenen Kapitalmarkt auch dann, wenn das Fremdkapital über die Einführung des Konkursrisikos als risikobehaftet angenommen wird, denn auf einem vollkommenen Kapitalmarkt ergeben sich hierdurch keine Rückwirkungen auf die insgesamt aus den Investitionen zu verteilenden Zahlungen.[27] [28]

Es kann gefolgert werden, daß sich die Bedeutung des Fremdkapitals auf einem vollkommenen Kapitalmarkt bei Unsicherheit in der Financial-Leverage-Wirkung erschöpft, durch die das Feld der erreichbaren Er-

---

25. Vgl. SCHMIDT, R. H., S. 196.

26. Vgl. MODIGLIANI, Franco/MILLER, Merton H.: The Cost of Capital, Corporation Finance and the Theory of Investment, in: American Economic Review, Vol. 48 (1958), S. 261 - 297.

27. Vgl. FAMA, Eugene F.: The Effects of a Firm's Investment and Financing Decisions on the Welfare of its Security Holders, in: American Economic Review, Vol. 68 (1978), S. 272 - 284, STIGLITZ, Joseph E.: On the Irrelevance of Corporate Financial Policy, in: American Economic Review, Vol 64 (1974), S. 851 - 866, vgl. auch den Überblick über die Diskussion des MODIGLIANI/MILLER-Theorems in KRAHNEN, Jan P.: Zur Entwicklung der mikro-ökonomischen Finanztheorie: Die Diskussion um die optimale Kapitalstruktur, Arbeitspapier FU-Berlin 1981.

28. Zu den entsprechenden Beweisen der Irrelevanz der Kapitalstruktur im Rahmen des Capital Asset Pricing Models vgl. HAUGEN, Robert A./PAPPAS, James L.: Equilibrium in the Pricing of Capital Assets, Risk-Bearing Debt Instruments, and the Question of Optimal Capital Structure, in: Journal of Financial and Quantitative Analysis, Vol. 6 (1971), S. 943 - 953; HAUGEN, Robert A./PAPPAS, James L.: Equilibrium in the Pricing of Capital Assets, Risk Bearing Debt Instruments, and the Question of Optimal Capital Structure: A Reply, in: Journal of Financial and Quantitative Analysis, Vol. 7 (1972), S. 2005 - 2008; RUDOLPH, Bernd: Kapitalkosten bei unsicheren Erwartungen, Berlin - Heidelberg - New York 1979, S. 158 - 182.

trag-/Risiko-Positionen infolge der Hebelwirkung der festen Auszahlungsverpflichtungen erweitert wird. Dies ist eine Bedeutung, die wohl kaum der Vielfalt der in der Realität vorhandenen Fremdfinanzierungsformen gerecht wird. Die Annahme des vollkommenen Kapitalmarktes hat die Modellwelt gegen "echte" Fremdfinanzierungsprobleme immunisiert.

Raum für Fremdfinanzierungsformen, die bezüglich ihrer Konditionen der Kapitalüberlassung echte Alternativen darstellen, bleibt in der Finanzierungstheorie nur, wenn ein unvollkommener Kapitalmarkt angenommen wird. Auf einem unvollkommenen Kapitalmarkt sind Investitions- und Finanzierungsentscheidung nicht separierbar; die Art der Finanzierung ist relevant[29], wie bspw. die Einführung der Annahme einer unterschiedlichen Besteuerung der Kapitalarten zeigt.[30]

Um Lösungsansätze für das Entscheidungsproblem eines Kapitalnehmers auf einem unvollkommenen Kapitalmarkt entwickeln zu können, wird in der Regel auf die Annahme der Sicherheit der Zahlungsströme zurückgegriffen. Mit Hilfe von linearen Programmierungsmodellen lassen sich dann optimale Investitions- und Finanzierungsprogramme simultan ermitteln.[31] Auch wird der Versuch unternommen, die durch spezielle Vertragsauflagen des Fremdkapitalgebers verursachten Opportunitätskosten durch LP-Programme zu quantifizieren, indem die Vereinbarung, z. B. die Auflage der Einhaltung von bestimmten Finanzierungsregeln, als Nebenbedingung in das Programm eingeht.[32]

Diese Modelle ermöglichen die Ableitung von zielgerechten Handlungsempfehlungen für den Kapitalnehmer dann, wenn die gesetzten Annahmen die Entscheidungssituation des Fremdkapitalnehmers in der Realität hinreichend genau wiedergeben. Doch dies ist offensichtlich nicht der

---

29. Vgl. z. B. SCHNEIDER (1980), S. 361 - 374.

30. Vgl. MODIGLIANI, Franco/MILLER, Merton H.: Corporate Income Taxes and the Cost of Capital: A Correction. in: American Economic Review, Vol 53 (1963), S. 433 - 443.

31. Vgl. DEAN, Joel: Capital Budgeting, 7. Aufl., New York - London 1959, HAX, Herbert: Investitions- und Finanzplanung mit Hilfe der linearen Programmierung, in: Zeitschrift für betriebswirtschaftliche Forschung, 16. Jg. (1964), S. 430 - 446, und WEINGARTNER, Martin H.: Mathematical Programming and the Analysis of Capital Budgeting Problems, Englewood Cliffs 1963.

32. Vgl. HORNE, James C. van: A Linear-Programming Approach to Evaluating Restrictions under a Bond Indenture or Loan Agreement, in: Journal of Financial and Quantitative Analysis, Vol. 1 (1966), S. 68 - 83.

Fall. Die Realität ist durch Unsicherheit gekennzeichnet, und Unsicherheit ist eine Voraussetzung dafür, daß die Annahme der Unvollkommenheit des Kapitalmarktes plausibel ist. Warum sollte unter Sicherheit der Kapitalmarkt Unvollkommenheiten wie Kapitalrationierung, unterschiedliche Verzinsungsforderungen der Kapitalgeber, Negativklauseln in Kreditverträgen usw. aufweisen? Lösungsansätze, die mit der Annahme Sicherheit arbeiten, werden den mit der Fremdfinanzierung verbundenen Entscheidungsproblemen kaum gerecht.[33]

Zusammenfassend läßt sich feststellen, daß in der Finanzierungstheorie der Fremdfinanzierungsproblematik im Vergleich zur Finanzierung mit Eigenkapital wenig Bedeutung zukommt. Dies ist darauf zurückzuführen, daß das Unsicherheitsproblem der Fremdfinanzierung als gering und damit als vernachlässigbar eingestuft wird bzw. daß sich die entwickelte Bewertungstheorie für Anlagepositionen bei Unsicherheit und vollkommenem Kapitalmarkt ohne Probleme auf Fremdkapitalpositionen übertragen läßt. "Echte" Fremdfinanzierungsprobleme können auf einem vollkommenen Kapitalmarkt nicht existieren. Werden Modelle konstruiert, um sich speziell der Fremdfinanzierungsproblematik zu widmen, so sind sie in ihrer Annahmenkombination von Sicherheit und unvollkommenem Kapitalmarkt wenig überzeugend. Modelle zur Lösung von Fremdfinanzierungsproblemen fehlen also.

## III. Die Kreditvergabeentscheidung in der Bankliteratur

### 1. Themenschwerpunkte in der Bankbetriebslehre

Der "Vorwurf" der Vernachlässigung von Fremdfinanzierungsproblemen kann der bankbetrieblichen Literatur naturgemäß nicht gemacht werden, gleich ob sie der eher traditionellen, institutionell orientierten, oder der eher theoretischen im Sinne von um Modellbildungen bemühten Richtung zuzuordnen ist. In fast allen Lehrbüchern zur Bankbetriebslehre bildet die Kreditvergabe einen Themenschwerpunkt, da diese als das Hauptgeschäft der Banken angesehen wird. In Anlehnung an die Aus-

---

33. Vgl. WEINGARTNER, Martin H.: Capital Rationing: n Authors in Search of a Plot, in: Journal of Finance, Vol. 32 (1977), S. 1403 - 1431, hier S. 1429/1430, und SCHMIDT (1983), S. 114 - 116.

führungen zur Finanzierungsliteratur soll im folgenden eine Trennung in die Behandlung der Kreditvergabe in der Bankbetriebslehre und die Theorie der Kreditvergabeentscheidung vorgenommen werden, obwohl diese in bei weitem nicht so ausgeprägter Form vorhanden ist, vielleicht, weil sich die Theorie der Kreditvergabe noch im Entwicklungsstadium befindet.

Die Bankbetriebslehre gibt - der Finanzierungslehre durchaus entsprechend - eine ausführliche Beschreibung der unterschiedlichen Gestaltungsmöglichkeiten von Fremdfinanzierungsverträgen.[34] Auffallend ist jedoch, daß im Gegensatz zur Finanzierungslehre fast ebenso ausführlich die mit der Kreditvergabe verbundenen Risiken, die Methoden zur Einschätzung des Bonitätsrisikos des Kreditnehmers und Wege zur Verminderung dieses Risikos, so die Kreditbesicherung und die Kontrolle des Kreditnehmers nach Kreditvergabe, aufgezeigt werden.[35] Die Erfüllung der von seiten des Kreditnehmers als sicher oder zumindest nahezu sicher eingestuften festen Zahlungsverpflichtungen wird demnach vom Kreditgeber als keineswegs so sicher empfunden.

Der "Mangel" der Finanzierungslehre, daß Handlungsempfehlungen, falls diese überhaupt gegeben werden, nicht konsistent aus den Zielsetzungen des Entscheiders abgeleitet werden, haftet jedoch auch der Bankbetriebslehre an.

Als Erklärung für die fehlenden Handlungsempfehlungen bieten sich Gründe an, die denjenigen vergleichbar sind, die die Einschätzung der Finanzierungslehre stützten.

Die Zielsetzung von Banken wird nicht so definiert, daß sie eine Grundlage für die Bewertung von Handlungsalternativen bieten könnte. Es werden mehrere, z. T. konfliktäre Zielgrößen genannt: das "magische Dreieck" aus Rentabilität, Sicherheit und Liquidität.[36] Das Problem

---

34. Vgl. z. B. BÜSCHGEN, Hans E.: Bankbetriebslehre, Wiesbaden 1972, S. 386 - 412, HAGENMÜLLER (1978), S. 40 - 163, und PRIEWASSER (1982), S. 248 - 256.

35. Vgl. z. B. BÜSCHGEN (1972), S. 340 - 386, HAGENMÜLLER (1978), S. 15 - 39, HAGENMÜLLER, Karl F.: Der Bankbetrieb, Bd. III, 4. Aufl., Wiesbaden 1977, S. 409 - 420, MÜLHAUPT, Ludwig: Einführung in die Betriebswirtschaftslehre der Banken, Wiesbaden 1977, S. 134 - 141.

36. Vgl. HEIN, Manfred: Einführung in die Bankbetriebslehre, München 1981, S. 104, und KALVERAM, Wilhelm/GÜNTHER, Hans: Bankbetriebslehre, 3. Aufl., Wiesbaden 1961, S. 115.

der Operationalisierung wird im Vergleich zur Formulierung eines Zielsystems für die kreditaufnehmende Unternehmung noch verschärft durch die im Gesetz kodifizierten, nicht erwerbswirtschaftlich orientierten Ziele für einzelne Institutsgruppen, den öffentlichen Auftrag zur Förderung des Sparwesens und zur Kreditversorgung der mittelständischen Wirtschaft für die Sparkassen[37] und den Auftrag der Mitgliederförderung für die Genossenschaften[38], die sich von vornherein einer Meßbarkeit entziehen.[39] Es sind zwar Ansätze vorhanden, ein operationales Zielsystem zu formulieren. Einen solchen Ansatz stellt die Entwicklung einer Zielhierarchie mittels der Übertragung der Anspruchsanpassungstheorie auf Kreditinstitute dar.[40] Eine Anwendung dieser Gedanken auf die Kreditvergabeentscheidung fehlt jedoch. Die Mehrzahl der Autoren beschränkt sich darauf, die Zielkonflikte auf manchmal sehr bildliche Art aufzuzeigen: "Der Siedepunkt der Rentabilität ist oft der Gefrierpunkt der Sicherheit"[41].

Aussagen, die als Empfehlungen für die Auswahl von Krediten gewertet werden können, beschränken sich auf der einen Seite auf Finanzierungsregeln, die vor allem die Bewahrung des finanziellen Gleichgewichts der Bank als vorrangiges Ziel im Auge haben. Allen voran sei hier die von HÜBNER erstmals formulierte "goldene Bankregel" genannt, die eine Kongruenz der entliehenen Gelder mit den Einlagen in bezug auf Fristigkeit und Qualität fordert.[42] Es wird zwar in der neueren bankbetrieblichen Literatur auf die Bedeutung der Aufrechterhaltung der Zahlungsfähigkeit zu jedem Zeitpunkt als existenzsichernde Nebenbedingung verwiesen,[43] und die Weiterentwicklung der Liquiditätstheorien bis hin zur Maximalbelastungstheorie von STÜTZEL hat die Schwächen der "goldenen Bankregel" als Handlungsempfehlung für die Kreditvergabe mehr

---

37. Vgl. z. B. § 2 Hessisches Sparkassengesetz, vgl. auch GÜDE, Udo: Geschäftspolitik der Sparkassen, Stuttgart 1975, S. 17 - 41.

38. Vgl. § 1, Genossenschaftsgesetz.

39. Vgl. zu den Problemen der Messung einer Erfüllung des Förderungsauftrags bei Genossenschaften z. B. DÜLFER, Eberhard: Welche Relevanz hat der 'Förderungsauftrag' für die Pflichtprüfung der eingetragenen Genossenschaften?, in: Zeitschrift für das gesamte Genossenschaftswesen, 30. Jg. (1980), S. 47 - 61, hier S. 61.

40. Vgl. KOLBECK, Rosemarie: Bankbetriebliche Planung, Wiesbaden 1971, S. 81 - 139.

41. KALVERAM/GÜNTHER (1961), S. 116, vgl. auch HEIN (1981), S. 104.

42. Vgl. HÜBNER, Otto: Die Banken, Leipzig 1854, S. 28.

43. Vgl. PRIEWASSER (1982), S. 124.

als deutlich aufgezeigt.[44] Trotzdem gehen auch neuere Veröffentlichungen davon aus, daß die Bankpraxis "dem Ziel der Liquidität mit der Goldenen Bankregel als allgemein anerkannter Richtschnur bankbetrieblicher Tätigkeit die Priorität einräumt."[45]

Neben den Finanzierungsregeln sind in der Literatur sogenannte "Prinzipien der Risikopolitik" als Richtlinien für das Kreditvergabeverhalten zu finden, in denen schon sehr früh die Möglichkeit der Risikominderung durch Streuung der Kredite in zeitlicher, örtlicher, sachlicher und personeller Hinsicht,[46] sowie die Möglichkeit einer Risikominderung durch Risikenteilung und Risikoüberwälzung angedeutet werden.[47] Diese Prinzipien der Risikopolitik erscheinen zwar im Lichte der neueren Theorie als recht fortschrittlich, zur Ableitung von Empfehlungen, ob ein bestimmter Kredit vergeben werden soll oder nicht, sind sie jedoch nicht geeignet.[48] Sie geben vielmehr grobe Orientierungshilfen für die Kreditvergabepolitik, die dem entsprechen, was in der Praxis beobachtet werden kann, wie ihre Bezeichnung als "Erfahrungsregeln" bestätigt.[49]

Als Fazit ist festzuhalten, daß sich die Ausführungen zur Kreditvergabeentscheidung in der traditionellen Bankbetriebslehre in der Regel auf eine Beschreibung dessen beschränken, was in der Praxis vorzufinden ist und als sinnvoll erachtet wird. Ein Modellrahmen, der eine Erklärung und/oder Beurteilung der Vorgehensweise der Praxis erlauben würde, fehlt bzw. ist nur in Ansätzen vorhanden, die bereits als die Anfänge der Theorie der Kreditvergabe gewertet werden können, da die

---

44. Vgl. STÜTZEL, Wolfgang: Ist die "Goldene Bankregel" eine geeignete Richtschnur für die Geschäftspolitik der Kreditinstitute? in: Vorträge für Sparkassenprüfer, Kiel 1959, zur Entwicklung der Liquiditätstheorien vgl. z. B. SÜCHTING, Joachim: Bankmanagement, Stuttgart 1982, S. 263 - 274.

45. MÜLHAUPT, Ludwig/KÜLLMER, Hermann: Problem der Entscheidungsfindung im Bankbetrieb, in: DEPPE, H.-D. (Hrsg.): Texte zur wissenschaftlichen Bankbetriebslehre, Bd. I, Göttingen 1980, S. 277 - 300, hier S. 297, Wiederabdruck aus: Kredit und Kapital, 4. Jg. (1971), S. 171 - 194.

46. Vgl. APFELTHALER, Siegfried: Das Risikoproblem im Bankbetrieb, Diss. Wien 1939, S. 111 - 125.

47. Vgl. z. B. MÜLHAUPT (1977), S. 136/137 und RUDOLPH, Bernd: Die Kreditvergabeentscheidung der Banken, Opladen 1974, S. 13 - 18.

48. Vgl. RUDOLPH (1974), S. 18.

49. Vgl. HAGENMÜLLER (1977), S. 359.

Trennungslinie zwischen "Lehre" und "Theorie" in der Bankliteratur sehr viel weniger eindeutig ist als in der Finanzierungsliteratur.

## 2. Themenschwerpunkte in der Literatur zur Theorie der Kreditvergabe

Ein gutes Beispiel für den fließenden Übergang zwischen der eher praxisorientierten und der eher theoretisch orientierten Literatur zum Bankbetrieb stellt der Versuch KRÜMMELs dar, die Problematik der gesetzlich kodifizierten Auftragsziele für Sparkassen und Kreditgenossenschaften durch die Begründung zu lösen, daß ihre Erreichung nur durch erwerbswirtschaftlich orientierte Entscheidungen gesichert sei.[50] Dies schafft die Voraussetzung, um die in Modellen der Finanzierungstheorie verwendeten Zielsetzungen der Maximierung von finanziellen Größen auch als die Zielsetzungen aller Institutsgruppen des Kreditgewerbes repräsentierend zu betrachten.

Die Theorie der Kreditvergabe ist in Ansätze zu unterscheiden, die die Kreditvergabe als Einzelentscheidung behandeln, und in solche, die explizit zu berücksichtigen versuchen, daß die Kreditvergabe nur einen Teil des Investitionsbündels einer Bank darstellt und demnach Kreditvergabeentscheidungen im Rahmen einer Entscheidung über Investitionsprogramme gefällt werden müssen.

Modelle, die die Kreditvergabe als Teil einer Programmentscheidung betrachten, wurden unter Sicherheit und unter Unsicherheit formuliert.

Ein Modellansatz unter der Annahme der Sicherheit hat zwar den Vorteil, daß er den Einsatz des mathematischen Instrumentariums der linearen Programmierung ermöglicht, weist aber den Nachteil auf, daß sich das mit der Kreditvergabe verbundene Risiko höchstens implizit, z. B. über eine Nebenbedingung bezüglich der Mindesthöhe des haftenden Eigenkapitals, und nur sehr willkürlich berücksichtigen läßt.[51] Dies kann aus den bereits für die Einschätzung der Simultanplanung in der Finanzierungstheorie vorgebrachten Gründen kaum befriedigen, zumal das

---

50. Vgl. KRÜMMEL, Hans-Jacob: Bankzinsen. Untersuchungen über die Preispolitik von Universalbanken, Köln - Berlin - Bonn - München 1964, S. 183 - 193.

51. Vgl. die Übersicht und Kritik in RUDOLPH (1974), S. 18/19.

Risiko der Kreditvergabe in der bankbetrieblichen Literatur als eines der Hauptprobleme der Kreditvergabe angesehen wird.

Eine explizite Erfassung der Auswirkung des Risikos einer Kreditvergabe auf den Zielerreichungsgrad einer Bank wird erst in den Ansätzen möglich, die die Annahme der Unsicherheit einführen. Der einzelne Kredit wird als Teil des Anlageportefeuilles einer Bank betrachtet und, der Portefeuille-Theorie folgend, durch seinen Erwartungswert sowie seine Varianz und Kovarianz mit dem Gesamtportefeuille einer Bank charakterisiert. So wird es möglich, Diversifikationseffekte zu erfassen, die für die Vorteilhaftigkeit einer Kreditvergabe bei Annahme eines risikoscheuen Verhaltens der Bank Bedeutung erlangen.[52]

Obwohl der Effekt der Risikostreuung bei der Kreditvergabe als entscheidend angesehen wird, hat sich die Betrachtung der Kreditvergabe als Portefeuilleentscheidung in der Literatur nicht durchgesetzt. Gründe hierfür werden vor allem darin gesehen, daß der Portefeuille-Ansatz den institutionellen Gegebenheiten der Entscheidungsfindung im Bankbetrieb nur unzureichend gerecht wird. Die Beurteilung der Auswirkungen einer einzelnen Kreditvergabe auf das Risiko und den Ertrag des Gesamtportefeuilles einer Bank müsse aus Praktikabilitätsgründen scheitern, da die erforderlichen Informationen fehlen bzw. ihre Beschaffung zu teuer sei. Außerdem sei durch das Filialsystem und das Erfordernis schneller Entscheidungen die Dezentralisation der Kreditvergabeentscheidungen notwendig.[53] Aber auch eine Weiterentwicklung der Portefeuille-Ansätze in die Richtung, die die Finanzierungstheorie mit der Kapitalmarkttheorie aufzeigt, ist nicht erfolgt, obwohl der Kern der Kapitalmarkttheorie gerade in der Ableitung eines Bewertungsmaßstabes für Einzelanlagen[54] unter Berücksichtigung der Diversifikationsmöglichkeiten liegt, so daß ein Teil der Argumente gegen die Portefeuille-Ansätze hinfällig würde. Insofern kann vermutet werden, daß noch andere Gründe für die geringe Akzeptanz der Portefeuille-Theorie in der Theorie der Kreditvergabeentscheidung verantwortlich sind.

---

52. Vgl. KRÜMMEL, Hans-Jacob: Liquiditätssicherung im Bankwesen, Teil II: Liquiditätssicherung als Teil der Unternehmenspolitik der Banken, in: Kredit und Kapital, 2. Jg. (1969), S. 60 - 110, vgl. auch RUDOLPH (1974), S. 19.

53. Vgl. RUDOLPH (1974), S. 20 - 22.

54. Vgl. SHARPE, William F.: Capital Asset Prices: A Theory of Market Equilibrium under Conditions of Risk, in: The Journal of Finance, Vol. 19, S. 425 - 442.

In der Literatur vorherrschend sind Ansätze zur Modellbildung, die die Kreditvergabe als Einzelentscheidung betrachten. Sie vernachlässigen den Diversifikationseffekt und stellen das Bonitätsrisiko des einzelnen Kreditnehmers in den Mittelpunkt.

Es ist sowohl Ziel dieser Ansätze, das Kreditangebotsverhalten der Banken zu erklären, als auch eine Basis für die Ableitung von Handlungsempfehlungen zu liefern. Dabei werden in aller Regel Überlegungen darüber, in welchem Markt Banken agieren, d. h. wie ihr Angebotsverhalten von anderen Banken und der Marktstellung des Kreditnehmers beeinflußt wird, nicht angestellt oder Annahmen darüber nicht problematisiert.

Weitgehende Übereinstimmung herrscht in der Literatur darüber, wie eine Fremdfinanzierung modellmäßig zu beschreiben ist. Sie ist dadurch gekennzeichnet, daß der Kapitalgeber für die Hingabe seines Kapitals das Versprechen der Zahlung eines festen Betrages (Kreditbetrag und Zinsen) in der Zukunft erhält. Reicht das Vermögen des Kapitalnehmers zur Begleichung der Zahlungsverpflichtung nicht aus, erhält der Fremdkapitalgeber den höchstmöglichen niedrigeren Betrag. Ein Kreditvertrag legt also, wie andere Finanzierungsformen auch, eine Regel zur Aufteilung der zukünftigen finanziellen Position des Kapitalnehmers fest. Der Kreditbetrag ist der Preis für die Beteiligung des Kreditgebers an der zukünftigen unsicheren finanziellen Position des Kreditnehmers; alternative Konditionen der Kreditvergabe legen alternative Aufteilungsregeln dieser Position fest. Auch die Vereinbarung von Sicherheiten kann als Instrument gedeutet werden, die Aufteilung der zukünftigen finanziellen Position zu gestalten.[55]

Die Kreditvergabeentscheidung besteht nun darin, anhand der Wahrscheinlichkeitsverteilung über das zukünftige Rückzahlungsvermögen eines potentiellen Kreditnehmers, die durch die Kreditwürdigkeitsprüfung gewonnen wird, zu püfen, ob es für die Bank vorteilhaft ist, die Kreditsumme gegen das Recht auf die durch die Konditionen des Kreditvertrages festgelegte zukünftige Parte zu tauschen.

---

55. Vgl. KRÜMMEL, Hans-Jacob: Finanzierungsrisiken und Kreditspielraum, in: Zeitschrift für Betriebswirtschaft, 36. Jg. (1966), Ergänzungsheft, S. 134 - 157, ARNOLD, Hans: Risikentransformation, Finanzierungsinstrumente und Finanzierungsinstitute als Institutionen zur Transformation von Unsicherheitsstrukturen, Diss. Saarbrücken 1964, und RUDOLPH (1974), S. 30 - 36 und S. 67 - 104.

Darüber, wie die Vorteilhaftigkeit durch eine Bank beurteilt wird und/oder beurteilt werden sollte, herrscht in der Literatur weitgehend Uneinigkeit. Es wurden Versuche unternommen, die aus der Entscheidungstheorie bekannten Entscheidungskriterien auf die Kreditvergabeentscheidung anzuwenden[56], aber auch spezifisch bankbetriebliche Entscheidungskriterien werden vorgeschlagen.[57] Durchgesetzt hat sich zumindest in der deutschen Literatur keiner dieser Ansätze; einige werden abgelehnt, da sie ökonomisch nicht sinnvoll sind[58], andere bleiben - obwohl man die fehlende ökonomische Begründbarkeit z. T. ebenso bemängeln könnte - in der Diskussion. Zu denken ist hier vor allem an die beiden gegensätzlichen Meinungen darüber, ob Banken alle Kreditpositionen ablehnen, die nicht einer genormten Risikovorstellung entsprechen[59], oder ob für den Kreditnehmer die Möglichkeit einer Abgeltung von höheren Risiken durch höheren Ertrag in Form der Vereinbarung höherer Zinszahlungen besteht, die in den Modellwelten der Finanzierungstheorie als selbstverständlich unterstellt wird. Dies verwundert besonders deshalb, weil - den Plausibilitätsannahmen der traditionellen These zum Verschuldungsgrad vergleichbar - risikonormierendes Verhalten nicht auf andere Annahmen zurückgeführt, sondern als ad hoc Annahme gesetzt wird. Es ist bisher nicht gelungen, Risikonormierung als Konsequenz rationalen Verhaltens abzuleiten, wenn man von

---

56. Vgl. WÄCHTERSHÄUSER, Manfred: Kreditrisiko und Kreditentscheidung im Bankbetrieb, Zur Ökonomisierung des Kreditentscheidungsprozesses im Bankbetrieb, Wiesbaden 1971.

57. Vgl. z. B. den Risikohorizont als Entscheidungskriterium in KRÜMMEL (1966) und vor allem die Zielsetzungen in den Modellen zur Erklärung des Kreditvergabeverhaltens in der amerikanischen Literatur von HODGMAN, MILLER, RYDER und FREIMER/GORDON: Vgl. HODGMAN, Donald R., Credit Risk and Credit Rationing, in: Quarterly Journal of Economics, Vol. 74 (1960), S. 258 - 278; MILLER, Merton H.: Credit Risk and Credit Rationing: Further Comment, in: Quarterly Journal of Economics, Vol. 76 (1962), S. 480 - 488; RYDER, Harl E.: Credit Risk and Credit Rationing: Comment, in: Quarterly Journal of Economics, Vol. 76 (1962), S. 471 - 479; FREIMER, Marshall/GORDON, Myron J.: Why Bankers Ration Credit, in: Quarterly Journal of Economics, Vol. 65 (1965), S. 397 - 416.

58. Vgl. die ausführliche Kritik der Zielsetzungen von HODGMAN und RYDER bei RUDOLPH (1974), S. 49/50 und 54.

59. Vgl. KRÜMMEL (1966) und MÜLHAUPT, Ludwig: Umsatz-, Kosten- und Gewinnplanung einer Kreditbank, Ansatzpunkte einer theoretischen Bankbetriebslehre, in: Zeitschrift für handelswissenschaftliche Forschung, 8. Jg. (1956), S. 7 - 74, hier S. 17/18.

einem Versuch WILHELMS absieht.[60] Ihm gelingt es zwar, risikonormierendes Kreditvergabeverhalten aus einer extremen Risikoaversion der Banken zu folgern; für die Annahme extremer Risikoscheu selbst fehlt jedoch eine einleuchtende Begründung.

Auch in den Ansätzen zur Kreditvergabe als Einzelentscheidung wird also eine gewisse Scheu vor der Übernahme von Erkenntnissen der Finanzierungstheorie deutlich. Dies kann insofern als erstaunlich bezeichnet werden, als gerade die Beschreibung der Fremdfinanzierung als Partenteilung durchaus im Einklang mit der Finanzierungstheorie steht, so daß eine Verwendung der finanzierungstheoretischen Zielsetzungen und eine Weiterentwicklung in Richtung der Portefeuille- und Kapitalmarkttheorie auf den ersten Blick naheliegend erscheint. Jedoch würde bei einer solchen Weiterentwicklung wiederum die Irrelevanz der Finanzierungsform zu folgern sein, so daß z. B. auch die gefundene Erklärung für die Funktion von Sicherheiten als Instrumente der Risikenteilung hinfällig würde. Die "Abwehrhaltung" gegen die Finanzierungstheorie liegt offensichtlich in der Scheu vor der Annahme eines vollkommenen Kapitalmarktes. Implizit wird in den Modellen zur Theorie der Kreditvergabe immer ein unvollkommener Kapitalmarkt vorausgesetzt.

Zusammenfassend kann gefolgert werden, daß in der Theorie der Kreditvergabe die Position eines Fremdkapitalgebers übereinstimmend als Anteil an der zukünftigen unsicheren Einkommensposition des Kreditnehmers beschrieben wird, daß jedoch keine Einigkeit darüber besteht, wie dieser Anteil zu bewerten ist. So sind zwar Ansätze vorherrschend, die den einzelnen Kredit als Grundlage für die Kreditvergabeentscheidung in den Vordergrund stellen, eine einhellige Meinung, wie Banken eine Einzelposition beurteilen sollten, existiert jedoch nicht. Eine Übertragung der in der Finanzierungstheorie entwickelten Theorien zur Bewertung unsicherer finanzieller Positionen auf bankbetriebliche Problemstellungen findet nur ansatzweise statt und wird in der Regel nicht weiterverfolgt.

---

60. Vgl. WILHELM, Jochen: Die Bereitschaft der Banken zur Risikoübernahme im Kreditgeschäft, Mitteilungen des Instituts für das Spar-, Giro- und Kreditwesen an der Universität Bonn Nr. 7, Bonn 1982.

# IV. Gegenüberstellung, Einschätzung und Weiterentwicklung der Behandlung der Fremdfinanzierung in Finanzierungs- und Bankliteratur

## 1. Diskrepanzen der Problemsicht in Finanzierungs- und Bankliteratur

Fassen wir die Themenschwerpunkte im Zusammenhang mit der Kreditvergabe in der bankbetrieblichen Literatur zusammen, und stellen wir diese denen der Behandlung der Fremdfinanzierung in der Finanzierungsliteratur gegenüber, so ergibt sich folgendes Bild:

Finanzierungslehre und Bankbetriebslehre sind in der Hinsicht vergleichbar, daß sie der Beschreibung der in der Realität vorhandenen Fremdfinanzierungsformen viel Raum widmen, Ansätze zu deren Erklärung und Beurteilung jedoch nicht entwickeln. Im Gegensatz zur Finanzierungslehre, in der die festen Zahlungsverpflichtungen als unbedingt zu erfüllen und deshalb Fremdfinanzierungszahlungsreihen als quasi sicher angesehen werden, wird in der Bankbetriebslehre das Risiko der Nichterfüllung dieser Zahlungsverpflichtungen betont und werden Methoden der Praxis zur Einschätzung und Verminderung dieses Risikos beschrieben.

Die in der traditionellen Bank- und Finanzierungsliteratur spürbare Tendenz zur unterschiedlichen Wertung des Unsicherheitsproblems setzt sich in den theoretisch orientierten Arbeiten fort.

Die Einschätzung der Finanzierungslehre, daß die Unsicherheit der Zahlungsströme bei Fremdfinanzierung als Problem (nahezu) nicht existiert, wird tendenziell in der Finanzierungstheorie übernommen. Die Ermittlung von Fremdkapitalkosten, Probleme der Auswahl unter Fremdfinanzierungsalternativen und der Beurteilung von die Dispositionsfreiheit des Kreditnehmers einschränkenden Auflagen in Kreditverträgen werden in der Regel unter der Annahme der Sicherheit diskutiert, obwohl gerade in einer sicheren Welt das Vorhandensein eines vollkommenen Kapitalmarkts und damit das Nicht-Vorhandensein von Finanzierungsproblemen überzeugender wäre. Wird die Unsicherheit als Problem von Fremdfinanzierungszahlungsreihen aufgegriffen, so wird entweder die Existenz spezieller Bewertungsprobleme bei Fremdfinanzierung aus Plausibilitätsüberlegungen angenommen, wobei Ansätze zur Lösung dieser Bewertungsprobleme fehlen, oder aber es wird die Nicht-Existenz von speziellen Problemen der Fremdfinanzierung mit Hilfe von Gleichgewichtsbedingungen auf einem vollkommenen Kapitalmarkt bei Unsicherheit bewiesen.

In den eher theoretisch orientierten Arbeiten zur Kreditvergabeentscheidung der Banken steht wiederum die Unsicherheit der Zahlungsströme aus der Kreditvergabe im Mittelpunkt der Versuche, das Kreditvergabeverhalten der Banken modellmäßig zu erklären oder Ansätze zur Beurteilung von Kreditengagements zu liefern. Bei der Konstruktion dieser Modelle ist auffallend, daß zwar die Beschreibung der Position des Fremdkapitalgebers analog zu den finanzierungstheoretischen Modellen bei Unsicherheit als Anrecht auf einen Teil eines gegebenen unsicheren Zahlungsstroms erfolgt. Es scheint jedoch ein gewisser Vorbehalt zu bestehen, Annahmen der finanzierungstheoretischen Modelle bezüglich der Bewertung einer so beschriebenen Position für bankbetriebliche Problemstellungen zu übernehmen. Besonders deutlich wird dies in der Diskussion um die Möglichkeit der Risikoabgeltung im Rahmen der Einzelkreditvergabe sowie in der fehlenden Bereitschaft, gleich ob es sich um die Kreditvergabe als Einzel- oder Portefeuilleentscheidung handelt, der Kapitalmarkttheorie folgende Überlegungen, die die Diversifikationsmöglichkeiten jedes einzelnen Anlegers auf dem Kapitalmarkt betreffen, mit einzubeziehen. Es entsteht der Eindruck, daß sich die Theorie der Kreditvergabeentscheidung im Vergleich zur Finanzierungstheorie in einem niedrigeren Entwicklungsstadium befindet.

Dieser Eindruck ist zwar m. E. in der Hinsicht richtig, daß keines der Modelle zur Kreditvergabeentscheidung auf einem Annahmenset aufbaut, der in seiner Geschlossenheit dem der Kapitalmarkttheorie vergleichbar wäre. Andererseits gibt es aber Gründe dafür, warum die Weiterentwicklung der Finanzierungstheorie wenig Impulse für die Lösung bankbetrieblicher Problemstellungen liefern konnte. Die Kapitalmarkttheorie ist eine Bewertungstheorie für Anlagen auf einem vollkommenen Kapitalmarkt bei Unsicherheit. In der Welt, die die Kapitalmarkttheorie unterstellt, sind alle Anleger risikoscheu und halten den riskanten Anteil ihrer Geldanlage als voll diversifiziertes Portefeuille, das alle Einzelanlagen im Verhältnis ihrer Marktwerte enthält, d. h. einem Anteil am Marktportefeuille entspricht.[61] Den Grad seiner Risikoscheu berücksichtigt der einzelne Anleger durch die Aufteilung seiner Mittel auf

61. Vgl. z. B. DRUKARCZYK, Jochen: Finanzierungstheorie, München 1980, S. 321/322.

eine risikolose Anlage und die Anlage im Marktportefeuille.[62] In einer solchen Welt haben Institutionen wie Banken keine Existenzberechtigung, da ein vollkommener und vollständiger Kapitalmarkt die Funktionen eines Finanzintermediärs wie Risiken- und Losgrößentransformation überflüssig macht.[63] Es scheint, als habe die bankbetriebliche Literatur erkannt, daß die Entwicklungen der Finanzierungstheorie ihr aus diesen Gründen wenig weiterhelfen konnten, und deshalb bewußt einen anderen Weg eingeschlagen bzw. auf eine Anlehnung an die Finanzierungstheorie verzichtet.

Doch spricht zumindest im Zusammenhang mit den Modellen zur Kreditvergabeentscheidung der Banken einiges dafür, daß keine bewußte Abkehr von der Finanzierungstheorie und Suche nach neuen Wegen erfolgte. Vielmehr wurden im Rahmen der Literatur zur Kreditvergabeentscheidung die Fragen, worin die Unvollkommenheit des Kapitalmarktes liegt, die der Institution Bank ihre Existenzberechtigung gibt, und welche Auswirkungen sich daraus auf die Kreditvergabeentscheidung selbst ergeben, nicht thematisiert. Die Annahme, daß ein unvollkommener Kapitalmarkt vorliegt, ist zwar implizit in allen Modellen zur Kreditvergabeentscheidung enthalten: Läge ein vollkommener Kapitalmarkt vor, wäre die Finanzierungsform irrelevant. Es gäbe keinen Grund, Risikoabgeltung nicht zuzulassen. Ebenfalls wären die Sicherheiten ihrer Funktion als Instrument der Partenteilung beraubt. Die Annahme des unvollkommenen Kapitalmarktes wird jedoch nicht explizit genannt und ergibt sich auch nicht zwingend aus den sonstigen getroffenen Annahmen der Modelle. Die Annahmen der Modelle zur Kreditvergabeentscheidung stehen bezüglich der Beschreibung einer unsicheren Position zu den in der Finanzierungstheorie üblichen durchaus nicht im Widerspruch. Auch nicht alle Ansätze zu ihrer Bewertung kehren sich von der Finanzierungstheorie ab. Dies zeigen der Portefeuille-Ansatz von KRÜMMEL, die These von der Risikoabgeltung, aber auch ein Ansatz von KRÜMMEL zur Bewertung von Zusatzvereinbarungen in Kreditverträgen, der eine generelle

---

62. Dieses Separationstheorem geht zurück auf TOBIN, James: Liquidity Preference as Behaviour toward Risk, in: Review of Economic Studies, Vol. 26 (1958), S. 65 - 86.

63. Vgl. KRAHNEN, Jan P.: Kapitalmarkt und Kreditbank, Untersuchungen zu einer mikroökonomischen Theorie der Bankunternehmung, Berlin 1985, S. 24 - 36, vgl. auch BALL, Helmut: Bankgeschäfte und Zentralbankpolitik im Lichte der neueren Kapitalmarkttheorie, Frankfurt/M. 1978, S. 88/89.

Austauschbarkeit von Risikoprämien und Sicherheiten unterstellt[64].

Werden wirklich der Finanzierungstheorie entgegengesetzte Annahmen bezüglich der Bewertung getroffen, so sind sie wenig überzeugend und deshalb oft Zielscheibe der Kritik. Man könnte folgern, daß ein Schritt in Richtung der Kapitalmarkttheorie eher aus Intuition als aus Einsicht nicht erfolgt ist. Die Suche nach einem theoretischen Rahmen, der eine Erfassung der bankbetrieblichen Probleme der Kreditvergabeentscheidung erlaubt, erschöpft sich in dem Setzen von ad hoc Annahmen.

## 2. Annäherung der Problemsicht in Finanzierungs- und Bankliteratur

Die oben gegebene Einschätzung mag bis vor wenigen Jahren zutreffend gewesen sein, doch zeichnen sich in neuerer Zeit Tendenzen ab, die zu einer Revidierung dieser Einschätzung führen könnten.

Die Gegenüberstellung der Themenschwerpunkte verdeutlichte, daß der Rahmen zur modellmäßigen Erfassung von Fremdfinanzierungsproblemen in den Annahmen eines unvollkommenen Kapitalmarktes bei Unsicherheit gesucht werden muß. Modelle, die die Annahme der Unsicherheit mit der eines unvollkommenen Kapitalmarktes verknüpfen, befinden sich auch in der Finanzierungstheorie erst im Entwicklungsstadium. Doch mehr und mehr Veröffentlichungen zur Finanzierung beschäftigen sich damit, welche Auswirkungen sich aus der Aufhebung einzelner Annahmen, die einen vollkommenen Kapitalmarkt charakterisieren, auf die Beantwortung der Frage nach der optimalen Finanzierung ergeben. Neben steuerlichen Problemen, die von jeher in der Finanzierungsliteratur diskutiert und als Einwand gegen die Modellwelt eines vollkommenen Kapitalmarkts vorgebracht wurden, stehen Transaktionskostenargumente und vor allem die Annahme der gegebenen Investitionspläne und die Annahme homogener Er-

---

64. Vgl. KRÜMMEL (1964), S. 122 - 162 und S. 229 - 247. Auf diesen Ansatz wurde im vorhergehenden Abschnitt nicht gesondert eingegangen, da er KRÜMMELs Ausführungen zur Preispolitik der Banken zuzuordnen ist und durch die relativ vielen banktypischen Details, die zu seiner Darstellung erläutert werden müßten, den Rahmen sprengen würde. Vgl. zu diesem Ansatz auch SÜCHTING (1984), S. 389 - 391, besonders S. 391, der ebenfalls davon ausgeht, daß Sicherheiten grundsätzlich gegen Risikoprämien austauschbar sind.

wartungen aller Marktteilnehmer im Mittelpunkt des Interesses.[65]

Die Annahme gegebener Investitionspläne ist dann wenig überzeugend, wenn man moral hazard als Kennzeichen einer Finanzierungsbeziehung ansieht. Moral hazard[66], ein in der Versicherungsliteratur bereits seit langem diskutiertes Risiko[67], ergibt sich aus dem streng eigennützigen Verhalten, das eine jede Vertragspartei nach dem Abschluß eines Vertrages an den Tag legt. Besteht nach dem Zustandekommen einer Finanzierungsbeziehung für den Kapitalnehmer oder den Kapitalgeber die Möglichkeit, den Wert seiner Position zu erhöhen, so wird er diese Möglichkeit auch dann wahrnehmen, wenn er die andere Vertragspartei hierdurch schädigt. Entscheidungen nach Vertragsabschluß - wie die Entscheidung über die Realisierung bestimmter Investitionspläne - sind demnach von der Regelung abhängig, die über die Teilung der zukünftigen Erträge getroffen worden ist.[68] Vorbeugende vertragliche Regelungen, die moral hazard verhindern sollen, werden dann erschwert, wenn nicht homogene Erwartungen herrschen, sondern eine asymmetrische Informationsverteilung zwischen den Vertragspartnern als typisches Kennzeichen einer Finanzierungsbeziehung angenommen wird. Asymmetrisch verteilte Informationen werden in der Informationsökonomik, einer Richtung der neueren Mikroökonomie, als Problem diskutiert, das zu einer eingeschränkten Funktionsfähigkeit des Marktmechanismus führen kann. Sind die Informationen zwischen Kapitalnehmer und Kapitalgeber nicht gleich verteilt, sondern befindet sich der Kapitalnehmer - wie es auch realistisch erscheint - in der Rolle des besser informierten Vertragspartners, so kann der Kapitalgeber lediglich eine Durchschnittsbewertung der Qualität einer von ihm zu übernehmenden Position vornehmen.

---

65. Vgl. die Übersicht in SWOBODA, Peter: Betriebliche Finanzierung, Würzburg - Wien 1981, S. 130 - 183.

66. Vgl. ARROW (1963), PAULY (1968).

67. Vgl. MAHR, Werner: Zur Interdependenz von Prämien und Schäden: Das moralische Risiko, in: BRAESS, P./FARNY, D./SCHMIDT, R.: Praxis und Theorie der Versicherungslehre, Karlsruhe 1972, S. 241 - 282. Zu den Verbindungen zwischen Versicherungs- und Finanzierungstheorie vgl. BOYLE, Phelim P.: Links between Modern Finance and Insurance, Manuskript des Vortrages auf der 2. Tagung über Geld, Banken und Versicherungen in Karlsruhe 1982.

68. Vgl. FAMA, Eugene F./MILLER, Merton H.: The Theory of Finance, New York 1972, S. 179/180, JENSEN, Michael C./MECKLING, William H.: Managerial Behavior, Agency Costs, and Ownership Structure, in: Journal of Financial Economics, Vol. 3 (1976), S. 305 - 360, sowie MYERS, Steward C.: Determinants of Corporate Borrowing, in: Journal of Financial Economics, Vol. 4 (1977), S. 147 - 175.

Werden aber Preise aufgrund einer Durchschnittsbewertung der mit einer Finanzierung verbundenen Risiken festgelegt, kann es zu einem Rückzug von Kapitalnehmern mit niedrigem Risiko vom Markt kommen, der wiederum die Durchschnittsqualität verschlechtert. Ein Prozeß der "Negativauswahl", adverse selection genannt, kommt in Gang, der im Extremfall dazu führen kann, daß der Markt zusammenbricht, da lediglich die Transaktionspartner mit den höchsten Risiken am Markt verbleiben.[69]

Dafür, daß moral hazard und asymmetrische Informationsverteilung wesentliche Charakteristika einer Fremdfinanzierungsbeziehung bilden, spricht vor allem, daß durch eine Einführung dieser Problemstellungen in den letzten Jahren eine starke Belebung der Diskussion von Fremdfinanzierungsproblemen eingetreten ist. Die Erkenntnis, daß die Annahmen einer symmetrischen Informationsverteilung und gegebener Investitionspläne die Kapitalmarkttheorie gegen reale Finanzierungsprobleme immunisieren und daß bei Annahme einer asymmetrischen Informationsverteilung und daraus resultierenden adverse selection- und moral hazard-Problemen der Finanzierung - neben der Risikoteilungsfunktion - auch eine Anreizwirkung auf das Verhalten des Kapitalnehmers zukommt, haben erstmals die Vielzahl der in der Realität vorhandenen Finanzierungsformen <u>erklärbar</u> gemacht[70] und zu einer Überbrückung der Diskrepanzen zwischen Finanzierungslehre und Finanzierungstheorie geführt.[71]

Doch nicht nur eine Belebung der Diskussion und eine Annäherung von Finanzierungslehre und Finanzierungstheorie sind zu konstatieren, sondern auch eine Aufhebung der Trennung in eine bankbetriebliche, kapitalgeberorientierte und eine finanzwirtschaftliche, kapitalnehmerorientierte Sicht des Fremdfinanzierungsproblems zeichnet sich ab. Auch neuere Veröffentlichungen zur Erklärung des Kreditvergabeverhaltens von Banken versuchen, reale Phänomene wie Vereinbarungen in Kreditver-

---

69. Vgl. AKERLOF (1970).

70. Vgl. SCHMIDT, Reinhard H.: Grundformen der Finanzierung, Eine Anwendung des neo-institutionalistischen Ansatzes der Finanzierungstheorie, in: Kredit und Kapital, 14. Jg. (1981), S. 186 - 221, sowie speziell für die Fremdfinanzierung SMITH, C. W./WARNER (1979) und SMITH, Clifford W.: On the Theory of Financial Contracting, The Personal Loan Market, in: Journal of Monetary Economics, Vol. 6 (1980), S. 333 - 357. Vgl. auch das Lehrbuch von SPREMANN, Klaus: Finanzierung, München - Wien 1985, besonders S. 95 - 106.

71. Vgl. SCHMIDT, Reinhard H.: Ein "neo-institutionalistischer Ansatz" der Finanzierungstheorie, in: RÜHLI, E./THOMMEN, J.(Hrsg.): Unternehmensführung aus finanz- und bankwirtschaftlicher Sicht, Stuttgart 1981, S. 135 - 154.

trägen über die Stellung von Sicherheiten als Mittel zur Milderung von Anreizproblemen zu deuten, die aus der Bindung des Kreditgebers an das unsichere Ergebnis einer Handlung des Kreditnehmers resultieren.[72]

Die Annäherung von Finanzierungs- und Bankliteratur kann kaum verwundern, wenn man sich vor Augen führt, daß Probleme des moral hazard und der asymmetrischen Informationsverteilung auf der Interaktion von Kapitalnehmer und Kapitalgeber beruhen.[73] Sie ergeben sich aus dem Einfluß, den Entscheidungen der einen Vertragspartei auf den Nutzen und die Handlungen der anderen Vertragspartei ausüben. Rückschauend liefert die Tatsache, daß die Interaktion zwischen Kreditnehmer und Kreditgeber als Problem nicht erkannt wurde, eine Erklärung dafür, daß die oben aufgezeigten Diskrepanzen zwischen Finanzierungs- und Bankliteratur auftraten und eine gegenseitige Befruchtung von Finanzierungs- und Bankliteratur nicht stattfand: Der Finanzierungsliteratur als Vertreter der Kapitalnehmerseite war der Blick für die Probleme, die ein Fremdkapitalgeber bei der Durchsetzung seiner Ertragsforderungen hat, versperrt. Infolgedessen konnte die Bankbetriebslehre als Vertreter der Kapitalgeberseite ihr "Theoriedefizit" nicht durch Übernahme von Modellen aus der Finanzierungstheorie ausgleichen, denn die Probleme, die im Verhalten des Kreditnehmers liegen, wurden durch diese Modelle nicht erfaßt. Die Modelle der Finanzierungstheorie konzentrierten sich über lange Zeit auf die Funktion eines Finanzierungsvertrages, gegebene Einkommensströme aus Investitionsobjekten zu teilen, und diese Sichtweise wurde von der Theorie der Kreditvergabe übernommen. Um jedoch die bankbetrieblichen Probleme im Rahmen der Kreditvergabeentscheidung erfassen und lösen zu können, darf die Kreditwürdigkeit des Kreditnehmers nicht als durch die Kreditwürdigkeitsprüfung gewonnenes Datum, sondern das Verhalten des Kreditnehmers muß als von der Kreditvergabe abhängig betrachtet werden: Der Kreditvertrag ist ein Instrument, das nicht nur die Aufteilung von Einkommensströmen auf den Kapitalnehmer und Kapitalgeber regelt, sondern auch Handlungsspielräume für beide Vertragspartner festlegt und Anreize für bestimmte Verhaltensweisen setzt.

Vereinfachungen, die in der Finanzierungstheorie und der Theorie zur Kreditvergabe bei der modellmäßigen Erfassung von Fremdfinanzierungs-

---

72. Vgl. RUDOLPH (1982), ders. (1984), ders (1985) und SWOBODA (1982).

73. SCHMIDT, R. H. spricht von einem Interaktionsparadigma, vgl. SCHMIDT, R. H. (1979), S. 242 - 250.

problemen vorgenommen wurden, erscheinen jetzt in einem anderen Licht. Aus der Sicht des Fremdkapitalnehmers stellt es unter Umständen eine sinnvolle Modellkonstruktion dar, die Fremdfinanzierungszahlungsreihe als sicher anzunehmen und trotzdem von einer Unvollkommenheit des Kapitalmarktes auszugehen, wenn der Fremdkapitalgeber seine Zahlungsansprüche durch eine Beschränkung des Kreditvolumens und zusätzliche Vertragsvereinbarungen entsprechend abgesichert hat. Es erscheint ebenfalls verständlich, aber nicht sinnvoll, die Wirkung von zusätzlichen Vertragsvereinbarungen aus Kapitalnehmersicht in erster Linie "negativ", d. h. in den Opportunitätskosten durch die Einengung von Handlungsspielräumen zu sehen, die den expliziten Kapitalkosten in Form der Zinszahlungen zuzuschlagen sind,[74] aus der Sicht des Kreditgebers dagegen nur die verzinsungssenkende Wirkung zu berücksichtigen, da Sicherheiten eine Minderung von Risikoprämien ermöglichen.[75] Aus Kapitalnehmersicht wird nicht bedacht, daß die Vereinbarung von Kreditsicherheiten im weitesten Sinne die Kreditvergabe eventuell erst ermöglicht, da sie der Bank eine Einschätzung des Ausfallrisikos erlauben. Die Kapitalgeberseite übersieht, daß Sicherheiten und Risikoprämien aus Kapitalnehmersicht nicht gleich bewertet werden, also nicht austauschbar sind, denn sie induzieren nicht nur eine andere Teilung des unsicheren Zahlungsstroms, sondern auch die Verhaltenswirkung ist unterschiedlich. Eine sinnvolle Erfassung des Problems der Bewertung alternativer Kreditverträge kann nur dann erwartet werden, wenn Modelle existieren, die die Sichtweise beider Vertragsparteien integrieren können.

## 3. Die Betrachtung der Fremdfinanzierung als Principal/Agent-Beziehung - ein erfolgversprechender Ansatz zur gemeinsamen Weiterentwicklung von Finanzierungs- und Bankliteratur?

Sieht man Teilungs- und Anreizprobleme als das Charakteristikum einer Fremdfinanzierungsbeziehung an, so könnte die Beurteilung von alternativen Fremdfinanzierungsformen im Rahmen von Principal/Agent-Model-

---

74. Vgl. HORNE, van (1966).

75. Vgl. KRÜMMEL (1964), S. 122 - 162 und S. 229 - 247, vgl. auch SÜCHTING (1984), S. 389 - 391.

len[76], die in der Kontrakttheorie entwickelt wurden, erste Anhaltspunkte zur Lösung des Problems der optimalen Gestaltung von Fremdfinanzierungsverträgen liefern.

Zum Vorliegen einer Principal/Agent-Beziehung müssen (mindestens) zwei Personen, bezeichnet mit Principal und Agent, existieren, die gemeinsam an den unsicheren (finanziellen oder nicht-finanziellen) Ergebnissen x einer Handlung a (z.B. Investition) beteiligt sind. Beide Personen sind in der Lage, die möglichen Ergebnisse durch Nutzengrößen zu bewerten, und verfolgen jeweils die Zielsetzung der Maximierung ihres Nutzenerwartungswertes.[77] Es ist ihr gemeinsames Problem, eine vertragliche Einigung darüber zu erzielen, wie die möglichen Ergebnisse zwischen ihnen aufgeteilt werden (Teilungsproblem). Beide Vertragsparteien haben ein Interesse, daß die Teilung das Kriterium der Pareto-Optimalität erfüllt.

Eine pareto-optimale Teilung liegt dann vor, wenn der Nutzen der einen Vertragspartei nicht mehr erhöht werden kann (vgl. (1)), ohne daß sich der Nutzen der anderen Vertragpartei vermindert,[78] was durch die Einführung der sogenannten Wettbewerbsbedingung als Nebenbedingung der Optimierung (vgl. (2)) verhindert wird:

$$(1)\quad \max_{s(x)} E\left[V(x(a,\theta)-s(x(a,\theta)))\right]$$

unter Einhaltung der Nebenbedingung

$$(2)\quad E\left[U(s(x(a,\theta)))\right] \geq \bar{U} \quad ,$$

---

76. Vgl. z. B. HARRIS, Milton/RAVIV, Artur: Optimal Incentive Contracts with Imperfect Information, in: Journal of Economic Theory, Vol. 20 (1979), S. 231 - 259, MIRRLEES, James A.: The Optimal Structure of Incentives and Authority within an Organization, in: Bell Journal of Economics, Vol. 7 (1976), S. 105 - 131, SHAVELL, Steven: Risk Sharing and Incentives in the Principal and Agent Relationship, in: Bell Journal of Economics, Vol. 10 (1979), S. 55 - 73, ROSS (1973).

77. Dies entspricht einem Verhalten nach dem Bernoulli-Kriterium. Vgl. hierzu LAUX, Helmut: Entscheidungstheorie, Grundlagen, Berlin - Heidelberg - New York 1982, S. 167 - 197.

78. Der Begriff des Pareto-Optimums entstammt der Wohlfahrtsökonomie und geht zurück auf PARETO, vgl. PARETO, Vilfredo: Manuel d'economie politique, Paris 1906.

wobei

| | |
|---|---|
| E | den Erwartungswert, |
| V | den Nutzen des Principals, |
| U | den Nutzen des Agenten, |
| $\bar{U}$ | den Mindestnutzen des Agenten, |
| $x(a,\theta)$ | das Ergebnis der Handlung a in Abhängigkeit vom Umweltzustand $\theta$ und |
| $s(x)$ | den Anteil des Agenten am Ergebnis x symbolisieren. |

Durch eine Lösung des Pareto-Programms läßt sich zeigen, daß eine pareto-optimale Risikenteilung dann vorliegt, wenn für jedes mögliche, vom Umweltzustand $\theta$ abhängige Ergebnis x einer Handlungsalternative a gilt, daß das Verhältnis der Grenznutzen beider Vertragsparteien multipliziert mit der Wahrscheinlichkeit, die der jeweilige Vertragspartner dem betrachteten Umweltzustand zumißt, gleich einer positiven Konstanten $\lambda$ ist, wie die folgende Bedingung ausdrückt[79]:

$$(3) \quad \frac{V' h(\theta)}{U' f(\theta)} = \lambda = \text{const.} \qquad \text{für alle } \theta \ ,$$

wobei

| | |
|---|---|
| $h(\theta)$ | die Wahrscheinlichkeit, die der Principal dem Umweltzustand zuordnet, |
| $f(\theta)$ | die Wahrscheinlichkeit, die der Agent dem Umweltzustand zuordnet, |
| $V'$ | den Grenznutzen des Principals und |
| $U'$ | den Grenznutzen des Agenten symbolisieren. |

Eine pareto-optimale Risikenteilung läßt sich in einer Principal/Agent-Beziehung jedoch in der Regel nicht realisieren, denn, obwohl beide Vertragspartner an dem unsicheren Ergebnis der Aktion a beteiligt sind, obliegt die Auswahl von a aus einem Alternativenset A lediglich einer der Personen, dem Agenten. Die Wahl erfolgt so, daß der Agent den Erwartungswert des Nutzens des auf ihn entfallenden Anteils der

---

79. Diese Bedingung wurde erstmals abgeleitet von BORCH, Karl: Equilibrium in a Reinsurance Market, in: Econometrica, Vol. 30 (1962), S. 424 - 444. Borch unterstellte allerdings gleiche Wahrscheinlichkeitsurteile. Vgl. auch WILSON, Robert: The Theory of Syndicates, in: Econometrica, Vol. 36 (1968), S. 119 - 132, besonders S. 124.

Ergebnisse $E[U(s(x))]$ maximiert:

(4) $\max_{a \in A} E[U(s(x(a,\theta)))]$ .[80]

Von Ausnahmefällen abgesehen[81] ist <u>nicht</u> davon auszugehen, daß der Agent durch die Wahl <u>der</u> Handlungsalternative, die den Nutzenerwartungswert <u>seines</u> Anteils maximiert, gleichzeitig den Nutzenerwartungswert des Principals maximiert. Dies kann z. B. darin begründet liegen, daß der Agent allein den 'effort', das Arbeitleid, bei der Alternativenwahl zu tragen hat.[82] Der Agent wird seine Anstrengungen als nutzenmindernden Einfluß bei seiner Entscheidung berücksichtigen und aus Sicht des Principals "zu wenig" arbeiten. Es entsteht ein Interessenkonflikt bezüglich der Alternativenwahl zwischen dem Principal und Agenten, den der Agent zu seinen Gunsten entscheiden kann (Anreizproblem).

Der Principal kann zwar die Teilung der Erträge (zumindest der finanziellen) mit dem Agenten gemeinsam vertraglich festlegen, die Alternativenwahl selbst, also z. B. den effort des Agenten, aber nicht, da die Alternativenwahl entweder durch den Principal nicht beobachtbar ist oder eine diesbezügliche Beobachtung des Agenten zu teuer wäre. Deshalb wird der Principal versuchen, den Agenten durch die Teilungsregel zur Wahl einer in den Augen des Principals vorteilhaften Hand-

---

80. Vgl. ROSS (1973), S. 134, sowie ROSS, Stephen A.: On the Economic Theory of Agency and the Principle of Similarity, in: BALCH, M. S./McFADDEN, D. L./WU, S. Y. (Hrsg.): Essays on Economic Behavior under Uncertainty, Amsterdam - Oxford 1974, S. 215 - 240, hier S. 216/217.

81. Vgl. zu den Ausnahmefällen ROSS (1973), S. 136 - 138, und HARRIS/RAVIV (1979), S. 237 - 239.

82. In vielen Principal/Agent-Modellen wird die Annahme, daß der Agent nicht nur an dem finanziellen Ergebnis der Aktion beteiligt ist, sondern auch die nicht-finanziellen Konsequenzen in Form von Arbeitseinsatz (effort) - und zwar allein - zu tragen hat, explizit durch ein gesondertes Symbol als Argument seiner Nutzenfunktion berücksichtigt. Da hier das Ergebnis x nicht näher spezifiziert wurde, können auch immaterielle Bestandteile enthalten sein. Es ist jedoch zu beachten, daß bei der Vertragsgestaltung unter Umständen nicht beliebige Teilungsregeln vereinbar sind, wie das Beispiel des Arbeitsleides, das dem Agent nicht abgenommen werden kann, zeigt. Für dieses Beispiel wäre die obige Modellformulierung einer Maximierung über s(x) nicht korrekt, ohne eine zusätzliche Variable in die Nutzenfunktion des Agenten einzuführen.

lungsalternative anzureizen,[83] was wiederum eine optimale Risikenteilung verhindern kann.

Dem Vertrag zwischen Principal und Agent kommt nicht nur die Funktion der Festlegung einer Teilungsregel, sondern auch die der Festlegung einer Anreizstruktur für das Entscheidungsproblem des Agenten zu, so daß das Pareto-Programm unter Beachtung der Anreiznebenbedingung lautet:

(5) $\max\limits_{s(x),a} E\left[V(x(a,\theta)-s(x(a,\theta)))\right]$

unter Einhaltung der Nebenbedingungen

(6) $E\left[U(s(x(a,\theta)))\right] \geq \bar{U}$

(7) $a \in \underset{a' \in A}{\operatorname{argmax}}\, E\left[U(s(x(a',\theta)))\right]$ .[84]

Das Symbol a′ stellt eine Alternative aus der Menge der Alternativen dar, die den Nutzenerwartungswert des Agenten maximieren.

In aller Regel ist der Vertrag, der eine Teilungsregel unter der Nebenbedingung fixiert, daß der Agent die Alternativenwahl nach dem Kriterium der Maximierung seines Nutzenerwartungswertes trifft, im Vergleich zu dem Vertrag, der nur das Teilungsproblem, nicht jedoch Anreizprobleme zu lösen hat, pareto-inferior. Die Anreiznebenbedingung wird bindend und nicht alle Vorteile, die durch eine kooperative Ent-

---

83. In der deutschen Literatur diskutiert LAUX - unabhängig von der amerikanischen Literatur - sehr früh die Möglichkeit, einen Entscheidungsträger durch die entsprechende Konstruktion einer Prämienfunktion zu einem Verhalten im Interesse der Instanz, des Principals, anzureizen. Vgl. LAUX, Helmut: Anreizsysteme bei unsicheren Erwartungen, in: Zeitschrift für betriebswirtschaftliche Forschung, 24. Jg. (1972), S. 784 - 803, vgl. auch ders.: Grundfragen der Organisation, Berlin - Heidelberg - New York 1979, S. 287 - 308. Den Konflikt zwischen Anreizkonformität und Pareto-Optimalität einer Teilungsregel greift LAUX allerdings nicht auf, wie gezeigt wird bei HORST, Michael/SCHMIDT, Reinhard H./TERBERGER, Eva: Risikoaufteilung durch Prämiensysteme, in: Zeitschrift für Betriebswirtschaft, 52. Jg. (1982), S. 942 - 958.

84. Vgl. die sehr einfache Darstellung mit Hilfe eines Zahlenbeispiels in DEMSKI, Joel S.: Information Analysis, 2. Aufl., Reading, Massachusetts - Menlo Park, California u. a. 1980, S. 82 - 99, sowie die Darstellung bei HOLMSTRÖM, Bengt: Moral hazard and Observability, in: The Bell Journal of Economics, Vol. 10 (1979), S. 74 - 91, hier S. 76/77.

scheidung beider Vertragsparteien erzielbar wären, sind realisierbar. Es wird nur eine sogenannte second best Lösung erzielt im Vergleich zur first best Lösung, die in einer Welt ohne Anreizprobleme verwirklichbar wäre.[85]

Vergleicht man die Charakteristika einer Fremdfinanzierungsbeziehung mit den Merkmalen der Principal/Agent-Beziehung, so kann die Beziehung zwischen dem Kreditgeber und Kreditnehmer als eine Principal/Agent-Beziehung aufgefaßt werden[86], bei der die Teilungsregel nicht frei wählbar ist, sondern die für eine Fremdfinanzierung typische Form annimmt. Der Kreditgeber in der Rolle des Principal erhält einen festen Anspruch auf das unsichere finanzielle Ergebnis der Handlung des Kreditnehmers in Höhe des Kreditbetrages K einschließlich der vereinbarten Verzinsung r, d. h. K(1+r). Reicht das Ergebnis nicht zur Befriedigung des Kreditgebers aus, so geht der volle Anspruch darauf auf ihn über. Der Kreditnehmer erhält den Teil des finanziellen Ergebnisses, der nach Befriedigung seines Gläubigers verbleibt. Die <u>im Rahmen der Form eines Kreditvertrages pareto-optimalen Teilungsregeln</u>[87] für eine gegebene Handlungsalternative a ergeben sich demnach durch die Lösung des folgenden Maximierungsproblems, wenn andere das Einkommen beeinflussende Zahlungen nicht zu berücksichtigen sind:

---

85. Vgl. HOLMSTRÖM (1979), S. 78, sowie den Beweis im Appendix, S. 90, vgl. auch den formal weniger anspruchsvollen, den Konflikt zwischen pareto-optimaler Risikoteilung und Anreizbedingung durch ein Beispiel verständlich machenden Aufsatz von DEMSKI, Joel S.: Uncertainty and Evaluation Based on Controllable Performance, in: Journal of Accounting Research, Vol. 14 (1976), S. 230 - 245.

86. Zur Angemessenheit von Principal/Agent-Modellen für das Problem der Gestaltung von Finanzierungsverträgen und zu deren Anwendung auf diese Problemstellung vgl. BARNEA, Armin/HAUGEN, Robert A./ SENBET, Lemma W.: Agency Problems and Financial Contracting, Englewood Cliffs 1985, besonders S. 80 - 105.

87. Schon jetzt wird offensichtlich, daß ein Kreditvertrag die Bedingung für eine optimale Risikenteilung (vgl.Formel(3)) bei freier Gestaltung der Teilungsregel nur in Sonderfällen erfüllen kann, da es sich um einen sogenannten gestutzen Teilungsvertrag handelt. Ein solcher Sonderfall wäre - gleiche Wahrscheinlichkeitsurteile des Kreditgebers und des Kreditnehmers unterstellt - die Risikoneutralität beider Vertragsparteien, denn dann wäre der Grenznutzen unabhängig von der Höhe der eingehenden Zahlungen; ein weiterer Sonderfall wäre der eines sicheren Zahlungsanspruchs eines risikoscheuen Kreditgebers bei Risikoneutralität des Kreditnehmers, denn dann ist es optimal, daß der risikoneutrale Vertragspartner das gesamte Risiko trägt. Vgl. hierzu auch KRAHNEN (1985), S. 106 - 109.

(8) $\max\limits_{K,r} E\left[U(\max(x(a,\theta)-K(1+r)),0)\right]$

unter der Nebenbedingung

(9) $E\left[V(\min(x(a,\theta),K(1+r)))\right] \geq \bar{V}$ mit $x \geq 0$.[88]

Kann der Kreditnehmer seine potentielle Rückzahlungsfähigkeit, d. h. die möglichen Ergebnisse oder deren Wahrscheinlichkeit, durch die Wahl der Handlung a beeinflussen, nimmt er die Position eines Agenten ein, der durch seine Handlung den an den Kreditgeber in der Rolle des Principals entfallenden Anteil am finanziellen Ergebnis mitbestimmen kann. Hat der Kreditgeber nicht die Möglichkeit oder ist es, z. B. aus Kostengründen, unvorteilhaft, die durch den Agenten zu wählende Handlung vertraglich zu fixieren, so ist bei der Bestimmung des optimalen K, r und a die Anreiznebenbedingung zu beachten:

(10) $a \in \underset{a' \in A}{\operatorname{argmax}}\, E\left[U(\max(x(a',\theta)-K(1+r),0))\right]$

Der Kreditgeber kann nur indirekt, über die Vertragsgestaltung auf das Verhalten des Kreditnehmers Einfluß nehmen. Die Frage nach der Vorteilhaftigkeit eines Kreditvertrages erweist sich als unmittelbar verknüpft mit der Frage nach den Verhaltensweisen des Kreditnehmers, die dieser induziert.[89]

Wie aber läßt sich zeigen, daß das Anreizproblem wirklich ein zentrales Problem der Fremdfinanzierung darstellt, so daß die Betrachtung der Kreditvergabeentscheidung als ein Problem der optimalen Vertragsgestaltung im Rahmen einer Principal/Agent-Beziehung Grundlagen zur Verbesserung von Kreditvergabeentscheidungen in der Praxis schafft?

Andere, plausiblere Erklärungen für das Kreditvergabeverhalten von Banken könnten existieren, auf deren Entdeckung ein Festhalten an einer Modellwelt mit Anreizproblemen eher hinderlich als fördernd wirkt. Auszuschließen ist diese Möglichkeit sicherlich nicht, jedoch

---

88. Für die mathematische Formulierung des Pareto-Programms ist es unerheblich, welche Vertragspartei als die ihren Nutzen maximierende und welche als der Wettbewerbsbedingung, d. h. der Bedingung eines gegebenen Mindestnutzens unterliegend angenommen wird.

89. Vgl. hierzu KRAHNEN (1985), S. 115 - 125.

läßt sich nach Indikatoren dafür suchen, daß es sich bei dem auf asymmetrischer Informationsverteilung und Anreizproblemen aufbauenden Erklärungsansatz nicht lediglich um eine "Modeerscheinung", sondern um eine folgerichtige Weiterentwicklung (auch) der Theorie der Fremdfinanzierung handelt, deren weiterer Ausbau lohnenswert erscheint. Einen solchen Indikator könnte bspw. der Nachweis darstellen, daß bereits bevor die Probleme einer asymmetrischen Informationsverteilung, von moral hazard und adverse selection in die Diskussion eingeführt wurden, in Veröffentlichungen zur Fremdfinanzierung das Anreizproblem als Erklärung beobachtbarer Phänomene des Kreditmarktes herangezogen wird. Hoffnung darauf, daß eine Betrachtung der Literatur unter diesem Gesichtspunkt Erfolg verspricht, macht die folgende Charakterisierung eines Kredites von SCHMALENBACH, die in ähnlicher Form auch in neueren deutschen Lehrbüchern zur Bankbetriebslehre zu finden ist: "Das Wesen des Kredites besteht darin, daß derjenige, der das Kapital besitzt, es nicht selbst verwendet, sondern es einem anderen in irgendeiner Form zur Verwendung überläßt."[90]

Der Betrachtung eines kleinen Ausschnitts der Literatur unter diesem Gesichtspunkt soll der folgende Teil dieser Arbeit dienen. Zu diesem Zwecke ausgewählt wurden Veröffentlichungen, die sich mit dem Thema der Kreditrationierung beschäftigen.

---

90. SCHMALENBACH, Eugen: Kapital, Kredit und Zins, 4. Aufl., Köln - Opladen 1961, S. 24.

## C. Die Literatur zur Kreditrationierung: Eine Bestätigung des Anreizproblems als eines zentralen Problems der Fremdfinanzierung und eine Bestätigung des Principal/Agent-Modells als eines angemessenen Instrumentariums zu seiner Erfassung

### I. Fragestellung und Argumentationsablauf

Die rückschauende Betrachtung der Literatur zur Fremdfinanzierung aus Unternehmens- und Bankensicht im vorhergehenden Kapitel führt zu zwei Erkenntnissen bezüglich der Richtung der Weiterentwicklung der Literatur, die Hoffnung auf eine Lösung des Fremdfinanzierungsproblems erweckt:

- Die Anreizwirkung der Teilungsregel eines Kreditvertrages stellt ein zentrales Problem der Fremdfinanzierungsbeziehung dar. Die Anreizwirkung wurde über lange Zeit nicht als Problem erkannt, und dies wirkte entwicklungshemmend.

- Die Anreizwirkung der Teilungsregel eines Kreditvertrages läßt sich modelltheoretisch durch Principal/Agent-Modelle erfassen, da sie das Handeln einer jeden Vertragspartei in konsequentem Eigeninteresse mittels der Anreiznebenbedingung berücksichtigen. Die Anwendung dieser Modellkonstruktion eröffnet die Möglichkeit, Aussagen über die Auswirkung alternativer vertraglicher Regelungen einer Fremdfinanzierungsbeziehung abzuleiten.

Ausgelöst wurde diese Entwicklung durch die Kritik an der Allgemeinen Gleichgewichtstheorie. Die Tatsache, daß vollkommene Märkte die Realität nicht erklären können, und die Formulierung von Modellen, die Marktfehler als Folge einer asymmetrischen Informationsverteilung erklären, führte dazu, die Annahmen eines vollkommenen Kapitalmarktes zu überdenken, den Markt als Koordinationsmechanismus in Frage zu stellen und sich auf andere Institutionen, so z. B. komplexe Verträge zwischen zwei Parteien, als Instrumente zur Koordination von Entscheidungen (auch) über Investition und Finanzierung zu besinnen.[1]

Das vorliegende Kapitel dient dem Ziel, diese Entwicklungsrichtung anhand einer Analyse ausgewählter Modelle zur Erklärung von Kreditrationierung als erfolgversprechende Weiterentwicklung der Theorie der Fremdfinanzierung zu bestätigen.

Es soll gezeigt werden, daß die Kreditrationierungsliteratur die Anreizwirkung eines Kreditvertrages als ein zentrales Problem der Fremdfinanzierungsbeziehung bestätigen kann, denn es wird in der - ursprünglich wohl eher der Bankliteratur zuzuordnenden - Literatur zur Kreditrationierung sehr früh erkannt, wenn man das Aufkommen dieser Thematik in der Finanzierungstheorie als Vergleich heranzieht.

Dies ist kaum verwunderlich, denn das Phänomen der Rationierung von Fremdkapital bietet sich als Thema geradezu an, um auf das Anreizproblem zu stoßen:

- Rationierung entsteht als Folge einer Überschußnachfrage am Markt, die die Allokation eines Gutes durch die Mengenbeschränkung der Nachfrager notwendig macht. Kreditrationierung ist demnach ein Marktphänomen, das durch das Zusammenspiel von Angebot und Nachfrage zustandekommt, so daß es für die Behandlung dieses Themas unerläßlich ist, sowohl das Kreditvergabeverhalten von Gläubigern als auch das Kreditaufnahmeverhalten von Schuldnern in die Überlegungen zu integrieren. Die bei der Betrachtung der Finanzierungs- und Bankliteratur als erkenntnishemmend eingestufte Vorgehensweise, das Fremdfinanzierungsproblem jeweils nur von einer Seite zu betrachten, ist damit ausgeschlossen.

---

1. Eine andere Implikation der Kritik an der Allgemeinen Gleichgewichtstheorie bildete die Rückbesinnung auf die hierarchische Struktur der Unternehmung als Koordinationsinstrument, die in der Neubelebung der Literatur zur Theorie der Unternehmung deutlich wird. Vgl. hierzu z. B. ALCHIAN, Armen A./DEMSETZ, Harold: Production, Information Costs, and Economic Organization, in: American Economic Review, Vol. 62 (1972), S. 777 - 795, COASE, Ronald: The Nature of the Firm, in: Economica, Vol. 4 (1937), S. 386 - 405, und WILLIAMSON, Oliver E.: Markets and Hierarchies, New York 1975, in der deutschen Literatur vgl. z. B. SCHAUENBERG, Bernd/SCHMIDT, Reinhard H.: Vorarbeiten zu einer Theorie der Unternehmung, in: KAPPLER, Ekkehard (Hrsg.): Rekonstruktion der Betriebswirtschaftslehre als ökonomische Theorie, Spardorf 1983, S. 247 - 276.

- Rationierung ist ein Phänomen, daß auf Funktionsschwächen des Marktes hindeutet. Der Preis als Allokationsinstrument reicht zur Koordination der Entscheidungen von Anbietern und Nachfragern nicht aus; es entstehen Ineffizienzen. Genau dies ist auch das charakterisierende Merkmal des Anreizproblems. Die festgelegte Teilungsregel kann die Entscheidungen der Vertragsparteien nicht effizient im Sinne einer first best Lösung koordinieren.

Daß die Kreditrationierungsliteratur bei der Erklärung dieses Phänomens als Folge von Anreizproblemen in einer Principal/Agent-Beziehung anlangt, ist insofern kaum erstaunlich. Interessant ist jedoch auch der Weg dorthin, und deshalb soll er in diesem Kapitel nachgezeichnet werden. Die Verfolgung der Entwicklungsschritte in der Kreditrationierungsliteratur soll dazu dienen, Principal/Agent-Modelle als der Fremdfinanzierungsbeziehung angemessene Modellformulierung zu bestätigen.

Die Entwicklung verläuft nämlich in genau umgekehrter Richtung ab wie die Entwicklung, die in der Finanzierungstheorie zur Anwendung von Principal/Agent-Modellen führte. Die Kreditrationierungsliteratur geht aus von Modellen des Gläubiger- und Schuldnerverhaltens, die Marktfehler enthalten. Indem die Literatur zur Kreditrationierung aber von Modellen mit Marktfehlern ausgeht, die inhaltlich nur noch einen winzigen Schritt von der heutigen Principal/Agent-Literatur entfernt sind, versperrt sie sich geradezu die Einsicht in das eigentlich "Neue" ihrer Argumentation, nämlich die Rolle von komplexen Verträgen als Koordinationsinstrument bei Vorliegen von Anreizproblemen. Stattdessen konzentriert sich die Kreditrationierungsliteratur auf den Markt als Koordinationsmechanismus. Überspitzt könnte man sagen, sie erfindet das, was die Finanzierungstheorie längst in modelltheoretisch sehr viel vollkommenerem Sinne beherrscht. Die Kreditrationierungsliteratur macht - so würde man es aus der Sicht der Finanzierungstheorie beurteilen - einen Schritt zurück. Erst als es gelingt, Principal/Agent-Modelle explizit zu formulieren, kann die Kreditrationierungsliteratur den Weg zurückfinden zu dem, was eigentlich längst als Problem erkannt war: die ineffiziente Koordination der Entscheidungen von Kreditnehmern und Kreditgebern durch einen Kreditvertrag, der nur die gleichzeitige Vereinbarung der Kredithöhe und der Verzinsung bei ordnungsgemäßer Rückzahlung zuläßt und damit nicht dem typischen Tauschvertrag der Finanzierungstheorie bzw. der Allgemeinen Gleichgewichtstheorie entspricht.

Die Kreditrationierungsliteratur gelangt damit auf einem ganz anderen Weg - nämlich offensichtlich unbeeinflußt von der Kritik an der Allgemeinen Gleichgewichtstheorie - zu genau denselben Erkenntnissen, die heute die Finanzierungsliteratur beherrschen und von der Bankliteratur übernommen werden. Sie bildet ein echtes Bindeglied zwischen

- der älteren, institutionell orientierten Bank- und Finanzierungsliteratur,

- der durch die Annahme der Vollkommenheit von Märkten geprägten Finanzierungstheorie und

- der neuesten, durch die Informationsökonomie eingeleiteten Entwicklungen in der Finanzierungs- und Banktheorie, die zur Betrachtung der Fremdfinanzierung als Principal/Agent-Problem führen.

Der erste Abschnitt des vorliegenden Kapitels dient dazu, die Modelle, die in den folgenden Abschnitten einer eingehenderen Betrachtung unterzogenen werden, in den Gesamtrahmen der Kreditrationierungsliteratur einzuordnen und zu begründen, warum nur ein Zweig der Kreditrationierungsliteratur in die Untersuchung einbezogen wird. Die Begründung für diese Beschränkung der Analyse liegt in der Zielsetzung dieses Zweiges der Kreditrationierungsliteratur, die ihn für die vorliegende Untersuchung prädestiniert: Es ist das Ziel, Kreditrationierung als ein langfristiges Phänomen zu erklären, das aus dem rationalen Verhalten beider Vertragsparteien zustande kommt.

Die Aufgabe des zweiten Abschnitts besteht darin, die Grundstruktur der Erklärungsansätze für Kreditrationierung vorzustellen. Es soll deutlich werden, daß die Kreditrationierungsmodelle von ihrer Konstruktion her - mehr intuitiv als bewußt - bestens dazu geeignet waren, auf die Anreizwirkung der Teilungsregel eines Kreditvertrages als Erklärung für Ineffizienzen des Marktes zu stoßen.

Die folgenden Abschnitte haben die Analyse jeweils eines Modells zur Erklärung von Kreditrationierung zum Inhalt.

Das erste vorgestellte Modell, ein zeitlich sehr neues Modell zur Kreditrationierungsliteratur, soll belegen, daß die Kreditrationierungsliteratur ganz selbstverständlich von der Anreizwirkung eines Kreditvertrages als Problem ausgeht, dieses Problem aber benutzt, um dann doch wieder die Vollkommenheit des Marktes zu restatuieren: Der Markt als Koordinationsinstrument wird "entdeckt". Der Grundtenor der Erkenntnis, die dieses Modell zuläßt und die der Autor auch so formuliert, lautet: Kredite sind heterogene Güter, deren Qualität nicht nur durch die vereinbarte Verzinsung, sondern auch durch den Kreditbetrag beeinflußt wird, denn er determiniert das Ausfallrisiko des Kreditgebers. Dies erbringt den Beweis, daß sich die Kreditrationierungsliteratur unbeeinflußt von der Finanzierungstheorie entwickelt hat, denn diese Erkenntnis hätte weit weniger aufwendig durch einen Blick in Finanzierungslehrbücher gewonnen werden können.

Das zweite Modell, ein im Vergleich zum ersten Modell recht frühes Kreditrationierungsmodell, soll zeigen, daß die Entwicklung hin zur Entdeckung des Marktes als Koordinationsinstrument ablief, obwohl schon sehr früh und sehr deutlich ausgesprochen wurde, daß die Konstruktion der Kreditbeziehung zu Entscheidungen der Vertragsparteien führt, die den Markt als Koordinationsmechanismus ungeeignet erscheinen lassen. Dieses Modell betont genau die Merkmale einer Fremdfinanzierungsbeziehung, die heute die Argumente der aus der Finanzierungstheorie entstandenen Principal/Agent-Literatur bilden.

Die Vorstellung eines dritten Modells und seiner Folgemodelle schließt die Untersuchung ab, denn anhand dieser Modelle läßt sich zeigen, daß die Kreditrationierungsliteratur erst durch die explizite Formulierung eines Principal/Agent-Modells die mangelnde Koordination durch den Markt als Argument anerkennt und von der Betonung der keineswegs revolutionären Erkenntnis: "Kredite sind heterogene Güter" abläßt.

Die Untersuchung der Kreditrationierungsmodelle läßt den Schluß zu, daß es sich bei der Betrachtung des Anreizproblems als eines der Grundprobleme einer Fremdfinanzierung und bei der Verwendung von Principal/Agent-Modellen keineswegs um einen Modetrend handelt, sondern um einen Ansatz zur Lösung des Problems der Beurteilung alternativer vertraglicher Gestaltungen einer Fremdfinanzierungsbeziehung, der aus zwei ganz unterschiedlichen Richtungen als folgerichtig bestätigt wird. Die Kreditrationierungsliteratur liefert somit die Rechtfertigung für die explizite Anwendung eines Principal/Agent-Modells im dritten Hauptteil dieser Arbeit.

## II. Die Eingrenzung der Untersuchung (auch) als Ersatz für einen Literaturüberblick

### 1. Abgrenzung des Begriffs der Kreditrationierung

Zunächst soll geklärt werden, was in der vorliegenden Arbeit unter dem Begriff der Kreditrationierung verstanden werden soll. Dies ist geboten, da der Begriff der Kreditrationierung in der Literatur keineswegs in eindeutiger Weise gebraucht wird, wie der vorzunehmende Überblick über die Kreditrationierungsliteratur bestätigen wird.[2]

Unter Kreditrationierung soll - in Anlehnung an den volkswirtschaftlichen Begriff der Rationierung[3] - eine Situation verstanden werden, in der bei dem herrschenden Preis eine Überschußnachfrage nach Kredit besteht und der Ausgleich von Angebot und Nachfrage nicht über den Preismechanismus, sondern durch die Beschränkung der Mengen, in Form einer teilweise unbefriedigten Nachfrage aller oder auch durch eine vollkommen unbefriedigte Nachfrage einzelner Marktteilnehmer erfolgt.

Diese Definition stimmt mit derjenigen überein, die sich in der Kreditrationierungsliteratur seit Ende der sechziger Jahre durchgesetzt hat[4] und zu einer gemeinsamen Betrachtung von Kreditangebot und Nachfrage führte, die für die hier vorzunehmende Untersuchung von entscheidendem Interesse ist.

Zunächst noch offen bleibt die Frage, was im Rahmen dieser Definition unter dem Preis eines Kredites zu verstehen ist. Während der Preis eines Gutes auf dem Gütermarkt (zumindest in einer entwickelten Volkswirtschaft mit dem Tauschmittel Geld) relativ problemlos als "die Zahl

---

2. "Although there is now a large literature on the theory of credit rationing, there is no consensus on an appropriate definition of that concept." KEETON, William R., Equilibrium Credit Rationing, New York-London 1979, Preface S.i.

3. Vgl. zur Rationierung z. B. STREISSLER, Erich/ STREISSLER, Monika: Einleitung, in: STREISSLER E./ STREISSLER M. (Hrsg.): Konsum und Nachfrage, Köln - Berlin 1966, S. 13 - 147, hier S. 140 - 143.

4. Vgl. JAFFEE, Dwight M./MODIGLIANI, Franco: A Theory and Test of Credit Rationing, in: American Economic Review, Vol. 59 (1969), S. 850 - 872, hier S. 850/ 851 und BALTENSPERGER, Ernst: Credit Rationing, Issues and Questions, in: Journal of Money, Credit, and Banking, Vol. 10 (1978), S. 170 - 183, hier S. 171/172.

der Währungseinheiten, die für eine Mengeneinheit des Gutes zu entrichten ist,"[5] definiert werden kann, liegt das Charakteristikum des Kapitalmarktes und damit auch des Kreditmarktes gerade darin, daß die Gegenleistung des Kapitalnehmers für die Kapitalüberlassung in der Zukunft erfolgt, d. h. daß Geldeinheiten heute gegen Geldeinheiten in einer späteren Periode getauscht werden. Auf die Probleme der Preisdefinition auf einem Kreditmarkt, die sich hieraus nicht nur für die vorliegende Arbeit, sondern auch für die Kreditrationierungsliteratur ergeben haben, wird an anderer Stelle zurückzukommen sein.[6]

## 2. Untersuchungen zur Kreditrationierung und ihre Berücksichtigung beim weiteren Vorgehen

### a) Einteilung der Untersuchungen nach ihrer Zielsetzung

Interesse am Phänomen der Kreditrationierung kam mit der Formulierung der sogenannten "availability doctrine" zu Beginn der fünfziger Jahre auf. Ökonomen in den U.S.A. vertraten die These, daß das Ziel einer Verknappung der Geldmenge auch ohne merkliche Zinssteigerungen durchgesetzt werden könne, da die Geschäftsbanken Impulse einer restriktiven Geldpolitik weniger durch eine Erhöhung der Zinsen als durch eine Mengenbeschränkung an die Kreditnachfrager weitergäben.[7]

Die ursprüngliche Fragestellung, die die Literatur zur Kreditrationierung auslöste, war also makroökonomischer Natur, allerdings beschäftigten sich die Veröffentlichungen sehr bald mit den mikroökonomischen Implikationen des Phänomens, um erst in neuerer Zeit wieder zu einer

---

5. SCHUMANN, Jochen: Grundzüge der mikroökonomischen Theorie, 3.Aufl., Berlin - Heidelberg - New York 1980, S. 2.

6. Vgl. Gliederungspunkt C.II.2. und C.III.2 dieser Arbeit, sowie die Argumentation bei der Einschätzung der in C.IV und C.V im einzelnen vorgestellten Modelle.

7. Als führender Vertreter der "availability doctrine" gilt ROOSA, vgl. ROOSA, Robert: Interest Rates and the Central Bank, in: Money Trade and Economic Growth: Essays in Honor of John H. Williams, New York 1951, S. 270 - 295.

mehr makroökonomisch geprägten Fragestellung zurückzukehren.[8]

Nicht alle Veröffentlichungen, die sich mit dem Thema Kreditrationierung auseinandersetzen, sollen im folgenden Berücksichtigung erfahren, teils schon deshalb, weil die ihnen zugrundeliegende Definition von Kreditrationierung nicht mit der hier verwendeten in Einklang steht, teils, weil ihre Vernachlässigung aufgrund der hier verfolgten Fragestellung gerechtfertigt erscheint.

Untersuchungen zur Kreditrationierung lassen sich nach ihrer Zielsetzung in drei Gruppen unterscheiden:

- Untersuchungen mit dem Ziel, eine modellmäßige Erklärung für das Phänomen der Kreditrationierung zu liefern,

- Untersuchungen mit dem Ziel, Handlungsempfehlungen für Kreditnehmer abzuleiten, die einer Mengenbeschränkung bei der Kapitalbeschaffung ausgesetzt sind, und

- Untersuchungen, die sich um einen empirischen Nachweis von Kreditrationierung bemühen.

Alle Modelle, die im weiteren Verlauf der Arbeit analysiert werden, sind der ersten Gruppe zuzuordnen. Die beiden letzteren Gruppen werden aus folgenden Gründen aus der Betrachtung ausgeschlossen:

Modelle, die sich um die Ableitung von Handlungsempfehlungen für rationierte Kapitalnehmer bemühen, gehören zu den bereits im vorhergehenden Kapitel angesprochenen Modellen der Investitions- und Finanzierungstheorie, die die Annahme der Sicherheit mit der eines unvollkommenen Kapitalmarktes kombinieren und sich des Instrumentariums der linearen Programmierung bedienen.[9] Die Unvollkommenheit des Kapitalmarkts drückt sich darin aus, daß Kapital nicht unbegrenzt zu einem

---

8. Dazu, wie die Kreditrationierungsliteratur den Weg zurück zu der makroökonomischen Fragestellung fand, vgl. Gliederungspunkt C.VI.3.c) dieser Arbeit.

9. Vgl. in der amerikanischen Literatur z. B. BAUMOL, William J./ QUANDT, Richard E.: Investment and Discount Rates under Capital Rationing - A Programming Approach, in: Economic Journal, Vol. 75 (1965), S. 317 - 329, und WEINGARTNER (1963), in der deutschen Literatur HAX, H.(1964) und ALBACH, Horst: Investition und Liquidität, Wiesbaden 1962.

einheitlichen, dem Risiko der Kapitalhergabe entsprechenden Zinssatz ausgeliehen werden kann, sondern daß die Mittelbeschaffung begrenzt, d.h. Kapital rationiert ist. Diese Unvollkommenheit wird in der Regel als Annahme in die Modelle eingeführt; eine Erklärung, warum sie vorliegen sollte, wird nicht gegeben, so daß für diese Modelle die bereits oben geäußerte Kritik zutrifft: Die Annahmenkombination der Sicherheit und eines unvollkommenen Kapitalmarktes ist wenig geeignet, Einblick in die Problematik von Investition und Finanzierung auf einem unvollkommenen Kapitalmarkt zu geben, da gerade unter Sicherheit die Vollkommenheit des Kapitalmarktes und damit das Fehlen "echter" Finanzierungsprobleme plausibel erscheint. Bezüglich der Fruchtbarkeit dieser Modelle schließen wir uns daher der Meinung WEINGARTNERS an und verzichten auf eine weitere Berücksichtigung: "The mathematical programming formulation of capital budgeting, although it has proved useful for analyzing and dealing with complex decision problems within firms, has been incorrectly and improperly applied to a problem that does not exist in anything resembling the form indicated by most writers."[10]

Die Gruppe der Veröffentlichungen, die nach einer empirischen Bestätigung der Existenz von Kreditrationierung sucht, ist in ihrer umfangmäßigen Bedeutung als gering einzustufen, obwohl die Kenntnis über das Ausmaß der Kreditrationierung für die volkswirtschaftlichen, vor allem geldpolitischen Implikationen der "availability doctrine" von Interesse wäre. Der Grund, warum nur wenige Untersuchungen einen empirischen Nachweis von Kreditrationierung versuchen[11], liegt wohl in den Problemen ihrer Messung. So sind zwar Daten über die befriedigte Kreditnachfrage relativ problemlos zugänglich, nicht jedoch über die ex ante vorhandene. Um diese - die nicht befriedigten Kreditwünsche einschließende - Nachfrage festzustellen, muß auf indirekte Meßmethoden mit Hilfe von Indikatoren zurückgegriffen werden. Die Suche nach guten Meßindikatoren würde erleichtert, wenn die Frage nach dem "Warum" der Kreditrationierung geklärt wäre. Zusätzlich könnte sich durch eine Beantwortung dieser Frage das Problem der Messung eventuell erübrigen,

---

10. WEINGARTNER (1977), S.1429.

11. Vgl. z. B. EISENBEIS, Robert A./MURPHY, Neil B.: Interest Rate Ceilings And Consumer Credit Rationing: A Multivariate Analysis of a Survey of Borrowers, in: Southern Economic Journal, Vol. 41 (1974/75), S. 115 - 123, HARRIS, Duane G.: Credit Rationing at Commercial Banks, Some Empirical Evidence, in: Journal of Money, Credit, and Banking, Vol. 6 (1974), S. 227 - 240, und JAFFEE/MODIGLIANI (1969), S. 865 - 872.

nämlich dann, wenn sich die Rationierung auf dem Kreditmarkt nicht etwa als ein Ausdruck von Ineffizienzen des Kapitalmarktes erweist, die durch geldpolitische Maßnahmen zu korrigieren sind, sondern als ein Ausdruck rationalen und effizienten Kapitalnehmer- und Kapitalgeberverhaltens, das sich aus der Besonderheit des Kreditgeschäfts ergibt. Nicht zuletzt deshalb existieren Versuche eines empirischen Nachweises oft nur als "Anhängsel" an Veröffentlichungen, die nach einer Erklärung für Kreditrationierung suchen.

Auf diese Erklärungsversuche von Kreditrationierung beschränkt sich die in der vorliegenden Arbeit vorgenommene Analyse von Kreditrationierungsmodellen. Sie geben am ehesten zu der Hoffnung Anlaß, eine Antwort auf die im Mittelpunkt dieses Kapitels stehende Frage nach den besonderen Merkmalen der Beziehung zwischen Kreditnehmer und Kreditgeber und einem angemessenen Modell zu ihrer Erfassung zu erhalten.

Diese Hoffnung wird bestärkt durch die Zielsetzung, die HODGMAN, der als erster ein Modell zur Erklärung von Kreditrationierung entwickelte, formulierte - eine Zielsetzung, die die Kreditrationierungsliteratur von da an prägte:

"My purpose is to provide a more general explanation for credit rationing, which does not rely upon oligopolistic market structure or legal maxima to the interest rate, which is consistent with rational behavior along the lines of economic self-interest, and which is permanent rather than temporary in its effect for so long as the general credit situation which occasions it lasts."[12]

Bereits durch die Formulierung dieses Zieles, Kreditrationierung als ein langfristiges Phänomen zu erklären, das aus dem rationalen Handeln der Marktteilnehmer resultiert, hat die Kreditrationierungsliteratur einen entscheidenden Schritt in die Richtung zur Entdeckung von Anreizproblemen getan, denn auch sie sind die Konsequenz eines rationalen Verhaltens der Vertragsparteien im Eigeninteresse und keine kurzfristigen, vorübergehenden Phänomene.

Doch, wie der folgende Abschnitt zeigen wird, werden nicht alle Erklärungsansätze, so auch nicht das Modell von HODGMAN selbst, dem von ihm gesetzten Anspruch gerecht.

---

12. HODGMAN (1960), S. 259.

### b) Unterscheidung der Untersuchungen zur Erklärung von Kreditrationierung nach ihrem Erklärungsansatz

Die Diskussion um die Stichhaltigkeit der "availability doctrine" initiierte zahlreiche Bemühungen, eine mikrotheoretische Erklärung dafür zu finden, warum es für Gläubiger rational sein kann, eine Lenkung der Kreditnachfrage nicht durch den Preismechanismus, sondern auf dem Wege der Mengenbeschränkung vorzunehmen.

HODGMAN[13], der als erster ein entsprechendes Modell formulierte, suchte die Erklärung im Kreditvergabeverhalten der Banken als der wichtigsten Gläubigergruppe, weshalb sein Modell sowie die sich auf ihn beziehenden Nachfolgemodelle von MILLER, RYDER und FREIMER/GORDON[14] der theoretisch orientierten bankbetrieblichen Literatur zuzuordnen sind. Abgesehen von den eher "technischen" Mängeln, die einige dieser Modelle besonders im Rahmen der Formulierung der Zielfunktion von Banken aufweisen und die bereits im vorhergehenden Kapitel die Behauptung stützten, daß in der bankbetrieblichen Literatur gewisse Hemmungen bezüglich der Übernahme von Erkenntnissen der Finanzierungstheorie bestehen[15], kann eine ausführliche Diskussion dieser Modelle aus anderem Grund unterbleiben: Ihre Erklärung für "Kreditrationierung" ist keine Erklärung im Sinne der in dieser Arbeit gewählten Definition für Kreditrationierung, denn sie beziehen lediglich die Angebotsseite in ihre Überlegungen ein. Alle genannten Modelle versuchen darüber Aufschluß zu geben, warum Kreditgeber trotz Preiserhöhungen nicht bereit sind, ihr Kreditangebot bis ins Unendliche auszudehnen, bzw. warum Kreditnehmer einen endlichen Kreditspielraum besitzen. Damit aus einem endlichen Kreditspielraum eine Erklärung für Kreditrationierung folgt, müßte zusätzlich der Nachweis geführt werden, daß bei dem herrschenden Preis die Nachfrage des Kreditnehmers dieses Kreditlimit übersteigen kann.[16] Auf eine Überprüfung dieser Frage kann jedoch hier verzichtet werden, da die wesentlichen Erkenntnisse über das Kreditvergabeverhalten von Gläubigern, die diese Modelle bieten, in die späteren, unserer Definition entsprechenden Modelle zur Kreditrationierung eingehen. Wie

13. Vgl. HODGMAN (1960), S. 258 - 278.

14. Vgl. MILLER (1962), RYDER (1962), FREIMER/GORDON (1965).

15. Vgl. Gliederungspunkt B.III.2., und die dort in Fußnote 58 angegebene Literatur.

16. Vgl. JAFFEE/MODIGLIANI (1969), S. 851.

noch zu zeigen sein wird, haben diese Modelle keinen unwesentlichen Beitrag zur Erklärung von Kreditrationierung geleistet, denn sie machten auf den Zusammenhang zwischen dem Preis eines Kredites und der Ausdehnung des Kreditangebots aufmerksam.

Eine weitere Gruppe von Modellen, die der Kreditrationierungsdiskussion mit dem Ziel der Erklärung dieses Phänomens zuzuordnen sind, sollte ebenfalls aus der Betrachtung im Rahmen dieser Arbeit herausfallen, weil die in ihnen verwendete Definition nicht mit der hier gewählten übereinstimmt, obwohl das Angebots- und Nachfrageverhalten in die Analyse einbezogen werden: Es sind die Modelle zur sogenannten Preisrationierung. Kreditrationierung über den Preis kann keine Kreditrationierung im Sinne einer Mengenbeschränkung bei herrschendem Nachfrageüberschuß sein, weil eine Preisrationierung gerade dadurch gekennzeichnet ist, daß sich die Nachfrager freiwillig vom Markt zurückziehen, da sie nicht mehr bereit oder in der Lage sind, den geforderten Preis zu zahlen. Ein Nachfrageüberschuß ist demnach nicht vorhanden. Auf eine Zuordnung einzelner Modelle zur Gruppe der Preisrationierungsmodelle soll an dieser Stelle verzichtet werden, da eine solche Zuordnung davon abhängig ist, wie der Preis einer Kreditvergabe zu definieren ist, ein Problem, das einen wichtigen Bestandteil der Argumentation in den folgenden Abschnitten darstellen wird, weshalb auch nur mit Einschränkungen gesagt werden kann, daß diese Gruppe von Kreditrationierungsmodellen aus der Untersuchung in der vorliegenden Arbeit ausgeschlossen wird.

Nachdem aus der Gruppe der Modelle mit der Zielsetzung, Kreditrationierung zu erklären, diejenigen Modelle ausgesondert wurden, die aus Definitionsgründen keine nähere Untersuchung erfahren, soll im folgenden begründet werden, warum von den verbleibenden Modellen wiederum bestimmte keine Erkenntnisse im Hinblick auf die Zielsetzung dieser Arbeit erwarten lassen.

Hierzu zählen die Modelle, die sich um die Erklärung der Kreditrationierung als eines kurzfristigen Phänomens bemühen, das dadurch entsteht, daß sich die Anpassung der Preise an eine veränderte Nachfragesituation schrittweise vollzieht.[17] Der Grund hierfür könnte in den

---

17. Vgl. z. B. JAFFEE/MODIGLIANI (1969), S. 862 - 865, die diese Form der Rationierung unter dem Namen dynamic credit rationing diskutieren, oder KOSKELA, Erkki: A Study of Bank Behaviour and Credit Rationing, Helsinki 1976, S. 151 - 185.

Kosten der Preisanpassung liegen, die so hoch sind, daß eine kontinuierliche Anpassung nicht vorteilhaft ist. Rationierung tritt hier nur vorübergehend auf; sie wird durch die nächste lohnende Preisanpassung beseitigt, weshalb diese Form der Kreditrationierung als Ungleichgewichtsrationierung oder disequilibrium credit rationing bezeichnet wird.[18] Ungleichgewichtsrationierung stellt offensichtlich keine Besonderheit des Kreditmarktes dar. Vielmehr würde unter der Voraussetzung, daß eine kontinuierliche Preisanpassung nicht möglich oder nicht lohnend ist, eine vorübergehende Lenkung der Nachfrage durch eine Zuteilung der Mengen auch auf jedem anderen Markt rational sein.[19] Diese Erklärung kann gemessen an der Zielformulierung HODGMANs als alleinige Begründung für Kreditrationierung nicht befriedigen, so daß auf eine Verarbeitung der Ansätze zum disequilibrium credit rationing verzichtet wird.

Modelle zur Erklärung von Kreditrationierung, die langfristig auftritt, d.h. als Phänomen eines Kreditmarktes, der sich im Gleichgewicht befindet, lassen sich in Anlehnung an BALTENSPERGER nach ihrem Erklärungsansatz unterteilen in Modelle, die Kreditrationierung exogen, und Modelle, die Kreditrationierung endogen begründen.[20]

Als Modelle, die eine exogene Erklärung liefern, werden diejenigen bezeichnet, bei denen sich die Rationierung aus Annahmen über das Umfeld der Kreditgeber/Kreditnehmer-Beziehung, d.h. aus außerhalb dieser Beziehung liegenden Gründen ergibt. Als einfachstes und eindeutiges Beispiel hierfür läßt sich die Annahme staatlicher Höchstpreisvorschriften nennen, doch auch die Annahme mangelnder Preisdifferenzierungsmöglichkeiten der Kreditgeber aufgrund nicht weiter begründeter moralischer oder institutioneller Gegebenheiten zählt zu den exogenen Begründungsansätzen.[21] Die Hauptkritik an diesen Modellen liegt in dem Ansatzpunkt ihrer Erklärung, "an approach which more or less amounts

---

18. Zum Begriff des disequilibrium credit rationing vgl. BALTENSPERGER (1978), S. 177.

19. Vgl. z. B. RICHTER, Rudolf/SCHLIEPER, Ulrich/FRIEDMANN, Willy: Makroökonomik, Eine Einführung, 4. Aufl., Berlin - Heidelberg - New York 1981, S. 34 - 38.

20. Vgl. BALTENSPERGER (1978), S. 175, und BALTENSPERGER, Ernst/DEVINNEY, Timothy M.: Credit Rationing Theory, A Survey and Synthesis, Diskussionsbeitrag Nr. 33, Forschungsgemeinschaft für Nationalökonomie, St. Gallen 1984, S. 10 - 14.

21. Vgl. z. B. JAFFEE/MODIGLIANI (1969) S. 856 - 861.

to assuming what is to be explained."[22] Denn sind - um dieses Beispiel herauszugreifen - staatliche Höchstpreisvorschriften einzuhalten, so sind der Funktion des Preismechanismus offensichtliche Grenzen gesetzt. Die Verteilung der Güter muß, wenn diese Vorschriften bindend werden, auf anderem Wege erfolgen. Daß Rationierung unter diesen Bedingungen auftreten kann, gilt für jeden Markt und stellt keinesfalls ein besonderes Charakteristikum des Kreditmarktes dar. Vielmehr handelt es sich um das Standardbeispiel, das in volkswirtschaftlichen Lehrbüchern zur Erklärung der Mengenrationierung herangezogen wird.[23] Damit sind diese Modelle weder für die hier verfolgte Fragestellung relevant, noch werden sie dem schon von HODGMAN formulierten Anspruch gerecht, "to provide a more general explanation for credit rationing, which does not rely upon oligopolistic market structure or legal maxima to the interest rate, ...".[24]

Es verbleiben die Modelle, die den Versuch unternehmen, Kreditrationierung zu erklären "in terms of some factors <u>endogeneous</u> to the model, rather than simply asserted as an institutional fact."[25] Der Begriff "modellendogen" darf nicht mißverstanden werden. Auch diesen Modellen kann es natürlich nicht gelingen, Kreditrationierung zu erklären, ohne entsprechende Annahmen gesetzt zu haben, aus denen die Rationierung als zielgerechte Handlungsweise folgt. Doch im Unterschied zur Kreditrationierung, die auf exogenen Faktoren beruht, wird der Grund, der die Rationierung zur Folge hat, bspw. mangelnde Preisdifferenzierungsmöglichkeiten, wiederum auf Annahmen zurückgeführt, die über die Kreditnehmer/Kreditgeber-Beziehung getroffen werden. Der Analyse dieser letztgenannten Annahmen gilt im folgenden die Aufmerksamkeit, denn sie geben darüber Aufschluß, auf welche besonderen Probleme zwischen Kreditnehmer und -geber es zurückgeführt wird, daß sich der Kreditmarkt von anderen Märkten und speziell dem in der Finanzierungstheorie angenommenen vollkommenen Kapitalmarkt unterscheidet.

---

22. BALTENSPERGER (1978), S. 171.

23. Vgl. z. B. das Lehrbuch von WOLL, Artur: Allgemeine Volkswirtschaftslehre, 6.Aufl., München 1978, S. 218, oder RICHTER/SCHLIEPER/FRIEDMANN (1981), S. 29 - 34.

24. HODGMAN (1960), S. 259.

25. BALTENSPERGER (1978), S. 175.

## III. Zur Grundstruktur der zu behandelnden Kreditrationierungsmodelle

### 1. Die Verwendung repräsentativer Kreditangebots- und Kreditnachfragefunktionen

Da die Allokation eines Gutes durch Rationierung einen Markt dann kennzeichnet, wenn bei dem herrschenden Preis die gesamtwirtschaftliche Nachfrage das gesamtwirtschaftliche Angebot übersteigt, wäre zu vermuten, daß eine Analyse des Phänomens Kreditrationierung von den aggregierten Angebots- und Nachfragefunktionen aller Teilnehmer des Kreditmarktes auszugehen habe. Dies trifft für die Mehrzahl der Kreditrationierungsmodelle jedoch nicht zu. Vielmehr werden der Analyse in der Regel[26] einzelwirtschaftliche Kreditangebots- und Kreditnachfragekurven zugrunde gelegt.

Aus der Entwicklungsgeschichte der Literatur zur Erklärung von Kreditrationierung ist diese Vorgehensweise einsichtig, denn das Anliegen der Autoren war und ist es, die Rationierung von Krediten als eine mit rationalem Verhalten zu vereinbarende Maßnahme des Kreditgebers und damit auf mikroökonomischer Basis als eine Besonderheit des Kreditmarktes zu deuten.[27]

Läßt sich Rationierung als rationale Verhaltensweise in der Beziehung zwischen einem Kreditnehmer und einem Gläubiger nachweisen und kann zusätzlich gezeigt werden, daß die Überschußnachfrage dieses Kreditnehmers auch von anderen Anbietern nicht befriedigt wird, so muß auch gesamtwirtschaftlich Überschußnachfrage herrschen. Wie aber läßt sich nachweisen, daß die vorhandene Überschußnachfrage nicht von anderen Anbietern befriedigt wird?

Eine Möglichkeit, dies sicherzustellen, wäre anzunehmen, daß keine

---

26. Modelle, die aggregierte Angebots- und Nachfragefunktionen zugrunde legen, wurden entwickelt von KEETON (1979) und STIGLITZ, Joseph E./WEISS, Andrew: Credit Rationing in Markets with Imperfect Information, in: American Economic Review, Vol.71 (1981), S. 393 - 410. Auf diese Modelle, die die Ausnahme bilden, wird in Gliederungspunkt C.VI.2.c) der vorliegenden Arbeit eingegangen.

27. Vgl. die bereits im vorhergehenden Abschnitt wörtlich zitierte Zielformulierung für die Modelle zur Erklärung von Kreditrationierung bei HODGMAN (1960), S. 259, der als der Begründer dieser Richtung der Kreditrationierungsliteratur gilt.

anderen Anbieter vorhanden sind, der Kreditgeber also eine monopolistische Marktstellung innehat. Obwohl einige Autoren die Bedingungen für das Auftreten von Kreditrationierung auch unter der Annahme eines Angebotsmonopols untersuchen[28], ist diese Annahme angesichts der Vielzahl der Anbieter von Krediten in der Realität kaum zu vertreten, es sei denn, es werden überzeugende Argumente dafür geliefert, daß der Kreditmarkt durch eine monopolistische Stellung des Anbieters gekennzeichnet ist. Dies ist jedoch nicht der Fall; vielmehr wird das Angebotsmonopol in der Regel als exogenes Element, d. h. ohne Begründung in die Modelle eingeführt.[29] Wie wenig überzeugend die Monopolannahme ist, schlägt sich auch in der Tatsache nieder, daß sich diese Annahme in Kreditrationierungsmodellen nicht durchsetzen konnte.

Um ausgehend von einzelwirtschaftlichem Angebots- und Nachfrageverhalten auch ohne die Monopolannahme Aussagen über den Gesamtmarkt treffen zu können, besteht die Möglichkeit, auf die Annahme homogener Marktteilnehmer zurückzugreifen. Die betrachtete Angebotskurve einer Bank bzw. eines Kreditgebers sowie die Nachfragekurve eines Kreditnehmers gelten dann als repräsentativ für alle Anbieter bzw. Nachfrager und können damit als stellvertretend für den Gesamtmarkt angesehen werden. Abgesehen von der Restriktivität dieser Annahme[30] ist zu bedenken, daß die Marktteilnehmer trotz der Annahme ihrer Homogenität ein unterschiedliches Verhalten an den Tag legen könnten, wenn sie sich in unterschiedlichen Entscheidungssituationen befinden. Gedacht ist hier an das Verhalten eines Kreditgebers, das unterschiedlich sein könnte, je nachdem, ob sich ein potentieller Kreditnehmer um ein erstes Darlehen bemüht oder ob er seine durch einen ersten Kreditgeber nur beschränkt befriedigte Nachfrage durch einen zweiten Kredit voll zu befriedigen sucht. Dieses Problem der "second loans" wird von Kreditrationierungsmodellen in der Regel[31] nicht diskutiert, wird jedoch im dritten Hauptteil dieser Arbeit aufgegriffen werden.[32]

---

28. So z. B. JAFFEE/MODIGLIANI (1969), S. 854 - 869, und KOSKELA (1976), S. 108/109 und S.117/118.

29. Vgl. BALTENSPERGER/DEVINNEY (1984), S. 9.

30. Zu den Problemen der Annahme repräsentativer Angebots- und Nachfragefunktionen vgl. KOSKELA, Erkki: On the Theory of Rationing Equilibria With Special Reference to Credit Markets: A Survey, in: Zeitschrift für Nationalökonomie, Vol. 39 (1979), S. 63 - 82, hier S. 67.

31. Eine Ausnahme bildet KEETON, vgl. KEETON (1979), S. 241 - 249.

32. Vgl. Gliederungspunkt D.V. der vorliegenden Arbeit.

## 2. Die Bestimmung der angebotenen und nachgefragten Kreditmenge in Abhängigkeit von der vereinbarten Effektivverzinsung als Preis

Im Zusammenhang mit der Klärung des Begriffs der Kreditrationierung wurde schon auf das Problem der Preisdefinition hingewiesen. Auf dem Kreditmarkt tauscht der Kapitalgeber Geldeinheiten heute gegen ein Versprechen des Kapitalnehmers auf Zahlungen in späteren Perioden. Die Gegenleistung des Kapitalnehmers erfolgt in der Zukunft und ist damit mit Unsicherheit behaftet.

Dieses Unsicherheitsproblem scheint - wie die Analyse der Finanzierungsliteratur zeigte - aus der Sicht des Kapitalnehmers nur eine untergeordnete Rolle zu spielen, da Fremdfinanzierung für ihn mit festen Zahlungsverpflichtungen verbunden ist. Diese Problemsicht schlägt sich dergestalt nieder, daß die Kosten der Fremdfinanzierung als der interne Zinsfuß der vorgegebenen Finanzierungszahlungsreihe definiert werden, d. h. die Unsicherheit vernachlässigt wird.

Diese Sichtweise wird in den Kreditrationierungsmodellen übernommen: In der Mehrzahl aller Modelle zur Kreditrationierung wird als Preis einer Kreditvergabe die vereinbarte Effektivverzinsung angenommen, die dem internen Zinsfuß der Fremdfinanzierungszahlungsreihe bei ordnungsgemäßer Erfüllung der Zahlungsverpflichtungen entspricht.[33] Der Kreditnachfrager bestimmt die Kreditmenge, die seinem Nachfrageoptimum entspricht, in Abhängigkeit von der vom Markt vorgegebenen Effektivverzinsung, die auch die Variable bildet, die das Kreditangebot des Kreditgebers determiniert.

Im Gegensatz zur Finanzierungstheorie wird damit allerdings nicht die Annahme der Sicherheit impliziert. Die Modelle zur Kreditrationierung beziehen ausnahmslos die Unsicherheit als ein Problem der Fremdfinanzierung ein und folgen damit der durchgängig in der bankbetrieblichen Literatur vertretenen Problemauffassung. Wird aber eine positive Wahrscheinlichkeit für die Nicht-Erfüllung der festen Zahlungsverpflichtungen angenommen, d. h. ein Kreditausfallrisiko berücksichtigt, so ist zu fragen, ob die Definition des Preises als vereinbarte Effektiv-

---

33. Die Probleme, die sich bei der Ermittlung des internen Zinsfußes bzw. der Effektivverzinsung ergeben können, spielen in Kreditrationierungsmodellen keine Rolle, da es sich in aller Regel um einperiodige Modelle handelt.

verzinsung zu vertreten ist, da der vereinbarte Zinssatz des Kredites gerade der Verzinsung des Kapitals entspricht, die der Kreditgeber maximal erzielen kann. Zumindest steht die Kombination dieser Definition mit der Annahme der Unsicherheit in krassem Gegensatz zur Finanzierungstheorie, in der ein Übergang auf Erwartungsgrößen und - bei Annahme von Nicht-Risikoneutralität - die Einführung eines Risikomaßes selbstverständlich wären.

Wenn ein so krasser Gegensatz in den Modellannahmen zu verzeichnen ist, erhebt sich die Frage, ob dies für die Aussagekraft der Modelle schädlich ist. So wäre es denkbar, daß ein Modell, das diese Preisdefinition verwendet und beansprucht, Kreditrationierung zu erklären, sich als ein Modell herausstellt, das "Preisrationierung" erklärt, wenn die Unsicherheit der Kreditrückzahlung auch in der Definition des Preises durch die Verwendung von Erwartungsgrößen berücksichtigt wird.

Obwohl die Frage, ob die vereinbarte Verzinsung oder eine Erwartungsgröße als Preis Verwendung finden sollte, mit wenigen Ausnahmen[34] nicht explizit in der Kreditrationierungsliteratur aufgeworfen wurde - eine Tatsache, die schon darauf hindeutet, wie unbeeinflußt die Kreditrationierungsliteratur von der Finanzierungstheorie ist - fand eine Diskussion über die Preisdefinition statt, die mit dem oben angesprochenen Problem in engem Zusammenhang steht. Einige Autoren argumentieren, daß nicht nur finanzielle, sondern auch nicht-finanzielle Vereinbarungen in Kreditverträgen, wie z.B. die Stellung von Sicherheiten, als Preisbestandteil Berücksichtigung erfahren sollten.[35] Diese Forderung stellt die Eignung der vereinbarten Effektivverzinsung als Preis in Frage, denn zusätzliche nicht-finanzielle Vereinbarungen in Kreditverträgen beeinflussen die vereinbarte Verzinsung nicht, wohl aber in der Regel das Ausfallrisiko und damit die erwartete Verzinsung des Kredites. Es ist wiederum zu überprüfen, ob sich Kreditrationierungsmodelle auf Preisrationierungsmodelle reduzieren, wenn nicht-finan-

---

34. Vgl. KEETON (1979), S.41-46.

35. Vgl. AZZI, Corry F./COX, James C.: A Theory and Test of Credit Rationing: Comment, in: American Economic Review, Vol. 66 (1976), S. 911 - 917, BALTENSPERGER, Ernst: The Borrower-Lender Relationship, Competitive Equilibrium, and the Theory of Hedonic Prices, in: American Economic Review, Vol.66 (1976), S. 401 - 405, BARRO, Robert J.: The Loan Market, Collateral, and Rates of Interest, in: Journal of Money, Credit, and Banking, Vol.8 (1976), S. 439 - 456, und JAFFEE, Dwight M./MODIGLIANI, Franco: A Theory and Test of Credit Rationing: Reply, in: American Economic Review, Vol. 66 (1976), S. 918 - 920.

zielle Vereinbarungen als Preisbestandteil einbezogen werden, wie behauptet wird. Dann würde sich die Diskussion um die Einbeziehung dieser Vereinbarungen als Preisbestandteile nur als ein der Frage nach dem Übergang auf Erwartungsgrößen untergeordnetes bzw. gleichgeordnetes Problem erweisen. Die Erklärungen für Kreditrationierung würden lediglich auf einer unplausiblen Preisdefinition beruhen.

Im folgenden wird zu belegen sein, daß die Modelle zur Kreditrationierung mehr sind als Erklärungen, die nur durch unplausible Annahmenkombinationen zustande kommen, obwohl dies nicht immer abzuleugnen ist. Es wird versucht zu zeigen, daß die aus der Sicht der Finanzierungstheorie "naiv" anmutende Verwendung der vereinbarten Effektivverzinsung als Preis eines Kredites die Kreditrationierungsliteratur geradezu über die Anreizprobleme einer Fremdfinanzierungsbeziehung "stolpern" ließ: Richten die Kreditnehmer ihre Entscheidungen bezüglich der nachzufragenden Menge unabhängig vom Ausfallrisiko an der Verzinsung bei ordnungsgemäßer Rückzahlung aus, so ist es das Problem des Kreditgebers, seine Forderung bezüglich der erwarteten Verzinsung mit Hilfe seines Angebots durchzusetzen. Die Probleme der Durchsetzung der geforderten Qualität eines Zahlungsversprechens, die hieraus resultierenden Marktfehler und die Rolle von Zusatzvereinbarungen bei deren Heilung wurden in der Kreditrationierungsliteratur früh erkannt. Die Antwort auf solche Äußerungen waren jedoch veränderte Preisdefinitionen, die die Funktionstüchtigkeit des Marktes als Koordinationsmechanismus wiederherstellten. Eine veränderte Preisdefinition hat zwar in einigen Modellen als Argument ihre Berechtigung, in anderen Modellen wird dadurch die Grundaussage des Modells verschleiert, da eine veränderte Preisdefinition die Probleme wegdefiniert, die daraus entstehen, daß der Kreditnehmer die Qualität der Parte des Fremdkapitalnehmers durch seine Entscheidungen beeinflussen kann.

Die im folgenden dargestellten Kreditrationierungsmodelle gehen alle von der üblichen Definition des Preises als der vereinbarten Effektivverzinsung aus. Die Modelle, die auch über den Effektivzinssatz hinausgehende Vereinbarungen mit einbeziehen, werden sukzessive - ihrer Kritik an den im Detail vorgestellten Modellen entsprechend - in der Argumentation berücksichtigt.

## IV. Das Modell von KOSKELA - die Heterogenität der Kredite als Erklärung für Kreditrationierung

### 1. Zur Modellauswahl

Die Vorstellung der Modelle zur Erklärung von Kreditrationierung, die für eine detailliertere Analyse ausgewählt wurden, erfolgt nicht in chronologischer Reihenfolge. Vielmehr ist das den Schwerpunkt dieses Abschnitts bildende Modell von KOSKELA einem Artikel aus dem Jahre 1979[36] entnommen und erschien damit später als die in den folgenden Abschnitten behandelten Modelle von V. L. SMITH (1972)[37] und JAFFEE/ RUSSELL (1976)[38].

KOSKELAs Aufsatz aus dem Jahre 1979 ist ein Überblicksartikel über die Theorie der Gleichgewichtsrationierung unter spezieller Berücksichtigung des Kreditmarktes. Der Autor, der im Jahre 1976 seine Dissertation über das Problem der Kreditrationierung veröffentlichte[39], zieht in diesem Artikel eine Art Bilanz aus seiner jahrelangen Beschäftigung mit dem Thema. Er versucht, die Grundstrukturen des Kreditmarktes, die als Erklärung für das Rationierungsphänomen herangezogen werden, in einem Modell, das er selbst als "basic framework"[40] bezeichnet, herauszuarbeiten. Insofern ist sein Modell erstens im Hinblick auf die Annahmen einfach strukturiert, und es erlaubt zweitens einen relativ leichten Rückschluß auf die Probleme, die zum Zeitpunkt der Veröffentlichung in der Kreditrationierungsliteratur als wesentliche Merkmale einer Fremdfinanzierungsbeziehung angesehen wurden.

Durch die Vereinfachungen jedoch, die KOSKELA vornimmt, - und dies ist die These, die in diesem und den folgenden Abschnitten belegt werden

---

36. Vgl. KOSKELA (1979).

37. Vgl. SMITH, Vernon L.: A Theory and Test of Credit Rationing: Some Generalizations, in: American Economic Review, Vol. 62 (1972), S. 477 - 483.

38. Vgl. JAFFEE, Dwight M./RUSSELL, Thomas: Imperfect Information, Uncertainty, and Credit Rationing, in: Quarterly Journal of Economics, Vol. 90 (1976), S. 651 - 666.

39. Vgl. KOSKELA (1976).

40. Vgl. KOSKELA (1979), S. 69.

soll - abstrahiert er von den Problemen, die das "Neue" und "Interessante" an der Kreditrationierungsliteratur ausmachen, wie das im Anschluß vorzustellende Modell von SMITH demonstrieren wird, der bereits im Jahre 1971/1972 Marktineffizienzen und den komplexen Vertrag als Koordinationsinstrument in den Mittelpunkt seines Erklärungsansatzes stellt. KOSKELA dagegen reduziert das Problem der Kreditrationierung in seinem "basic framework" auf ein Scheinproblem, das durch einen Blick in Lehrbücher zur Finanzierungstheorie als ein solches hätte erkannt werden können.

Gerade die Konzentration auf die "falschen", weil unwesentlichen Aspekte, macht den Stellenwert dieses Grundmodells für die vorliegende Arbeit aus, denn hierdurch läßt sich zeigen, daß sich die Erklärungsansätze für Kreditrationierung unabhängig von der Kritik an vollkommenen Märkten entwickelten. Die Kreditrationierungsliteratur und auch der Erklärungsansatz KOSKELAs sind zwar von Anreizproblemen geprägt, sie werden jedoch nicht als wesentlicher Baustein der Kreditrationierungsmodelle, der Marktineffizienzen erklären kann, erkannt. Sie liefern vielmehr den Anlaß für die Entdeckung des Marktes als Koordinationsinstrument.

## 2. Das Grundmodell von KOSKELA

### a) Die Ableitung der Kreditnachfrage

KOSKELA geht davon aus, daß ein Investor in $t_o$ eine Anfangsausstattung von $W_o$ besitzt, die er für eine Periode anlegen will. Zwei Anlagemöglichkeiten stehen ihm offen: eine sichere Anlage zum Zinssatz j und die Anlage als Eigenkapital EK in einem einperiodigen Investitionsobjekt mit einer unsicheren und vom gesamten Investitionsbetrag C abhängigen Rendite. Weiterhin kann der Investor einen (einperiodigen) Kredit in Höhe von K zum Zinssatz r aufnehmen, der nur als Anlage im Investitionsobjekt verwendet werden darf, so daß sich der Investitionsbetrag C als Summe aus EK und K ergibt.

Die Haftung des Investors für die Zahlungsverpflichtungen aus der Kreditaufnahme ist auf den unsicheren Ertrag z des Investitionsobjekts beschränkt, der als größer oder gleich Null angenommen wird und sich wie folgt bestimmt:

(1) $\tilde{z} = (1+\tilde{x})\, g(C)\, C \qquad \text{mit } \tilde{z} \geq 0 \text{ und } C = EK+K$ ,

wobei

$\tilde{x}$ die von der Stochastik der Umwelt abhängige Rendite des Investitionsobjekts darstellt, die mit der Wahrscheinlichkeit f(x) eintritt, und

g(C) die nicht zufallsabhängige Funktion darstellt, die den unsicheren Ertrag z an das Investitionsvolumen C anpaßt.

Es wird angenommen, daß die Grenzerträge des Kapitaleinsatzes C im Investitionsobjekt positiv, aber abnehmend sind:

$$(2) \quad \frac{d(g(C)\cdot C)}{dC} = g(C) + \frac{dg(C)}{dC}\, C = b > 0 \quad \text{mit } \frac{dg(C)}{dC} < 0$$

$$(3) \quad \frac{d^2(g(C)\cdot C)}{dC^2} = 2\,\frac{dg(C)}{dC} + \frac{d^2g(C)}{dC^2}\, C = q < 0.$$

Ziel des Investors ist es, den Erwartungswert des Nutzens seines Einkommens W in $t_1$ zu maximieren. Sein Einkommen setzt sich zusammen aus einem sicheren, da nicht der Haftung für die Zahlungsverpflichtungen aus der Kreditaufnahme unterliegenden Bestandteil in Höhe von $(W_o-EK)(1+j)$ und einem unsicheren Bestandteil, der sich aus den Erträgen des Investitionsobjekts abzüglich der Zahlungsverpflichtungen an den Kreditgeber ergibt. Ist diese Differenz negativ, so ist das Einkommen des Kreditnehmers aus dem Investitionsobjekt wegen der Haftungsbeschränkung gleich 0. Aus Vereinfachungsgründen wird angenommen, daß sich der Investor risikoneutral verhält, so daß seine Zielfunktion lautet:

$$(4) \quad \max E(W) = \int_{\hat{x}}^{\bar{x}} [g(C)(EK+K)(1+x) - K(1+r) + (W_o-EK)(1+j)]f(x)dx$$

$$+ \int_{\underline{x}}^{\hat{x}} (W_o-EK)(1+j)f(x)dx\,.$$

Hierbei bezeichnet

E(.) den Erwartungswertoperator,

$\underline{x}$ die Ausprägung der Zufallsvariablen x, die diese nach Meinung des Investors minimal annehmen kann, so daß für alle Werte von

$x < \underline{x}$ gilt: $f(x) = 0$,

$\bar{x}$ die Ausprägung der Zufallsvariablen x, die diese nach Meinung des Investors maximal annehmen kann, so daß für alle Werte von $x > \bar{x}$ gilt: $f(x) = 0$, und

$\hat{x}$ die Ausprägung der Zufallsvariablen x, für die gilt, daß die unsicheren Erträge des Investitionsobjekts gerade der Zahlungsverpflichtung aus der Kreditaufnahme K(1+r) entsprechen:

$$(5) \quad (1+\hat{x})g(C)(EK+K) = K(1+r) \quad \Rightarrow \quad \hat{x} = \frac{K(1+r)}{g(C)(EK+K)} - 1.$$

KOSKELA nimmt aus Gründen der Vereinfachung[41] - die jedoch recht folgenschwer ist, wie auch im Rahmen des Modells von V. L. SMITH zu zeigen sein wird - den Teil der Anfangsausstattung, der als Eigenkapital investiert wird, als gegeben an. Die vereinbarte Verzinsung des Kredites r wird als vom Markt bzw. Kreditgeber vorgegeben vorausgesetzt. Da somit lediglich der Kreditbetrag K als durch den Investor wählbare Variable verbleibt, lautet die Bedingung 1. Ordnung für die Maximierung des erwarteten Einkommens E(W) in $t_1$:

$$(6) \quad \frac{\delta E(W)}{\delta K} = \int_{\hat{x}}^{\bar{x}} [b(1+x) - (1+r)]f(x)dx = 0.$$

Die Bedingung 2. Ordnung für ein Maximum ergibt sich als:

$$(7) \quad \frac{\delta^2 E(W)}{\delta K^2} = \int_{\hat{x}}^{\bar{x}} q(1+x)f(x)dx - \frac{\delta \hat{x}}{\delta K}[b(1+\hat{x}) - (1+r)]f(\hat{x}) < 0.$$

Ist diese Bedingung erfüllt, dann gibt Gleichung (6) in impliziter Form die Kreditnachfragefunktion des Kreditnehmers in Abhängigkeit von der vereinbarten Effektivverzinsung und dem als fix angenommenen Eigenkapital EK an:

$$(8) \quad K^N = K^N(r, \overline{EK}).$$

Da die Kreditnachfragefunktion die Kombinationen von r und K angibt, für die der Nutzen des Investors bei gegebenem r und wählbarem K maximal wird, ist sie durch die Punkte gekennzeichnet, in denen die Indifferenzkurven des Investors im K,r-Raum die Steigung 0 aufweisen. Eine Indifferenzkurve des Investors im K,r-Raum ist der geometrische Ort

41. Vgl. KOSKELA (1979), S. 71.

aller K,r-Kombinationen, die dem Investor den gleichen Nutzen, in diesem Fall das gleiche erwartete Einkommen E(W), stiften. Setzt man das erwartete Einkommen in der Zielfunktion konstant, so ergeben sich durch Variation der Werte von E(W) in jeweils impliziter Form die Funktionen für Indifferenzkurven mit unterschiedlichen Nutzenniveaus:

$$(9) \quad \overline{E(W)} = \int_{\hat{x}}^{\bar{x}} [g(C)(EK+K)(1+x) - K(1+r) + (W_0-EK)(1+j)]f(x)dx$$

$$+ \int_{\underline{x}}^{\hat{x}} (W_0-EK)(1+j)f(x)dx = const. \quad .$$

Die implizite Differentiation[42] von r nach K zeigt die Steigung der Indifferenzkurven an:

$$(10) \quad \frac{dr}{dK} = - \frac{\frac{\delta E(W)}{\delta K}}{\frac{\delta E(W)}{\delta r}} = - \frac{\int_{\hat{x}}^{\bar{x}} [b(1+x) - (1+r)]f(x)dx}{- K(1-F(\hat{x}))} ,$$

wobei

F(x) der Verteilungsfunktion von f(x), d. h. den kumulierten Wahrscheinlichkeiten, in der obigen Formel für $x \leq \hat{x}$, entspricht.

Damit (10) definiert ist, darf der Nenner nicht den Wert 0 annehmen. $\frac{\delta E(W)}{\delta r}$ wird dann gleich 0, wenn $F(\hat{x})$ den Wert 1 annimmt. Dies ist dann der Fall, wenn $\hat{x} \geq \bar{x}$ gilt, d. h. wenn die Zahlungsverpflichtungen aus der Kreditaufnahme größer gleich dem höchstmöglichen Ertrag aus dem Investitionsobjekt sind. Da der Kreditnehmer unter den getroffenen Annahmen eine Zahlungsverpflichtung in dieser Höhe nicht eingehen würde, denn sie würde ein sicheres Einkommen von 0 aus dem Investitionsobjekt bedeuten, kann ohne Verlust der Allgemeinheit angenommen werden, daß $F(\hat{x}) < 1$, und damit ist der Nenner ungleich Null und negativ. Da der Zähler von (10) mit der Ableitung der Zielfunktion nach K übereinstimmt, ist aufgrund der Bedingung 1. Ordnung für ein Maximum sichergestellt, daß die Indifferenzkurven auf der Kreditnachfragefunktion die Steigung 0 aufweisen.

---

42. Vgl. z. B. BRONSTEIN, Ilja N./SEMENDJAJEW, Konstantin A.: Taschenbuch der Mathematik, 20. Aufl., Thun 1981, S. 330 - 335, und FICHTENHOLZ, G. M.: Differential- und Integralrechnung, Bd. I, Berlin 1964, S. 419 - 433.

Die Krümmung die Nutzenindifferenzkurven in der K,r-Ebene läßt sich mit Hilfe der zweiten Ableitung von r nach K, wiederum nach den Regeln der impliziten Differentiation, untersuchen:

$$(11)\quad \frac{d^2r}{dK^2} = + \frac{2\,\frac{\delta E(W)}{\delta K}\,\frac{\delta E(W)}{\delta r}\,\frac{\delta^2 E(W)}{\delta K\,\delta r} - \left[\frac{\delta E(W)}{\delta r}\right]^2 \frac{\delta^2 E(W)}{\delta K^2} - \left[\frac{\delta E(W)}{\delta K}\right]^2 \frac{\delta^2 E(W)}{\delta r^2}}{\left[\frac{\delta E(W)}{\delta r}\right]^3}$$

bzw. vereinfacht

$$\frac{d^2r}{dK^2} = - \frac{\frac{\delta^2 E(W)}{\delta K^2} + 2\frac{\delta^2 E(W)}{\delta K\,\delta r}\,\frac{dr}{dK} + \frac{\delta^2 E(W)}{\delta r^2}\left[\frac{dr}{dK}\right]^2}{\frac{\delta E(W)}{\delta r}} < 0.$$

Es zeigt sich, daß die Indifferenzkurven in der Umgebung der Kreditnachfragefunktion wegen (11) < 0 einen konkaven Verlauf aufweisen, denn hier gilt $\frac{dr}{dK} = 0$, $\frac{\delta E(W)}{\delta r} < 0$, und gemäß der Bedingung 2. Ordnung für ein Maximum ist $\frac{\delta^2 E(W)}{\delta K^2}$ ebenfalls kleiner als 0.

Um den Verlauf der durch Gleichung (6) implizit definierten Kreditnachfragefunktion im K,r-Raum zu untersuchen, d. h. um festzustellen, wie sich die Kreditnachfrage bei einer Veränderung von r verhält, ist Gleichung (6) implizit nach r zu differenzieren:

$$(12)\quad \frac{dK^N}{dr} = - \frac{\frac{\delta^2 E(W)}{\delta K\,\delta r}}{\frac{\delta^2 E(W)}{\delta K^2}} = - \frac{-(1-F(\hat{x})) - \frac{\delta \hat{x}}{\delta r}\,[b(1+\hat{x}) - (1+r)]f(\hat{x})}{\frac{\delta^2 E(W)}{\delta K^2}}$$

Aus (12) kann nicht uneingeschränkt gefolgert werden, daß die Kreditnachfragefunktion den für eine Nachfragefunktion typischen Verlauf einer mit fallendem Preis steigenden Nachfragemenge aufweist. So nimmt der Nenner, da er der Bedingung 2. Ordnung für ein Maximum entspricht, zwar einen negativen Wert an, damit (12) insgesamt negativ ist, müßte der Zähler aber ebenfalls negativ sein. Doch wegen

$$(13)\quad \frac{\delta \hat{x}}{\delta r} = \frac{K}{g(C)\cdot(EK+K)} > 0$$

und

$$(14)\quad [b(1+\hat{x}) - (1+r)]f(\hat{x}) < 0$$

ist dies nicht eindeutig gesichert, woraus folgt, daß (12) auch einen positiven Wert annehmen kann. KOSKELA nimmt jedoch "without loss of generality" an, daß (12) negativ ist, woraus der für eine Nachfragefunktion typische fallende Verlauf folgt: Bei der Erhöhung der vereinbarten Effektivverzinsung, des Preises, sinkt die nachgefragte Kreditmenge und umgekehrt.

Graphisch läßt sich der Verlauf der Kreditnachfragefunktion $K^N$ sowie der zugehörigen Nutzenindifferenzkurven E(W) wie folgt darstellen:

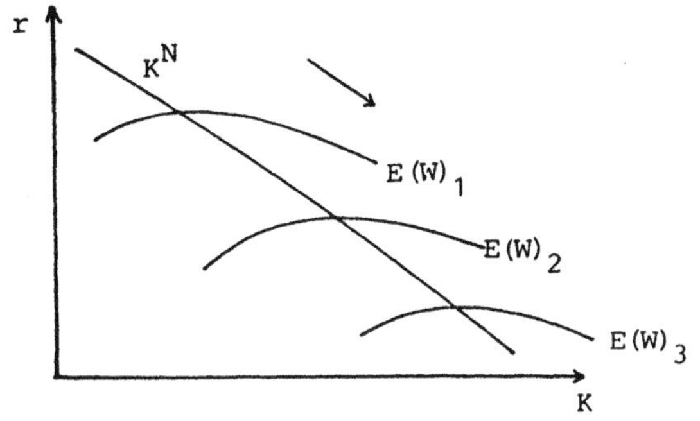


Abb. 1: Kreditnachfragefunktion im Modell von KOSKELA

Quelle: KOSKELA (1979), S. 72.

b) Die Ableitung des Kreditangebots

Für den Kreditgeber wird wie für den Kreditnehmer ein nutzenmaximierendes Verhalten und - aus Vereinfachungsgründen - Risikoneutralität unterstellt. Die Zielsetzung des Kreditgebers ist es, seinen erwarteten Gewinn E(G) aus der Kreditvergabe zu maximieren.

Der Gewinn ergibt sich aus der unsicheren Zahlung des Kreditnehmers in $t_1$ abzüglich der Refinanzierungskosten, die mit K(1+i) als sicher und linear von der Kredithöhe abhängig angenommen werden. Die Höhe der Zahlung des Kreditnehmers ist abhängig von dem unsicheren Ertrag des durch den Kredit mitfinanzierten Investitionsobjekts. Ist der Ertrag des Investitionsobjekts höher als K(1+r), so kann der Kreditnehmer seine Zahlungsverpflichtungen in voller Höhe begleichen. Sind die Erträge des Investitionsobjektes geringer als K(1+r) wird der Kreditnehmer wegen der Haftungsbeschränkung seine Zahlungsverpflichtungen nicht voll erfüllen. Für diese Fälle wird angenommen, daß der jeweilige (nicht-negative) Ertrag aus dem Investitionsobjekt dem Kreditgeber zufließt.

Die Zielfunktion des Kreditgebers stellt sich damit wie folgt dar:

$$(15)\quad \max E(G) = \int_{\underline{x}}^{\hat{x}} g(C)(EK+K)(1+x)h(x)dx + \int_{\hat{x}}^{\bar{x}} K(1+r)h(x)dx - K(1+i),$$

wobei h(x) die (subjektive) Wahrscheinlichkeitsfunktion des Kreditgebers für die zufallsabhängige Rendite des Investitionsobjektes darstellt. $\underline{x}$ und $\bar{x}$ können deshalb im Vergleich zur Zielfunktion des Kreditnehmers durch andere Werte gekennzeichnet sein, der Wert für $\hat{x}$ dagegen ist identisch. Die Verteilungsfunktion wird entsprechend mit H(x) bezeichnet.

Die Bedingung 1. Ordnung für das den erwarteten Gewinn maximierende Kreditvolumen K ergibt sich als:

$$(16)\quad \frac{\delta E(G)}{\delta K} = \int_{\underline{x}}^{\hat{x}} b(1+x)h(x)dx + \int_{\hat{x}}^{\bar{x}} (1+r)h(x)dx - (1+i) = 0\,.$$

Ist die Bedingung 2.Ordnung ebenfalls erfüllt

$$(17)\quad \frac{\delta^2 E(G)}{\delta K^2} = \int_{\underline{x}}^{\hat{x}} q(1+x)h(x)dx + \frac{\delta x}{\delta K}[\,b(1+\hat{x}) - (1+r)]h(\hat{x}) < 0,$$

so gibt Gleichung (16) wiederum in impliziter Form das Kreditangebot $K^A$ des Gläubigers in Abhängigkeit von der vereinbarten Verzinsung r, dem als gegeben angenommenen Refinanzierungskostensatz i und dem ebenfalls als gegeben angenommenen Eigenkapital EK des Kreditnehmers an.

$$(18)\quad K^A = K^A(r,\bar{i},\overline{EK})$$

Aus (15) und (16) läßt sich entnehmen, daß für:

- $r < i$ kein Kreditangebot des Kreditgebers erfolgt, da (16) für ein positives K immer negativ ist.
- $r = i$ (16) nur zu erfüllen ist, wenn $H(\hat{x})$ Null wird. Dies ist dann der Fall, wenn $\hat{x} \leq \underline{x}$ gilt und damit die Kreditrückzahlung sicher ist. Der Gläubiger erwirtschaftet dann gerade einen Gewinn von Null.
- $r > i$ ein positives Kreditangebot erfolgt, das wegen $\hat{x} > \underline{x}$ mit Ausfallrisiko behaftet ist.

Die Indifferenzkurven des Kreditgebers lassen sich der obigen Vorgehensweise entsprechend ermitteln, indem die Zielfunktion konstant gesetzt wird.

$$(19)\quad \overline{E(G)} = \int_{\underline{x}}^{\hat{x}} g(C)(EK+K)(1+x)h(x)dx + \int_{\hat{x}}^{\bar{x}} K(1+r)h(x)dx - K(1+i) = \text{const.}$$

Die Steigung der Indifferenzkurven im K,r-Raum ergibt sich wiederum durch implizite Differentiation von r nach K:

$$(20)\quad \frac{dr}{dK} = - \frac{\frac{\delta E(G)}{\delta K}}{\frac{\delta E(G)}{\delta r}} = - \frac{\int_{\underline{x}}^{\hat{x}} b(1+x)h(x)dx + \int_{\hat{x}}^{\bar{x}} (1+r)h(x)dx - (1+i)}{K(1-H(\hat{x}))} .$$

Für alle $K > 0$ ist (20) definiert, wenn $\hat{x} < \bar{x}$, denn dann ist der Nenner ungleich 0 und positiv. Da der Zähler mit der Bedingung 1. Ordnung für ein Maximum übereinstimmt, weisen die Indifferenzkurven auf der Kreditangebotsfunktion die Steigung 0 auf.

Die Krümmung der Indifferenzkurven ergibt sich durch nochmalige implizite Differentiation:

$$(21)\quad \frac{d^2r}{dK^2} = + \frac{2\,\frac{\delta E(G)}{\delta K}\,\frac{\delta E(G)}{\delta r}\,\frac{\delta^2 E(G)}{\delta K\,\delta r} - \left[\frac{\delta E(G)}{\delta r}\right]^2 \frac{\delta^2 E(G)}{\delta K^2} - \left[\frac{\delta E(G)}{\delta K}\right]^2 \frac{\delta^2 E(G)}{\delta r^2}}{\left[\frac{\delta E(G)}{\delta r}\right]^3}$$

bzw. vereinfacht

$$\frac{d^2r}{dK^2} = - \frac{\frac{\delta^2 E(G)}{\delta K^2} + 2\frac{\delta^2 E(G)}{\delta K\,\delta r}\frac{dr}{dK} + \frac{\delta^2 E(G)}{\delta r^2}\left[\frac{dr}{dK}\right]^2}{\frac{\delta E(G)}{\delta r}} > 0.$$

Es kann gefolgert werden, daß die Indifferenzkurven in der Umgebung der Kreditnachfragefunktion konvex verlaufen, da hier (21) positiv ist, weil gilt:

$$\frac{dr}{dK} = 0 ,$$

$$\frac{\delta E(G)}{\delta r} = K(1-H(\hat{x})) > 0 \text{ für } \hat{x} < \bar{x} \text{ und}$$

$$\frac{\delta^2 E(G)}{\delta K^2} < 0 \text{ gemäß der Bedingung 2. Ordnung.}$$

Um festzustellen, wie sich das Kreditangebot bei einer Veränderung von r verhält, d. h. um den Verlauf der Kreditangebotsfunktion im K,r-Raum zu untersuchen, wird $K^A$ implizit nach r differenziert:

$$(22)\quad \frac{dK^A}{dr} = -\frac{\frac{\delta^2 E(G)}{\delta K \delta r}}{\frac{\delta^2 E(G)}{\delta K^2}} = -\frac{(1-H(\hat{x})) + \frac{\delta \hat{x}}{\delta r}[b(1+\hat{x}) - (1+r)]h(\hat{x})}{\frac{\delta^2 E(G)}{\delta K^2}} \lesseqgtr 0.$$

Es wird deutlich, daß der Verlauf im Vergleich zu "typischen" Angebotsfunktionen unüblich sein kann, denn mit steigendem r ist eine Abnahme des Angebots $K^A$ möglich, da der Zähler von (22) nicht eindeutig positiv ist.

Die Kreditangebotsfunktion nebst Indifferenzkurven läßt sich damit wie folgt darstellen:

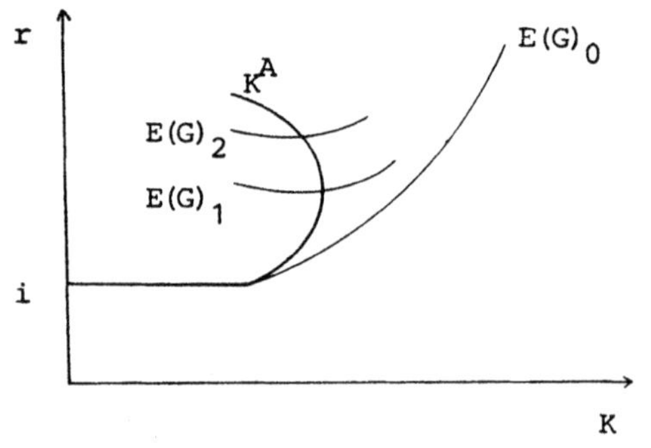


Abb. 2: Das gewinnmaximierende Kreditangebot im Modell von KOSKELA

Quelle: KOSKELA (1979), S. 74.

Da für den Fall r = i ein positives Kreditangebot mit E(G) = 0 erfolgt, kann für r >i aus $\frac{\delta E(G)}{\delta r} > 0$ gefolgert werden, daß der Kreditgeber positive Gewinne erzielt, wenn er die von ihm angebotene Kreditmenge durchsetzen kann, er also eine höhere Nachfrage nicht befriedigen muß.

KOSKELA nimmt jedoch in der hier interessierenden Variante seines Grundmodells an, daß vollkommene Konkurrenz unter den Kreditgebern herrscht und ebenfalls freier Marktzutritt gewährleistet ist. Unter diesen Bedingungen lassen sich langfristig keine positiven Gewinne erzielen; das Kreditangebot muß der Null-Gewinn-Bedingung genügen.[43]

43. Vgl. z. B. HENDERSON, James M./QUANDT, Richard E.: Mikroökonomische Theorie, Eine mathematische Darstellung, 5. Aufl., München 1983, S. 151 - 153.

Führt man diese Bedingung ein, so gewinnt eine der Indifferenzkurven des Investors eine besondere Bedeutung, nämlich diejenige, auf der alle K,r-Kombinationen liegen, die ein E(G) von 0 ergeben. Unter der Annahme vollkommener Konkurrenz bei freiem Marktzutritt gibt sie - wiederum in impliziter Form - die Kreditangebotsfunktion an:

$$(23) \quad \overline{E(G)}_0 = \int_{\underline{x}}^{\hat{x}} g(C)(EK+K)(1+x)h(x)dx + \int_{\hat{x}}^{\bar{x}} K(1+r)h(x)dx - K(1+i) = 0 \,.$$

Um die Steigung der Null-Indifferenzkurve im K,r-Raum und damit den Verlauf der Kreditangebotsfunktion unter Einhaltung der Null-Gewinn-Bedingung zu untersuchen, lösen wir (23) nach (1+r) auf

$$(24) \quad (1+r(\overline{E(G)}_0)) = \frac{-\int_{\underline{x}}^{\hat{x}} g(C)(EK+K)(1+x)h(x)dx + K(1+i)}{K(1-H(\hat{x}))}$$

und benutzen den sich ergebenden Ausdruck, um (1+r) in der bereits ermittelten Formel zur Bestimmung der Steigung der Indifferenzkurven (siehe (20)) zu substituieren:

$$(25) \quad \frac{dr}{dK_0^A} = - \frac{\frac{\delta E(G)_0}{\delta K}}{\frac{\delta E(G)_0}{\delta r}} = - \frac{\int_{\underline{x}}^{\hat{x}} b(1+x)h(x)dx + \int_{\hat{x}}^{\bar{x}} (1+r(E(G)_0))h(x)dx-(1+i)}{K(1-H(\hat{x}))}$$

bzw. vereinfacht

$$\frac{dr}{dK_0^A} = - \frac{+ \int_{\underline{x}}^{\hat{x}} [b\,K - g(C)(EK+K)]\,(1+x)h(x)dx}{K^2(1-H(\hat{x}))}$$

$$= - \frac{\left[- g(C)(EK) + \frac{dg(C)}{dC} K(EK+K)\right] \int_{\underline{x}}^{\hat{x}} (1+x)h(x)dx}{K^2(1-H(\hat{x}))} \geq 0 \,.$$

Es ergibt sich, daß die Steigung der Kreditangebotsfunktion bei vollkommener Konkurrenz mit freiem Marktzugang $K_0^A$ für

$r = i$ Null beträgt, da wegen $\hat{x} \leq \underline{x}$ der Zähler, $\frac{\delta E(G)_0}{\delta K}$ Null ist.

$r > i$ positiv ist, denn der Zähler nimmt wegen $\frac{dg(C)}{dC} < 0$ einen negativen Wert an; der Gewinn des Kreditgebers würde bei Ausdehnung seines Angebots abnehmen bzw. negativ werden, so daß der Ausdruck in (25) insgesamt positiv ist.

Der Verlauf der Kreditangebotsfunktion $K_0^A$ läßt sich somit wie folgt darstellen:

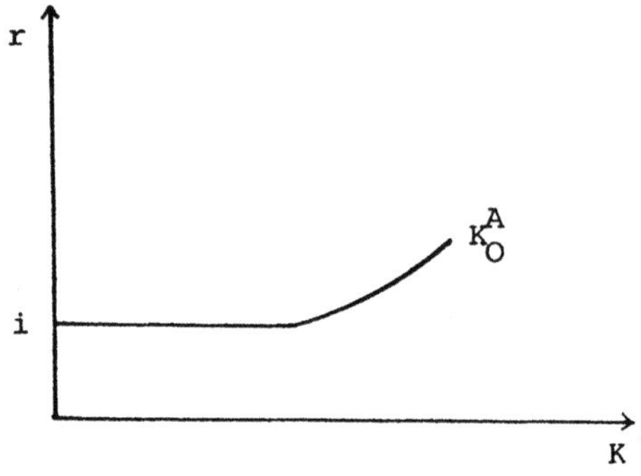


Abb. 3: Das Kreditangebot bei vollkommener Konkurrenz im Modell von KOSKELA

Quelle: KOSKELA (1979), S. 74.

c) Das Gleichgewicht am Kreditmarkt

Auf einem Markt bei vollkommener Konkurrenz mit typisch verlaufenden gesamtwirtschaftlichen Angebots- und Nachfragefunktionen wird das Marktgleichgewicht durch den Schnittpunkt der beiden Funktionen determiniert. Er gibt den Preis an, bei dem die angebotene mit der nachgefragten Menge übereinstimmt. Das so charakterisierte Marktgleichgewicht weist die Eigenschaft der Pareto-Optimalität auf, d.h. es existiert keine andere Preis-Mengen-Kombination, durch deren Realisierung der Nutzen eines Marktteilnehmers erhöht werden könnte, ohne den eines anderen zu vermindern.[44]

Geht man von dem Fall der vollkommenen Konkurrenz unter den Anbietern von Krediten aus, so lassen sich durch eine Untersuchung des Schnittpunktes von Kreditangebots- und -nachfragefunktion Aussagen darüber gewinnen, ob das Gleichgewicht auf dem Kreditmarkt durch Besonderheiten gekennzeichnet ist. Erweist sich die durch den Schnittpunkt festgelegte K,r-Kombination als nicht pareto-optimal und läßt sich weiterhin zeigen, daß der Nutzen von Kreditnehmer oder Kreditgeber bei gleichbleibendem Nutzen des Vertragspartners erhöht werden kann, indem

44. Vgl. HENDERSON/QUANDT (1983), S. 299 - 308.

eine Preis-Mengen-Kombination gewählt wird, die eine Mengenbeschränkung des Nachfragers gemäß seiner Nachfragefunktion beinhaltet, so gilt der Nachweis als erbracht, daß das Gleichgewicht am Kreditmarkt bei rational handelnden Marktpartnern durch Rationierung gekennzeichnet sein kann.

Da bei vollkommener Konkurrenz unter den Anbietern von Krediten und freiem Marktzugang die Kreditangebotsfunktion mit der Null-Gewinn-Indifferenzkurve zusammenfällt, lassen sich zwei Bereiche dieser Kurve unterscheiden, in die der Schnittpunkt von Angebots- und Nachfragefunktion fallen kann: der Bereich, in dem die Angebotsfunktion die Steigung Null aufweist, und der Bereich, in dem sie eine positive Steigung besitzt.

Wenden wir uns zunächst dem ersten Fall zu, der sich graphisch wie folgt darstellen läßt:

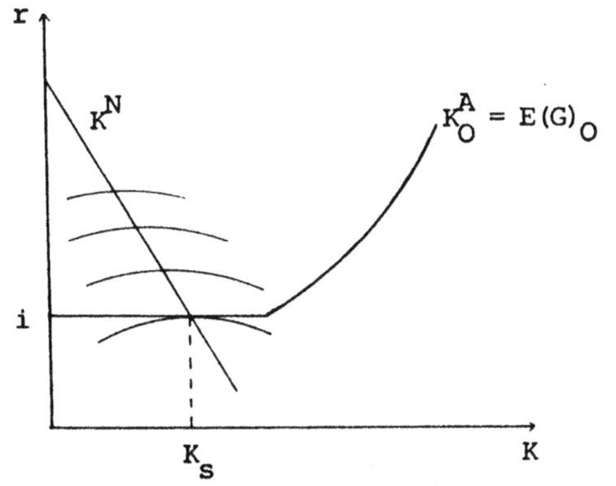


Abb. 4: Der Schnittpunkt von $K_0^A$ und $K^N$ im horizontalen Bereich der Angebotsfunktion

Quelle: KOSKELA, Erkki: Credit Rationing and Non-Price Loan Terms, A Re-Examination, in: Journal of Banking and Finance, Vol. 7 (1983), S. 405 - 416, hier S. 412.

Schon die Graphik läßt vermuten, daß der Schnittpunkt eine K,r-Kombination kennzeichnet, die die Eigenschaft der Pareto-Optimalität besitzt, denn die Null-Indifferenzkurve des Kreditanbieters tangiert die Indifferenzkurve des Nachfragers; die Steigung beider Kurven beträgt Null.

Analytisch läßt sich dies bestätigen. Die K,r-Kombination im Schnittpunkt von Angebots- und Nachfragefunktion ($K_s$,$r_s$) ergibt sich durch die Auflösung des folgenden Gleichungssystems:

$$(26a)\quad \frac{\delta E(W)}{\delta K} = \int_{\hat{x}}^{\bar{x}} [b(1+x) - (1+r)]\, f(x)dx = 0$$

$$(26b)\quad \overline{E(G)}_0 = \int_{\underline{x}}^{\hat{x}} g(C)(EK+K)(1+x)h(x)dx + \int_{\hat{x}}^{\bar{x}} K(1+r)h(x)dx - K(1+i) = 0\ .$$

Die pareto-optimale K,r-Kombination ergibt sich durch die Lösung des folgenden Maximierungsproblems, wobei λ den Lagrangen-Multiplikator repräsentiert:

$$(27)\quad \max_{K,r} Z = E(W) + \lambda\, E(G)$$

Die Bedingungen 1. Ordnung für ein Maximum lauten:

$$(28a)\quad \frac{\delta Z}{\delta K} = \frac{\delta E(W)}{\delta K} + \lambda \frac{\delta E(G)}{\delta K} = 0$$

$$(28b)\quad \frac{\delta Z}{\delta r} = \frac{\delta E(W)}{\delta r} + \lambda \frac{\delta E(G)}{\delta r} = 0$$

$$(28c)\quad \frac{\delta Z}{\delta \lambda} = E(G) = 0\ .$$

(26b) und (28c) sind identisch.

Für den zunächst zu behandelnden Fall, daß r = i gilt, sind (26b) bzw. (28c) nur erfüllbar, wenn $\underline{x}$ aus der Sicht der Bank größer als $\hat{x}$, d. h. die Kreditvergabe sicher ist. Da für diesen Fall, wie im vorhergehenden Abschnitt gezeigt wurde (vgl. Formel (25)), $\frac{\delta E(G)}{\delta K} = 0$ gilt, führt das Gleichungssystem (26) zu der Lösung, die auch die Bedingungen 1. Ordnung für das Pareto-Optimum erfüllt.

Existiert überhaupt eine Lösung für die Gleichungssysteme bei r = i, d. h. liegt der Schnittpunkt im horizontalen Bereich der Angebotsfunktion und sind die Bedingungen 2. Ordnung für das Pareto-Optimum erfüllt, läßt sich folgern: Die Kombination $(K_s, r_s)$ charakterisiert den pareto-optimalen Kreditvertrag, der auf einem Kreditmarkt im Gleichgewicht abgeschlossen wird. Eine Rationierung des Kreditnehmers ist hier nicht rational.

Wenden wir uns nun dem zweiten Fall zu, daß der Schnittpunkt im steigenden Bereich der Kreditangebotsfunktion liegt - demjenigen Fall, der im weiteren Verlauf der Argumentation Bedeutung erlangen wird.

Wiederum ist zu prüfen, ob das Gleichungssystem (26) mit dem Gleichungssytem (28) vereinbar ist, nur daß nun die Annahme r > i gilt und damit aus der Null-Gewinn-Bedingung folgt, daß der Kreditgeber ein Ausfallrisiko trägt.

Lösen wir (28b) nach $\lambda$ auf, so ergibt sich:

$$(29)\quad \lambda = - \frac{\frac{\delta E(W)}{\delta r}}{\frac{\delta E(G)}{\delta r}}$$

Wir setzen die gefundene Lösung für $\lambda$ in (28a) ein und stellen um:

$$(30)\quad \frac{\delta Z}{\delta K} = \frac{\delta E(W)}{\delta K} + \frac{\delta E(W)}{\delta r}\left[- \frac{\frac{\delta E(G)}{\delta K}}{\frac{\delta E(G)}{\delta r}}\right] = 0$$

Aus der Ableitung der Kreditnachfrage ist bekannt, daß $\frac{\delta E(W)}{\delta r}$ negativ ist. Der Ausdruck $- \frac{\frac{\delta E(G)}{\delta K}}{\frac{\delta E(G)}{\delta r}}$ gibt die Steigung der Indifferenzkurven des Kreditgebers an. Benutzen wir das im vorhergehenden Abschnitt gewonnene Ergebnis (vgl. (25)), daß die Steigung der Null-Indifferenzkurve für r > i positiv ist, so muß, um (28a) zu erfüllen, $\frac{\delta E(W)}{\delta K} > 0$ sein. Dies beinhaltet einen Widerspruch zu (26a), der Gleichung, die im Schnittpunkt erfüllt sein muß. Es ergibt sich damit:

<u>Der durch den Schnittpunkt determinierte Kreditvertrag kann nicht pareto-optimal sein.</u>

Aus $\frac{\delta E(W)}{\delta K} > 0$ folgt weiterhin, daß eine Erhöhung von K den erwarteten Nutzen des Kreditnehmers steigern würde. Er befindet sich nicht auf seiner Kreditnachfragefunktion, er wird vielmehr rationiert. Diese Rationierung liegt jedoch im Interesse des Kreditnehmers, denn er zieht den sich durch die Rationierung ergebenden Kreditvertrag dem durch den Schnittpunkt charakterisierten und seine Nachfrage voll befriedigenden Vertrag vor, denn der Nutzen des Kreditgebers bleibt gleich, und die Nutzensteigerung durch den Wechsel zum pareto-optimalen Vertrag fällt dem Kreditnehmer zu.

Dieses Ergebnis läßt sich auch graphisch bestätigen:

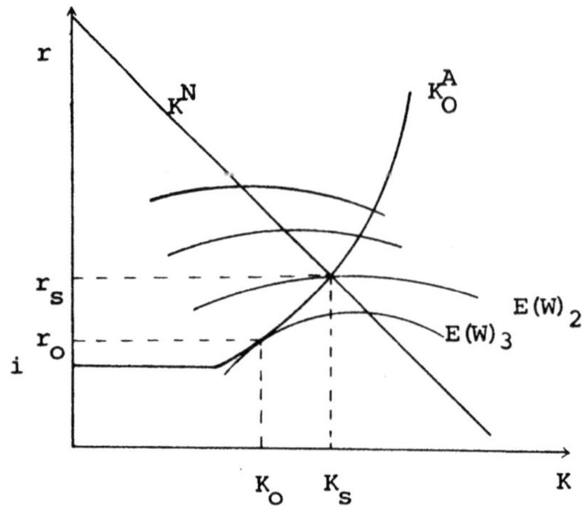


Abb. 5: Der Schnittpunkt von $K_0^A$ und $K^N$ im steigenden Bereich der Angebotsfunktion

Quelle: KOSKELA (1979), S. 76.

Die durch den Schnittpunkt determinierte Kombination $(K_s, r_s)$ ist nicht pareto-optimal, eine Steigerung des Nutzens des Kreditnehmers läßt sich durch die Realisierung der Kombination $K_o, r_o$ erreichen, ohne den Nutzen des Kreditgebers zu vermindern. Dies drückt sich graphisch dadurch aus, daß der Kreditnehmer die Indifferenzkurve mit dem höheren Nutzenniveau $E(W)_3$ erreicht, während sich der Kreditgeber weiterhin auf der Null-Indifferenzkurve befindet.

Der durch den Schnittpunkt determinierte Vertrag $K_s, r_s$ kann kein Gleichgewicht bilden, denn es läßt sich ein Vertragsangebot über einen geringeren Kreditbetrag bei geringerer vereinbarter Verzinsung machen, der von beiden Vertragsparteien vorgezogen würde. Die vollkommene Konkurrenz unter den Kreditanbietern sorgt dafür, daß sich das Gleichgewicht am Kreditmarkt bei dem den Kreditnehmer rationierenden Vertrag $K_o, r_o$ einstellt, da dieser Vertrag der einzige ist, der sowohl der Null-Gewinn-Bedingung als auch den Pareto-Bedingungen genügt.[45]

45. Vgl. hierzu z. B. die verbale und graphische Darstellung bei NAHR, Gottfried: Kreditrationierung, Information und Unsicherheit: zur Bestimmung von Kredithöhe und Zinssatz bei Kreditverhandlungen, München 1980, S. 255 - 258.

## 3. Kritik und Einschätzung des Grundmodells von KOSKELA

### a) Anreizprobleme als Begründung für die Nicht-Pareto-Optimalität des Schnittpunktes von Angebots- und Nachfragefunktion

Der Grund dafür, daß im Modell von KOSKELA der Nachweis der Nicht-Pareto-Optimalität des Schnittpunktes von Angebots- und Nachfragekurve und daraus folgend die Ableitung eines rationierenden Gleichgewichts gelingt, liegt in den Annahmen über den Einfluß des Kreditausfallrisikos auf das Kreditangebots- und -nachfrageverhalten.

Betrachten wir zunächst die Annahmen über das Nachfrageverhalten. Die Kreditnachfragefunktion wird abgeleitet - und dies erscheint zunächst plausibel -, indem der Kreditbetrag gesucht wird, der bei einem gegebenem Preis, d.h. bei gegebener vereinbarter Effektivverzinsung, das erwartete Einkommen des risikoneutralen Kreditnehmers in $t_1$ maximiert.

Eine Erhöhung der Kreditnachfrage um eine Einheit beeinflußt das Kalkül des Kreditnehmers auf zweierlei Weise:

- Eine Kapitaleinheit kann zusätzlich in das Investitionsobjekt investiert werden. Die dadurch erzielbaren Grenzeinzahlungen fallen dem Kreditnehmer aber nur dann zu, wenn die Einzahlungen insgesamt größer als seine Zahlungsverpflichtungen an den Kreditgeber sind.

- Die Zahlungsverpflichtungen steigen um (1+r). Da der Investor jedoch annahmegemäß einer beschränkten Haftung unterliegt, vermindern diese erhöhten Zahlungsverpflichtungen sein Einkommen nur dann, wenn er ihnen auch nachkommen kann bzw. muß, also wiederum, wenn die Einzahlungen aus dem Investitionsobjekt größer oder gleich den Zahlungsverpflichtungen sind.

Ist der Kredit mit Ausfallrisiko behaftet, sind die erwarteten zusätzlichen Zahlungen an den Kreditgeber durch die Aufnahme einer weiteren Einheit Fremdkapital nicht (1+r), sondern kleiner als (1+r), nämlich $(1+r)\cdot(1-F(\hat{x}))$ zuzüglich der - unter $(1+r)(F(\hat{x}))$ liegenden - Grenzerträge, die das Kapital im Konkursfall der Unternehmung erzielt. Da mit steigendem K das Ausfallrisiko und damit $F(\hat{x})$ erhöht werden, nehmen die erwarteten Zahlungen an den Kreditgeber bei gegebenem r für jede weitere Einheit Fremdkapital ab. r stellt also nur scheinbar den Preis für die Überlassung einer Einheit Fremdkapital dar. Er gilt nur für den Fall, daß die Kreditvergabe sicher ist. Bei mit Unsicherheit behafteter Kreditvergabe ist r die Verzinsung, die der Kreditnehmer maximal zu leisten hat.

Jetzt ist auch offensichtlich, warum bei der Bestimmung der Abhängigkeit der Kreditnachfrage von r nicht uneingeschränkt gefolgert werden konnte, daß die Kreditnachfragefunktion den für eine Nachfragefunktion typischen Verlauf einer mit steigendem Preis fallenden Nachfrage aufweist. Es wäre im Extremfall - bei einer entsprechenden Gestalt der Wahrscheinlichkeitsfunktion der Einzahlungen aus dem Investitionsobjekt - denkbar, daß trotz einer Erhöhung der vereinbarten Effektivverzinsung eine Steigerung der Nachfrage nach Kredit auftritt, da der Kreditnehmer diese Erhöhung seiner erwarteten Zahlungen durch eine Steigerung der Fremdkapitalmenge, die die erwarteten Zahlungen wiederum sinken läßt, auszugleichen sucht.

Betrachten wir nun die Annahmen, die über das Angebotsverhalten getroffen werden. Der Kreditmarkt wird als ein Markt mit vollkommener Konkurrenz beschrieben, so daß dauerhaft positive Gewinne der Anbieter ausgeschlossen sind. Der als risikoneutral angenommene repräsentative Kreditgeber muß für jede Einheit Kredit, die er vergibt, konstante Refinanzierungskosten in Höhe von i zahlen. Er weiß, wie sich sein Ausfallrisiko mit steigender Kreditmenge erhöht, denn EK und g(C) werden als ihm bekannt unterstellt und über die Ausprägung von x hat er sich sein eigenes Wahrscheinlichkeitsurteil h(x) gebildet. Insofern ist er bei gegebener vereinbarter Effektivverzinsung nur solange bereit, sein Kreditangebot auszudehnen, wie seine zusätzlichen Refinanzierungskosten durch die zusätzliche erwartete Rückzahlung gedeckt sind. Der steigende Ast der Kreditangebotskurve ist darauf zurückzuführen, daß eine Erhöhung der Kreditmenge durch eine "Preiserhöhung" ausgeglichen werden muß, um die erwartete Verzinsung pro Kapitaleinheit konstant und gleich i zu halten.

Stellen wir die Annahmen über das Kreditnachfrage- und -angebotsverhalten gegenüber, so ist es nicht mehr erstaunlich, daß sich bei vorhandenem Ausfallrisiko ein rationierender Kreditvertrag dem durch den Schnittpunkt von Angebots- und Nachfragekurve determinierten überlegen erweist:

KOSKELA hat mit Hilfe seiner Annahmen ein Principal/Agent-Problem konstruiert. Der Kreditgeber in der Rolle des Principals und der Kreditnehmer in der Rolle des Agenten sind gemeinsam an den Erträgen aus dem mit Unsicherheit behafteten Investitionsobjekt beteiligt, jeder ist jedoch nur an dem Teil interessiert, der ihm zufließt. Das Anreizproblem besteht darin, daß der Kreditnehmer als Agent durch die Höhe seiner Nachfrage die Größe K und damit - wegen des gegebenen EK - auch das Investitionsvolumen so determiniert, daß der Anteil der Erträge aus dem Investitionsobjekt, der ihm zufällt, maximal wird. Er berücksichtigt bei der Festlegung seiner Nachfrage nicht, wie sie die Qualität der Position des Principals, des Kreditgebers, beeinflußt. Damit ist implizit unterstellt, daß der Kreditnehmer durch eine Erhöhung der Kreditmenge die Möglichkeit besitzt, das Ausfallrisiko des Kreditnehmers zu erhöhen, ohne ihm hierfür eine Entschädigung zahlen zu müssen. Der Kreditnehmer versucht also auch dann das Investitionsvolumen durch Kreditaufnahme auszudehnen, wenn sich sein Nutzen auf Kosten einer Minderung des Nutzens des Kreditgebers erhöht.

Ein solches Verhalten führt <u>dann</u> zu einem nicht pareto-optimalen Kredit- und damit auch Investitionsvolumen, wenn die Steigerung des Nutzens des Kreditnehmers durch die Aufnahme einer weiteren Einheit Fremdkapital geringer ist als sein Nutzen der Ausgleichszahlung, die der Kreditgeber maximal dafür leisten würde, daß der Kreditnehmer auf die den Kreditgeber "schädigende" Ausdehnung der Kreditmenge verzichtete.

Genau dieser Sachverhalt trifft auf den Kreditvertrag zu, bei dem das Kreditangebot der Kreditnachfrage entspricht, wenn beide Marktpartner unabhängig voneinander und lediglich in Abhängigkeit von r die Kreditmenge bestimmen. Die Nutzensteigerung des Kreditnehmers durch die Ausdehnung der Kreditmenge beträgt hier Null, denn er befindet sich auf seiner Nachfragefunktion. Der Nutzen des Kreditgebers würde jedoch mit einer Ausdehnung der Kreditmenge sinken, denn die Ableitung der Kreditangebotsfunktion $K_0^A$ nach K ist negativ.[46]

Daraus folgt, daß sich der Nutzen des Kreditnehmers bei seinem Verzicht auf die Aufnahme der letzten infinitesimal kleinen Einheit Fremdkapital nicht verändert, während sich der des Kreditgebers erhöht. Da der Kreditgeber aufgrund der vollkommenen Konkurrenz langfristig keine positiven Gewinne erzielen kann, muß er die durch die Senkung des Kreditvolumens erzielte Nutzensteigerung in Form einer Senkung der vereinbarten Effektivverzinsung an den Kreditnehmer weitergeben.

---

46. Vgl. Abschnitt C.IV.2.b), S. 77, Formel (25).

Eine Steigerung des gemeinsamen Nutzens beider Vertragsparteien durch eine Verminderung der Kreditmenge und damit des Investitionsvolumens ist solange möglich, bis die Nutzeneinbuße, die der Kreditnehmer dadurch erleidet, nicht mehr durch eine entsprechende Senkung der vereinbarten Effektivverzinsung von seiten des Kreditgebers ausgeglichen werden kann, ohne die Null-Gewinn-Bedingung zu verletzen. Die K,r-Kombination dieses den Nachfrager rationierenden Kreditvertrages entspricht der Lösung des Pareto-Programms.

b) Die Beurteilung des Modells von KOSKELA aus finanzierungstheoretischer Sicht

Die Rationierung, die KOSKELA in seinem Modell als Phänomen des Kreditmarktes erklärt, ist offensichtlich nicht zu vergleichen mit der Rationierung, die in volkswirtschaftlichen Lehrbüchern bspw. als Folge von Höchstpreisvorschriften beschrieben ist. Die Kreditrationierung hat gerade nicht den Effekt, ein pareto-optimales Gleichgewicht zu verhindern, sondern im Gegenteil, sie dient dazu, ein solches zu verwirklichen. Ob jedoch die Beziehung zwischen Kreditgeber und Kreditnehmer, die KOSKELA mit Hilfe seiner Annahmen beschreibt, ein Bild einer Fremdfinanzierungsbeziehung zeichnet, das anregt, den Annahmenset der Finanzierungstheorie zu überprüfen, ist m. E. zu bezweifeln. Wie zu begründen sein wird, ist sein Modell eher dazu geeignet, die Annahme des vollkommenen Kapitalmarktes in der Finanzierungstheorie zu bestätigen.

Richtet man sich nach der in der Investitions- und Finanzierungstheorie üblichen Vorgehensweise, so ist unter den Annahmen von KOSKELA das optimale Investitions- und Finanzierungsvolumen leicht bestimmbar, denn durch die Annahme der Risikoneutralität werden Probleme der Risikoteilung ausgeschlossen. Man kann der Unsicherheit allein dadurch Rechnung tragen, daß man von Erwartungsgrößen ausgeht. Das optimale Investitionsvolumen ist durch den Punkt bestimmt, in dem die zusätzlichen erwarteten Kapitalkosten den erwarteten Grenzerträgen aus dem Investitionsobjekt entsprechen.

Vergleichen wir diese Vorgehensweise anhand einer graphischen Darstellung mit derjenigen KOSKELAs bei der Ableitung der Nachfragefunktion. Der rechte Teil der Graphik ist bereits bekannt, er stellt die Kreditnachfragefunktion in Abhängigkeit von r dar. Der linke Teil der Graphik demonstriert mit Hilfe des Übergangs auf Erwartungsgrößen, wie die Ableitung der einzelnen Punkte der Nachfragefunktion nach KOSKELA zustande gekommen ist. Das Kalkül des Kreditnehmers wird in zwei Bestandteile zerlegt:

- die zusätzlichen Erträge des Investitionsobjektes, die der Kreditnehmer durch die Aufnahme einer weiteren Einheit Fremdkapital erwartet, also

$$\frac{\delta E(z)}{\delta K} = \int_{\underline{x}}^{\bar{x}} b(1+x)f(x)dx = E(z)'.$$

- die zusätzlichen Fremdkapitalkosten, die der Kreditnehmer durch die Aufnahme einer weiteren Einheit Kredit <u>erwartet</u>, also

$$k'(K) = \int_{\underline{x}}^{\hat{x}} b(1+x)f(x)dx + \int_{\hat{x}}^{\bar{x}} (1+r)f(x)dx .$$

Zieht man von den zusätzlichen erwarteten Erträgen die zusätzlichen erwarteten Fremdkapitalkosten ab, so ergibt sich genau die Bedingung erster Ordnung für ein Maximum, gemäß dem der Kreditnehmer seine nachzufragende Kreditmenge bestimmt.

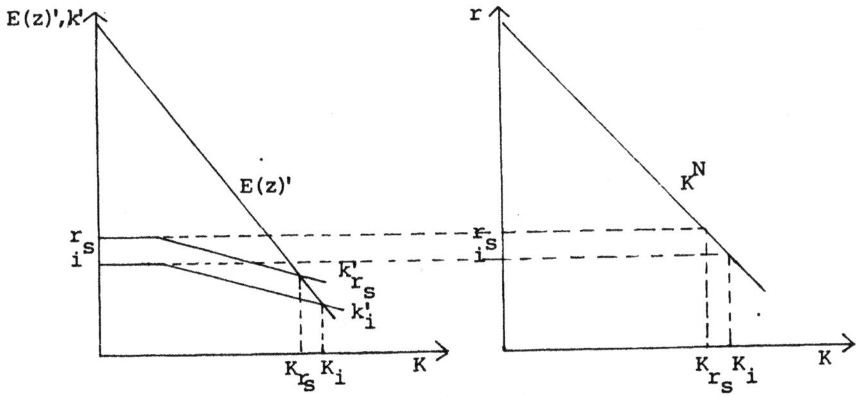


Abb. 6: Darstellung der Ermittlung der Nachfragefunktion KOSKELAs in Abhängigkeit von Erwartungsgrößen

Wir stellen fest, daß die Ermittlung des optimalen Kreditvolumens bei KOSKELA genau der Vorgehensweise in der Investitionstheorie entspricht. Er ermittelt den Punkt, in dem die erwarteten Grenzkapitalkosten den erwarteten Grenzerträgen des Investitionsobjektes entsprechen. Gänzlich unüblich ist allerdings, wie zu erwarten war, der Verlauf der Kapitalkostenfunktion. Die erwarteten Grenzkapitalkosten sind zunächst konstant, nämlich solange die Kreditrückzahlung sicher ist, und nehmen dann durch das steigende Ausfallrisiko einen sinkenden Verlauf an.

In die Abbildung 6 fügen wir nun das Kreditangebot in Abhängigkeit von der erwarteten Verzinsung ein, wobei wir aus Vereinfachungsgründen zunächst unterstellen, daß das Wahrscheinlichkeitsurteil des Kreditgebers dem des Kreditnehmers gleicht. Es wird deutlich, daß der Verlauf der erwarteten Grenzkapitalkosten, den KOSKELA bei der Ableitung der Nachfragefunktion unterstellt, nicht dem Verlauf der Kreditangebotsfunktion in seinem Modell entspricht.

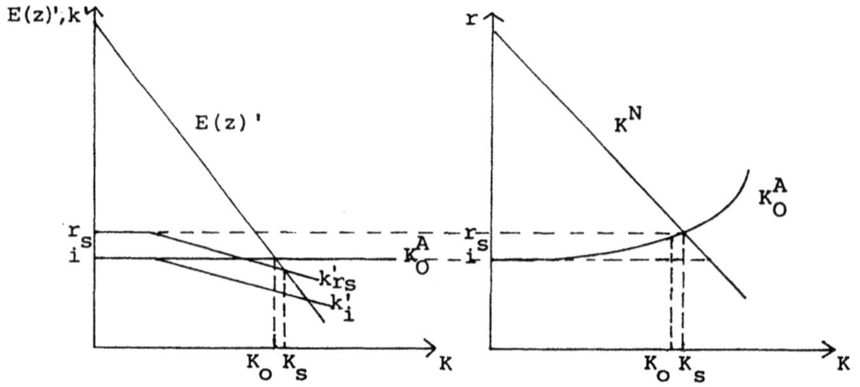


Abb. 7: Die Darstellung der Kreditangebots- und Kreditnachfragefunktion KOSKELAs in Abhängigkeit von Erwartungsgrößen

Die Kreditangebotsfunktion verläuft gerade so, daß die Grenzkapitalkosten und damit auch die durchschnittlichen Kapitalkosten konstant und gleich i sind.[47]

Es zeigt sich, daß die Kreditnachfragefunktion im Modell von KOSKELA durch die Illusion des Kreditnachfragers zustande kommt, daß er die Möglichkeit besäße, die erwarteten Grenzkapitalkosten durch seine Nachfrage zu beeinflussen. Diese Möglichkeit ist aber in der Modellwelt von KOSKELA gar nicht gegeben. Vielmehr besitzt der Kreditgeber durch die Beschränkung seines Kreditangebots die Macht, jede beliebige erwartete Verzinsung durchzusetzen. Lediglich die Annahme der vollkommenen Konkurrenz unter den Anbietern, und nicht etwa das Verhalten des

47. Vgl. die ähnliche graphische Darstellung bei KEETON (1979), S. 45, vgl. auch die folgende Fußnote 48.

Kreditnehmers, sorgt dafür, daß eine höhere erwartete Verzinsung als i nicht durchgesetzt werden kann. In all den Fällen, in denen die Höhe der Kreditnachfrage auf der Illusion des Nachfragers beruht, daß es ihm gelinge, die erwarteten Grenzkapitalkosten unter i zu drücken, ist die Kreditnachfrage zu hoch im Vergleich zu der Nachfrage, die sich ergäbe, wenn der Kreditnachfrager sich nicht "naiv" verhalten würde.

Ein nicht naives Verhalten würde bedeuten, daß er den wirklichen Verlauf der Kreditangebotsfunktion in sein Kalkül einbezieht. Da keine Annahme im Modell von KOSKELA darauf hindeutet, daß dem Kreditnehmer das Verhalten des Kreditgebers nicht bekannt sein könnte, sondern eher das Gegenteil der Fall ist - man denke daran, daß der Kreditgeber die Variablen, die die Nachfrage determinieren, kennt - kann gefolgert werden: Die Kreditnachfrage im Modell von KOSKELA wird unter Bedingungen abgeleitet, die mit den sonstigen Annahmen des Modells nicht kompatibel sind. Es ist inkonsistent, im Kreditvergabeverhalten das Verhalten des Kreditnehmers als eine der Determinanten zu berücksichtigen, ohne umgekehrt auch das Kreditvergabeverhalten als Determinante der Nachfrage eingehen zu lassen.

Leitet man die Kreditnachfragefunktion unter geänderten Bedingungen ab, indem der Kreditnehmer eine erwartete Mindestverzinsung des Fremdkapitals in Höhe von i als Nebenbedingung berücksichtigt, entspricht die zu optimierende Zielfunktion des Kreditnehmers dem Pareto-Programm. Daraus folgt aber, daß das von KOSKELA herausgestellte Ergebnis eines nicht pareto-optimalen Schnittpunktes von Kreditangebots- und Nachfragefunktion nicht mehr gilt.[48]

Weiterhin läßt sich unter der Annahme gleicher Wahrscheinlichkeits-

---

48. Auch KEETON (vgl. KEETON (1979), S. 41 - 45.) kommt auf die Idee, Kreditangebots- und Kreditnachfragekurven in Abhängigkeit von Erwartungsgrößen darzustellen und damit einen pareto-optimalen Schnittpunkt von Angebots- und Nachfragekurve herzustellen. Er bezieht seine Argumentation jedoch auf alle Kreditrationierungsmodelle, die versuchen, die sogenannte Teilrationierung, d. h. die teilweise unbefriedigte Nachfrage eines Kreditgebers zu erklären, und kommt zu der Schlußfolgerung, daß alle Teilrationierungsmodelle eine Rationierung erklären, die nicht mit Marktineffizienzen verbunden ist, sondern Effizienz herstellt (vgl. KEETON (1979), z. B. S. 251 - 253) Dies bestätigt zwar die hier vertretene Einschätzung, daß die Kreditrationierungsliteratur den vollkommenen Markt entdeckte. Trotzdem ist es m. E. nicht richtig, daß KEETON seine Schlußfolgerung auf alle Teilrationierungsmodelle bezieht, wie spätestens die Analyse des Modells von JAFFEE/RUSSELL im Abschnitt C.VI. bestätigen wird.

funktionen folgern, daß ein pareto-optimales Kreditvolumen unabhängig von der vereinbarten Effektivverzinsung r ist, denn dann gilt

(31) $\lambda = \frac{(1-F(\hat{x}))}{(1-H(\hat{x}))} = 1$ ,[49]

und die Lösung des Pareto-Programms reduziert sich auf:

(32) $\frac{\delta Z}{\delta K} = \int_{\underline{x}}^{\bar{x}} b(1+x)f(x)dx - (1+i) = 0$ .[50]

Die Verzinsung r ist nicht der Preis der Kreditvergabe, sie ist ein Bestandteil der Teilungsregel. Das Anreizproblem, das sich bei KOSKELA vermeintlich aufgrund der Teilungsregel des Kreditvertrages ergibt, ist unter seinen Annahmen nicht vorhanden, denn die Teilungsregel hat keinen Einfluß auf das Optimum. Das optimale Investitionsvolumen wird allein durch das determiniert, was zusätzlich zwischen beiden Vertragspartnern zu verteilen ist und dadurch erwirtschaftet wird, daß die Grenzerträge des Investitionsobjektes über den Refinanzierungskosten des Kreditgebers liegen.

Hebt man die vorläufige Annahme von identischen Wahrscheinlichkeitsfunktionen des Kreditnehmers und Kreditgebers auf und nimmt heterogene Erwartungen an, so ändert sich an dem oben abgeleiteten Ergebnis, daß das Anreizproblem im Modell von Koskela naiv konstruiert ist, nichts: der Kreditgeber kann eine erwartete Verzinsung von i unter Verwendung seines Wahrscheinlichkeitsurteils durchsetzen, der Kreditnehmer weiß dies und müßte es demnach in sein Kalkül einbeziehen. Die Zielfunktion des Kreditnehmers entspricht dann wiederum dem Pareto-Programm. Das Ergebnis, daß die Kreditnachfrage und die Lösung des Pareto-Programms von der durch r spezifizierten Teilungsregel unabhängig sind, gilt allerdings nicht mehr, weil die unsicheren Zahlungen aus dem Investitionsprojekt mit der jeweiligen Wahrscheinlichkeitsfunktion desjenigen Marktpartners bewertet werden müssen, der sie erhält. Bewertungsprobleme, die sich durch heterogene Erwartungen ergeben, sollen hier jedoch nicht diskutiert werden, denn diese Fragestellung wird weder

---

49. Dieses Ergebnis ergibt sich aus der Auflösung der Bedingung 1. Ordnung $\frac{\delta Z}{\delta r}$ (vgl. Formel (28b) im Abschnitt C.IV.2.c)) nach $\lambda$.

50. Dieses Ergebnis ergibt sich durch Einsetzen von $\lambda$ in die Bedingung 1. Ordnung $\frac{\delta Z}{\delta K}$ (vgl. Formel (28a) im Abschnitt C.IV.2.c)).

von KOSKELA thematisiert noch erscheint sie für die vorliegende Arbeit von Interesse.

Als vorläufiges Ergebnis läßt sich festhalten, daß das Anreizproblem im Modell von KOSKELA insofern inkonsistent konstruiert ist, als es auf einem "naiven" Verhalten des Kreditnehmers beruht. Wie durch den Übergang auf die Darstellung der Angebots- und Nachfragefunktion in Abhängigkeit von erwarteten Kapitalkosten bzw. -erträgen ersichtlich wird, beruht der Verlauf der Kapitalangebotsfunktion im Kalkül des Kreditnehmers auf einer Illusion, die nicht dem wahren Verlauf der Kreditangebotsfunktion entspricht. Der Kreditgeber kann durch die Festlegung der Angebotsmenge gerade die Variable kontrollieren, der dem Kreditnehmer vermeintlich eine Vermögensverschiebung erlaubt, so daß das Anreizproblem in der Modellwelt von KOSKELA als gelöst gelten kann. KOSKELA reduziert die Kreditrationierung auf die Lösung für ein Problem, daß in seiner Modellwelt eigentlich gar nicht vorhanden ist.

### c) Der Kredit - ein heterogenes Gut - als Schlußfolgerung bezüglich der Kernprobleme einer Fremdfinanzierungsbeziehung?

Bezüglich des Modells von KOSKELA kann gefolgert werden, daß er keine überzeugende Erklärung für Kreditrationierung liefern kann. Vielmehr zeigt sein Modell etwas ganz anderes: In einer Welt unter Unsicherheit, in der die Position eines Fremdkapitalgebers mit Ausfallrisiko behaftet ist, sagt die vereinbarte Verzinsung allein nichts über die Qualität der Position aus. Um sie zu beurteilen, muß man nicht nur die vereinbarte Effektivverzinsung und die Kreditmenge kennen, sondern auch Informationen über die Rückzahlungsfähigkeit des Kreditnehmers und deren Veränderung mit der Kreditmenge besitzen. Nun ist diese Einschätzung des Modells von KOSKELA und ähnlich gelagerter Erklärungsansätze zur Kreditrationierung nicht neu, sondern herrscht in der Kreditrationierungsliteratur vor. So schreibt KOSKELA selbst in einer von ihm vorgenommenen "Re-Examination" des Kreditrationierungsproblems aus dem Jahre 1983: "It turns out that.... bank loans are heterogeneous goods in the sense that their 'quality' depends on their quantity."[51] Auf einem solchen Markt, so lautet die Schlußfolgerung, muß ein Preis/

51. KOSKELA (1983), S. 406.

Mengen-Wettbewerb dem reinen Preiswettbewerb überlegen sein[52], denn könnte der Anbieter nur den Preis bestimmen und müßte dem Nachfrager die Festlegung der Menge überlassen, so käme dies einer vom Preis unabhängigen Wahl der Qualität des gehandelten Gutes durch den Käufer gleich.[53] Die Kreditrationierungsliteratur geht von extremen - im Fall KOSKELAs sogar naiven - Marktunvollkommenheiten durch Anreizprobleme aus, um zu entdecken, daß der Kreditmarkt ein Markt für heterogene Güter ist, dessen Vollkommenheit durch Kreditrationierung wiederhergestellt werden kann.

Es wäre zu fragen, ob die Beschäftigung mit der Kreditrationierungsliteratur überhaupt lohnt, wenn bspw. in dem Kreditrationierungsmodell von KOSKELA mit einem doch relativ hohen mathematischen Aufwand eine Erkenntnis über die Natur der Kreditvergabeentscheidung von Banken gewonnnen wird, die jedem, der sich nur ein wenig mit der Investitions- und Finanzierungstheorie bei Unsicherheit beschäftigt hat, bereits geläufig ist. Daß eine Behandlung der vereinbarten Effektivverzinsung als Preis einer Kreditvergabe bei der Ableitung von Kreditangebots- und -nachfragekurven zu erstaunlichen Ergebnissen führt, dürfte kaum verwundern,[54] wenn man sich einmal vor Augen hält, daß wohl niemand auf die Idee käme, die Verzinsung, die ein potentieller Anleger in einer Alternativanlage maximal erzielen kann, als Eigenkapitalkosten zu behandeln. Denn dies entspräche der Reduktion der Zielsetzung des

---

52. Die Notwendigkeit eines Preis/Mengen-Wettbewerbs am Kreditmarkt könnte demnach auch ein Grund für die Uneinigkeit sein, die in der Bankliteratur über die Marktform des Bankenmarktes herrscht, wie auch in der Literatur zur Kreditrationierung durch das Nebeneinander der Annahme einer Monopolstellung des Kreditgebers und der der vollkommenen Konkurrenz unter den Kreditanbietern deutlich wird.

53. Vgl. auch BALTENSPERGER (1976), S. 405, sowie ders. (1978), S. 174. Zu Märkten für heterogene Güter vgl. ROSEN, Robert: Hedonic Prices and Implicit Markets. Product Differentiation in Pure Competition, in: Journal of Political Economy, Vol. 82 (1974), S. 34 - 55.

54. Bezeichnend für die extremen Ergebnisse, die durch die Ableitung der Nachfrage in Abhängigkeit von der vertraglichen Verzinsung induziert werden können, ist die Tatsache, daß NAHR in seiner Veröffentlichung zur Kreditrationierung immerhin ca. 50 Seiten benötigt, um eine Nachfragefunktion mit typischem Verlauf abzuleiten (vgl. NAHR (1980), S. 136 - 186). Allerdings überprüft er dabei auch Annahmenkombinationen, bei denen auch ohne eine analytische Ableitung hätte offensichtlich sein müssen, daß sie zu "kuriosen Ergebnissen"(NAHR, S. 154) führen. Nimmt man z. B. wie NAHR an, daß Kredit aufgenommen und dann der Haftung entzogen angelegt werden kann (vgl. NAHR, S. 156 - 158), ist nichts anderes zu erwarten, als daß die Kreditnachfrage gegen Unendlich strebt.

Anlegers auf das extrem optimistische Maximax-Kriterium.[55]

Stellt KOSKELAs Modell tatsächlich ein "basic-framework" der Kreditrationierungsmodelle dar und lassen sie keine weitergehenden Erkenntnisse zu, so könnten sie tatsächlich als ein Rückschritt der Theorie der Kreditfinanzierung gedeutet werden. Viel fortschrittlicher wäre dagegen die in der deutschen Banktheorie in den sechziger Jahren entwikkelte Sichtweise der Finanzierung als Partenteilung, die die Fremdfinanzierung als eine bestimmte Aufteilungsregel für eine mit Unsicherheit behaftete Einkommensposition betrachtet. Als Preis für das Recht auf die durch den Kreditvertrag spezifizierten unsicheren zukünftigen Zahlungen gilt der Kreditbetrag. Diese Betrachtungsweise steht in Einklang mit der Investitions- und Finanzierungstheorie und weist der vereinbarten Verzinsung lediglich in bezug auf die Aufteilungsregel Bedeutung zu.[56]

Doch das vorgestellte Kreditrationierungsmodell so abzutun, ist m.E. nicht gerechtfertigt. Obwohl KOSKELA eine konsistente Erklärung für Kreditrationierung nicht gelingt, weist die Modellkonstruktion auf die Anreizwirkung hin, die die Aufteilungsregel eines Kreditvertrages auf das Verhalten eines Kreditnehmers ausübt, und <u>dies</u> ist das im Vergleich zur Investitions- und Finanzierungstheorie und zum der Banktheorie zuzuordnenden Ansatz der Partenteilung neue Element. In Kreditverträgen werden keine Vereinbarungen über erwartete Kapitalkosten bzw. erwartete Kapitalerträge geschlossen, obwohl dies die Größen sind, die den Zielerreichungsgrad der Vertragspartner beeinflussen. Erwartete Verzinsungen können nur indirekt über die Aufteilungsregel festgelegt bzw. beeinflußt werden. Zwar löst sich in der Modellwelt von KOSKELA das Anreizproblem auf, so daß <u>sein</u> Annahmenrahmen die Behandlung der potentiellen Rückzahlungsfähigkeit als vom Verhalten des Kreditnehmers unabhängiges Datum gerade <u>zulässig</u> macht: Die einzige Variable, die eine Vermögensverschiebung zu ungunsten des Kreditgebers ermöglichen würde, die Kredithöhe, unterliegt der Kontrolle des Kreditgebers.

Das bedeutet jedoch nicht, daß die Anreizwirkung des Kreditvertrages verschwindet, denn der Kreditnehmer würde eine Möglichkeit zur Vermögensverschiebung wahrnehmen, wenn er sie hätte. Hierzu benötigt er je-

---

55. Vgl. zur Kritik des Maximax-Kriteriums LAUX (1982), S. 118/119.

56. Vgl. KRÜMMEL (1966) und ARNOLD (1964).

doch einen Handlungsspielraum, der sich der Kontrolle des Kreditgebers entzieht. Daß es in der Kreditrationierungsliteratur durchaus Modelle gibt, die dies als das wesentliche Element erkannt haben, zeigt das im folgenden Abschnitt vorzustellende Modell von V. L. SMITH, der die Rolle der Wahl der Eigenkapitalhöhe durch den Kreditnehmer betont - eine Variable, die KOSKELA in seinem "basic framework" aus Vereinfachungsgründen als gegeben annimmt. KOSKELA reduziert damit - wie das Modell von SMITH zeigen wird, zu Unrecht - die Erkenntnis der Kreditrationierungsliteratur auf das, was in der Finanzierungsliteratur längst als selbstverständlich unterstellt wird - eine Tatsache, die jedoch belegt, daß sich die Kreditrationierungsliteratur unbeeinflußt von der Kritik an der Annahme vollkommener Märkte entwickelte.

## V. Das Modell von V. L. SMITH - der "externe Effekt" des Eigenkapitals als Erklärung für Kreditrationierung

### 1. Zur Modellauswahl

Der Aufsatz von V. L. SMITH[57], der den folgenden Ausführungen vornehmlich zugrunde liegt, wurde - wie bereits erwähnt vor den Arbeiten KOSKELAs - im Jahre 1972 veröffentlicht. Auch sein Aufsatz ist als ein Beitrag zu werten, der eine generelle Einordnung des Kreditrationierungsproblems anstrebt. Die Grundidee dieser Veröffentlichung aus dem Jahre 1972 stammt aus einem schon im Vorjahr erschienenen Beitrag SMITHs, in dem er jedoch noch keine explizite Anbindung an die Kreditrationierungsliteratur vornimmt.[58]

Zeitlich ist damit SMITH als einer der frühen Vertreter der Kreditrationierungsliteratur einzuordnen, die als Reaktion auf die Kritik an HODGMAN und seinen unmittelbaren Nachfolgern eine gleichzeitige Betrachtung des Angebots- und Nachfrageverhaltens vornimmt.

---

57. Vgl. SMITH, V. L. (1972).

58. Vgl. SMITH, Vernon L.: The Borrower-Lender Contract under Uncertainty, in: Western Economic Journal, Vol. 9 (1971), S. 52 - 56.

Die Analyse des Modells von SMITH soll zeigen, daß

- SMITH die Interaktion zwischen Kreditnehmer und Kreditgeber, d. h. die Anreizwirkung, die die Teilungsregel eines Kreditvertrages auf das Verhalten des Kreditnehmers ausübt, in den Mittelpunkt stellt und somit die These bestätigt, daß bereits vor der expliziten Einführung der informationsökonomischen Argumentation Anreizprobleme als Charakteristikum der Fremdfinanzierungsbeziehung erkannt wurden,

- SMITH andererseits modellmäßig noch nicht in der Lage ist, die Rückwirkungen des Verhaltens einer Vertragspartei auf das Verhalten der anderen vollständig zu erfassen, und vielleicht deswegen

- das "Neue" des Beitrags von SMITH in der Kreditrationierungsliteratur nicht entsprechend gewürdigt und ausgebaut werden kann, sondern stattdessen auf die Erkenntnis "Kredite sind heterogene Güter" reduziert wird, bis das im folgenden Abschnitt zu behandelnde Modell von JAFFEE/RUSSELL und seine Nachfolgemodelle die Verhaltenswirkungen eines Kreditvertrages auch modellmäßig durch die implizite oder explizite Einarbeitung einer Anreiznebenbedingung abzubilden vermögen.

## 2. Das Modell von SMITH[59]

### a) Die Kreditnachfrage

Das Modell von SMITH stellt im Vergleich zu dem vorgestellten Modell von KOSKELA in einigen Beziehungen eine Erweiterung dar, bezüglich anderer Punkte hingegen wird der Annahmenrahmen enger gezogen, schon um den formalen Aufwand in Grenzen zu halten. Die Erweiterung, der hier und von SMITH selbst besondere Aufmerksamkeit gewidmet wird, ist die, daß das Kapital, das der Kreditnehmer als Eigenkapital in seinem Investitionsobjekt anlegt, nicht mehr als gegeben angenommen, sondern

---

59. Vgl. SMITH, V. L. (1972). Da SMITH auf die Ableitung der Indifferenzkurven verzichtete, wird auch auf Veröffentlichungen anderer Autoren - vor allem KOSKELA - zurückgegriffen, die später die Ausführungen von SMITH ausbauten, um eine bessere Vergleichbarkeit zum vorhergehenden Abschnitt zu sichern. Dies wird jeweils gesondert gekennzeichnet.

als eine Entscheidungsvariable des Investors angesehen wird. Die Annahme eines gegebenen Eigenkapitals, wie sie KOSKELA (allerdings nur in seinem einfachsten Modell) trifft, stellt keine problemlose Vereinfachung dar; sie verändert das Ergebnis qualitativ.

Weniger restriktiv im Vergleich zum Modell von KOSKELA ist auch die Annahme bezüglich der Risikoeinstellung des Investors. Er wird nicht als risikoneutral, sondern als risikoscheu angenommen. Zum Ausgleich für diese erhöhte Komplexität wird eine die Modellkonstruktion vereinfachende Annahme bezüglich der Erträge des mit Unsicherheit behafteten Investitionsobjektes getroffen. Die Annahme von mit dem Investitionsvolumen sinkenden Grenzerträgen wird zugunsten der Annahme konstanter Grenzerträge ersetzt. Die Kombination dieser Annahme mit der von Risikoscheu sichert ein endliches Kreditnachfragevolumen.

Bezüglich der sonstigen Annahmen gelten die Angaben im vorhergehenden Abschnitt, so daß die Zielfunktion wie folgt formuliert werden kann:

$$(1)\quad \max E(U(W)) = \int_{\hat{x}}^{\bar{x}} U((EK+K)(1+x) - K(1+r) + (W_o-EK)(1+j))\, f(x)dx + \int_{\underline{x}}^{\hat{x}} U((W_o-EK)(1+j)\ f(x)dx .$$

wobei U den Nutzen bzw. U(W) die Nutzenfunktion des Kreditnehmers mit U(0) = 0 repräsentiert, die wegen seiner Risikoscheu die Eigenschaften

$$\frac{\delta U(W)}{\delta W} = U' > 0$$

$$\frac{\delta^2 U(W)}{\delta W^2} = U'' < 0$$

aufweist.

Da der erwartete Nutzen des Einkommens in $t_1$ nun auch durch die Wahl der Höhe des Eigenkapitals beeinflußt wird, erweitert sich die Formulierung der Bedingung(en) 1. Ordnung für die Maximierung wie folgt:

$$(2a)\quad \frac{\delta E(U)}{\delta K} = \int_{\hat{x}}^{\bar{x}} U'((1+x)-(1+r))f(x)dx = 0$$

$$(2b)\quad \frac{\delta E(U)}{\delta EK} = \int_{\hat{x}}^{\bar{x}} U'((1+x)-(1+j))f(x)dx + \int_{\underline{x}}^{\hat{x}} U'(-(1+j))f(x)dx = 0 .$$

Sind die Bedingungen 2. Ordnung für ein Maximum

(3a) $\frac{\delta^2 E(U)}{\delta K^2} < 0$

(3b) $\Phi = \begin{vmatrix} \frac{\delta^2 E(U)}{\delta K^2} & \frac{\delta^2 E(U)}{\delta K\, \delta EK} \\ \frac{\delta^2 E(U)}{\delta EK\, \delta K} & \frac{\delta^2 E(U)}{\delta EK^2} \end{vmatrix} > 0$

erfüllt, so definiert das Gleichungssystem (2) - wiederum in impliziter Form - die Kreditnachfragefunktion sowie die Funktion für die Wahl der Höhe des Eigenkapitals. Die Kreditnachfrage ist abhängig von der vereinbarten Effektivverzinsung, dem Eigenkapital sowie dem als gegeben angenommenen Zinssatz j für die sichere Anlage und der ebenfalls als gegeben angenommenen Anfangsausstattung $W_o$; die Funktion für die Wahl der Eigenkapitalhöhe ist abhängig von r, dem Kreditbetrag K und dem gegebenem j und $W_o$.

(4) $K^N = K(r, EK; \bar{j}, \overline{W_o})$

(5) $EK^N = EK(r, K; \bar{j}, \overline{W_o})$

Es ist zu beachten, daß nicht etwa die Gleichung (2a) die Kreditnachfrage und die Gleichung (2b) die Wahl der Eigenkapitalhöhe determiniert. Kreditnachfrage und Eigenkapitalhöhe werden gemeinsam durch das Gleichungssystem definiert. Da sich die Nachfrage nach Kredit und die Wahl der Höhe des Eigenkapitals gegenseitig bedingen, muß bei der Untersuchung der Gestalt der Indifferenzfunktionen sowie der Gestalt der Kreditnachfragefunktion der Einfluß einer Veränderung des Eigenkapitals beachtet werden.

Eine Indifferenzfunktion des Kreditnehmers ist definiert als der geometrische Ort aller K,r,EK-Kombinationen, die dem Investor den gleichen Nutzen stiften, und wird in impliziter Form durch ein Konstantsetzen des erwarteten Nutzens des Einkommens in (1) angegeben.

(6) $$\overline{E(U(W))} = \int_{\hat{x}}^{\bar{x}} U((EK+K)(1+x) - K(1+r) + (W_o - EK)(1+j))\, f(x)dx + \int_{\underline{x}}^{\hat{x}} U((W_o - EK)(1+j))\, f(x)dx = \text{const.}$$

Eine Untersuchung des Verlaufs der Indifferenzfunktionen in der Umgebung der Kreditnachfrage- bzw. Eigenkapitalwahlfunktion in Abhängigkeit von r erfolgt wiederum durch implizite Differentiation.[60]

Die Steigung der Indifferenzfunktion in der K,r-Ebene ergibt sich als:

$$(7)\quad \frac{\delta r}{\delta K} = -\frac{\frac{\delta E(U)}{\delta K}}{\frac{\delta E(U)}{\delta r}} = -\frac{\int_{\hat{x}}^{\bar{x}} U'((1+x)-(1+r))f(x)dx}{\int_{\hat{x}}^{\bar{x}} U'(-K)f(x)dx} .$$

Die Steigung in der EK,r-Ebene läßt sich analog ermitteln:

$$(8)\quad \frac{\delta r}{\delta EK} = \frac{\frac{\delta E(U)}{\delta EK}}{\frac{\delta E(U)}{\delta r}} = -\frac{\int_{\hat{x}}^{\bar{x}} U'((1+x)-(1+j))f(x)dx + \int_{\underline{x}}^{\hat{x}} U'(-(1+j))f(x)}{\int_{\hat{x}}^{\bar{x}} U'(-K)f(x)dx} .$$

Entsprechend der Argumentation des vorhergehenden Abschnitts kann gefolgert werden, daß die Indifferenzfunktionen in der K,r-Ebene in der Umgebung der Kreditnachfragefunktion und in der EK,r-Ebene in der Umgebung der Eigenkapitalwahlfunktion die Steigung Null aufweisen müssen, denn der Zähler von (7) und der Zähler von (8) sind aufgrund der Bedingungen 1. Ordnung für ein Maximum Null; der Nenner, der der Ableitung der Zielfunktion nach der vereinbarten Verzinsung entspricht, ist für ein positives K ungleich Null und negativ.

Die nochmalige implizite Differentiation gibt Aufschluß über die Krümmung der Indifferenzfunktion in der K,r- bzw. EK,r-Ebene.

$$(9)\quad \frac{\delta^2 r}{\delta K^2} = -\frac{\frac{\delta^2 E(U)}{\delta K^2} + 2\frac{\delta^2 E(U)}{\delta K\,\delta r}\frac{\delta r}{\delta K} + \frac{\delta^2 E(U)}{\delta r^2}\left[\frac{\delta r}{\delta K}\right]^2}{\frac{\delta E(U)}{\delta r}} < 0$$

$$(10)\quad \frac{\delta^2 r}{\delta EK^2} = -\frac{\frac{\delta^2 E(U)}{\delta EK^2} + 2\frac{\delta^2 E(U)}{\delta EK\,\delta r}\frac{\delta r}{\delta EK} + \frac{\delta^2 E(U)}{\delta r^2}\left[\frac{\delta r}{\delta EK}\right]^2}{\frac{\delta E(U)}{\delta r}} < 0$$

Es zeigt sich, daß die Indifferenzfunktion sowohl in der K,r-Ebene in der Umgebung der Kreditnachfragefunktion als auch in der EK,r-Ebene in der Umgebung der Eigenkapitalwahlfunktion einen konkaven Verlauf auf-

---

60. Vgl. KOSKELA (1983), S. 408. KOSKELA drückt die Veränderung von EK bei gegebenem K durch eine Erhöhung des reziproken Wertes der Kapitalstruktur, d. h. EK/K, aus.

weist, denn in ihrer Umgebung gilt $\frac{\delta r}{\delta K} = 0$ bzw. $\frac{\delta r}{\delta EK} = 0$, und wegen der Bedingungen 2. Ordnung gilt, daß $\frac{\delta^2 E(U)}{\delta K^2}$ und $\frac{\delta^2 E(U)}{\delta EK^2}$ negativ sind.

Die gewonnenen Ergebnisse geben zwar Auskunft über den Verlauf der Indifferenzfunktion in der K,r-Ebene, d. h. über die Abhängigkeit zwischen K und r bei gegebenem EK, und über den Verlauf in der EK,r-Ebene, d. h. über die Abhängigkeit zwischen EK und r bei gegebenem K; über den Verlauf der Kreditnachfrage-und Eigenkapitalwahlfunktion sagt dies jedoch nur wenig, denn hierzu ist zu berücksichtigen, daß sich K und EK gegenseitig beeinflussen.

Der Verlauf der Kreditnachfragefunktion in Abhängigkeit von r ergibt sich durch folgenden Ausdruck:[61]

$$(11) \quad \frac{\delta K^N}{\delta r} = \frac{\frac{\delta^2 E(U)}{\delta K\, \delta EK} \frac{\delta^2 E(U)}{\delta EK\, \delta r} - \frac{\delta^2 E(U)}{\delta K\, \delta r} \frac{\delta^2 E(U)}{\delta EK^2}}{\Phi} .$$

Auch formal wird deutlich, daß die Veränderung des Eigenkapitals durch eine Änderung der vertraglichen Verzinsung den Verlauf der Kreditnachfragefunktion mit bestimmt. Auf einen Nachweis über die Vorzeichen der einzelnen Terme soll hier verzichtet werden[62], jedoch läßt sich zeigen, daß wiederum nicht uneingeschränkt gefolgert werden kann - und dies in sehr viel ausgeprägterer Weise im Vergleich zur Annahme eines gegebenen EKs -, daß die Kreditnachfrage mit steigendem Preis, d. h. steigendem r, sinkt, ohne genaue Kenntnisse über den Verlauf der Nutzenfunktion und der Wahrscheinlichkeitsfunktion zu besitzen. Warum es zu dieser Möglichkeit eines "unüblichen" Verlaufs der Nachfragefunktion kommen kann, darauf wird im Rahmen der Kritik und Einschätzung des vorliegenden Modells zurückzukommen sein. Es wird jedoch angenommen, daß die Kreditnachfragefunktion den typischen Verlauf einer mit steigendem Preis, d. h. steigender vertraglich vereinbarter Verzinsung, fallenden Nachfrage annimmt.

Der Einfluß von r auf die Wahl der Eigenkapitalhöhe wird durch den folgenden Ausdruck bestimmt:

---

61. Zur mathematischen Vorgehensweise vgl. FICHTENHOLZ (1964), S. 433.

62. Zum Nachweis bzw. zur Bestimmung der Vorzeichen der einzelnen Terme vgl. vor allem KOSKELA (1976), S. 97 und KOSKELA (1983), S. 408, aber auch SMITH (1972), S. 478, Fußnote 4.

$$(12)\quad \frac{\delta EK^N}{\delta r} = \frac{\frac{\delta^2 E(U)}{\delta EK\,\delta K}\frac{\delta^2 E(U)}{\delta K\,\delta r} - \frac{\delta^2 E(U)}{\delta EK\,\delta r}\frac{\delta^2 E(U)}{\delta K^2}}{\Phi} .$$

Die Ausführungen zur Kreditnachfragefunktion gelten hier analog. Es läßt sich ebenfalls zeigen, daß der Einfluß von r auf die Wahl der Höhe des Eigenkapitals in seiner Richtung nicht eindeutig ist. Es wird jedoch wiederum ein "typischer" Verlauf angenommen, nämlich daß eine Preiserhöhung für Fremdkapital, also eine Erhöhung der vereinbarten Effektivverzinsung, mit einer Erhöhung der Finanzierung durch Eigenkapital einhergeht.[63]

Graphisch können damit die Kreditnachfrage und die Wahl der Eigenkapitalhöhe in Abhängigkeit von der vereinbarten Effektivverzinsung wie folgt dargestellt werden:

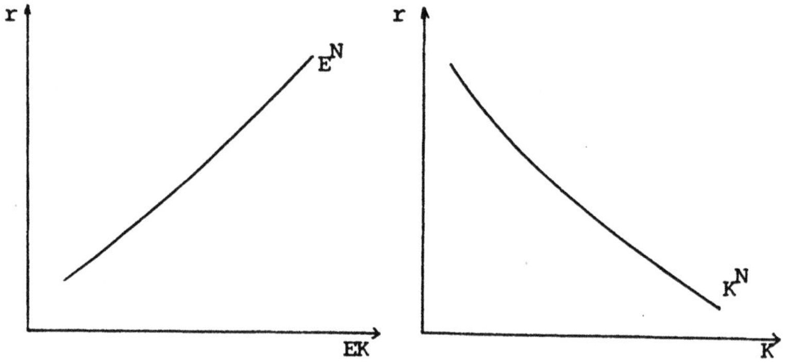


Abb. 8: Kreditnachfrage- und Eigenkapitalwahlfunktion im Modell von SMITH

Um auch graphisch zum Ausdruck zu bringen, daß die Wahl der Eigenkapitalhöhe und die Kreditnachfrage nicht unabhängig voneinander sind, werden in der folgenden Abbildung die beiden oben dargestellten Kurven zusammengefaßt. Dies geschieht derart, daß die durch die Wahl der Eigenkapital- und Fremdkapitalhöhe ebenfalls determinierte Kapitalstruktur $\ell$ = K/EK in Abhängigkeit von der vertraglichen Effektivverzinsung für Kredit r erfaßt wird. Da angenommen wurde, daß die Nachfrage nach Kredit mit sinkendem r steigt, die Eigenkapitalhöhe mit sinkendem r jedoch abnimmt, führt ein sinkendes r zu einer Erhöhung

63. Zum Nachweis bzw. zur Bestimmung der Vorzeichen der einzelnen Terme vgl. vor allem KOSKELA (1976), S. 97 und KOSKELA (1983), S. 408, aber auch SMITH (1972), S. 478, Fußnote 4.

der Kapitalstrukturkennziffer. Die Wahl der Kapitalstruktur durch den Kreditnehmer bzw. Investor in Abhängigkeit von r läßt sich damit wie folgt darstellen:

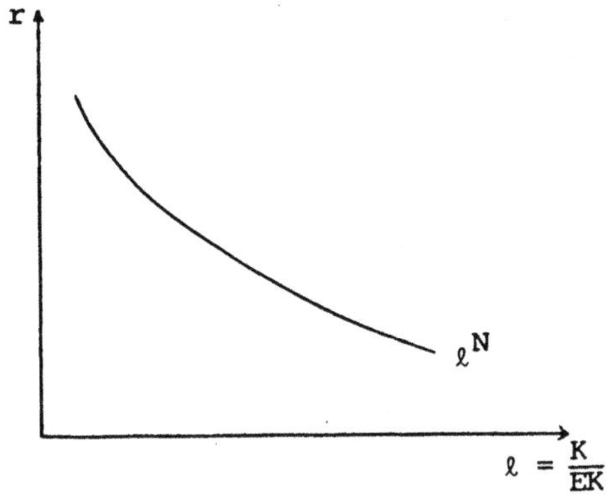


Abb. 9: Die Wahl der Kapitalstruktur durch den Kreditnehmer in Abhängigkeit von r im Modell von SMITH

Quelle: V. L. SMITH (1972), S. 481.

Diese Vorgehensweise - wie im folgenden offensichtlich wird - macht es SMITH erst möglich, das Kreditangebot und die Kreditnachfrage graphisch gegenüber zu stellen, ohne den Einfluß des Eigenkapitals vollkommen zu vernachlässigen. Welche Probleme allerdings mit dieser Vorgehensweise modellmäßig verbunden sind, ist ein Punkt, auf den bei der Kritik des SMITH-Modells noch ausführlich einzugehen sein wird.

b) Das Kreditangebot

In Analogie zu den Annahmen über die Kreditnachfrage werden auch für die Ableitung des Kreditangebotes die Annahmen des im vorhergehenden Abschnitt vorgestellten Modells von KOSKELA dahingehend erweitert, daß in die Zielfunktion des Kreditgebers das Eigenkapital nicht mehr als eine fixe Größe, sondern als eine vom Kreditnehmer veränderbare Größe eingeht. Formal - so scheint es zunächst - hat dies jedoch keine Auswirkungen, denn die Höhe des Eigenkapitals ist nicht vom Kreditgeber, sondern vom Kreditnehmer zu wählen.

SMITH gibt in seinem Modell die Risikoeinstellung des Kreditgebers ebenfalls als Risikoscheu vor, schon um ein aus Sicht des Kreditgebers ebenfalls endliches optimales Investitionsvolumen zu sichern. Im Anschluß an die allgemeine Darstellung des Modells führt er allerdings die vereinfachende Annahme der Risikoneutralität ein, da sie die Analyse des Einflusses der Eigenkapitalhöhe auf den Nutzen des Kreditgebers erleichtert und die qualitativen Ergebnisse diesbezüglich nicht verändert.[64] Dieser Darstellungsweise sei hier gefolgt.

Der Annahme KOSKELAs bezüglich der unbegrenzten Refinanzierungsmöglichkeit des Kreditgebers zum Zinssatz i entspricht im Modell von SMITH die Annahme einer gegebenen Anfangsausstattung $G_o$ des Kreditgebers, die entweder als Fremdkapital im mit Unsicherheit behafteten Investitionsobjekt des Kreditnehmers oder aber sicher zum Zinssatz i investiert werden kann. Insofern fallen bei SMITH an Stelle der effektiven Refinanzierungskosten Opportunitätskosten an, die jedoch ebenfalls pro Krediteinheit eine konstante Höhe von i aufweisen. Die Zielfunktion läßt sich somit folgendermaßen formulieren:

$$(13)\quad \max E(V(G)) = \int_{\underline{x}}^{\hat{x}} V((EK+K)(1+x)+(G_o-K)(1+i))h(x)dx + \int_{\hat{x}}^{\bar{x}} V(K(1+r)+(G_o-K)(1+i))h(x)dx \,.$$

V(G) stellt die konkave Nutzenfunktion des Kreditgebers mit der Eigenschaft V(0) = 0 dar.

Die Kreditmenge, die den erwarteten Nutzen des Kreditgebers maximiert, ist durch folgende Gleichung gegeben,

$$(14)\quad \frac{\delta E(V)}{\delta K} = \int_{\underline{x}}^{\hat{x}} V'((1+x)-(1+i))h(x)dx + \int_{\hat{x}}^{\bar{x}} V'((1+r)-(1+i))h(x)dx = 0 \quad ,$$

wenn die Bedingung 2.Ordnung für ein Maximum

$$(15)\quad \frac{\delta^2 E(V)}{\delta K^2} < 0$$

erfüllt ist. (14) gibt in impliziter Form die Kreditangebotsfunktion an:

$$(16)\quad K^A = K^A(r, EK; \bar{i}, \bar{G_o}) \,.$$

64. Vgl. SMITH (1972), S. 478 und 480.

Der Unterschied zum Modell KOSKELAs liegt einerseits in der Vermögensrestriktion des Kreditgebers, die zwar das optimale Kreditangebot mit determiniert, denn $G_o$ beeinflußt den Grenznutzen, jedoch abgesehen davon ohne Auswirkungen bleibt, da SMITH Ecklösungen per Annahme ausschließt. Der andere und bedeutungsvollere Unterschied zum KOSKELA-Modell besteht darin, daß das Eigenkapital nicht mehr als eine fixe Größe, sondern, dem vom Markt vorgegebenen Preis r vergleichbar, als eine vom Kreditnehmer vorgegebene Größe in die Kreditangebotsfunktion eingeht.

Trotz dieser Abwandlungen ergibt sich dem Modell KOSKELAS entsprechend - wie aus (14) entnehmbar ist -, daß für

$r < i$ kein positives Kreditangebot erfolgt, da der potentielle Kreditnehmer dann im Vergleich zur sicheren Anlage auf dem Kapitalmarkt Opportunitätsverluste hinnehmen müßte,

$r = i$ ein positives Kreditangebot nur dann erfolgen könnte, wenn kein Ausfallrisiko besteht, denn dann ist der Gläubiger indifferent zwischen seinen beiden Anlagemöglichkeiten,

$r > i$ ein positives, mit Ausfallrisiko behaftetes Kreditangebot erfolgt, da (14) für ein positives K mit $\hat{x} > \underline{x}$ erfüllt ist.

Zur Untersuchung des Verlaufs der Kreditangebotsfunktion wird wiederum zunächst die Indifferenzfunktion des Kreditgebers durch Konstantsetzen des Zielerreichungsgrades in (13) ermittelt:

$$(17)\quad \overline{E(V(G))} = \int_{\underline{x}}^{\hat{x}} V((EK+K)(1+x)+(G_o-K)(1+i))h(x)dx + \int_{\hat{x}}^{\bar{x}} V(K(1+r)+(G_o-K)(1+i))h(x)dx = \text{const.}$$

Die Steigung der Indifferenzfunktion in der K,r-Ebene ergibt sich durch implizite Differentiation als:

$$(18)\quad \frac{\delta r}{\delta K} = -\frac{\frac{\delta E(V)}{\delta K}}{\frac{\delta E(V)}{\delta r}} = -\frac{\int_{\underline{x}}^{\hat{x}} V'((1+x)-(1+i))h(x)dx + \int_{\hat{x}}^{\bar{x}} V'((1+r)-(1+i))h(x)dx}{\int_{\hat{x}}^{\bar{x}} V'(K)h(x)dx}$$

Für $K > 0$ und $\hat{x} < \bar{x}$ ist (18) definiert, denn der Nenner ist für diesen Fall ungleich Null und positiv. Der Zähler entspricht der Bedingung 1. Ordnung für ein Maximum, so daß für die K,r-Ebene gilt, daß die Steigung der Indifferenzfunktion in der Umgebung der Kreditangebotsfunktion Null beträgt.

Die nochmalige implizite Differentiation zeigt den in der Umgebung der Kreditangebotsfunktion konvexen Verlauf der Indifferenzfunktionen in der K,r-Ebene an, da wegen $\frac{\delta r}{\delta K} = 0$, $\frac{\delta^2 E(V)}{\delta K^2} < 0$ gemäß der Bedingung 2. Ordnung für ein Maximum und $\frac{\delta E(V)}{\delta r} > 0$ für $K > 0$ und $\hat{x} < \bar{x}$ gilt:[65]

$$(19) \quad \frac{\delta^2 r}{\delta K^2} = - \frac{\frac{\delta^2 E(V)}{\delta K^2} + 2\frac{\delta^2 E(V)}{\delta K\,\delta r}\frac{\delta r}{\delta K} + \frac{\delta^2 E(V)}{\delta r^2}\left[\frac{\delta r}{\delta K}\right]^2}{\frac{\delta E(V)}{\delta r}} > 0.$$

Die Ausdrücke (18) und (19) geben zwar Auskunft über den Verlauf der Kreditangebotsfunktion in der K,r-Ebene, sie können aber somit nur den Einfluß der vereinbarten Verzinsung r auf das Kreditangebot bei einem gegebenen Eigenkapital klären. Die Erweiterung im Modell von SMITH im Vergleich zu KOSKELAs Modell besteht aber gerade darin, daß das Eigenkapital nicht fix, sondern vom Kreditnehmer in unterschiedlicher Höhe festlegbar ist. Eine Untersuchung des Verlaufs der Kreditangebotsfunktion muß den Einfluß der Eigenkapitalhöhe auf den Nutzen des Kreditgebers mit berücksichtigen.

Eine nähere Betrachtung von (14) verdeutlicht, daß sich unter den Annahmen SMITHs der Einfluß der Höhe des Eigenkapitals auf das Optimierungskalkül des Kreditgebers leicht erfassen läßt, wenn man zusätzlich die Annahme der Risikoneutralität einführt, so daß V' einen konstanten Wert annimmt. Der Einfluß der Höhe des Investitionsvolumens auf den Grenznutzen des Kreditgebers im Konkursfall entfällt dann, und der Einfluß des Eigenkapitals äußert sich lediglich indirekt in seinen Auswirkungen auf $\hat{x}$, und dies gilt ebenfalls für die Variable K.[66]

$$(20) \quad \hat{x} = \frac{K(1+r)}{(EK+K)} - 1 = \frac{\frac{K}{EK}(1+r)}{(1 + \frac{K}{EK})} - 1 = \frac{\ell(1+r)}{(1+\ell)} - 1$$

Die Umformung von $\hat{x}$ in (20) zeigt, daß sich der Einfluß von K und EK auf $\hat{x}$ durch eine einzige Variable erfassen läßt: durch die Kapitalstruktur $\ell = K/EK$, das Verhältnis von Fremdkapital und Eigenkapital

65. Vgl. KOSKELA (1979), S. 73/74.

66. Vgl. SMITH (1972), S. 480.

zueinander. Die Gleichung (14) wird von SMITH deshalb derart uminterpretiert, daß sie in impliziter Form die Kapitalstruktur angibt, die der Kreditgeber dem Kreditnehmer in Abhängigkeit von der vereinbarten Effektivverzinsung r anbietet.

(21) $\ell^A = \ell^A(r; \bar{i}, \overline{G_o})$

Wie die vom Kreditgeber "angebotene" Kapitalstruktur mit der Verzinsung r variiert, läßt die implizite Differentiation von $\ell^A$ nach r erkennen.

(22) $$\frac{\delta \ell^A}{\delta r} = - \frac{\frac{\delta^2 E(G)}{\delta K\, \delta r}}{\frac{\delta^2 E(G)}{\delta K\, \delta \ell}} = - \frac{(1-H(\hat{x}))\; (\hat{x}-r)h(\hat{x})\, \frac{\delta \hat{x}}{\delta r}}{(\hat{x}-r)h(\hat{x})\, \frac{\delta \hat{x}}{\delta \ell}}$$

Für $\hat{x} > \underline{x}$ ist (22) definiert, jedoch welchen Wert der Ausdruck annimmt und damit welchen Verlauf die Kreditangebotsfunktion in der $\ell$,r-Ebene aufweist, läßt sich ohne spezifische Annahmen über den Verlauf der Wahrscheinlichkeitsfunktion nicht klären. Bei einer entsprechenden Gestalt der Wahrscheinlichkeitsfunktion kann trotz einer Erhöhung der vereinbarten Effektivverzinsung der durch den Kreditgeber angebotene Verschuldungsgrad abnehmen, so daß ein Zinssatz r existiert, für den der angebotene Verschuldungsgrad maximal wird.[67]

Graphisch ist der Verlauf der Kreditangebotsfunktion in einem $\ell$,r-Diagramm darstellbar.

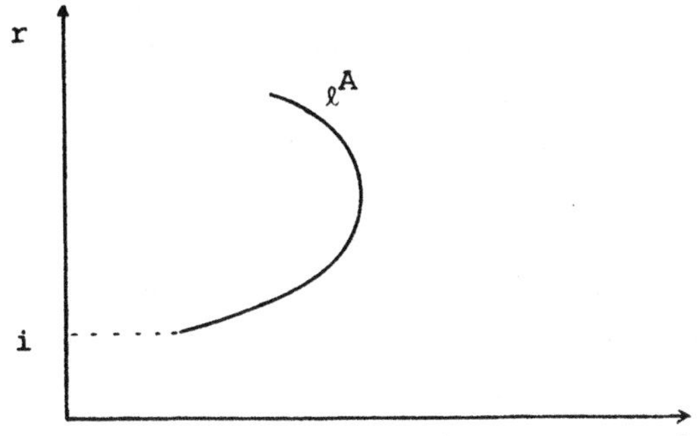


Abb. 10: Die "angebotene" Kapitalstruktur in Abhängigkeit von r

Quelle: SMITH (1972), S. 481.

---

67. Vgl. SMITH (1972), S. 480.

Auf eine gesonderte Untersuchung der Kreditangebotsfunktion unter Einhaltung der Null-Gewinn-Bedingung kann für das Modell von SMITH verzichtet werden, da sich seine Annahmen über den Kreditmarkt in diesem Punkt vom Modell KOSKELAs unterscheiden, wie die Ableitung des Gleichgewichts im folgenden Abschnitt zeigen wird.

### c) Das Gleichgewicht am Kreditmarkt

Der Nachweis, daß die Existenz eines kreditrationierenden Gleichgewichtes möglich ist, läuft im Modell von SMITH der Vorgehensweise im Modell von KOSKELA ähnlich ab. Untersucht wird zunächst der Schnittpunkt von Angebots- und Nachfragekurve, um dann zu zeigen, daß dieser Schnittpunkt nicht pareto-optimal sein kann und Pareto-Optimalität mit Kreditrationierung zu vereinbaren ist.

Als Begründung dafür, daß sich nicht nur der Kreditnachfrager, sondern auch der Kreditanbieter als Mengenanpasser verhält, führt SMITH die vollkommene Konkurrenz an. SMITH verzichtet allerdings auf die Annahme einer Vielzahl von Anbietern von Krediten, so daß der Kreditgeber nicht der im Modell KOSKELAs geltenden Nebenbedingung eines Gewinns von Null unterliegt. SMITH folgt in seiner Argumentation vielmehr der, die zur graphischen Ableitung eines Konkurrenzgleichgewichtes mit Hilfe der EDGEWORTH-Box[68] Verwendung findet: Man geht von einer geschlossenen Volkswirtschaft aus, die aus nur zwei Marktteilnehmern besteht. Beide Marktteilnehmer treten als Nutzenmaximierer auf, die nur der Restriktion ihrer Anfangsausstattung ausgesetzt sind und versuchen, ihren Nutzen durch Produktion und Tausch zu erhöhen. Für einen Markt bei vollkommener Konkurrenz gilt, daß der Schnittpunkt der beiden Tauschkurven auf der sogenannten Kontraktkurve liegt, die den geometrischen Ort aller pareto-optimalen Vereinbarungen zwischen den beiden Marktteilnehmern darstellt.[69]

Graphisch läßt sich der Schnittpunkt von Kreditangebots- und -nachfragefunktion durch die Zusammenfassung der Abbildungen 9 und 10 wie

---

68. Vgl. EDGEWORTH, F. Y.: Mathematical Psychics. An Essay on the Application of Mathematics to the Moral Sciences, London 1881, Kap. II.

69. Vgl. z. B. SCHUMANN (1980), S. 201 - 226.

folgt darstellen:

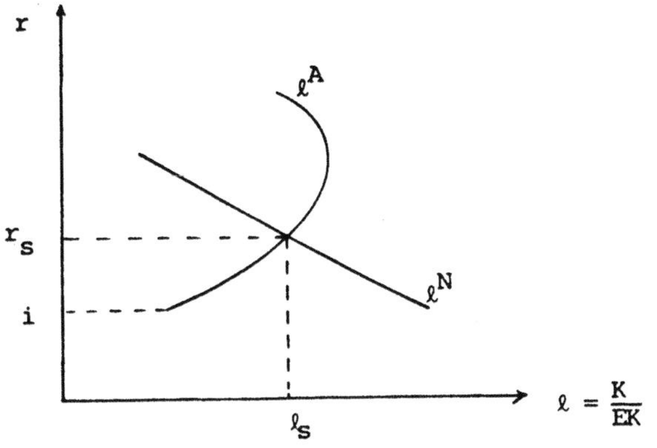


Abb. 11: Der Schnittpunkt von Kapitalstrukturangebots- und -nachfragekurve im Modell von SMITH

Quelle: SMITH (1972), S. 481.

Da die Angebotsfunktion im Modell von SMITH aufgrund der fehlenden Null-Gewinn-Bedingung keinen horizontalen Bereich aufweist, denn für $r = i$ ist der Kreditgeber zwischen einer Anlage am Kapitalmarkt und der Kreditvergabe indifferent und nimmt kein Kreditangebot vor, ist lediglich der Schnittpunkt zwischen Angebots- und Nachfragefunktion bei $r > i$ zu untersuchen.

Analytisch ist der Schnittpunkt durch folgendes Gleichungssystem bestimmt:

$$(23a)\quad \frac{\delta E(U)}{\delta K} = \int_{\hat{x}}^{\bar{x}} U'((1+x)-(1+r))f(x)dx = 0$$

$$(23b)\quad \frac{\delta E(U)}{\delta EK} = \int_{\hat{x}}^{\bar{x}} U'((1+x)-(1+j))f(x)dx + \int_{\underline{x}}^{\hat{x}} U'(-(1+j))f(x)dx = 0$$

$$(23c)\quad \frac{\delta E(V)}{\delta K} = \int_{\underline{x}}^{\hat{x}} V'((1+x)-(1+i))h(x)dx + \int_{\hat{x}}^{\bar{x}} V'((1+r)-(1+i))h(x)dx = 0 .$$

Ob der Schnittpunkt die Eigenschaft der Pareto-Optimalität aufweist, läßt sich durch die Lösung des folgenden Maximierungsproblems prüfen:

$$(24)\quad \max_{K,EK,r} Z = E(U) + \lambda[E(V)-\overline{E(V)}] .$$

Die Bedingungen 1.Ordnung ergeben sich wie folgt:

(25a) $\frac{\delta Z}{\delta K} = \frac{\delta E(U)}{\delta K} + \lambda \frac{\delta E(V)}{\delta K} = 0$

(25b) $\frac{\delta Z}{\delta EK} = \frac{\delta E(U)}{\delta EK} + \lambda \frac{\delta E(V)}{\delta EK} = 0$

(25c) $\frac{\delta Z}{\delta r} = \frac{\delta E(U)}{\delta r} + \lambda \frac{\delta E(V)}{\delta r} = 0$

(25d) $\frac{\delta Z}{\delta \lambda} = E(V) - \overline{E(V)} = 0$.

Da nur für den Punkt der Angebotsfunktion, in dem $r = i$ gilt, die Kreditvergabe sicher ist, ist die $\ell$,r-Kombination, die den Schnittpunkt kennzeichnet, mit einer durch Ausfallrisiko behafteten Kreditvergabe verbunden. Es gilt $\hat{x} > \underline{x}$, woraus folgt, daß

(26) $\frac{\delta E(V)}{\delta EK} = \int_{\underline{x}}^{\hat{x}} V'(1+x)h(x)dx > 0$

einen positiven Wert annimmt. Gilt jedoch, daß (26) positiv ist, so können die Gleichungen (23b) und (25b) für ein positives $\lambda$ nicht gleichzeitig erfüllt sein. $\lambda$, der Schattenpreis für eine Erhöhung des Nutzens des Kreditgebers um eine Einheit, ist aber positiv, wie die Auflösung von (25c) nach $\lambda$ zeigt:

(27) $\lambda = -\frac{\frac{\delta E(U)}{\delta r}}{\frac{\delta E(V)}{\delta r}} = -\frac{\int_{\hat{x}}^{\bar{x}} U'(-K)f(x)dx}{\int_{\hat{x}}^{\bar{x}} V'K\, h(x)dx} > 0.$

Aus (26) und (25b) ergibt sich damit, daß zur Erreichung eines Pareto-Optimums $\frac{\delta E(U)}{\delta EK}$ nicht Null betragen darf, sondern einen negativen Wert annehmen muß, womit der Widerspruch zu (23b) bewiesen ist:[70]

Die durch den Schnittpunkt von Angebots- und Nachfragefunktion im $\ell$,r-Diagramm repräsentierte K,r,EK-Kombination ist nicht pareto-optimal.

Daraus folgt, daß eine Abweichung von dem durch den Schnittpunkt von

---

70. Vgl. SMITH (1972), S. 481.

Angebots- und Nachfragefunktion determinierten Kreditvertrag eine Nutzensteigerung einer Vertragspartei zuläßt, ohne den Nutzen der anderen Vertragspartei dadurch zu vermindern. Eine im Pareto-Sinne optimale Vereinbarung zwischen Kreditnehmer und -geber, so kann gefolgert werden, schließt eine Rationierung des Nachfragers zumindest nicht aus, denn er steht nicht im Widerspruch zu dem die Bedingungen 1. Ordnung für ein Pareto-Optimum repräsentierenden Gleichungssystem (25). Eine Rationierung des Kreditnehmers schlägt sich darin nieder, daß $\frac{\delta E(U)}{\delta K}$ einen positiven Wert annimmt. Auch unter dieser Voraussetzung ist (25a) bei positivem $\lambda$ dann erfüllbar, wenn gleichzeitig gilt, daß $\frac{\delta E(V)}{\delta K}$ negativ ist, d.h. daß der Kreditgeber gerne eine Verminderung der Kreditmenge zur Erhöhung des Nutzens, den ihn <u>sein</u> Anteil an den Zahlungen erwarten läßt, vornehmen würde.

Welche K,r,EK-Kombination im Gleichgewicht realisiert wird und ob diese Kombination eine Rationierung des Kreditnehmers zur Folge hat, läßt sich ohne spezifische Annahmen über die Wahrscheinlichkeitsfunktionen, die Nutzenfunktion(en) und eine Aussage darüber nicht beurteilen, wie der gemeinsame Vorteil durch die Durchführung des Investitionsprojektes zwischen den beiden Vertragsparteien verteilt werden soll, denn K,r und EK legen nicht nur das Investitionsvolumen, sondern auch die Regel zur Teilung der unsicheren Zahlungen aus dem Investitionsprojekt fest. Da ein pareto-optimales Arrangement eine Rationierung jedoch nicht ausschließt, wäre eine Erklärung dafür gefunden, daß der Kreditmarkt im Gleichgewicht durch eine Mengenrationierung des Nachfragers gekennzeichnet sein kann.

## 3. Kritik und Einschätzung des Modells von SMITH

### a) Die Entscheidung des Kreditnehmers über die Höhe des Eigenkapitals als Begründung für die Nicht-Pareto-Optimalität des Schnittpunktes von Angebots- und Nachfragekurve

Den Grund dafür, daß sich in der Modellwelt von SMITH kein pareto-optimales Gleichgewicht ergibt, wenn beide Marktteilnehmer unabhängig voneinander und nur in Abhängigkeit von dem gegebenen Preis ihren eigenen Nutzen maximieren, skizziert SMITH selbst folgendermaßen: "The borrower's equity in an investment is an external economy to the lender."[71] "The term "externality" is used in the sense of direct interaction - the decision variables of one economic agent enter the criterion function of another agent."[72] Die Entscheidung des Kreditnehmers über die Höhe des Eigenkapitals übt einen "externen Effekt" auf den Kreditgeber aus, d.h. der Nutzen des Kreditgebers wird durch die Eigenkapitalentscheidung des Kreditnehmers beeinflußt. "Now assume, as is common in ordinary markets, that the borrower and lender make their investment decisions independently at the market prices.... This yields an equilibrium debt-equity ratio and interest rate.....But as is common in markets characterized by externality this market equilibrium is not in general mutually satisfactory to the two agents."[73]

Diese Zitate von SMITH belegen, daß er die Erklärung für Besonderheiten des Kreditmarktes in der Interaktion von Kreditnehmer und Kreditgeber und dem Einfluß sucht, den die Handlungen einer Vertragspartei auf den Nutzen der anderen ausüben.

SMITH stellt ganz bewußt die Entscheidung des Kreditnehmers über die Eigenkapitalhöhe in den Vordergrund seiner Argumentation, also genau die Variable, die KOSKELA in seinem Grundmodell als gegeben annimmt. Dies legt die Vermutung nahe, daß SMITH damit die Probleme meidet, die KOSKELAs Anreizproblem auf ein Scheinproblem reduzieren. Diese Vermutung wird durch eine Analyse der Annahmen über das Kreditangebots- und -nachfrageverhalten bestätigt.

Bei der Investition seines Anfangsvermögens hat sich der Kreditnehmer zwischen der sicheren Anlage am Kapitalmarkt und der unsicheren Anlage als Eigenkapital im Investitionsobjekt zu entscheiden. Der bedeutende Unterschied zwischen den beiden Anlagealternativen besteht darin, daß die sichere Anlage der Haftung für Zahlungsverpflichtungen aus einer Fremdkapitalaufnahme nicht unterliegt. Hierdurch gehen dem Kreditnehmer bei der Investition einer zusätzlichen Einheit Eigenkapital mit Sicherheit zusätzliche Zahlungen aus einer Anlage am Kapitalmarkt in Höhe von (1+j) verloren, während ihm die zusätzlich erzielbaren Einzahlungen aus dem Investitionsobjekt bei vorhandenem Kreditausfallrisiko nur dann zufließen, wenn die Ansprüche des Kreditgebers voll befriedigt werden können.

---

71. SMITH, V. L. (1972) S.479.

72. SMITH, V. L. (1971), S. 54, Fußnote 2.

73. SMITH, V. L. (1972) S.481.

Die für den Kreditnehmer optimale Eigenkapitalmenge ist dann erreicht, wenn die erwartete Nutzensteigerung durch die Erhöhung des Eigenkapitals gerade noch den durch die sicheren Opportunitätskosten des Eigenkapitals entstehenden Nutzenentgang ausgleichen kann. Daß durch eine Erhöhung (Verminderung) des Eigenkapitals der erwartete Nutzen des Kreditgebers steigt (sinkt), geht unter den Annahmen von SMITH nicht in das Kalkül des Investors ein, denn der Investor handelt ausschließlich in eigenem Interesse.

Das eigentliche Anreizproblem liegt nun darin, daß die Eigenkapitalentscheidung nicht unabhängig von den Konditionen des Kreditvertrages ist, wie in der Abhängigkeit der Eigenkapitalwahlfunktion bei SMITH von K und r zum Ausdruck kommt. Der Investor wählt seinen Eigenkapitaleinsatz als Reaktion auf die Konditionen des Kreditvertrages und weiß, daß er durch eine Veränderung seines Eigenkapitals die erwarteten Zahlungen an den Fremdkapitalgeber beeinflussen kann. Eine Verminderung des Eigenkapitals

- ruft aufgrund des geringeren Investitionsvolumens eine Verringerung der Zahlungen an den Kreditgeber im Konkursfall hervor und

- erhöht durch seinen Einfluß auf $\hat{x}$

  (28) $\frac{\delta \hat{x}}{\delta EK} = - \frac{K(1+r)}{(K+EK)^2} < 0$

  auch die Wahrscheinlichkeit des Ausfalls.

Warum unter den Annahmen von SMITH der Einfluß der vereinbarten Effektivverzinsung auf das Kreditnachfrage- und Kapitalanlageverhalten des Kreditnehmers ohne spezifische Annahmen über die Nutzenfunktion und die Wahrscheinlichkeitsfunktion im Unklaren bleibt, und warum ein "üblicher" Verlauf der Kreditnachfrage- und Eigenkapitalwahlfunktion eher angenommen werden mußte, als abgeleitet werden konnte, ist jetzt offensichtlich: Eine Erhöhung der vereinbarten Effektivverzinsung wirkt sich nur in den Umweltzuständen preissteigernd aus, in denen der Kreditnehmer seinen Zahlungsverpflichtungen auch nachkommen kann bzw. muß. Da es dem Kreditnehmer möglich ist, die erwarteten Kosten pro Einheit Fremdkapital nicht nur - wie im Modell KOSKELAs angenommen - durch eine Erhöhung der Kreditnachfrage, sondern auch durch eine Verminderung des Eigenkapitals zu drücken, läßt sich der Einfluß einer Erhöhung oder Verminderung der vereinbarten Effektivverzinsung auf das Verhalten des Kreditnehmers erst dann ausmachen, wenn geklärt werden kann, welcher der geschilderten Einflüsse überwiegt. Wird der preissteigernde Effekt, der eine Substitution von Fremd- durch Eigenkapital bewirkt, überkompensiert durch die Möglichkeit, die erwarteten Fremdkapitalkosten durch eine Verminderung des Eigenkapitals zu senken, so kann eine Zunahme der vertraglichen Effektivverzinsung den Wunsch nach vermehrter Kreditfinanzierung zur Folge haben.[74]

Betrachten wir nun die Annahmen über das Kreditangebotsverhalten, um festzustellen, ob dem Kreditgeber nicht doch - wie im Modell KOSKELAs - Möglichkeiten offen stehen, das Verhalten des Kreditnehmers zu antizipieren und durch ein entsprechendes Kreditangebot das Anreizproblem auf ein Scheinproblem zu reduzieren.

Dem Kreditgeber ist nicht nur bekannt, welchen Einfluß die Kreditmenge auf sein Ausfallrisiko ausübt, sondern er weiß auch, wie die Eigenkapitalentscheidung des Kreditnehmers die erwartete Rückzahlung beeinflußt: Die Festlegung des Kreditangebotes erfolgt unter der Voraussetzung eines vom Markt vorgegebenen Zinssatzes r und einer zwar durch den Kreditnehmer veränderlichen, aber dem Kreditgeber ebenfalls vorgegebenen Eigenkapitalhöhe.

Bezüglich des Anreizproblems, das durch den Einfluß der nachgefragten Kreditmenge auf das Ausfallrisiko hervorgerufen wird und im Modell KOSKELAs im Vordergrund steht, kann bei SMITH gefolgert werden, daß dieses durch die Aufhebung der Null-Gewinn-Bedingung gegenstandslos wird. Das "freie" Gewinnmaximieren des Anbieters hebt genau den Sachverhalt auf, der im Modell von KOSKELA die Ableitung des Widerspruchs zwischen dem den Schnittpunkt von Angebots- und Nachfragefunktion determinierenden Gleichungssystem und dem die Bedingungen 1.Ordnung für ein Pareto-Optimum repräsentierenden Gleichungssystem möglich macht.[75] Die Tatsache, daß die Handlungsfreiheit des Kreditgebers bezüglich der Festlegung des Kreditangebots nicht durch die Null-Gewinn-Bedingung eingeschränkt wird, führt im Modell von SMITH dazu, daß der Kreditgeber seinen Nutzen im Vergleich zum Modell von KOSKELA dadurch erhöhen kann, daß er bei gleicher vereinbarter Effektivverzinsung ein geringeres Kreditangebot unterbreitet. Hierdurch wird die Möglichkeit

74. Vgl. KOSKELA (1976), S. 97.

75. Vgl. zu dem Problem der Beseitigung der Nicht-Pareto-Optimalität bei Aufhebung der Null-Gewinn-Bedingung auch HESS, James D.: Imperfect Information and Credit Rationing: Comment, in: Quarterly Journal of Economics, Vol. 98 (1984), S. 865 - 868.

des Kreditnehmers, die erwartete Verzinsung des Fremdkapitals durch eine Erhöhung seiner Nachfrage zu vermindern, so stark beschnitten, daß im Modell von SMITH gilt: im Schnittpunkt von Angebots- und Nachfragefunktion ist $\frac{\delta E(V)}{\delta K}$ nicht kleiner 0, sondern gleich 0, so daß kein Widerspruch zu den Pareto-Bedingungen besteht. Wäre das EK fix, so würde die Aufhebung der Null-Gewinn-Bedingung zu einem pareto-optimalen Schnittpunkt von Kreditangebots- und Nachfragekurve trotz ihrer Ermittlung in Abhängigkeit von r führen. Die Inkonsistenz des Modells von KOSKELA wäre vermieden.

Die Pareto-Ineffizienz der K,r-Kombination im Schnittpunkt geht bei SMITH also allein auf den Einfluß des Eigenkapitals zurück.

Zu fragen bleibt, ob bzw. weshalb der Kreditgeber eine Ineffizienz des im Gleichgewicht realisierten Kreditvertrages durch eine entsprechende Festlegung der Variablen K und r nicht verhindern kann, denn er kann doch antizipieren, daß der Kreditnehmer seine Entscheidung über die Eigenkapitalinvestition in eigenem Interesse fällen wird.

Das Wissen um das Kalkül des Kreditnehmers versetzt den Kreditgeber zwar in die Lage, eine nachträgliche <u>Schädigung</u> durch eine Verminderung des Eigenkapitals auszuschließen. Er kann die Variablen K und r unter Antizipation der Eigenkapitalentscheidung des Kreditnehmers so festlegen, daß dieser keinen Anlaß hat, nach Kreditvergabe von seiner gewählten Eigenkapitalhöhe abzuweichen. Genau dies ist für die K,r-Kombination im Schnittpunkt von Kreditangebots- und -nachfragekurve gewährleistet: Der Kreditnehmer befindet sich auf seiner Nachfragefunktion: Die Bedingungen 1. Ordnung für die Maximierung seines Nutzens sind erfüllt.

Jedoch kann eine derartige Festlegung der Vertragskonditionen die <u>Ineffizienz</u> nicht verhindern, denn die Eigenkapitalentscheidung hat Einfluß auf das <u>Investitionsvolumen.</u>

Wären die Investitionspläne gegeben, so könnten Ineffizienzen genau wie im Modell von KOSKELA durch die Vertragsvariablen K und r vermieden werden. Die Höhe des Eigenkapitals wäre eine durch die Höhe des Kreditbetrages festlegbare Residualgröße. Der Kreditbetrag würde lediglich die Kapitalstruktur, nicht aber die Investitionen bestimmen, und die vereinbarte Verzinsung würde dem bei dieser Kapitalstruktur zu tragenden Ausfallrisiko angepaßt. Der Kreditvertrag würde sich auf seine Funktion als Teilungsregel reduzieren.

Unter den Bedingungen SMITHs hat der Kreditvertrag jedoch Rückwirkungen auf die realisierten Investitionen, denn er determiniert über seine Auswirkungen auf die Eigenkapitalentscheidung das Investitionsvolumen. Die Eigenkapitalentscheidung erfolgt aber immer gerade so, daß der Kreditnehmer den auf ihn entfallenden Anteil der Zahlungen maximiert. Für jede mögliche Kombination aus K und r, die der Kreditgeber vertraglich vorgeben könnte, wählt der Investor damit eine aus Sicht beider Vertragsparteien zu geringe Höhe des Eigenkapitals und verhindert so ein Pareto-Optimum. Es ist kein Kreditvertrag mit Hilfe der Variablen K und r formulierbar, der Ineffizienzen verhindert.

Daß die Annahme eines gegebenen Eigenkapitals bei KOSKELA eine Vereinfachung darstellt, die die Aussagen des Modells qualitativ verändert, dürfte jetzt offensichtlich sein. Die Annahme eines gegebenen Eigenkapitals bei KOSKELA

- öffnet sein Modell einerseits für die Kritik, daß sein Anreizproblem naiv konstruiert ist, denn die den Kreditgeber vermeintlich schädigende Variable Kreditmenge ist von ihm zu kontrollieren, und

- andererseits macht diese Annahme genau die Ansätze in seinem Modell zunichte, die eine Relevanz der Finanzierungsform für Investitionsentscheidungen begründen könnten. Denn auch bei KOSKELA ist das Investitionsvolumen nicht gegeben, sondern von der Höhe des Kreditbetrages abhängig. Die Annahme des gegebenen Eigenkapitals führt jedoch dazu, daß der Kreditgeber durch die Höhe des Kreditbetrages gleichzeitig die Höhe des Investitionsvolumens determinieren muß, so daß es unmöglich wird, eine Veränderung von Investitionsplänen als Reaktion auf einen Kreditvertrag zu erfassen.

SMITH dagegen hat eine Fremdfinanzierungsbeziehung konstruiert, die das Charakteristikum einer Principal/Agent-Problematik enthält: Eine das Ergebnis beider Vertragsparteien beeinflussende Variable unterliegt der alleinigen Kontrolle eines Partners, der seine Entscheidung über diese Variable so trifft, daß die Realisation aller Kooperationsvorteile im Gleichgewicht verhindert wird.

SMITH produziert dieses Ergebnis nicht zufällig, sondern er hat die wesentlichen Elemente seiner Argumentation erkannt:

- Er betont die Wichtigkeit der Annahme eines variablen Investitionsvolumens, um den externen Effekt des Eigenkapitals nachzuweisen, wie das folgende Zitat belegt, das den Unterschied seines Annahmenkataloges zu dem eines früheren Kreditrationierungsmodells von JAFFEE/ MODIGLIANI[76] herausstellt: "The J-M model derives a bank's optimal loan offer curve on the assumption...that the size of the borrower-firm's investment is fixed and therefore the random outcome of the investment is independent of the size of the loan. It will be shown that a relaxation of these assumptions lays bare a fundamental condition of dependence - an "externality" - between a lender and a borrower under risk."[77]

- Er unterstreicht ebenfalls die Wichtigkeit seiner Annahme der nichtkooperativen Festlegbarkeit des Eigenkapitals: "But the most significant socioeconomic property of .....the supply function S, is the fact, that" it "must inevitably contain the borrower's equity decision **variable** ... as a **parameter**."[78]

Doch ist der Stellenwert des Beitrages von SMITH mit dem Nachweis, daß seine Erklärung für Ineffizienzen des Kreditmarktes auf der konsistenten Konstruktion eines Anreizproblems beruht, noch nicht genügend gewürdigt, denn zusätzlich weist er schon damals auf genau die Lösung für Anreizprobleme hin, die heute in der Finanzierungsliteratur diskutiert wird: den komplexen Vertrag als Koordinationsinstrument.

b) Komplexe Verträge als Instrument zur Beseitigung von Ineffizienzen

Der externe Effekt des Eigenkapitals auf den Nutzen des Kreditgebers allein gibt SMITH noch keine Begründung dafür, warum der Kreditnehmer in seiner Nachfrage nach Fremdkapital rationiert werden sollte. Die Erklärung für Kreditrationierung sucht SMITH in den Mechanismen, die einer Heilung der durch den externen Effekt des Eigenkapitals hervorgerufenen Ineffizienzen dienen können.

Eine der in der Literatur diskutierten Möglichkeiten zur Vermeidung von Pareto-Ineffizienzen durch Externalitäten ist die, externe Effekte

---

76. SMITH bezieht sich auf JAFFEE/MODIGLIANI (1969).

77. SMITH (1972), S. 477.

78. SMITH (1972), S. 479, Hervorhebung nicht im Orginal enthalten.

zu internalisieren, d.h. zum Gegenstand der Verhandlung zu machen.[79]

Eine andere Möglichkeit zur Erreichung eines pareto-optimalen Gleichgewichtes beim Vorhandensein von externen Effekten besteht in der Einführung eines zentralen Quoten- oder Rationierungssystems, das Höchst- bzw. Mindestmengen des zu tauschenden bzw. zu konsumierenden oder produzierenden Gutes, das den externen Effekt ausübt, festlegt. Eine derartige Rationierung führt dann zu einem Pareto-Optimum, wenn der (Schatten-)Preis, den der rationierte Marktpartner bereit wäre, für eine Veränderung der Quote um eine Einheit zu zahlen, gerade dem Grenznutzen, den der andere Marktpartner aus einer solchen Zahlung ziehen würde, entspricht.[80]

SMITH äußert die Vermutung, daß sich hinter einer Kreditrationierung eine Mischung dieser beiden Methoden, ein unter den Vertragspartnern ausgehandeltes Quotensystem, verbirgt.[81] Eine durch den externen Effekt des Eigenkapitals verursachte nicht-pareto-optimale Koordination der Entscheidungen der Marktteilnehmer wird zu verhindern gesucht, indem sich der Kreditnehmer freiwillig zur Anlage einer Mindestmenge von Eigenkapital und der Kreditgeber freiwillig zum Angebot einer Mindestmenge von Kredit verpflichten.

Betrachtet man die durch den Schnittpunkt von Angebots- und Nachfragefunktion determinierte K,r,EK-Kombination als Ausgangspunkt, so könnte ein solcher Verhandlungsprozeß folgendermaßen ablaufen: Der Kreditnehmer verpflichtet sich zu einer Erhöhung des Eigenkapitals, wodurch der Nutzen des Kreditgebers zunächst steigt.[82] Als Gegenleistung fordert der Kreditnehmer, daß sich der Kreditgeber nun seinerseits verpflichtet, eine Senkung der vertraglichen Verzinsung vorzunehmen, ohne jedoch gleichzeitig eine seiner Angebotsfunktion entsprechende Verminde-

---

79. Vgl. COASE, Ronald H.: The Problem of Social Cost, in: Journal of Law and Economics, Vol.3 (1960), S.1 - 44; vgl. ARROW, Kenneth J.: Political and Economic Evaluation of Social Effects and Externalities, in: INTRILIGATOR, M. D. (Hrsg.): Frontiers of Quantitative Economics, Vol. 1, Amsterdam - New York - Oxford 1971, S. 3 - 23, hier S. 15 u.16.

80. Vgl. DEMSETZ, Harold: Toward a Theory of Property Rights, in: American Economic Review, Vol. 57 (1967), S. 347 - 359, und KÖSTERS, Richard: Die Regulierung externer Effekte, Tübingen 1979, S. 93 - 116.

81. Vgl. SMITH, V. L. (1972), S. 482.

82. Vgl. SMITH, V. L. (1972), S. 481.

rung der Kreditmenge vorzunehmen. Die Änderung von r und EK würde wieder Auswirkungen auf das Kalkül des Kapitalnehmers bezüglich der Festlegung von K haben, so daß beide in erneute Verhandlungen eintreten würden, um sich so einem pareto-optimalen Arrangement anzunähern.[83] Kreditrationierung in dem Sinne, daß der Nachfrager zum vereinbarten Zinssatz gerne noch mehr Kredit erhalten würde, kann das Ergebnis einer solchen Verhandlung sein, so daß Rationierung bei SMITH wie bei KOSKELA einer Effizienzerhöhung dient.

Das Wichtige an der Argumentation bei SMITH ist jedoch, daß für ihn der Kreditvertrag, der eine Beschränkung der nachgefragten Menge beinhaltet, nicht ein Kreditvertrag ist, der nur die Variablen K und r enthält, also die Elemente, die für die Teilungsregel einer Fremdfinanzierung kennzeichnend sind, sondern daß dieser Vertrag zusätzliche Vereinbarungen, wie z. B. die Höhe des Eigenkapitals enthält. SMITH betont nicht - wie KOSKELA - den Preis/Mengen Wettbewerb am Markt als Instrument der Koordination von Investitions- und Finanzierungsentscheidungen, sondern die Verhandlung zwischen Kreditnehmer und Kreditgeber mit dem Resultat eines Vertrages, der mehr beinhaltet, als die Festlegung des Kreditbetrages und der vereinbarten Verzinsung: "Because the terminal fortunes of the lender are dependent on those of the borrower, this dependence leads to complicated contracts, as well as delicate negotiations involving the private financial affairs of the borrower."[84]

### c) Kernprobleme der Fremdfinanzierung: Kreditvergabe als Principal/ Agent-Beziehung versus Kreditmarkt als Markt für heterogene Güter

#### (1) Parallelen zu SMITHs Sicht einer Fremdfinanzierungsbeziehung in der finanzierungstheoretischen Principal/Agent-Literatur

Die Argumentation SMITHs läßt sich wie folgt zusammenfassen:

- Ein Kreditvertrag legt die Aufteilung der unsicheren Erträge aus dem

---

83. Vgl. SMITH, V. L.(1972), S. 481.

84. SMITH, V. L. (1971), S. 55.

Investitionsobjekt zwischen Fremdkapitalnehmer und -geber derart fest, daß der Kreditnehmer einen Anreiz besitzt, den Kreditgeber durch eine Verminderung des Eigenkapitals zu schädigen, wenn hierdurch eine Steigerung des Nutzens seines Anteils zu erreichen ist.

- Dieser Anreiz führt dazu, daß das Gleichgewicht am Kreditmarkt durch ein Investitionsvolumen gekennzeichnet ist, daß den gemeinsamen Nutzen beider Vertragsparteien nicht maximiert.

- Pareto-Ineffizienzen des Gleichgewichts lassen sich durch Verhandlungen und die Formulierung komplexer Verträge mildern oder verhindern.

Offensichtliche Parallelen zu dieser Sicht der Problemstruktur einer Fremdfinanzierungsbeziehung sind in der neueren Finanzierungstheorie zu finden. Stellvertretend sei hier der 1976 veröffentlichte Aufsatz von JENSEN und MECKLING zitiert[85], der als eine der ersten grundlegenden Quellen der Principal/Agent-Literatur heute schon fast als ein Klassiker bezeichnet werden kann:

"We don't find many large firms financed almost entirely with debt type claims because of the effect such a financial structure would have on the owner-manager's behavior.....With that financial structure the owner-manager will have a strong incentive to engage in activities (investments) which promise very high payoffs if successful even if they have a very low probability of success. If they turn out well, he captures most of the gains, if they turn out badly, the creditors bear most of the costs."[86]

Ein Zitat von V. L. SMITH aus dem Jahre 1971 enthält dasselbe Argument nicht weniger deutlich: "At the time of contract initiation the lender relinquishes a property right in a larger sum of cash claims on commodities (with certainty) in return for a property right in a larger sum of cash at the end of the period **contingent** on the borrower's being sufficiently **solvent** to meet the contract terms. During the period of the loan the borrower has control over the disbursement of those funds subject of course to any limitations specified in the contract."[87]

---

85. Vgl. JENSEN/MECKLING (1976).

86. JENSEN/MECKLING (1976), S. 334.

87. SMITH, V. L. (1971), S. 55.

JENSEN und MECKLING sowie SMITH betonen die Anreizwirkung der Teilungsregel eines Kreditvertrages in Verbindung mit einem den Kreditgeber treffenden Ausfallrisiko. Wird bei SMITH eine Vermögensverschiebung zuungunsten des Kreditgebers durch eine Verminderung des Eigenkapitals möglich, d. h. durch eine Erhöhung des Kapitalstrukturrisikos bei gleichzeitiger Senkung des Investitionsvolumens, so diskutieren JENSEN und MECKLING - und erstmals vor ihnen FAMA/MILLER im Jahre 1972[88] - dasselbe Problem, indem sie die Kapitalstruktur konstant halten und die Erhöhung des Investitionsrisikos als Handlungsmöglichkeit des Kreditnehmers zulassen. Da sich durch den Wechsel auf eine riskantere Investitionspolitik das Ausfallrisiko des Kreditgebers bei gleichbleibender Kreditmenge und gleichbleibendem Zinssatz erhöhen läßt, sinken die erwarteten Kapitalkosten. Die Qualität der Kreditgeberposition wird durch Handlungen des Kreditnehmers vermindert, während der Wert der Eigenkapitalposition gleichzeitig steigt.

Eine Verminderung des Eigenkapitals ist demnach nicht die einzige Möglichkeit, eine Vermögensverschiebung vorzunehmen. Die Handlungen eines Kreditnehmers, die einen Transfer von Vermögen zu seinen Gunsten und zu Lasten des Anteils des Kreditgebers ermöglichen, lassen sich in Anlehnung an SMITH/WARNER[89] wie folgt systematisieren:

- Schädigung des Kreditgebers durch eine Änderung der <u>Finanzierungspolitik</u>
  - Verminderung des Eigenkapitals durch erhöhte Ausschüttungen bzw. Entnahmen[90]
  - Aufnahme zusätzlichen Fremdkapitals, das die Ansprüche bisheriger Gläubiger verwässert, da der neuen Forderung im Konkursfall eine Gleichrangigkeit oder sogar ein höherer Rang eingeräumt wird.[91]

---

88. Vgl. FAMA, Eugene F./MILLER, Merton H.: The Theory of Finance, New York 1972, S. 179 - 180.

89. Vgl. SMITH C. W./WARNER (1979) S. 118/119.

90. Vgl. auch BLACK, Fischer: The Dividend Puzzle, in: Journal of Portfolio Management, Vol. 2 (1976), S. 2 - 5.

91. Vgl. hierzu auch den Ansatz von SCOTT, der mit diesem Argument die These von einer den Marktwert maximierenden Maximalbesicherungspolitik begründet, da die Besicherung Vorrang vor den nicht am Markt bewerteten Forderungen der nach der Konkursordnung vorrangig zu behandelnden Gläubiger (Fiskus, Ärzte usw.) verschafft. Vgl. SCOTT, James H.: Bankruptcy, Secured Debt, and Optimal Capital Structure, in: Journal of Finance, Vol. 32 (1977), S. 1 - 19. Zur Diskussion dieses Ansatzes in der deutschen Literatur vgl. RUDOLPH (1983) und die dort angegebene Literatur.

- Schädigung des Kreditgebers durch eine Änderung der Investitionspolitik
  - Erhöhung der Riskanz der Investitionsobjekte[92]
  - Unterlassung von Investitionen, deren Durchführung nur bei Berücksichtigung des den Fremdkapitalgebern zufließenden Anteils der Erträge vorteilhaft ist.[93]

Ist mit diesen Aktivitäten lediglich ein Vermögenstransfer vom Fremdkapitalgeber zum Fremdkapitalnehmer verbunden, so ist dies zwar für einen "naiven" Gläubiger bedauerlich, ein bewußter Fremdkapitalgeber dagegen wird sich vor solchen Vermögensverschiebungen durch ihre Antizipation bei der Kreditvergabeentscheidung zu schützen wissen. Eine Relevanz der Finanzierung besteht dann derart, daß nicht jede beliebige Aufteilung der Investitionserträge realisierbar ist, sondern nur noch eine solche, die keinen Anreiz zur Vermögensverschiebung mehr bietet. Die Irrelevanz der Kapitalstruktur im Sinne der These von MODIGLIANI/MILLER; d. h. die Irrelevanz der Finanzierung für die Bewertung des Investitionsobjekts insgesamt, bleibt jedoch erhalten.[94]

Ein Anreiz zu den Fremdkapitalgeber schädigenden Handlungen besteht aber auch dann, wenn damit nicht nur ein Vermögenstransfer, sondern auch ein Wohlfahrtsverlust in Form der Wahl eines nicht pareto-optimalen Investitionsplanes verbunden ist - ein Wohlfahrtsverlust, den JENSEN und MECKLING als "agency cost" bezeichnen.[95] Besonders deutlich wird dies im Falle des "Underinvestment"[96], des Anreizes, die Durchführung vorteilhafter Investitionsobjekte zu unterlassen, wenn dieser Vorteil dem Fremdkapitalgeber zufällt. Die Investitionspläne selbst werden damit von der Finanzierungsform abhängig. Eine Irrelevanz der Finanzierung für die Bewertung eines Investitionsobjekts insgesamt ist bei dem Auftritt von Wohlfahrtsverlusten nicht mehr gegeben, es sei denn, es gibt Mechanismen, die Wahl eines nicht pareto-optimalen Investitionsplanes zu verhindern.

---

92. Vgl. JENSEN/MECKLING (1976), S. 334 - 337, sowie FAMA/MILLER (1972), S. 179/180.

93. Vgl. MYERS (1977).

94. Vgl. JENSEN/MECKLING (1976), S. 336.

95. Vgl. JENSEN/MECKLING, (1976), S. 334.

96. Vgl. MYERS (1977).

SMITH beruft sich als Heilungsmechanismus auf den Vertrag zwischen Kreditnehmer und Kreditgeber und befindet sich mit dieser Meinung ebenfalls nicht allein. Man könnte ihn als einen frühen Vertreter der von den Autoren C. SMITH und WARNER[97] so benannten "Costly Contracting Hypothesis"[98] bezeichnen, obwohl bei SMITH die Tatsache, daß eine vertragliche Festlegung der schädigenden Handlungsvariablen kaum kostenlos vor sich gehen wird, keine Beachtung erfährt. "The Costly Contracting Hypothesis is that control of the bondholder-stockholder conflict through financial contracts can increase the value of the firm... Financial contracting is assumed to be costly. ... Under the Costly Contracting Hypothesis there is a unique optimal set of financial contracts which maximizes the value of the firm."[99]

Die Frage, ob wirklich nur eine oder ob mehrere optimale Finanzierungsvertragskonstruktionen existieren, soll hier nicht interessieren, genauso wenig wie die Frage, wie denn Optimalität zu messen ist. Denn hierin ist zwischen den eher von der Finanzierungstheorie beeinflußten Autoren, die eine marktwertmaximierende Investitionspolitik anstreben, und SMITH keine Übereinstimmung zu erwarten, denn SMITH läßt Marktwertüberlegungen vollkommmen außer acht und stellt die Beziehung zwischen <u>einem</u> Kreditnehmer und <u>einem</u> Kreditgeber in den Mittelpunkt, so daß für ihn die Pareto-Optimalität des Vertrages zwischen ihnen das Beurteilungskriterium bildet. In gewisser Beziehung kann SMITHs Mißachtung der sonstigen Marktbeziehungen, indem er gerade nicht auf Marktwerte abstellt, sogar als sehr fortschrittlich gelten, denn in einer Welt, die durch Anreizprobleme gekennzeichnet ist, gilt die für einen vollkommenen Kapitalmarkt entwickelte Bewertungstheorie nicht mehr, auf die sich die Zielsetzung Marktwertmaximierung gründet.[100]

Entscheidend für die Einordnung des Modells von SMITH in die angesprochene Literaturrichtung ist, daß eine Übereinstimmung bezüglich der Sicht der Grundprobleme einer Fremdfinanzierungsbeziehung besteht. SMITH widmet genau den Elementen dieser Beziehung seine Aufmerksamkeit, denen auch bei JENSEN/MECKLING usw. das Interesse gilt: die Anreizwirkung der Teilungsregel eines Kreditvertrages, die hierdurch

---

97. Vgl. SMITH, C. W./WARNER, (1979), S. 121.

98. Vgl. neben JENSEN/MECKLING (1976) auch MYERS (1977).

99. SMITH,C. W./WARNER, (1979), S. 121.

100. Vgl. KRAHNEN (1985), S. 63 - 98, vgl. auch schon eine entsprechende Fußnote (3) bei SMITH/WARNER (1979), S. 118/119.

resultierende Aufhebung der Annahme gegebener Investitionspläne, die die Finanzierungstheorie gegen echte Fremdfinanzierungsprobleme immunisiert[101], und die Möglichkeit, Ineffizienzen durch eine vertragliche Bindung des Kreditnehmers zu mildern. Dies erbringt den Nachweis, daß in der Kreditrationierungsliteratur genau die Probleme einer Fremdfinanzierungsbeziehung aufgezeigt werden, die heute die Veröffentlichungen zur Finanzierung beherrschen - und zwar zu einem Zeitpunkt, als in der Finanzierungstheorie von einer Belebung der Diskussion durch informationsökonomische Fragestellungen noch nicht die Rede sein konnte. Die Anreizproblematik wird von der Kreditrationierungsliteratur als Kernproblem einer Fremdfinanzierungsbeziehung bestätigt.

Zu fragen bleibt, wie es möglich war, daß die Kreditrationierungsliteratur die Argumente SMITHs nicht anerkannte und sich in eine andere als die von ihm aufgezeigte Richtung weiterentwickelte. Dies kann weder daran gelegen haben, daß SMITH seine Argumente nicht deutlich genug aussprach, noch darin, daß die Kreditrationierungsliteratur seinen Beitrag ignorierte. SMITH wird in der Kreditrationierungsliteratur oft zitiert, und es sind direkte Entgegnungen auf sein Modell vorhanden - Entgegnungen, die zumindest einen Teil der Kreditrationierungsliteratur in genau die Richtung gedrängt haben, die das Grundmodell von KOSKELA - wenn auch in extremer Form - verkörpert.

### (2) Die Preisfunktion für heterogene Güter - die Entgegnung der Kreditrationierungsliteratur auf das von SMITH aufgezeigte Problem

Eine direkte Entgegnung auf das Modell von SMITH wurde von BALTENSPERGER[102] formuliert, der eine Einschätzung des Modells von SMITH nahelegt, die der vorgenommenen Einschätzung des Grundmodells von KOSKELA entspricht.

BALTENSPERGERs Kritik an SMITHs Modell ist nahezu identisch mit derje-

---

101. Auch SMITH sucht schon eine Verbindung zwischen seinem Problem und den finanzierungstheoretischen Thesen zur Kapitalstruktur, vgl. SMITH, Vernon L.: Default Risk, Scale and the Homemade Leverage Theorem, in: American Economic Review, Vol. 62 (1972a), S. 66 - 76.

102. Vgl. BALTENSPERGER (1976).

nigen, die hier zum KOSKELA-Grundmodell vorgebracht wurde: "SMITH's result is obtained because of the special (and, as argued here, objectionable) way in which the behavior of the market participants is specified. More specifically, because it is assumed that both borrower and lender optimize based on the premise that the contractual rate $r^*$ and thus the borrower's interest payment to the lender, is independent of his equity capital y, and thus of his risk of default."[103]

Diesen "Mangel" des Modells von SMITH behebt BALTENSPERGER, indem er annimmt, daß die vereinbarte Effektivverzinsung als Preis eine Funktion der Kreditmenge und der Höhe des Eigenkapitals darstellt. Der Verlauf dieser Funktion spiegelt die Veränderung der Qualität der Kreditgeberposition, d.h. des Ausfallrisikos, mit der Höhe des Fremd- und Eigenkapitals derart wider, daß eine Erhöhung (Verminderung) des Ausfallrisikos durch eine Erhöhung (Verminderung) der vereinbarten Verzinsung ausgeglichen wird. Die vereinbarte Effektivverzinsung wird demnach als eine bei vorhandenem Ausfallrisiko mit steigendem Eigenkapital fallende und mit der Kreditmenge steigende Funktion angenommen. Diese Annahme hebt das für SMITHs Modell entscheidende Argument auf, daß das Eigenkapital einen externen Effekt auf den Kreditgeber ausübt. Die Ableitung der Zielfunktion des Kreditgebers nach EK ist nicht mehr in jedem Fall positiv:

$$(29)\quad \frac{\delta E(V)}{\delta EK} = \int_{\underline{x}}^{\hat{x}} V'(1+x)h(x)dx + \int_{\hat{x}}^{\bar{x}} V' \frac{\delta r}{\delta EK} h(x)dx \,.$$ [104]

Der Kreditgeber bewertet eine Erhöhung des Eigenkapitals nicht ausschließlich positiv, da mit einer Erhöhung des Eigenkapitals gleichzeitig immer eine Verminderung der vereinbarten Verzinsung aufgrund des geringeren Ausfallrisikos verbunden ist. Wählen nun Kreditgeber und Kreditnehmer in Abhängigkeit von dieser Preisfunktion r(K,EK) aber unabhängig voneinander die ihren Nutzen maximierende K,EK-Kombination, so verschwindet der Widerspruch zu den Pareto-Bedingungen. Im Schnittpunkt von Angebots- und Nachfragefunktion gilt $\frac{\delta E(V)}{\delta EK} = 0$. Der externe Effekt der Eigenkapitalentscheidung des Kreditnehmers auf den Nutzen des Kreditgebers verschwindet. Der Gleichgewichtspreis r(K,EK) führt zu einer pareto-optimalen Koordination der Entscheidungen des Kreditnehmers und des Kreditgebers.

---

103. BALTENSPERGER (1976), S. 403.

104. BALTENSPERGER (1976), S. 404, Formel 9.

Folgt man dieser Argumentation, so reduzieren sich die Schlußfolgerungen, die aus dem Modell von SMITH gezogen werden können, auf diejenigen, die bei der Beurteilung des einfachen Modells von KOSKELA geäußert wurden: Die Besonderheit des Kreditmarktes, die SMITH in seinem Modell aufzeigen kann, käme aufgrund der Tatsache zustande, daß er ungerechtfertigter Weise eine Unabhängigkeit von Preis und Qualität des gehandelten Gutes annimmt. Die Ergebnisse würden aus einer "falschen" Preisdefinition, aus der Annahme der Optimierung in Abhängigkeit von der vertraglichen Verzinsung resultieren. Hebt man diese Annahme auf, indem man den Kredit als heterogenes Gut behandelt und den Preis mit der Qualität verknüpft, so läßt sich kein externer Effekt des Eigenkapitals mehr nachweisen.

Die Schwäche in dieser Argumentation BALTENSPERGERs liegt jedoch darin, daß das Problem, das SMITH mit dem "externen Effekt des Eigenkapitals" umschreibt, als nicht vorhanden unterstellt wird. Einer solchen Einschätzung war im Zusammenhang mit dem Modell des vorhergehenden Abschnitts zuzustimmen, denn in der Modellwelt, die KOSKELA zeichnet, gibt es das Problem einer Schädigung des Kreditgebers durch den Kreditnehmer nicht, da die schädigende Variable Kreditmenge der Kontrolle des zu schädigenden Vertragspartners, des Kreditgebers, unterliegt. Für das Modell von SMITH dagegen kann dies nicht behauptet werden. Die Lösung des von SMITH geschilderten Problems setzt eine Veränderung der Annahmen dergestalt voraus, daß die Festlegung der Höhe des Eigenkapitals nicht mehr allein dem Kreditnehmer obliegt, sondern auch der Kontrolle des Kreditgebers untersteht, so daß sie einen Bestandteil des Kreditvertrages bilden kann.

Ohne einen Vertrag, der die Verzinsung r, die Kreditmenge K und die Eigenkapitalhöhe EK bindend festlegt, kann BALTENSPERGERs Preisfunktion r(K,EK), die die Pareto-Ineffizienz aufhebt, nicht existieren, denn nicht jede beliebige Kombination von r, K und EK ist realisierbar. Vielmehr ist die Abhängigkeit der drei Variablen dergestalt, daß zwar beide Vertragspartner r und K festlegen können, zu jeder Kombination von r und K wählt das zugehörige EK jedoch der Kreditnehmer allein, und zwar so, daß sein Nutzen maximal wird. Die Einhaltung dieser Anreiznebenbedingung ist durch eine Veränderung der Preisdefinition nicht zu umgehen. Die Anreizwirkung der Teilungsregel eines Kreditvertrages, der nur K und r spezifiziert, verhindert eine optimale Koordination der Entscheidungen der Marktteilnehmer über den Preismechanismus: Das first best Pareto-Optimum kann ohne einen Vertrag, der auch die Höhe des EK festlegt, nicht zustande kommen.

Insofern ist der Argumentation von BALTENSPERGER, daß eine Koordination der Entscheidungen beider Vertragsparteien über einen anders definierten Preis zur Pareto-Effizienz führt, zu widersprechen. BALTENSPERGER ist nur in dem Punkt zuzustimmen, daß im Fall von SMITH eine Behebung des Anreizproblems plausibel ist, denn die Variable Eigenkapital ist von beiden Vertragspartnern beobachtbar. Eine Bindung des Kreditnehmers an eine bestimmte Eigenkapitalhöhe durch einen Vertrag, der bei Nicht-Einhaltung dem Kreditgeber Sanktionsmöglichkeiten eröffnet, sollte deshalb möglich sein. SMITH hat aber nie behauptet, daß keine Lösung des von ihm aufgezeigten Problems existiert. Ganz im Gegenteil, er benutzt den "externen Effekt" des Eigenkapitals, um auf die Verhandlung zwischen dem Kreditnehmer und dem Kreditgeber und den komplexen Vertrag als Koordinationsinstrumente hinzuweisen.

BALTENSPERGERs Lösung über die Annahme der Existenz einer Preisfunktion auf einem Markt für heterogene Güter kommt einem "Wegdefinieren" des Anreizproblems von SMITH gleich. Vielleicht beeinflußt durch die Ermittlung von Kreditangebot und Kreditnachfrage in Abhängigkeit von der vertraglichen Verzinsung, die auf eine "naive" Modellkonstruktion schließen läßt - wie sich für das Modell von KOSKELA auch bestätigen ließ - "entdeckt" BALTENSPERGER den Markt, der eine "automatische" Koordination über den Preis ermöglicht. Er fällt damit genau in die Argumentation der Finanzierungstheorie zurück, in der die Gleichgewichtsbedingungen eines vollkommenen Kapitalmarktes für die Bewertung einer Kapitalgeberposition gemäß dem zu tragenden Risiko sorgen und die Irrelevanz der Finanzierung für die Bewertung des gesamten Investitionsobjektes gilt. Das aus finanzierungstheoretischer Sicht "Neue" an der Argumentation von SMITH, daß der Preismechanismus des Marktes als Koordinationsmechanismus aufgrund von Anreizproblemen gestört ist, wird von BALTENSPERGER ignoriert.

BALTENSPERGERs Veröffentlichung stellt damit keinen Einzelfall in der Kreditrationierungsliteratur dar[105], denn sein Modell wurde von HANSEN/THATCHER[106] in einem Beitrag von 1983 ausgebaut. Das beste Bei-

---

105. Vgl. auch BALTENSPERGER (1978), S. 174/175 und die dort angegebene Literatur. In diesem Artikel wird allerdings bereits eine differenziertere Sicht des Kreditrationierungsproblems deutlich, da auch die neuere Literatur, z. B. das im folgenden Abschnitt zu behandelnde Modell von JAFFEE/RUSSELL, ihren Einfluß zeigt.

106. Vgl. HANSEN, Robert S./THATCHER, John G.: On the Nature of Credit Demand and Credit Rationing in Competitive Markets, in: Journal of Banking and Finance, Vol. 7 (1983), S. 273 - 284.

spiel liefert jedoch das im vorhergehenden Abschnitt vorgestellte Grundmodell von KOSKELA, der auch in seiner 'Reexamination' des Kreditrationierungsproblems von 1983 nicht von der Hervorhebung des Kreditmarktes als Markt für heterogene Güter abläßt, obwohl er das Eigenkapital dort als variabel unterstellt.[107]

Der "Vorwurf", daß SMITH sein Anliegen nicht deutlich genug zum Ausdruck gebracht hat, ist ihm wohl kaum zu machen. Eine Tatsache, die die Reduzierung seiner Argumente auf den Kreditmarkt als Markt für heterogene Güter vielleicht verständlich erscheinen läßt, ist diejenige, daß es ihm nicht gelingt, sämtliche Rückwirkungen, die zwischen dem Kreditangebots- und Nachfrageverhalten unter seinen Annahmen existieren müßten, auch modellmäßig zu erfassen, wie SMITHs Vorgehensweise bei der Ableitung des Angebotsverhaltens verdeutlicht.

Bei SMITH kommt die Abhängigkeit des Nutzens des Kreditgebers von der Eigenkapitalhöhe dadurch zum Ausdruck, daß bei einer gegebenen vereinbarten Verzinsung $r$ nicht eine bestimmte Kreditmenge $K$, sondern ein bestimmter Verschuldungsgrad $\ell$ angeboten wird. Der Kreditgeber hat damit die Eigenkapitalentscheidung des Kreditnehmers schon in sein Kreditangebot integriert. Dieser "Trick", der SMITH eine graphische Darstellung des Kreditangebots mit Hilfe der Variablen $\ell$, $r$ ermöglicht, täuscht eine Unabhängigkeit von Kreditangebot und -nachfrage vor, die in seiner Modellwelt eigentlich nicht vorhanden ist, denn der Verschuldungsgrad wird gerade <u>nicht</u> vom Kreditgeber festgelegt. Die Wahl des Verschuldungsgrades erfolgt durch den Kreditnehmer als <u>Reaktion</u> auf einen bestimmten Kreditvertrag und dies bringt SMITH auch richtig zum Ausdruck, indem er den Schnittpunkt von Angebots- und Nachfragefunktion und damit einen Verschuldungsgrad, der den Optimumbedingungen des Kreditnehmers genügt, zum Ausgangspunkt seines Nachweises der Pareto-Ineffizienz wählt.

Da der Kreditgeber aber weiß, wie das Eigenkapital und damit das Ausfallrisiko seinen Nutzen beeinflußt, und er ebenfalls weiß, daß die Entscheidung über das Eigenkapital dem Kreditnehmer obliegt, wird der Gläubiger sein Wissen nutzen, denn er hat die Möglichkeit, die Entscheidungen des Kreditnehmers indirekt durch sein Kreditangebot zu beeinflussen. Er wird sein Kreditangebot so festlegen, daß sein erwarteter Nutzen maximal wird unter Berücksichtigung der <u>Anreiznebenbedin-</u>

---

107. Vgl. KOSKELA (1983), besonders S. 412/413.

gung, daß der Kreditnehmer seine Eigenkapitalentscheidung in eigenem Interesse fällt, also $\frac{\delta E(U)}{\delta EK} = 0$ gilt:

(30) $\max_{K} Z = E(V) + \mu \frac{\delta E(U)}{\delta EK}$ .

Anders als im Modell von SMITH ergibt sich die Ableitung nach K, die jetzt nur eine der Bedingungen erster Ordnung darstellt, da die Ableitung nach $\mu$ berücksichtigt werden muß, als:

(31) $\frac{\delta E(V)}{\delta K} + \mu \frac{\delta^2 E(U)}{\delta EK\, \delta K} = 0$.

Da der zweite Term in (31) bis auf Sonderfälle einen Wert ungleich Null annimmt, folgt daraus, daß der erste Term, der der impliziten Form der Kreditangebotsfunktion im Modell von SMITH entspricht, nicht wie bei SMITH den Wert Null annimmt, sondern einen positiven oder auch negativen Wert annehmen muß, um (31) zu erfüllen. Dies würde jedoch - wenn weiterhin gilt $\frac{\delta E(U)}{\delta K} = 0$ - einen Widerspruch zu den Pareto-Bedingungen, d. h. zu (25a)[108] beinhalten, der über den von SMITH herausgestellten Widerspruch hinausgeht.

Die Erklärung hierfür ist sehr einfach. Der Kreditgeber versucht, die Eigenkapitalentscheidung des Kreditnehmers mit Hilfe seines Kreditangebotes indirekt zu steuern. Antizipiert er z. B., daß eine Erhöhung des Kreditangebotes eine seinen Nutzen mindernde geringere Eigenkapitalanlage nach sich ziehen würde, übt er durch eine Beschränkung des Kreditangebots indirekt einen das Eigenkapital erhöhenden Einfluß aus und setzt hiermit die Kapitalstruktur und das Investitionsvolumen durch, die ihm unter der gegebenen Einschränkung, daß das Eigenkapital der Kontrolle des Kreditnehmers unterliegt, einen optimalen Zielerreichungsgrad liefern.

Führt man die Argumentation, daß ein Vertragspartner die Handlungsmöglichkeiten des anderen in seinem Verhalten berücksichtigt, konsequent weiter, müßte überprüft werden, wie das Wissen des Kreditnehmers um die Steuerungsmöglichkeiten des Kreditgebers wiederum das Nachfrageverhalten beeinflußt.

Diese Wechselwirkungen konnte SMITH mit Hilfe seines Modells nicht erfassen. Dies gelänge erst durch ein Principal/Agent-Modell, das die

---

108. Vgl. S. 108 dieser Arbeit.

analytische Bestimmung der second best Lösung, des Pareto-Optimums unter Einhaltung der Anreiznebenbedingung, erlaubt. Dieses Instrumentarium stand SMITH nicht zur Verfügung. Er kann das Problem nur verbal erfassen, denn genau diese Rückwirkungen des Verhaltens des einen Vertragspartners auf das des anderen kommen bei SMITH in dem als Lösung des Anreizproblems vorgeschlagenen Verhandlungsprozeß zum Ausdruck.

SMITH gelingt es zwar verbal, aber noch nicht modellmäßig, ein konsistentes Bild der Fremdfinanzierung als Principal/Agent-Beziehung zu zeichnen. Vielleicht ist hierin ein Grund zu sehen, daß der Stellenwert seiner Argumente von der Kreditrationierungsliteratur nicht genügend gewürdigt wurde. Möglicherweise ist auch die Lösung des Anreizproblems in der Modellwelt von SMITH zu offensichtlich. Die vertragliche Festlegung der die Qualität der Kreditgeberposition beeinflussenden Variable Eigenkapital ist unter seinen Annahmen nicht mit Problemen verbunden. Sie wird als von beiden Vertragspartnern beobachtbar angenommen, und ein Verstoß gegen den Vertrag ist unter diesen Bedingungen sanktionierbar. Unter diesen Voraussetzungen liegen die Grenzen zur Beseitigung der negativen Auswirkungen der Anreizproblematik allein in den Vertragskosten, die wegen des Wissens beider Vertragsparteien um die Schädigungsmöglichkeiten und deren angenommene Beobachtbarkeit relativ gering anzusetzen sind.

Daß die fehlende modellmäßige Erfassung des Anreizproblems und die Offensichtlichkeit der Möglichkeit, den "Marktfehler" durch die Aufnahme des Eigenkapitals in den Vertrag zu beseitigen, Gründe für die mangelnde Akzeptanz von SMITHs Argumentation gewesen sein könnten, darauf weisen die neuesten Veröffentlichungen zur Kreditrationierungsliteratur hin, die durch das im folgenden Abschnitt zu behandelnde Modell von JAFFEE/RUSSELL eingeleitet wurden. Es zeichnet sich ab, daß die Kreditrationierungsliteratur sich von der aus der Sicht der Finanzierungstheorie wenig fruchtbaren Charakterisierung des Kredites als heterogenes Gut abwendet und die Argumente von SMITH neu entdeckt. Da dieser Weg zurück zu Anreizproblemen - wie zu zeigen sein wird - unmittelbar verknüpft ist mit der auch modellmäßig konsistenten Erfassung der Anreiznebenbedingung, kann die Entwicklung der Kreditrationierungsliteratur nicht nur das Anreizproblem als ein Kernproblem der Fremdfinanzierung, sondern auch das Principal/Agent-Modell als angemessenes Instrumentarium zur Erfassung von Fremdfinanzierungsproblemen bestätigen.

## VI. Das Modell von JAFFEE/RUSSELL - asymmetrische Informationsverteilung und moral hazard als Erklärung für Kreditrationierung

### 1. Zur Modellauswahl

Obwohl heute eine Fülle von Modellen existiert, die Kreditrationierung unter asymmetrischer Informationsverteilung zwischen den Vertragspartnern als Folge von moral hazard und adverse selection diskutieren, und hierunter auch viele zu finden sind, die den bisher vorgestellten Modellen in ihren Annahmen eher vergleichbar sind als das nun folgende Modell, wird an dieser Stelle bewußt eine Darstellung des Kreditrationierungsmodells von JAFFEE/RUSSELL[109] vorgenommen.

Der Grund hierfür liegt einerseits darin, daß das Modell von JAFFEE/ RUSSELL wohl das erste gewesen ist, das die von der Informationsökonomie aufgezeigten Probleme des moral hazard und adverse selection auf den Kreditmarkt zu übertragen suchte, und so nicht nur von an Kreditrationierung interessierten Lesern, sondern auch von denjenigen wahrgenommen worden ist, die sich im Rahmen der Informationsökonomie mit den Folgen einer asymmetrischen Informationsverteilung beschäftigen.

Andererseits macht es das Modell von JAFFEE/RUSSELL wegen seiner einfachen Struktur sehr leicht, zu erkennen, welche Modellelemente dafür verantwortlich sind, daß ein pareto-optimaler Kreditvertrag im Sinne einer first best Lösung nicht abgeschlossen werden kann. Weiterhin wird gerade wegen seiner den bisher vorgestellten Kreditrationierungsmodellen sehr unähnlichen Modellkonstruktion erkennbar, welche Merkmale diejenigen sind, die das JAFFEE/RUSSELL-Modell mit den früheren Kreditrationierungsmodellen verbinden.

Die Analyse des Modells von JAFFEE/RUSSELL soll zeigen, daß

- ihre Erklärung für Kreditrationierung auf einem moral hazard Problem beruht, das durch die Annahme asymmetrischer Informationsverteilung zwischen Kreditnachfrager und Gläubiger verstärkt wird,

- ihre Annahmen die Ableitung eines Gleichgewichtes erlauben, in dem

---

109. Vgl. JAFFEE/RUSSELL (1976).

Kooperationsverluste aufgrund von Anreizproblemen auftreten, die auch durch vertragliche Zusatzvereinbarungen nicht abgebaut werden können, so daß nur ein Pareto-Optimum im Sinne einer second best Lösung erreichbar ist,

- ihr Modell das erste Modell darstellt, in dem die Rückwirkungen des Verhaltens einer Vertragspartei auf das der anderen vollständig antizipiert werden, und so dazu beitragen konnte, daß sich die Kreditrationierungsliteratur von der zu einengenden Sichtweise des Kredites als heterogenes Gut löst, um zu der expliziten Modellierung von Principal/Agent-Modellen überzugehen.

## 2. Das Modell von JAFFEE/RUSSELL[110]

### a) Die Kreditnachfrage

Im Vergleich zu den bisher vorgestellten Modellen weist das Modell von JAFFEE/RUSSELL zwei auffallende Unterschiede auf. Die Kreditaufnahme erfolgt nicht zur Finanzierung eines Investitionsobjektes mit unsicherem Ertrag, sondern es handelt sich um eine Kreditaufnahme unter Sicherheit, die dazu dient, Konsummöglichkeiten vom Zeitpunkt $t_1$ auf den Zeitpunkt $t_o$ vorzuverlegen.

Der Kreditnehmer besitzt ein sicheres Einkommen in $t_o$ in Höhe von $X_o$ und ein sicheres Einkommen in $t_1$ in Höhe von $X_1$. Zusätzlich hat er die Möglichkeit, in $t_o$ einen Kredit in Höhe von K zum Zinssatz r aufzunehmen und in $t_1$ zurückzuzahlen, so daß sich das Konsumeinkommen in $t_o$, $W_o$, und das in $t_1$, $W_1$, wie folgt darstellen lassen:

(1a) $W_o = X_o + K$

(1b) $W_1 = X_1 - K(1+r)$.

Die Nachfrage des Kreditnehmers entspricht dem Kreditbetrag, der sei-

---

110. Die Darstellung folgt der von JAFFEE/RUSSELL, die allerdings nur eine graphische, nicht aber eine analytische Ableitung der Nicht-Pareto-Optimalität des Schnittpunktes von Angebots- und Nachfragefunktion vornehmen, die hier zur besseren Vergleichbarkeit mit den vorhergehenden Modellen ergänzend eingefügt wird.

nen Konsumnutzen maximiert, wobei angenommen wird, daß die über die Argumente $W_o$ und $W_1$ definierte Nutzenfunktion konkav verläuft.

(2) $\max U(W_o(K), W_1(K,r)) = U((X_o+K),(X_1-K(1+r)))$

Die Bedingung 1. Ordnung für ein Maximum lautet:

(3) $$\frac{dU}{dK} = \frac{\delta U}{\delta W_o} - \frac{\delta U}{\delta W_1}(1+r) = 0$$

mit $$\frac{\delta U}{\delta W_o}, \frac{\delta U}{\delta W_1} > 0$$

$$\frac{\delta^2 U}{\delta W_o^2}, \frac{\delta^2 U}{\delta W_1^2} < 0 .$$

Ist die Bedingung 2. Ordnung für ein Maximum

(4) $$\frac{d^2U}{dK^2} = \frac{\delta^2 U}{\delta W_o^2} - 2\frac{\delta^2 U}{\delta W_o \delta W_1}(1+r) + \frac{\delta^2 U}{\delta W_1^2}(1+r)^2$$

erfüllt, so gibt (3) in impliziter Form die Kreditnachfragefunktion in Abhängigkeit von der geforderten Verzinsung r an.

(5) $K^N = K(r)$

Die Indifferenzkurven lassen sich durch Konstantsetzen der Zielfunktion analytisch ermitteln:

(6) $\bar{U}(W_o(K), W_1(K,r)) = \bar{U}((X_o+K),(X_1-K(1+r))) = \text{const.}$

Durch implizite Differentiation ergibt sich die Steigung, die in der Umgebung der Kreditnachfragefunktion wiederum Null beträgt, da der Zähler der Bedingung 1. Ordnung entspricht:

(7) $$\frac{dr}{dK} = -\frac{\frac{\delta U}{\delta K}}{\frac{\delta U}{\delta r}} = -\frac{\frac{\delta U}{\delta W_o} - \frac{\delta U}{\delta W_1}(1+r)}{-\frac{\delta U}{\delta W_1}K} .$$

Durch nochmalige implizite Differentiation von r nach K läßt sich die Krümmung in der Umgebung der Kreditnachfragefunktion feststellen:

(8) $$\frac{d^2r}{dK^2} = -\frac{\frac{\delta^2 U}{\delta K^2} + 2\frac{\delta^2 U}{\delta K \delta r}\frac{dr}{dK} + \frac{\delta^2 U}{\delta r^2}\left[\frac{dr}{dK}\right]^2}{\frac{\delta U}{\delta r}} < 0 .$$

Die Begründung für den konkaven Verlauf der Indifferenzkurven in der Umgebung der Kreditnachfragefunktion erfolgt in Analogie zu derjenigen in den vorhergehenden Abschnitten.

Die Abhängigkeit der Kreditnachfrage von r ist durch Differentiation der Nachfragefunktion $K^N$ nach r zu untersuchen:

$$(9) \quad \frac{dK^N}{dr} = - \frac{\frac{\delta^2 U}{\delta K\, \delta r}}{\frac{\delta^2 U}{\delta K^2}} = - \frac{\frac{\delta^2 U}{\delta W_o \delta W_1} \cdot (-K) + \frac{\delta^2 U}{\delta W_1^2} K(1+r) - \frac{\delta U}{\delta W_1}}{\frac{\delta^2 U}{\delta K^2}}$$

Da ohne spezifische Annahmen über die Gestalt der Nutzenfunktion nicht bestimmbar ist, wie der Nutzen des Konsums in einer Periode durch den in der anderen beeinflußt wird, kann auch das Vorzeichen von (9) nicht eindeutig determiniert werden. JAFFEE/RUSSELL nehmen an, daß (9) negativ ist und damit die Kreditnachfrage mit steigender geforderter Verzinsung sinkt.[111]

Die Kreditnachfrage stellt sich somit graphisch wie folgt dar:

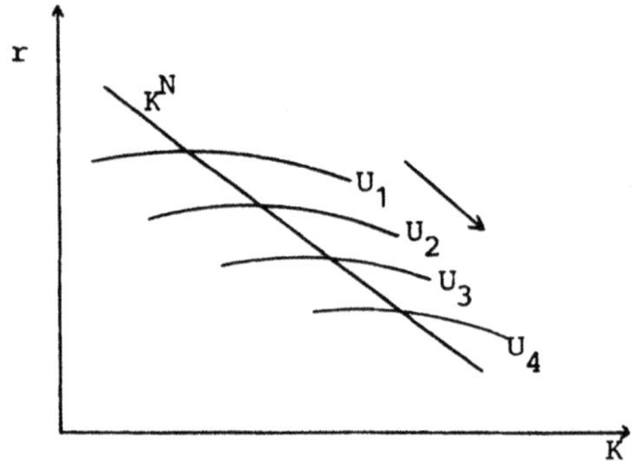


Abb. 12: Die Kreditnachfragefunktion im Modell von JAFFEE/RUSSELL

Quelle: JAFFEE/RUSSELL (1976), S. 654.

Die Kreditnachfragefunktion in Abbildung 12 ist repräsentativ für eine Klasse von Kreditnehmern, die in sich jedoch nicht homogen ist. Unter den Kreditnehmern, die gemäß der obigen Kreditnachfragefunktion nachfragen, sind sogenannte unehrliche Kreditnehmer, die nicht in jedem Fall die Absicht haben, den von ihnen aufgenommenen Kredit in $t_1$ zurückzuzahlen, obwohl ihr sicheres Einkommen hierfür ausreicht. Sie

111. Dies gilt z. B. für eine exponentielle Nutzenfunktion, vgl. auch Fußnote 4 bei JAFFEE/RUSSELL (1976), S. 653.

nehmen dann von einer Erfüllung ihrer festen Zahlungsverpflichtungen in $t_1$ Abstand, wenn die ihnen hierdurch entstehenden Nachteile, quantifiziert durch die Größe B, die als gegeben angenommen wird, eine geringere Nutzeneinbuße zur Folge haben als die Rückzahlung des Kredites einschließlich der angefallenen Zinsen.

(10) $\max U(W_o,W_1)$

$$\text{mit } W_1 = (\max (X_1-K(1+r));(X_1-B))$$

Die Zahlungseinstellungskosten B fallen nicht dem Kreditgeber zu; sie stellen vielmehr Kosten (auch moralischer Art wie Rufschädigung) dar, die einer Wertvernichtung gleichkommen.

Um - wie JAFFEE/RUSSELL begründen - eine Annäherung des modellmäßig abgebildeten Nachfrageverhaltens an die Realität zu erzielen, wird die Annahme der Existenz von sogenannten "honest" und "dishonest borrowers" derart abgeschwächt, daß jeder Kreditnachfrager als "potentielles schwarzes Schaf" gilt. Ob seine potentielle Nicht-Rückzahlungswilligkeit zu einem Ausfall des Kredites führt, hängt ab von der Höhe der zwar gegebenen, aber kreditnehmerindividuell verschiedenen Kosten der Zahlungsverweigerung B. Der Prozentsatz der Kreditnehmer, der seine Zahlungsverpflichtungen ordnungsgemäß erfüllt, ist demnach gleich dem Prozentsatz der Kreditnehmer, deren individueller B-Wert größer als die Rückzahlungsverpflichtung ist. Nimmt man an, daß die Höhe der Zahlungsverweigerungskosten B über die Klasse der betrachteten Kreditnehmer kontinuierlich verteilt ist und eine Mindesthöhe $B_{min}$ aufweist, läßt sich der Prozentsatz der rückzahlungswilligen und wegen der Annahme Sicherheit auch rückzahlungsfähigen Kreditnehmer u als eine sinkende Funktion der eingegangenen Zahlungsverpflichtung darstellen:

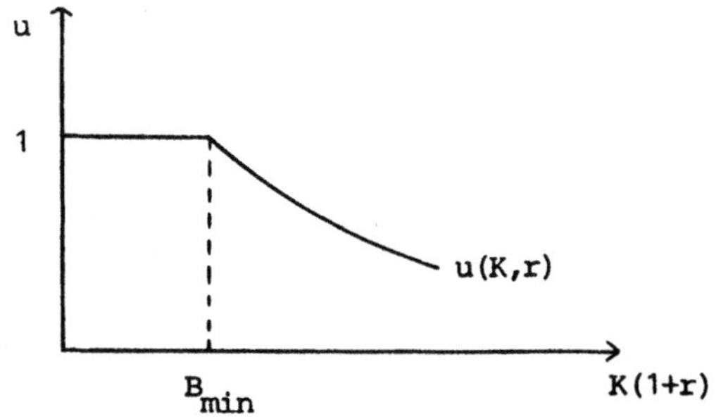


Abb. 13: Der Prozentsatz der rückzahlungswilligen Kreditnehmer in Abhängigkeit von der eingegangenen Zahlungsverpflichtung

Quelle: JAFFEE/RUSSELL (1976), S. 657.

b) Das Kreditangebot

Der Kreditgeber im Modell von JAFFEE/RUSSELL fällt seine Kreditvergabeentscheidung, indem er seinen erwarteten Gewinn in Abhängigkeit von der gegebenen Verzinsung r maximiert, der sich als Differenz der erwarteten Rückzahlungen der vergebenen Kredite einschließlich der Zinszahlungen und der - pro Kapitaleinheit als konstant in Höhe von i angenommenen - Refinanzierungskosten $K \cdot (1+i)$ ergibt.

Obwohl das Einkommen des Kreditnehmers im Modell von JAFFEE/RUSSELL als sicher angenommen wird, ist der Kreditgeber einem Ausfallrisiko ausgesetzt, das auf der Existenz der unehrlichen Kreditnehmer beruht. Da gleichzeitig angenommen wird, daß der Kreditgeber nicht zwischen einem ehrlichen (rückzahlungswilligen) und einem unehrlichen (nicht rückzahlungswilligen) Kreditnehmer unterscheiden kann, da die kreditnehmerindividuelle Höhe der Zahlungseinstellungskosten B durch den Gläubiger nicht beobachtbar ist, sieht sich der Kreditgeber einem Ausfallrisiko ausgesetzt, das von der Zusammensetzung der Nachfragerklasse aus unehrlichen und ehrlichen Kreditnehmern abhängt.

Wie die Kosten der Zahlungsverweigerung B die Entscheidung eines Kreditnehmers beeinflussen und welche Verteilung bezüglich der Größe B innerhalb der Kreditnehmerklasse vorliegt, ist dem Kreditgeber jedoch bekannt. Insofern ist der Gläubiger zumindest in der Lage, die Wahrscheinlichkeit des Kreditausfalls innerhalb der Nachfragerklasse in Abhängigkeit von der Höhe der Zahlungsverpflichtung $(1-u(K,r))$ zu bestimmen und in sein Kreditangebot einfließen zu lassen.

Der erwartete Gewinn des Kreditgebers läßt sich somit folgendermaßen ermitteln:

$$(11) \quad E(G) = u(K,r)\, K(1+r) - K(1+i)\,.$$

Die Kredithöhe, die seinen erwarteten Gewinn maximiert, ergibt sich als Lösung der folgenden Gleichung:

$$(12) \quad \frac{\delta E(G)}{\delta K} = \frac{\delta u}{\delta K} K(1+r) + u(1+r) - (1+i) = 0\,,$$

wenn die Bedingung 2. Ordnung für ein Maximum erfüllt ist:

$$(13) \quad \frac{\delta^2 E(G)}{\delta K^2} = \frac{\delta^2 u}{\delta K^2} K(1+r) + \frac{\delta u}{\delta K}(1+r) < 0\,.$$

Da JAFFEE/RUSSELL - wie KOSKELA - vollkommene Konkurrenz unter den Kreditgebern bei freiem Marktzutritt annehmen, kommt in ihrem Modell wiederum die Null-Gewinn-Bedingung zum Tragen, so daß die Indifferenzkurve des Kreditgebers mit dem Gewinnerwartungswert-Niveau von Null als Kreditangebotsfunktion Bedeutung erlangt.

(14) $\overline{E(G)} = u(K,r)\, K(1+r) - K(1+i) = 0$

Die durch (14) implizit bestimmte Kreditangebotsfunktion

(15) $K_0^A = K(u(K,r),r)$

nimmt in Abhängigkeit von r, wie sich aus (14) entnehmen läßt, folgenden Verlauf an. Für

$r < i$ erfolgt kein Kreditangebot.

$r = i$ erfolgt ein Kreditangebot nur dann, wenn kein Ausfallrisiko existiert, d. h. wenn, wegen $K(1+r) \leq B_{min}$, $u = 1$ gilt.

$r > i$ erfolgt ein Kreditangebot mit einer Rückzahlungswahrscheinlichkeit von $u = \frac{(1+i)}{(1+r)}$, da $u \cdot K(1+r) = K(1+i)$ gelten muß, um einen erwarteten Verlust auszuschließen.

Die Informationen, welche Steigung die Kreditangebotsfunktion bei vorhandenem Ausfallrisiko aufweist, vermittelt die implizite Differentiation des Kreditangebots nach r:

(16) $$\frac{dK_0^A}{dr} = -\frac{\frac{\delta E(G)_0}{\delta r}}{\frac{\delta E(G)_0}{\delta K}} = -\frac{u\,K + \frac{\delta u}{\delta r} K(1+r)}{\frac{\delta u}{\delta K} K(1+r) + u(1+r) - (1+i)} \quad .$$

Aus der Bedingung, daß der erwartete Gewinn der Bank gleich Null ist, läßt sich entnehmen, daß der zweite und dritte Term des Nenners sich zu Null addieren, so daß wegen $\frac{\delta u}{\delta K} < 0$ sichergestellt ist, daß der Nenner für $r > i$ nicht Null werden kann.

Eine Aussage über den genauen Verlauf der Kreditangebotsfunktion läßt sich ohne spezifische Annahmen über die Abhängigkeit der Rückzahlungswahrscheinlichkeit u von K und r nicht treffen. Zwar wird in der Regel ein mit dem Zinssatz steigendes Kreditangebot zu verzeichnen sein; die Möglichkeit, daß von einem gewissen Punkt an das Kreditangebot K mit steigendem r abnimmt, ist jedoch nicht auszuschließen, da der Zähler bei einer entsprechenden Gestalt der Funktion u(K,r) einen positiven Wert annehmen kann. Die folgende Abbildung einer Kreditangebotsfunktion trägt dieser Möglichkeit Rechnung.

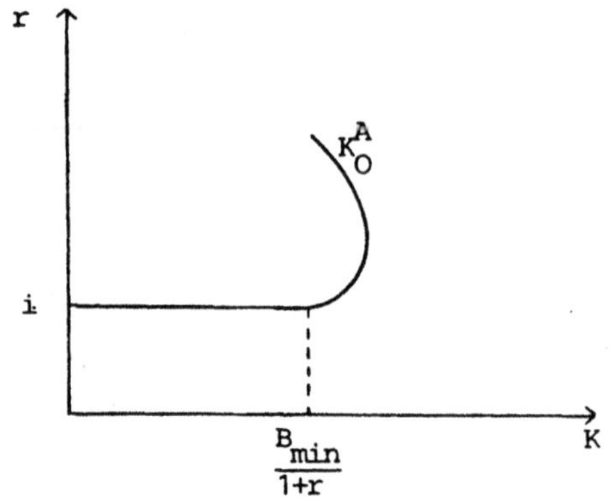


Abb. 14: Das Kreditangebot bei vollkommener Konkurrenz im Modell von JAFFEE/RUSSELL

Quelle: JAFFEE/RUSSELL (1976), S. 659.

c) Das Gleichgewicht am Kreditmarkt

Zeigt sich im Hinblick auf den Annahmenset JAFFEE/RUSSELLs nur eine geringe Parallelität ihres Modells zu den in den vorhergehenden Abschnitten vorgestellten, so kann dies bezüglich der Vorgehensweise bei der Begründung der Kreditrationierung nicht behauptet werden. Paßt man die eher auf der graphischen Darstellung beruhende Argumentation JAFFEE/RUSSELLs an die vorwiegend analytische der vorhergehenden Modelle an, tritt die enge Verwandtschaft zu diesen Modellen, deutlich zutage.

Untersucht wird wiederum der Schnittpunkt der Angebots- und Nachfragekurve im Hinblick auf die Pareto-Optimalität des durch ihn gekennzeichneten Kreditvertrages. Da die bereits bei KOSKELAs Modell eingeführte Null-Gewinn-Bedingung Verwendung findet und auch unter den Annahmen JAFFEE/RUSSELLs ein Bereich mit $r = i$ existiert, in dem die Bank kein Ausfallrisiko zu tragen hat, sind - wie bei KOSKELA - zwei Fälle bezüglich der Lage des Schnittpunkts zu unterscheiden, der Fall einer Lage des Schnittpunktes im horizontalen - weil nicht mit Ausfallrisiko behafteten - Bereich und der Fall einer Lage in dem Bereich der Angebotsfunktion, in dem eine Veränderung des Zinssatzes r mit dem Kreditangebot zur Kompensation der Änderung des Ausfallrisikos vorliegt.

Wenden wir uns zunächst dem ersteren, in der folgenden Graphik skizzierten Fall zu.

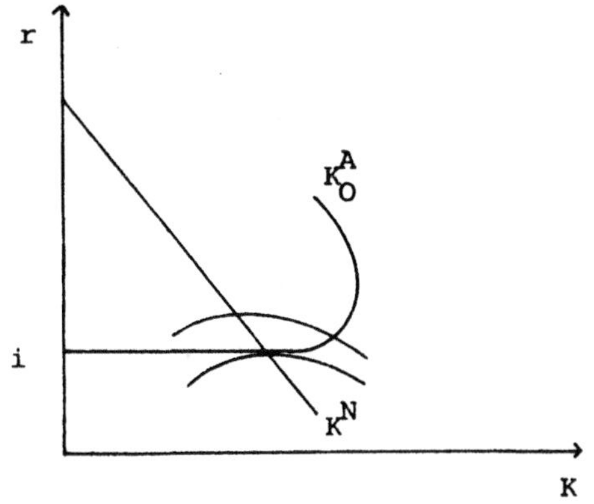


Abb. 15: Der Schnittpunkt von $K_0^A$ und $K^N$ im horizontalen Bereich der Angebotsfunktion

Die Abbildung erweist sich als mit der den entsprechenden Fall im Modell KOSKELAs darstellenden identisch und läßt somit die Vermutung zu, daß hier Pareto-Optimalität nachgewiesen werden kann.

Der Schnittpunkt ist durch folgendes Gleichungssystem gegeben, wobei aufgrund der Tatsache, daß der Schnittpunkt im horizontalen Bereich der Angebotsfunktion liegt, r = i gilt.

(17a) $\frac{dU}{dK} = \frac{\delta U}{\delta W_o} - \frac{\delta U}{\delta W_1}(1+r) = 0$

(17b) $\overline{E(G)} = u(K,r)\,K(1+r) - K(1+i) = 0$

Die Bestimmung der pareto-optimalen K,r-Kombination erfolgt durch die Lösung des folgenden Maximierungsproblems:

(18) $\max_{K,r} Z = U + \lambda E(G).$

Die Bedingungen 1. Ordnung für ein Maximum lauten:

(19a) $\frac{\delta Z}{\delta K} = \frac{\delta U}{\delta K} + \lambda\,\frac{\delta E(G)}{\delta K} = 0$

(19b) $\frac{\delta Z}{\delta r} = \frac{\delta U}{\delta r} + \lambda\,\frac{\delta E(G)}{\delta r} = 0$

(19c) $\frac{\delta Z}{\delta \lambda} = E(G) = 0\ .$

Da in dem Bereich, für den r = i gilt, K(1+r) immer kleiner als $B_{min}$ ist, weil das Ausfallrisiko zur Vermeidung negativer Gewinne gleich Null sein muß, ist die Rückzahlungswahrscheinlichkeit u unabhängig von der Höhe der Zahlungsverpflichtung konstant und gleich 1. Hierdurch ist eine gleichzeitige Erfüllung des Gleichungssystems (17) und (19) für r = i und u = 1 gewährleistet, denn $\frac{\delta E(G)}{\delta K}$ ist gleich (1+r)-(1+i) und damit gleich Null. Der Schnittpunkt von Angebots- und Nachfragefunktion charakterisiert eine pareto-optimale K,r-Kombination. Der durch sie gekennzeichnete Kreditvertrag wird im Gleichgewicht abgeschlossen; ein Anreiz zum Übergang auf einen den Nachfrager rationierenden Vertrag besteht nicht.

Anders dagegen sieht das Ergebnis aus, wenn der Schnittpunkt in den steigenden Bereich der Kreditangebotsfunktion fällt.

Für die K,r-Kombination des Schnittpunktes gilt nun $r > i$, und die Rückzahlungswahrscheinlichkeit u ist kleiner als eins und von der Höhe der Zahlungsverpflichtung abhängig.

Der Widerspruch zwischen dem Gleichungssystem (17) und (19) wird bei näherer Betrachtung von

$$(20)\quad \frac{\delta E(G)}{\delta K} = \frac{\delta u}{\delta K} K(1+r) + u(1+r) - (1+i) < 0$$

offensichtlich. Da die Wahrscheinlichkeit einer ordnungsgemäßen Rückzahlung in dem betrachteten Bereich der Angebotsfunktion mit steigendem K abnimmt, d. h. $\frac{\delta u}{\delta K} < 0$, ist der erste Term von (20) negativ. Die Addition des zweiten und dritten Terms ergeben wegen der Null-Gewinn-Bedingung (17b) bzw. (19c) gerade Null, so daß gefolgert werden kann, daß (20) negativ ist.

Ist der Langrange-Multiplikator $\lambda$ positiv, so folgt aus (19a), daß $\frac{\delta U}{\delta K}$ in einem Pareto-Optimum positiv sein muß, und dies beinhaltet einen Widerspruch zu (17a):

<u>Der Schnittpunkt von Angebots- und Nachfragefunktion ist nicht pareto-optimal.</u>

Zusätzlich kann aus $\frac{\delta U}{\delta K} > 0$ gefolgert werden, daß ein pareto-optimaler Kreditvertrag unter den Annahmen von JAFFEE/RUSSELL den Kreditnehmer in seiner Nachfrage rationieren muß.

Graphisch läßt sich das bisherige Ergebnis wiederum bestätigen:

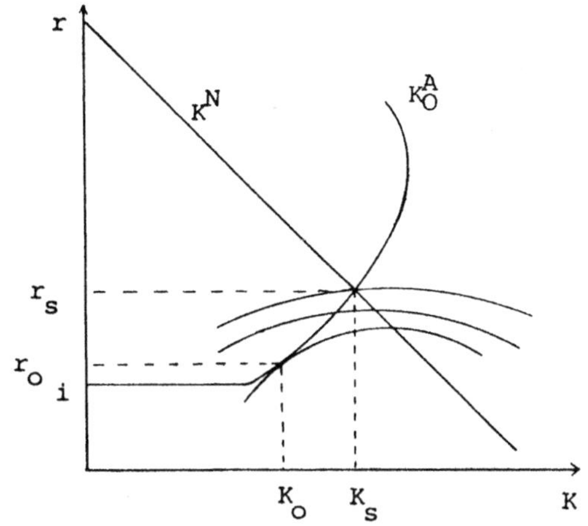


Abb. 16: Der Schnittpunkt von $K_0^A$ und $K^N$ im steigenden Bereich der Angebotsfunktion

Quelle: JAFFEE/RUSSELL (1976), S. 661.

Der Schnittpunkt stellt kein Pareto-Optimum dar. Durch die Realisation des durch $K_o, r_o$ charakterisierten Kreditvertrages kann der Nutzen des Kreditnehmers bei gleichbleibendem Nutzen des Kreditgebers gesteigert werden. Die vollkommene Konkurrenz unter den Kreditgebern bei freiem Marktzugang sorgt dafür, daß dieser Kreditvertrag im Gleichgewicht auch realisiert wird, wenn alle Kreditgeber die gleichen Vertragskonditionen anbieten müssen[112], denn positive Gewinne sind ausgeschlossen. Eine ihren erwarteten Gewinn langfristig erhöhende Abweichung von dem Vertrag $K_o, r_o$ ist deshalb für die Kreditanbieter nicht möglich, und für die (ehrlichen) Nachfrager ist dies der Vertrag, der ihnen unter Einhaltung der Nebenbedingung, daß der Anbieter keine Verluste zu erwarten hat, den maximalen Nutzen stiftet.

112. JAFFEE/RUSSELLs Beitrag diskutiert auch den sogenannten multiple-contract-Fall, in dem nicht nur ein Vertrag am Kreditmarkt angeboten wird, sondern unterschiedliche Vertragskonditionen angeboten werden können. Sie weisen für diesen Fall die Möglichkeit nach, daß ein Gleichgewicht nicht existiert und der Markt oszilliert (vgl. JAFFEE/RUSSELL (1976), S. 662/663). Da für die Fragestellung der vorliegenden Arbeit die Darstellung des single-contract-Falles ausreicht, wird auf den multiple-contract Fall nicht näher eingegangen.

## 3. Kritik und Einschätzung des Modells von JAFFEE/RUSSELL

### a) Kreditrationierung als Folge von moral hazard bei asymmetrischer Informationsverteilung

Betrachtet man die Argumentationsschritte JAFFEE/RUSSELLs zum Nachweis der Möglichkeit der Existenz eines den Kreditnehmer rationierenden Gleichgewichtes, so sind diese in formaler Hinsicht kaum von denjenigen KOSKELAs zu unterscheiden. Die graphischen Darstellungen und die an den Verlauf der Indifferenzkurven anknüpfende Argumentation sind jeweils nahezu austauschbar. In hohem Maße unterschiedlich sind allerdings die "Geschichten", die zu den formal gleichen bzw. ähnlichen Argumentationsschritten erzählt werden.

Die Rationierung des Kreditnehmers im Modell von JAFFEE/RUSSELL ist auf die Kombination einer moral hazard- und adverse selection-Problematik zurückzuführen, die aus der Verknüpfung der Nutzen von Kreditnehmer und Kreditgeber in Form einer Principal/Agent-Beziehung resultiert.

Durch die Kreditvergabe erhält der Kreditgeber einen festen Anspruch in Höhe von K(1+r) auf das Einkommen des Kreditnehmers in $t_1$. Dies wird zwar mit Sicherheit erzielt, doch hat der Kreditnehmer, nachdem er den Kredit erhalten hat, die Möglichkeit, den Anteil am Einkommen, der dem Kreditgeber zufällt, in extremer Art und Weise zu beeinflussen: Der Kreditnehmer kann durch die Wahl der Handlungsalternative "take the money and run", die JAFFEE/RUSSELL mit Unehrlichkeit umschreiben, den Totalausfall des Kredites herbeiführen. Der Kreditgeber unterliegt einem moral hazard-Risiko in seiner schärfsten Ausprägung.

Ob der Kreditnehmer die "ehrliche" Handlungsalternative wählt und seine Zahlungsverpflichtung aus der Kreditaufnahme erfüllt, oder ob er das unehrliche Verhalten vorzieht, hängt ab von B, den durch den Kreditnehmer zu tragenden Kosten der Unehrlichkeit. Die Unehrlichkeit wird der Ehrlichkeit dann vorgezogen, wenn B kleiner ist als die "Kosten der Ehrlichkeit" in Form der Zahlung an den Kreditgeber. Wäre die Unehrlichkeit nicht mit den durch B quantifizierten Nachteilen verbunden, so wäre die Nichtrückzahlung des Kredites immer vorteilhaft,[113]

113. Vgl. BALTENSPERGER/DEVINNEY (1984), S. 16.

d. h. unabhängig von der Kredithöhe und dem Zinssatz r würde die Unehrlichkeit die Ehrlichkeit dominieren.

Da jeder Kreditnehmer als potentiell unehrlich angenommenen wird, würde auch jeder Kreditnehmer trotz eines positiven B, wenn er die Kredithöhe wirklich frei wählen könnte, bei jeder geforderten Verzinsung r einen Kredit in Höhe von Unendlich nachfragen und diesen nicht zurückzahlen, denn hierdurch würde sein Nutzen maximiert. Die Annahme von JAFFEE/RUSSELL, daß das Nachfrageverhalten lediglich von den Konsumpräferenzen und der geforderten Verzinsung r, nicht aber von der Handlungsalternative "Nichtrückzahlung" determiniert wird, spiegelt eine Antizipation des Kreditgeberverhaltens durch den Kreditnehmer wider. Dieser weiß, daß er durch eine "zu hohe" Nachfrage dem Kreditgeber seine unehrlichen Absichten offenbaren und deshalb den Kredit nie in der Höhe erhalten würde. Insoweit bildet die endliche und mit der geforderten Verzinsung fallende Nachfragefunktion nicht die wahren Präferenzen der Kreditnehmer, sondern nur die "zweitbesten", aber realisierbaren Nachfragealternativen ab.

Da das Verhalten des Kreditnehmers von der Höhe von B im Vergleich zur Rückzahlungsverpflichtung abhängt, hat der Kreditgeber die Möglichkeit, die Wahl der Handlungsalternative und damit sein Ausfallrisiko indirekt durch die Festlegung des Kreditangebots zu beeinflussen.

Abstrahieren wir zunächst von der Annahme JAFFEE/RUSSELLs, daß der Kreditgeber die Höhe von B nicht beobachten kann, und nehmen an, dem Kreditgeber wäre das B eines jeweiligen Kreditnehmers bekannt. Da der Kreditgeber in diesem Fall weiß, daß für $K(1+r) \leq B$ die Kreditrückzahlung mit Sicherheit erfolgt, für $K(1+r) > B$ dagegen der Totalausfall des Kredites sicher ist, würde er jedem einzelnen betrachteten Kreditnehmer nur einen Kredit bis zur Höhe von $K = B/(1+r)$ gewähren. Die vollkommene Konkurrenz unter den Kreditgebern würde dafür sorgen, daß $r = i$ gilt, da bei fehlendem Ausfallrisiko nur unter dieser Voraussetzung die Null-Gewinn-Bedingung erfüllt ist.

Fragt der Kreditgeber unter alleiniger Berücksichtigung seiner Konsumpräferenzen bei $r = i$ eine höhrere Kreditsumme nach als $K = B/(1+i)$, so wird er rationiert, denn der Kreditgeber weiß, daß der Kreditnehmer die Handlungsalternative "Nichtrückzahlung" wählt, sobald die Rückzahlungsverpflichtung, $K(1+i)$, über B hinausgeht. Das Rationierungsgleichgewicht läßt sich dann folgendermaßen abbilden, wobei die gestrichelten Teile der Angebots- und Nachfragekurve diejenigen K,r-Kombinationen darstellen, die aufgrund von moral hazard nicht realisierbar sind:

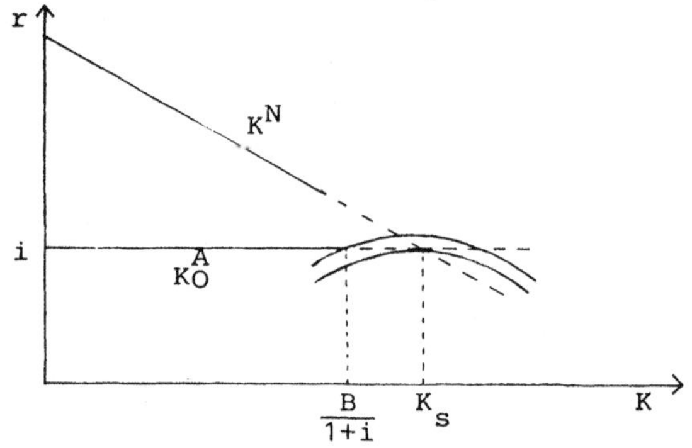


Abb. 17: Rationierung als Instrument des Kreditgebers zur Steuerung des Kreditnehmerverhaltens

In dem Nutzenzuwachs des Kreditnehmers, der durch eine Erhöhung des Kreditbetrages auf $K_s$ erzielt würde, liegt der in der Anreizproblematik begründete Wohlfahrtsverlust. Denn $K_s$ ist der Kreditbetrag, der den Schnittpunkt von Angebots- und Nachfragekurve ohne Anreizprobleme kennzeichnet, der jedoch nur dann ein Gleichgewicht darstellt, wenn die Möglichkeit besteht, den Kreditnehmer an ein Wohlverhalten, d. h. an die Rückzahlung des Kredites zu binden. Solange dies nicht möglich ist, setzt der Kreditgeber das Instrument der Rationierung zur Durchsetzung seiner Interessen ein, und es kann lediglich eine second best-Lösung erreicht werden.

Die oben skizzierte Anreizproblematik bildet das Kernstück des JAFFEE/RUSSELL-Modells. Kombiniert wird sie mit der Annahme der asymmetrischen Informationsverteilung über die von der Person des Kreditnehmers abhängigen Konkurskosten B.

Da die Größe B eine kreditnehmerindividuelle Größe ist, fallen für eine bestimmte Höhe von K und r nicht alle Kredite aus, sondern nur der Prozentsatz, der dem Anteil der Kreditnehmer mit einem $B < K(1+r)$ entspricht. Da dem Kreditgeber trotz der Unbeobachtbarkeit von B die Verteilung dieser Größe innerhalb der Kreditnehmerklasse bekannt ist, kann er die Rückzahlungswahrscheinlichkeit in Abhängigkeit von K und r bestimmen und so trotz des Ausfallrisikos bei entsprechender Kompensation durch den Zinssatz ein positives Kreditangebot unterbreiten. Da durch ein steigendes K und r eine Negativauswahl in der Kreditnehmerklasse (adverse selection) stattfindet - denn immer mehr Kreditnehmer sehen von einer Rückzahlung des Kredites ab -, kann das Kreditangebot nur bei ebenfalls steigendem r zunehmen. Im Extremfall nimmt das Kreditangebot sogar mit steigender vereinbarter Verzinsung ab, da auch die Zinsforderungen die Zahlungsverpflichtungen der Kreditnehmer und damit den Prozentsatz der Kreditausfälle erhöhen.

Der Verlauf der Nachfragefunktion spiegelt das adverse selection Problem nicht wider, denn sie stellt lediglich die Nachfragepräferenzen bezüglich der Konsumoptimierung dar, die zur Aufrechterhaltung der asymmetrischen Informationsverteilung das Nachfrageverhalten aller Kreditnehmer bestimmen müssen. Da jedoch mit steigender Rückzahlungsverpflichtung eine immer stärkere - durch das für alle Kreditnehmer einheitliche Angebot des Kreditgebers erzwungene - Subventionierung der unehrlichen Kreditnehmer durch die verbleibenden ehrlichen stattfindet, stellt der Schnittpunkt von Angebots- und Nachfragefunktion kein Gleichgewicht dar. Die ehrlichen Kreditnehmer, bzw. die mit einem hohen B, bevorzugen einen geringeren Kreditbetrag, der den Prozentsatz der Rückzahlungswilligen erhöht und so eine Zinssenkung ermöglicht.

Die Annahme der Unbeobachtbarkeit von B durch den Kreditgeber mit der Folge von adverse selection paßt die Angebotsfunktion dem in Kreditrationierungsmodellen "üblichen" steigenden Verlauf an, da K nicht mehr zur Steuerung des individuellen Kreditnehmers, sondern nur zur Steuerung des Verhaltens der Kreditnehmerklasse als Ganzer eingesetzt werden kann, so daß ein positives Ausfallrisiko für alle $K > B_{min}/(1+r)$ hingenommen werden muß. Für die Ableitung eines den Kreditnehmer rationierenden Vertrages ist die Annahme der Unbeobachtbarkeit von B, wie oben gezeigt wurde, nicht notwendig.

Dieses Ergebnis steht im Gegensatz zu der in der Literatur - mit Ausnahmen[114] - verbreiteten Einschätzung, die die asymmetrische Informationsverteilung über B und das hieraus resultierende adverse selection-Problem und nicht moral hazard als die Argumentationsbasis von JAFFEE/RUSSELL in den Vordergrund stellt.[115]

---

114. Vgl. RUDOLPH (1982), besonders S. 326 - 330.

115. Vgl. STIGLITZ/WEISS (1981), S. 394, die durch ihre Formulierung deutlich machen, daß sie das moral hazard-Problem bei JAFFEE/RUSSELL nicht gesehen haben. Vgl. auch Fußnote 1 in KOSKELA (1983), S. 405/406, und die Einordnung des JAFFEE/RUSSELL-Modells in BALTENSPERGER/DEVINNEY (1984), S. 15.

### b) Das JAFFEE/RUSSELL-Modell im Vergleich zu den bisher vorgestellten Kreditrationierungsmodellen

Eine Überprüfung der Konsistenz der Argumentation von JAFFEE/RUSSELL, wie sie für das Modell von KOSKELA und SMITH vorgenommen wurde, erübrigt sich an dieser Stelle, da bereits die Verdeutlichung der Anreizproblematik im vorhergehenden Abschnitt die Folgerichtigkeit der Ausführungen von JAFFEE/RUSSELL bestätigen konnte.[116]

Wie im Modell von KOSKELA stellt sich das rationierende Gleichgewicht bei JAFFEE/RUSSELL aufgrund von Anreizproblemen in der Kreditgeber/Kreditnehmer-Beziehung ein; im Unterschied zu KOSKELA ist der ratio-

---

116. JAFFEE/RUSSELL behaupten, daß ihr Modell auch auf den Fall der Unsicherheit übertragbar sei (vgl. JAFFEE/RUSSELL (1976), S.657). Sie interpretieren ihr Modell derart um, daß statt der "honest" und "dishonest" nun "lucky" und "unlucky borrowers" existieren. Das Ausfallrisiko des Kreditgebers beruht dann nicht mehr auf einer bewußten Entscheidung des Kreditnehmers für die Nichtrückzahlung, sondern auf der Unsicherheit über das Einkommen in $t_1$, das bei den "unlucky borrowers" zur Rückzahlung nicht ausreicht. Auf eine nähere Untersuchung der Behauptung von JAFFEE/RUSSELL, ihre Argumentation behielte auch für diesen Fall ihre Gültigkeit, soll hier jedoch verzichtet werden. So geben zwar ihre für diese Interpretationsvariante zum Teil wenig präzisen Ausführungen zu der Vermutung Anlaß, daß eine solche Übertragung ihres Modells nicht ohne weiteres möglich ist, da dann genau die Kritikpunkte eines "naiven" Nachfrageverhaltens wirksam werden, die zum Modell KOSKELAs vorgebracht wurden. Diese Einschätzung wird bestätigt durch eine Veröffentlichung von VANDELL aus dem Jahre 1984 (vgl. VANDELL, Kerry D.: Imperfect Information, Uncertainty, and Credit Rationing: Comment and Extension, in: Quarterly Journal of Economics, Vol. 98 (1984), S. 841 - 863). Die Stellungnahme von JAFFEE/RUSSELL (vgl. JAFFEE, Dwight M./RUSSELL, Thomas: Imperfect Information, Uncertainty, and Credit Rationing: A Reply, in: Quarterly Journal of Economics, Vol. 98 (1984), S. 869 - 872) zu dieser Kritik macht jedoch deutlich, daß sie ihre Ausführungen zum Fall der "lucky/unlucky borrowers" als Schilderung eines Problems von adverse selection verstanden haben wollen - eine Problematik, die die konsistente Ableitung eines rationierenden Gleichgewichts erlaubt. M. E. ist VANDELL insofern Recht zu geben, als eine adverse selection-Problematik den ursprünglichen Ausführungen von JAFFEE/RUSSELL nicht zu entnehmen ist. Da jedoch der Schwerpunkt ihres Beitrages von 1976 auf dem Fall der ehrlichen bzw. unehrlichen Nachfrager ruht, erscheint die Kritik von JAFFEE/RUSSELL an VANDELL insoweit gerechtfertigt, als sie behaupten, daß er das Anliegen und die Bedeutung ihres Beitrages von 1976, nämlich moral hazard und adverse selection-Probleme als Erklärungsansätze in die Kreditrationierungsliteratur einzuführen, nicht erkannt hat. Diese Stellungnahme zu VANDELL bestätigt damit die hier vertretene Auffassung, daß das "Neue" an der Kreditrationierungsliteratur, die Einführung von Anreizproblemen als wesentliches Merkmal der Kreditbeziehung, über lange Zeit - und von manchen Autoren noch immer - verkannt wurde.

nierende Kreditvertrag jedoch nicht mit dem Vertrag identisch, der sich bei kooperativer Vertragsgestaltung, d. h. in einer Welt ohne Anreizprobleme einstellen würde. Das Anreizproblem ist durch die Festlegung der Kredithöhe nicht vollständig zu lösen, denn der Abschluß des den Konsumstrom der Kreditnehmer optimierenden Kreditvertrages ist nicht möglich.

Diese Tatsache, daß unter den Annahmen JAFFEE/RUSSELLs ein Vertrag, der in einer Welt ohne Anreizprobleme pareto-optimal wäre, allein durch die Festlegung von K und r nicht erreichbar ist, bildet die Gemeinsamkeit mit SMITHs Modell. Im Unterschied zu SMITH und KOSKELA gelingt es JAFFEE und RUSSELL erstmals, eine Kreditrationierung zu erklären, die mit Wohlfahrtsverlusten verbunden ist. Ein weiteres Merkmal, das ihr Modell von SMITHs und KOSKELAs Modellen unterscheidet, ist die konsistente Erfassung der möglichen Rückwirkungen der Anreizproblematik auf das Nachfrage- und Angebotsverhalten.

Bei JAFFEE/RUSSELL zeugt der Verlauf der Nachfragefunktion nicht von einem "naiven" Nachfrager, der sich verhält, als wäre es ihm möglich, zu einem gegebenen Zinssatz unabhängig von seiner Rückzahlungsfähigkeit beliebig viel Kredit nachzufragen. Der nachgefragte Kreditbetrag ist nie mit einer Zahlungsverpflichtung verbunden, die das sichere Einkommen in $t_1$ übersteigt. Dies gilt auch für die unehrlichen Nachfrager, denn sie wissen, daß sie mit einer höheren Nachfrage dem Kreditgeber ihre Unehrlichkeit verraten würden und so nicht mehr von einer Subventionierung durch die ehrlichen Nachfrager profitieren könnten. Die Reduzierung der Nachfragefunktion auf die Darstellung von Konsumpräferenzen macht bei JAFFEE/RUSSELL eine graphische Darstellung möglich und schützt ihr Modell gleichzeitig vor Inkonsistenzen, denn eine Erfassung des Kreditangebotsverhaltens ist für die Darstellung von Konsumpräferenzen unnötig.

Im Unterschied zu SMITHs Modell spiegelt die Angebotsfunktion die Rückwirkung jeder angebotenen K,r-Kombination auf das Verhalten der Nachfrager wider, denn die Wahrscheinlichkeit der Rückzahlung u ist von K und r abhängig. Diese Abhängigkeit erfaßt indirekt den Einfluß des angebotenen Kreditvertrages auf die Entscheidungen der Kreditnehmer über ihre Rückzahlungswilligkeit und somit die Steuerungswirkung von K und r.

Zusammenfassend läßt sich sagen, daß JAFFEE und RUSSELL die Konstruktion einer Situation gelingt, in der - unter Berücksichtigung von

Verhaltensantizipationen - das Gleichgewicht am Kreditmarkt durch einen Kreditvertrag gekennzeichnet ist, der den Kreditnachfrager im Vergleich zu dem optimalen Vertrag ohne Anreizprobleme rationiert. Diese Rationierung setzt sich, wie ebenfalls gezeigt wurde, aus zwei Komponenten zusammen. Die eine Komponente entsteht aus dem Bestreben des Kreditgebers, sich ein Wohlverhalten des einzelnen bzw. des Durchschnitts der Kreditnehmer durch eine Beschränkung der Kreditmenge zu sichern. Diese Rationierung, die aus der fehlenden Kontrollierbarkeit des Kreditnehmerverhaltens resultiert, hat zur Folge, daß die vollen Kooperationsvorteile zwischen einem Kreditnehmer und einem Kreditgeber nicht realisierbar sind.[117] Die zweite Komponente der Rationierung entsteht aus der Annahme, daß der Kreditgeber die Höhe der Zahlungsverweigerungskosten B des einzelnen Kreditnehmers nicht beobachten kann. Da deshalb die Kalkulation seines Angebots auf dem durchschnittlichen Verhalten der Kreditnehmerklasse beruhen muß, kommt es zu einer Subventionierung der unehrlichen durch die (noch) ehrlichen Nachfrager. Um diese Subventionierung zumindest teilweise zu begrenzen, ziehen die ehrlichen Nachfrager eine (weitere) Verminderung des Kreditbetrages bei gleichzeitiger Senkung von r dem durch den Schnittpunkt von Angebots- und Nachfragefunktion determinierten Kreditvertrag vor. Eine Aufhebung des Ergebnisses von JAFFEE/RUSSELL ist nur durch eine Erweiterung ihres Annahmenrahmens möglich.

Eine solche Erweiterung wird von JAFFEE/RUSSELL selbst angeschnitten: die Erweiterung vom single-contract- auf den multiple-contract-Fall. Ist es möglich, daß der betrachteten Kreditnehmerklasse nicht nur ein Vertrag, sondern mehrere Verträge angeboten werden, besteht die Aussicht, die asymmetrische Informationsverteilung bezüglich der Größe B durch Selbsteinordnung (self selection[118]) der Kreditnehmer aufzuheben. Die Informationsübermittlung erfolgt dadurch, daß ehrliche und

117. Dies widerspricht der Einschätzung bei KEETON, daß die Teilrationierung eines Nachfragers nicht mit Wohlfahrtsverlusten verbunden sei. Vgl. KEETON (1979), S. 251 - 253. KEETONs Urteil ist allerdings damit zu erklären, daß KEETON nur Teilrationierungsmodellen ohne moral hazard-Problematik Beachtung schenkt, die er damit allgemein so einschätzt, wie es in der vorliegenden Arbeit für das KOSKELA-Grundmodell gilt (vgl. auch Fußnote 48 auf S. 89 der vorliegenden Arbeit). KEETON entwickelt dagegen ein Modell mit moral hazard, das Kreditrationierung in dem Sinne erklärt, daß die Nachfrage einzelner Kreditnehmer vollkommen unbefriedigt bleibt. Vgl. hierzu Gliederungspunkt C.VI.3.c), S. 152/153.

118. Als grundlegende Quelle zum self selection gilt SALOP, Steve/ SALOP, Joanne: Self Selection and Turn over in the Labor Market, in: Quarterly Journal of Economics, Vol. 90 (1976), S. 619 - 627.

unehrliche Kreditnehmer bzw. Kreditnehmer mit $B \geq K(1+r)$ und $B < K(1+r)$ unterschiedliche Kreditverträge präferieren und durch die Wahl des von ihnen bevorzugten Kreditvertrages ihre Zahlungsabsichten bekanntgeben. Dies hebt jedoch - wie JAFFEE/RUSSELL selbst bemerken - die für die Aufrechterhaltung der asymmetrischen Informationsverteilung entscheidende Annahme auf, daß unehrliche Kreditnehmer ihr Nachfrageverhalten dem ehrlicher Kreditnehmer anpassen, so daß eine Selbsteinordnung mit Hilfe der Größen K und r - wenn überhaupt - nur in einem dynamischen Prozeß denkbar wäre.[119]

Gelingt jedoch eine solche Informationsübertragung, so kann sie nur die Gleichbehandlung aller Kreditnehmer trotz unterschiedlicher B und damit die Subventionierung der unehrlichen Kreditnehmer verhindern. Das moral hazard Risiko, das jeden Kreditnehmer für die Wahl der Handlungsalternative "take the money and run" entscheiden läßt, wenn seine Zahlungsverpflichtungen größer als die Zahlungseinstellungskosten sind, wird durch die Aufhebung der asymmetrischen Informationsverteilung allein nicht beseitigt. Eine Milderung oder ein Abbau dieses Problems ist - dem Modell von SMITH vergleichbar - nur durch die Einführung neuer Möglichkeiten der Vertragsgestaltung zu erwarten, die den Kreditnehmer direkt oder indirekt an ein Wohlverhalten binden.

Eine solche "neue" Bindungsmöglichkeit spricht RUDOLPH an, indem er das JAFFEE/RUSSELL-Modell dahingehend erweitert, daß er die Annahme einführt, daß dem Kreditgeber das Einkommen des Kreditnehmers in $t_1$ zur Sicherung seiner Forderungen abgetreten werden kann. Dadurch erhöhen sich die Zahlungseinstellungskosten des Kreditnehmers genau auf die Höhe ihrer Zahlungsverpflichtungen, denn sie werden nie höhere Zahlungsverpflichtungen eingehen als ihrem Einkommen in $t_1$ entspricht, da sie sonst in $t_1$ nicht konsumieren könnten. Die Kreditvergabe wird sicher - das Ergebnis von JAFFEE/RUSSELL ist aufgehoben.[120] RUDOLPHs Argumentation ist schlüssig, und er zeigt mit seinem Beitrag die auch hier als geboten erachtete Richtung auf, Möglichkeiten der Beseitigung von Anreizkonflikten durch Zusatzvereinbarungen in Kreditverträgen zu diskutieren.

Jedoch sollte nicht übersehen werden, daß RUDOLPH mit seiner Annahme, daß das Einkommen des Kreditnehmers in $t_1$ zur Sicherungsabtretung

---

119. Vgl. JAFFEE/RUSSELL (1976), S. 662.

120. Vgl. RUDOLPH (1982), S. 336/337.

dienen kann, eine der zentralen Annahmen des JAFFEE/RUSSELL-Modells aufhebt. Das Wesentliche bei JAFFEE/RUSSELL ist gerade, daß die Höhe der Zahlungseinstellungskosten ein unveränderbares Merkmal des Kreditnehmers ist, so daß eine Erhöhung von B zur Beseitigung des moral hazard Risikos unter ihren Annahmen unmöglich ist. Und daß es bestimmte Verhaltensrisiken gibt, vor denen nur eine Beschränkung der Kreditmenge schützen kann, dafür ist m. E. die Flucht vor den Zugriffsmöglichkeiten des Kreditgebers, die bei einem geringen Kreditbetrag kaum lohnend erscheinen kann, ein recht plausibles - wenn auch ein extremes - Beispiel.

### c) Der Einfluß des Modells von JAFFEE/RUSSELL auf die Weiterentwicklung der Kreditrationierungsliteratur

Die explizite Einführung von moral hazard und adverse selection als Erklärungsansatz übte einen entscheidenden Einfluß auf die Kreditrationierungsliteratur aus: die Mehrzahl der neueren Veröffentlichungen zur Kreditrationierung bestätigt, daß asymmetrische Informationsverteilung, moral hazard und adverse selection heute zu den festen Bestandteilen der Kreditrationierungsmodelle gezählt werden können.[121]

Obwohl sich fast alle auf JAFFEE/RUSSELL folgenden Veröffentlichungen

---

121. Vgl. BALTENSPERGER/DEVINNEY (1984), CLEMENZ, Gerhard: Theorien der Kreditrationierung, Working Paper No. 8402, Institut für Wirtschaftswissenschaften der Universität Wien, 1984a, ders.: Credit Rationing in the Absence of Direct Observability of Efforts and Abilities of Borrowers, Working Paper No. 8405, Institut für Wirtschaftswissenschaften der Universität Wien, 1984b, DEVINNEY, Timothy M.: Incentives and Rationing in Loan Contracts, Paper presented at the Third Symposium on Money, Banking and Insurance, Universität Karlsruhe, 1984, KEETON (1979), MILDE, Hellmuth: Kreditrationierung, Zinsdispersion und Sequentialsuche, Zeitschrift für die gesamte Staatswissenschaft, 136. Jg. (1980), S. 266 - 285, MILDE, Hellmuth: Bankpolitik bei Informationsasymmetrie, Diskussionsbeiträge Serie A, Fakultät für Wirtschaftswissenschaften und Statistik Universität Konstanz, 1981, MILDE, Hellmuth/RILEY, John: Signalling in Credit Markets, Diskussionsbeiträge Serie A - Nr. 185, Fakultät für Wirtschaftswissenschaften und Statistik Universität Konstanz, 1984, STIGLITZ/ WEISS (1981), STIGLITZ, Joseph E./WEISS, Andrew: Incentive Effects of Terminations: Applications to the Credit and Labor Markets, in: American Economic Review, Vol. 73 (1983), S. 912 - 927, WETTE, Hildegard C.: Collateral in Credit Rationing in Markets with Imperfect Information: Note, in: American Economic Review, Vol. 73 (1983), S. 442 - 445.

auf diesen Beitrag beziehen, wird der eigentliche Durchbruch im Hinblick auf die Einführung von moral hazard und adverse selection in die Kreditrationierungsliteratur vielfach nicht dem JAFFEE/RUSSELL-Modell, sondern zwei Folgeveröffentlichungen zugeschrieben.[122] Hierbei handelt es sich einmal um einen Aufsatz von STIGLITZ/WEISS[123] aus dem Jahre 1981, der sich in seinen Ergebnissen jedoch kaum von denjenigen unterscheidet, die KEETON bereits im Jahre 1979 in seiner Dissertation veröffentlichte.[124] Wie aus einer Fußnote bei STIGLITZ/WEISS ersichtlich wird, erlangten sie jedoch erst nach Abschluß ihres Beitrags Kenntnis von KEETONs Arbeit.[125]

Daß heute STIGLITZ/WEISS und KEETON und nicht JAFFEE/RUSSELL als die Standardquellen der neueren Kreditrationierungliteratur gelten, ist nicht verwunderlich, denn

- einerseits wandeln sie den Annahmenrahmen im Vergleich zu JAFFEE/RUSSELL so ab, daß die Kontinuität zu früheren Kreditrationierungsmodellen wiederhergestellt ist, und

- andererseits ermöglichen es die Modelle von STIGLITZ/WEISS und KEETON aufgrund einer Erweiterung der Problemstellung, daß die Kreditrationierungsliteratur die Brücke zu ihrer ursprünglich mit dem Aufkommen der "availability doctrine" makroökonomisch geprägten Fragestellung schlagen kann.

M. E. ist jedoch die Grundargumentation von STIGLITZ/WEISS bzw. KEETON bereits bei JAFFEE/RUSSELL angelegt, so daß ihre Modelle lediglich die Ergebnisse von JAFFEE/RUSSELL unter abgewandelten Annahmen reproduzieren, systematisieren, verfeinern und erweitern, wie im folgenden zu begründen sein wird.

Die Abwandlung des Annahmenrahmens bezieht sich in erster Linie darauf, die Annahme der Sicherheit über das Einkommen des Kreditnehmers bei JAFFEE/RUSSELL durch die exogener Stochastik zu ersetzen. Die Vergleichbarkeit mit früheren Kreditrationierungsmodellen ist somit

---

122. Vgl. die Einschätzung im Übersichtsartikel von BALTENSPERGER/DEVINNEY (1984).

123. Vgl. STIGLITZ/WEISS (1981).

124. Vgl. KEETON (1979), besonders S. 172 - 253.

125. Vgl. STIGLITZ/WEISS (1981), Fußnote 2, S. 394.

wieder gegeben, denn die Kreditaufnahme erfolgt zum Zwecke der Durchführung eines Investitionsobjekts, dessen Erträge von der zukünftigen Umweltentwicklung abhängig sind.[126]

Eine Systematisierung der Ergebnisse von JAFFEE/RUSSELL erfolgt insofern, als nicht mehr - wie bei JAFFEE/RUSSELL - moral hazard- und adverse selection-Effekte vermischt werden, sondern statt dessen nachgewiesen wird, daß eines dieser Probleme zur Ableitung eines durch Kreditrationierung gekennzeichneten Gleichgewichts ausreicht. Denn moral hazard oder adverse selection erzeugen beide die endogene Stochastik, d. h. die Abhängigkeit der Entscheidungen des Kreditnehmers von den Konditionen des Kreditvertrages, die bei JAFFEE/RUSSELL gerade durch ihre Annahme der Sicherheit so deutlich hervortritt. Bei moral hazard entsteht die Nachfragerreaktion aus dem Anreiz des einzelnen Kreditnehmers, die Qualität der Position des Kreditgebers nach Kreditvergabe zu verschlechtern, wenn es den eigenen Nutzen erhöht. Bei JAFFEE/RUSSELL erfolgt dies durch die Entscheidung für den Bruch des Kreditvertrages, bei KEETON und STIGLITZ/WEISS dadurch, daß der Kreditnehmer die Riskanz des durchzuführenden Investitionsobjektes erhöht und so das Ausfallrisiko des Kreditgebers zu dessen ungunsten beeinflußt.[127] Bei adverse selection, die nur von STIGLITZ/WEISS behandelt wird, reagiert der einzelne Kreditnehmer auf ein Kreditangebot, das auf die durchschnittliche Qualität einer heterogenen Kreditnehmerklasse abgestimmt ist. Der Kreditnehmer zieht sich dann vom Markt zurück, wenn ihm wegen einer zu starken Subventionierung von Kreditnehmern, die ein hohes Ausfallrisiko im Vergleich zum eigenen aufweisen, keine Vorteile aus der Fremdfinanzierungsbeziehung mehr erwachsen. Dem Kreditgeber verbleibt nur eine Bedienung der Nachfrager mit hohem Ausfallrisiko.[128]

Daß diese Verhaltensreaktionen zu Kooperationsverlusten, zur Finanzierung von nicht optimalen Investitionsobjekten führen können, erkennen sowohl KEETON als auch STIGLITZ/WEISS.[129] Sie betonen damit als erste

---

126. Vgl. KEETON (1979), besonders S. 180 - 183, sowie STIGLITZ/WEISS (1981), S. 395.

127. Vgl. KEETON (1979), besonders S. 196 - 212, sowie STIGLITZ/WEISS (1981), S. 401/402.

128. Vgl. STIGLITZ/WEISS (1981), S. 399/400.

129. Vgl. KEETON (1979), z. B. S. 173/174, sowie STIGLITZ/WEISS (1981), S. 407.

die Kooperationsverluste, die bei JAFFEE/RUSSELL zwar - wie gezeigt wurde - vorhanden sind, aber keine explizite Beachtung finden, da das Ergebnis des rationierenden Gleichgewichts im Vordergrund steht.

Eine Verfeinerung und Ausweitung der Problemstellung von JAFFEE/RUSSELL erfolgt durch STIGLITZ/WEISS und KEETON vor allem dadurch, daß realitätsnähere Annahmen über die Kosten der Kreditvergabe eingeführt werden: Die Annahme der unbeschränkten Refinanzierungsmöglichkeiten des Gläubigers zu einem einheitlichen Zinssatz wird durch die Annahme von mit dem Kreditvolumen steigenden Refinanzierungskosten ersetzt[130], und gerade diese Erweiterung ermöglicht die Rückkehr zu einer eher makro- als mikroökonomisch orientierten Diskussion des Kreditrationierungsproblems.

Sind die Refinanzierungskosten vom vergebenen Kreditvolumen abhängig, so genügt es - auch wenn die Annahme homogener Kreditnehmer und Kreditgeber getroffen wird - nicht mehr, lediglich einen Kreditnehmer als repräsentativ für die Kreditnehmerklasse und einen Gläubiger als repräsentativ für alle Gläubiger zu betrachten. Zusätzlich muß das Volumen der insgesamt von allen Banken vergebenen Kredite berücksichtigt werden, denn das Kreditvolumen insgesamt determiniert die Refinanzierungskosten. Ein Übergang zu aggregierten Angebots- und Nachfragekurven wird trotz homogener Marktteilnehmer notwendig.

Mit Hilfe der Annahme von mit dem Kreditvolumen steigenden Refinanzierungskosten in Kombination mit der Annahme fixer Investitions- bzw. Kreditbeträge pro Nachfrager gelingt es KEETON und STIGLITZ/WEISS nachzuweisen, daß bei der Existenz von moral hazard (bei STIGLITZ/WEISS auch adverse selection) das Kreditmarktgleichgewicht durch ein sogenanntes type II rationing[131] charakterisiert sein kann. Während bei JAFFEE/ RUSSELL die Nachfrage des einzelnen Kreditgebers nicht voll befriedigt werden kann (type I rationing bzw. Teilrationierung), ist Kreditrationierung des type II dadurch gekennzeichnet, daß die Nachfrage von für den Kreditgeber nicht unterscheidbaren Nachfragern z. T. voll, z. T. jedoch gar nicht befriedigt wird. Diese Form der Kreditrationierung kommt der volkswirtschaftlichen Definition von Rationierung insofern näher, als beim type II rationing die in ihrer Nachfrage nicht befriedigten Kreditnehmer nicht nur - wie bei JAFFEE/

---

130. Vgl. KEETON (1979), S. 184/185, und STIGLITZ/WEISS (1981), S. 397.

131. Vgl. KEETON (1979), S. 9.

RUSSELL - in der Lage, sondern auch willens sind, die Qualitätsanforderungen des Kreditgebers genauso zu erfüllen, wie die Nachfrager, die Kredit erhalten, und trotzdem leer ausgehen.

Zurückzuführen ist dieses Ergebnis darauf, daß es der Bank aufgrund von moral hazard bzw. adverse selection nicht möglich ist, eine Erhöhung ihres Gewinns pro eingesetzter Kapitaleinheit durch eine Änderung der Vertragsbedingungen zu erreichen. Da die Höhe des Kreditbetrages pro Kreditengagement durch die Annahme eines fixen Investitionsvolumens fest vorgegeben ist, kann eine Veränderung der Vertragsbedingungen allein in einer Erhöhung der vereinbarten Verzinsung bestehen. Auf eine Erhöhung der vereinbarten Verzinsung reagiert jedoch der Kreditnehmer (bzw. der Durchschnitt der Kreditnehmer) durch eine Erhöhung der Riskanz des Investitionsobjekts, die seinen Anteil an den erwarteten Zahlungen zwar erhöht, denjenigen der Bank aber durch die Erhöhung des Ausfallrisikos vermindert.

Diese den erwarteten Gewinn der Bank indirekt mindernde Folge der Erhöhung der geforderten Verzinsung kann den direkten gewinnsteigernden Effekt bei ordnungsgemäßer Rückzahlung überkompensieren. Die Erhöhung der Verzinsung übt einen "incentive-effect" auf das Verhalten der Kreditnehmer aus, der eine Erhöhung des erwarteten Gewinns einer jeden Bank auf diesem Weg von einem bestimmten Punkt an verhindern kann: die Gewinnfunktion der Fremdkapitalgeber weist in Abhängigkeit von r ein Maximum auf.[132]

Gilt für die Vertragskonditionen, die den erwarteten Gewinn pro Kreditvertrag maximieren (bzw. wegen des konstanten Kreditvolumens pro Vertrag auch die erwartete Rendite), daß das Refinanzierungsvolumen nicht zur Bedienung aller Nachfrager ausreicht, müssen einige potentielle Kreditnehmer leer ausgehen. Eine Ausdehnung des insgesamt zu vergebenden Kreditvolumens ist nur durch die Attraktion neuer Anleger, die ihr Kapital dem Gläubiger zur Kreditvergabe zur Verfügung stellen, möglich. Neue Anleger lassen sich aber nur attrahieren, wenn der Gläubiger ihnen eine höhere erwartete Rendite bieten kann, und dies ist aufgrund der Verhaltensreaktionen der Kreditnehmer unmöglich.[133] Der Kreditmarkt kann, wie die folgende Graphik zeigt, durch einen Nachfrageüberschuß gekennzeichnet sein. Der linke untere Teil der Graphik

---

132. Vgl. KEETON (1979), S. 185, sowie STIGLITZ/WEISS (1981), S. 397.

133. Vgl. KEETON (1979), S. 185/186, und STIGLITZ/ WEISS (1981), S. 397.

stellt dabei das Refinanzierungvolumen in Abhängigkeit von der erwarteten Rendite k dar, der linke obere Teil demonstriert die Abhängigkeit der erwarteten Rendite des Fremdkapitals von den Vertragskonditionen, also r, denn das Kreditvolumen pro Vertrag ist konstant, und der rechte obere Teil der Graphik veranschaulicht den Überschuß der aggregierten Nachfrage über das aggregierte Kreditangebot im Gleichgewicht.

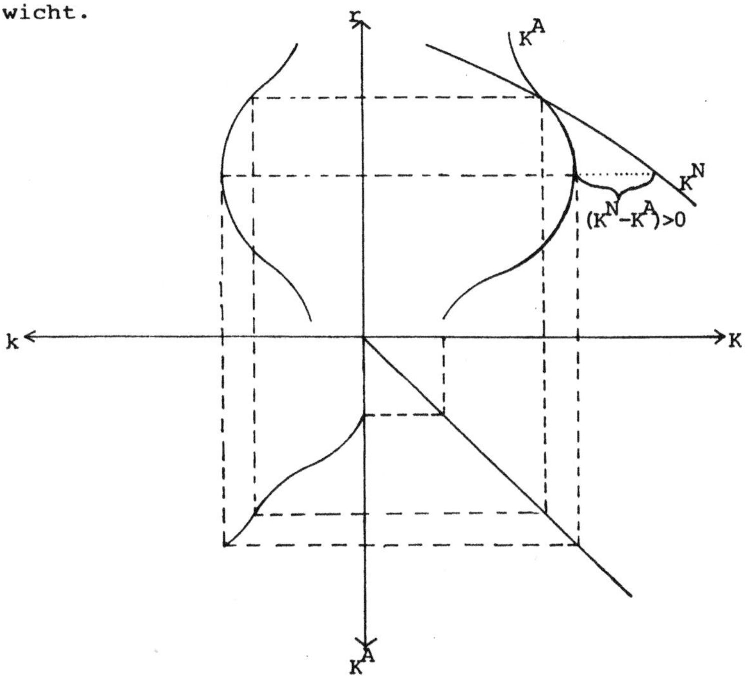


Abb. 18: Kreditrationierung vom type II bei aggregierten Angebots- und Nachfragefunktionen

Quelle: STIGLITZ/WEISS (1981), S. 397.

Zweifelsohne ist dieses Ergebnis für die Erklärung des Phänomens der Kreditrationierung von besonderem Interesse, da gezeigt werden kann, daß moral hazard oder adverse selection die gleichen Folgen haben können wie vom Staat erlassene Höchstzinsvorschriften[134]: Eine Erhöhung des Preises - jetzt definiert als die geforderte erwartete Verzinsung der Fremdkapitalgeber - zum Ausgleich von Angebot und Nachfrage wird durch Verhaltensreaktionen der Nachfrager verhindert. Der Wohlfahrtsverlust aufgrund der Fehlallokation der finanziellen Ressourcen ist offensichtlich. Das Ziel der Kreditrationierungsliteratur, das

---

134. Vgl. KEETON (1979), Preface S. xi.

Phänomen der Rationierung als mit rationalem Verhalten von Kreditnehmer und Kreditgeber vereinbar zu erklären, kann als erreicht betrachtet werden. Dies äußert sich nicht nur darin, daß die Arbeiten von KEETON und STIGLITZ/WEISS heute als die Standardmodelle zur Erklärung von Kreditrationierung gelten, sondern auch darin, daß einige Autoren zu der ursprünglichen Ausgangsfrage, den Eigenschaften von Rationierungsgleichgewichten am Kreditmarkt und deren geldpolitische Implikationen zurückkehren.[135]

Die Rückkehr zu makroökonomischen Fragestellungen bildet nicht die einzige Richtung, in die sich die Weiterentwicklung der Kreditrationierungsliteratur vollziehen sollte und auch tatsächlich vollzieht, denn das Ergebnis von KEETON und STIGLITZ/WEISS ist nicht ganz so qualitativ neu und allgemeingültig, wie es zunächst anmutet, und wirft mehr Fragen auf, als es beantwortet. Dennoch kann auch das Ziel, daß in dieser Arbeit mit der Analyse der Kreditrationierungsliteratur verfolgt wurde, mit den Modellen von KEETON und STIGLITZ/WEISS als erreicht gelten:

Die Erklärungen für Kreditrationierung, ob type I oder type II, münden in Modelle, in denen die Formulierung der Kreditvertragsbedingungen durch moral hazard- oder adverse selection-Probleme Einfluß auf die Entscheidungen der Nachfrager hat. Die Gemeinsamkeit beider Probleme liegt darin, daß es aufgrund von Verhaltensreaktionen der Nachfrager auf bestimmte Vertragskonditionen des Kreditgebers nicht möglich ist, alle Vorteile voll auszuschöpfen, die durch eine Fremdfinanzierungsbeziehung bei einer Kooperation zwischen beiden Vertragsparteien erzielbar wären. Diese fehlende Kooperation berücksichtigt KEETON als erster explizit bei der analytischen Ableitung des Gleichgewichts durch die Anreizbedingung, daß der Kreditnehmer die Riskanz des Investitionsobjektes als Reaktion auf die Vertragsbedingungen gemäß seiner Nutzenfunktion wählt. Die Anreizbedingung geht als bindende Nebenbedingung in sein Modell ein,[136] so daß KEETONs Kreditrationierungsmodell die

---

135. Vgl. BLINDER, Alan S./STIGLITZ, Joseph E.: Money, Credit Constraints, and Economic Activity, in: American Economic Review, Papers and Proceedings 1983, S. 297 - 302, GUTTENTAG, Jack/HERRING, Richard: Credit Rationing and Financial Disorder, in: Journal of Finance, Vol. 39 (1984), S. 1359 - 1382, KEETON (1979), und SMITH, Bruce: Limited Information, Credit Rationing, and Optimal Government Lending Policy, in: American Economic Review, Vol. 73 (1983), S. 305 - 318.

136. Vgl. KEETON (1979), S. 184, Bedingung E.2.

Merkmale eines Principal/Agent-Modells aufweist. STIGLITZ/WEISS führen die Bezeichnung Principal/Agent-Beziehung als Charakterisierung der Fremdfinanzierung in die Kreditrationierungsliteratur ein,[137] und KEETON stellt der Veröffentlichung seiner Dissertation ein Vorwort voran,[138] in dem er die Verbindung zur Principal/Agent-Literatur in der Finanzierungstheorie, zu JENSEN/MECKLING und MYERS zieht, - Parallelen der Argumentation, die KEETON nach eigenen Angaben erst nach der Fertigstellung seiner Arbeit bewußt geworden sind.[139] Er stützt damit die in dieser Arbeit vertretene These, daß die Kreditrationierungsliteratur einen fließenden und unbewußten Übergang zu Principal/Agent-Modellen bildet. Nicht nur die Untersuchung von Anreizproblemen, sondern auch die Verwendung von Principal/Agent-Modellen läßt sich mit Hilfe der Kreditrationierungsmodelle als kontinuierliche Weiterentwicklung der Literatur zur Lösung des Problems der Gestaltung von Fremdfinanzierungsbeziehungen bestätigen.

Gleichzeitig zeigt die Kreditrationierungsliteratur jedoch an, daß die mikroökonomische Untersuchung der Fremdfinanzierungsbeziehung mit den Modellen von KEETON und STIGLITZ/WEISS nicht als abgeschlossen gelten kann, so daß die Frage nach den makroökonomischen Implikationen von Rationierungsgleichgewichten nur eine der Folgefragen ist, die die Kreditrationierungsliteratur aufwirft.[140]

Einen ersten Hinweis auf noch offene Fragen bezüglich der einzelwirtschaftlichen Betrachtung der Fremdfinanzierungsbeziehung bieten die sehr restriktiven Bedingungen der Vertragsgestaltung, die STIGLITZ/WEISS und KEETON für die Ableitung ihres rationierenden Gleichgewichts benötigen.

Ohne die Annahme der fixen Investitions- bzw. Kreditbeträge pro Kreditnehmer ist ihr Ergebnis eines type II rationing Gleichgewichts so nicht haltbar. Die Möglichkeit variierender Kreditbeträge würde das Ergebnis aufheben, denn dann wäre eine Erhöhung der erwarteten Rendite

---

137. Vgl. STIGLITZ/WEISS (1981), S. 395.

138. Vgl. KEETON (1979), Preface, besonders S. xiv/xix.

139. Vgl. KEETON (1979), Preface, S. xiv.

140. Vgl. die entsprechende Einschätzung, allerdings ohne Bezugnahme auf die genannten Modelle, bei FRIED, Joel/HOWITT, Peter: Credit Rationing and Implicit Contract Theory, in: Journal of Money, Credit, and Banking, Vol. 12 (1980), S. 471 - 487, hier S. 486, vgl. auch BALTENSPERGER/DEVINNEY (1984), S. 43 - 46.

pro Kreditengagement durch eine Verringerung des Kreditbetrages bei gleichzeitiger Erhöhung der vereinbarten Verzinsung möglich;[141] ein Ausgleich von Angebot und Nachfrage ist gegeben. Das rationierende Gleichgewicht vom type II ist von KEETON im Fall variabler Kreditbeträge nur durch die Einführung von fixen Bearbeitungskosten pro Kreditvertrag, also durch ein als exogenes Modellelement eingeführtes Transaktionskostenargument zu retten.[142] Die Besonderheit des Ergebnisses von KEETON und STIGLITZ/WEISS im Vergleich zu dem von JAFFEE/RUSSELL, nämlich daß der in seiner Nachfrage leer ausgehende Nachfrager nicht nur fähig, sondern auch willens ist, die geforderte Qualität der Kreditgeberposition genauso zu bieten, wie die Kreditnehmer, die Kredit erhalten, ist damit auf eine Einengung des Annahmenrahmens gegenüber JAFFEE/RUSSELL zurückzuführen. Die Anreizwirkung der Höhe des Zinssatzes und die Möglichkeit, dieser Anreizwirkung durch eine Verminderung des Kreditbetrages entgegenzuwirken, kommen bei JAFFEE/RUSSELL und SMITH[143] bereits in dem Verlauf ihrer Angebotsfunktion zum Ausdruck: Das Kreditangebot an den einzelnen Kreditnehmer nimmt ab einem bestimmten Punkt mit steigender geforderter Verzinsung ab. Das Ergebnis von KEETON und STIGLITZ/WEISS reduziert sich damit von der Essenz wiederum auf das schon aus dem Modell von JAFFEE/RUSSELL ablesbare Ergebnis, daß es aufgrund von nicht einengbaren Handlungsspielräumen des Kreditnehmers und/oder Informationsproblemen zu einer mit Wohlfahrtsverlusten verbundenen Rationierung kommt, obwohl gerade STIGLITZ/WEISS und KEETON eine Parallelität ihrer Modelle zum JAFFEE/RUSSELL-Modell nicht erkennen.[144]

Die Variation des Kreditbetrages ist jedoch nicht die einzige Möglichkeit, Vertragsbedingungen zu formulieren, die Wohlfahrtsverluste vermeiden könnten. Vereinbarungen, die über die Festlegung des Kreditbetrages und der Verzinsung hinausgehen, können Anreizprobleme mildern oder beseitigen. Dies zeigt der bereits angesprochene Beitrag von RUDOLPH zum Modell von JAFFEE/RUSSELL auf, der die Sicherungsabtretung des Einkommens als Heilungsinstrument diskutiert, und die Einführung

---

141. Dies kritisieren auch BALTENSPERGER/DEVINNEY (1984), S. 28/29.

142. Vgl. KEETON (1979), S. 237 - 240.

143. Bei SMITH wird das Kreditangebot zwar in Abhängigkeit von der Kapitalstruktur dargestellt, ein mit steigender Verzinsung sinkendes "Kapitalstrukturangebot" bedeutet jedoch, daß bezogen auf jede Eigenkapitaleinheit ein geringerer Kreditbetrag bewilligt wird.

144. Vgl. die Fußnoten 115 (S. 143) und 117 (S. 146) in diesem Kapitel der vorliegenden Arbeit.

der Kapitalstruktur als Vertragsvariable im Modell von V. L. SMITH belegt dies ebenfalls.

Die auf moral hazard und adverse selection aufbauenden Kreditrationierungmodelle liefern Erklärungen für die Existenz von Zusatzvereinbarungen. Dafür, daß die Erklärung für ein rationierendes Gleichgewicht durch die Einführung von Zusatzvereinbarungen nicht gefährdet wird, sorgt die neuere Kreditrationierungsliteratur jedoch ebenfalls: Es wird am Beispiel der Sicherheit nachgewiesen, daß trotz zusätzlicher Vertragsvereinbarungen adverse selection und damit auch Kreditrationierung möglich ist, da Sicherheiten eine preiserhöhende Wirkung haben, die wiederum durch Verhaltensänderungen der Nachfrager abgefangen werden kann.[145]

Der Einfluß von zusätzlichen Vereinbarungen in Kreditverträgen ist zumindest nicht eindeutig, er bedarf einer weiteren Untersuchung. Die Kreditrationierungsliteratur liefert somit einerseits die Fragestellung für das die vorliegende Arbeit abschließende Kapitel, das einen Beitrag zur Klärung der Frage nach der Auswirkung einer Einführung von Zusatzvereinbarungen in Kreditverträgen leisten soll. Andererseits bestätigt die Kreditrationierungsliteratur das in diesem folgenden Kapitel verwendete Modell, ein Principal/Agent-Modell, als der Fremdfinanzierungsproblematik angemessen.

---

145. Vgl. MILDE (1981), besonders S. 15 - 18, STIGLITZ/WEISS (1981), S. 402 - 405, und WETTE (1983).

## D. Ansätze zur Beurteilung der Wirkung von Zusatzvereinbarungen in Kreditverträgen mit Hilfe eines einfachen Principal/Agent-Modells

### I. Fragestellung und Argumentationsablauf

Als Ergebnis der vorhergehenden Teile dieser Arbeit kann zusammenfassend festgehalten werden, daß die Entwicklung der Kreditrationierungsmodelle in die gleiche Richtung weist, die auch die neuere Literatur zur Fremdfinanzierung in der Finanzierungs- und Banktheorie aufzeigt: Die Beziehung zwischen Kreditgeber und Kreditnehmer ist durch Anreizprobleme gekennzeichnet und läßt sich in Principal/Agent-Modellen abbilden. Die Wahrscheinlichkeitsverteilung der zwischen Kreditnehmer und Kreditgeber aufzuteilenden Ergebnisse wird nicht nur durch die Unsicherheit der Umweltentwicklung (exogene Stochastik), sondern auch durch die Handlungen des Kreditnehmers als einzelnen bzw. durch das Verhalten einer Kreditnehmerklasse als Gesamtheit beeinflußt (endogene Stochastik), und dies ist modellmäßig zu berücksichtigen. Ist es nicht möglich, das Verhalten der Kreditnehmer durch den Kreditvertrag derart zu beeinflussen, daß das Interesse beider Vertragsparteien gewahrt wird, können die Vorteile einer Kooperation zwischen Gläubiger und Schuldner nicht voll genutzt werden: Der Kreditmarkt kann Ineffizienzen aufweisen.

Eine Erklärung von Ineffizienzen des Kreditmarktes ist insoweit gelungen, als Probleme, die im Verhalten von Kreditnehmern liegen, hinreichende Bedingungen für Funktionsfehler des Koordinationsmechanismus eines vollkommenen Marktes liefern, die sich in Phänomenen wie dem der Kreditrationierung äußern können. Die Probleme, die eine Erklärung der mangelnden Koordination über den Markt ermöglichen, erklären jedoch ebenfalls, warum reale Kreditverträge nicht nur Vereinbarungen über die an den Kreditgeber zu leistenden festen Zahlungen enthalten, sondern zusätzliche Vereinbarungen beinhalten, wie bspw. über zu stellende Sicherheiten, Verwendungszwecke des Kredites oder auch zukünftiges Finanzierungsverhalten: Solche Vereinbarungen können das Verhalten der Kreditnehmer beeinflussen und so Anreizprobleme in der Kreditnehmer/Kreditgeber-Beziehung mildern oder sogar beseitigen.

Bevor demnach darüber nachgedacht werden kann, wie durch den Eingriff in den Marktmechanismus, z. B. durch Maßnahmen des Staates, Koordinationsschwächen des Kreditmarktes abgebaut werden können, ist zu klären, ob nicht die individuelle Vertragsgestaltung zwischen Kreditnehmer und Kreditgeber schon dafür sorgt, daß die Funktionsfähigkeit des Marktes weitgehend gesichert ist. Dies gilt um so mehr, als die Möglichkeiten des Kreditnehmers, seine potentielle Rückzahlungsfähigkeit zum Schaden des Kreditgebers zu beeinflussen, in vielen Fällen so individuell sein dürften, daß sie sich einer standardisierten, von der Person des Kreditnehmers abstrahierenden Regelung entziehen. Die Vielzahl der in der Realität zur Auswahl stehenden Fremdfinanzierungsformen scheint dies zu bestätigen, die - trotz vorhandener gesetzlicher Rahmenvorschriften - noch einen weitgehenden Gestaltungsspielraum aufweisen, der den Vertragspartnern zur Anpassung an die jeweilige Finanzierungssituation dienen kann.

Damit Gläubiger und Schuldner diesen individuellen Gestaltungsspielraum jedoch zu ihrem Vorteil nutzen können, genügt es ihnen nicht zu wissen, daß Zusatzvereinbarungen in Kreditverträgen die Funktion des Abbaus von Anreizproblemen erfüllen können. Vielmehr benötigen sie Aussagen darüber, welche Vereinbarungen ihrer speziellen Situation angemessen sind. Ein Instrument zur Beurteilung der Wirkung unterschiedlicher Vertragsgestaltungen liefern Principal/Agent-Modelle, die es erlauben, den Einfluß der Einführung neuer Vertragsvariablen auf das Optimierungskalkül des Kreditnehmers als des Agenten, dessen Nutzen und den Nutzen des Gläubigers zu erfassen der die Rolle des Principals einnimmt. Hierdurch wird der entscheidende Mangel früherer Ansätze zur Bewertung von Zusatzvereinbarungen in Fremdfinanzierungsverträgen aufgehoben, der darin zu sehen ist, daß nur die Auswirkungen auf die Position einer Vertragspartei betrachtet werden.[1]

Principal/Agent-Modelle weisen allerdings einen Nachteil auf: Der Marktkontext, in dem die Vertragsparteien agieren, wird nur über eine sogenannte Wettbewerbsbedingung erfaßt. Sie stellt als Nebenbedingung des Optimierungsproblems sicher, daß der Nutzen des einen Vertragspartners nicht unter ein bestimmtes Niveau fällt. Dieses Niveau ist durch den Nutzenbetrag gegeben, den der Vertragspartner aus der einzugehenden ökonomischen Beziehung mindestens erwarten muß, damit sie für ihn nicht unvorteilhaft ist. Vertragsbedingungen, die zu einer Unter-

---

1. Vgl. Teil B der vorliegenden Arbeit bes. S. 23, S. 35/36 und S. 40.

schreitung dieses Mindestnutzens führen, sind als Lösung des Optimierungsproblems nicht zugelassen, denn sie würden zu einer Ablehnung des Vertragsangebotes führen. Der Mindestnutzen drückt somit indirekt die Wettbewerbssituation aus, denn seine Höhe muß den Nutzen alternativer Vertragsangebote repräsentieren, die jedoch nicht explizit in das Modell eingehen. Dies mag gerade für das Fremdfinanzierungsproblem eine Vereinfachung sein, die wegen der komplizierten Zusammenhänge auf den Kreditmärkten nicht gerechtfertigt erscheint. Da hier jedoch die Fragestellung verfolgt wird, inwieweit Anreizprobleme in der Beziehung zwischen <u>einem</u> Kreditnehmer und <u>einem</u> Kreditgeber durch die Vertragsgestaltung gemildert werden können, wird die Darstellung dieser Beziehung im Principal/Agent-Modell trotz der weitgehenden Abstraktion vom Marktkontext für vertretbar gehalten. Im folgenden soll deshalb versucht werden, Aussagen, die zur Bewertung der Auswirkungen von Zusatzvereinbarungen in Kreditverträgen beitragen können, mit Hilfe eines einfachen Principal/Agent-Modells abzuleiten.

Die dabei getroffenen Annahmen bezüglich des Entscheidungskalküls von Kreditnehmer und Kreditgeber stellen nicht nur grobe Vereinfachungen der Entscheidungssituation von Kreditnehmern und Kreditgebern in der Realität dar, sondern weisen auch im Hinblick auf die Erfassung der Grundstruktur des Fremdfinanzierungsproblems Mängel auf. Es wird - um das Modell analytisch zu vereinfachen - die Risikoneutralität aller beteiligten Vertragsparteien angenommen. Dadurch wird das Problem der Risikoteilung insofern ausgeklammert, als nur die Rückwirkungen der Risikoteilung auf das <u>Verhalten</u> der Vertragsparteien berücksichtigt werden, nicht aber die Auswirkungen, die die Streuung der Zahlungen auf ihre Bewertung durch den Kreditgeber und Kreditnehmer haben kann. Die Annahme der Risikoneutralität läßt sich jedoch durch folgende Argumente rechtfertigen:

- Die oben erwähnte Abstraktion vom Marktkontext - die das Principal/Agent-Modell mit sich bringt - bewirkt, daß Diversifikationsmöglichkeiten außerhalb der betrachteten Finanzierungsbeziehung auch bei der Annahme von Risikoscheu keine Berücksichtigung erfahren würden. Hierdurch hätten die Ergebnisse bezüglich der Bewertung von Risiko, die sich bei der Annahme von Risikoscheu erzielen ließen, ohnehin nur beeinträchtigte Gültigkeit.

- Die Annahme der Risikoaversion führt oft zu dem Problem der mathematischen Unbestimmtheit, so daß sich Aussagen über die Richtung bestimmter Effekte nur unter spezifischen Annahmen über die Gestalt der Nutzenfunktionen erzielen ließen, die die Allgemeingültigkeit von Ergebnissen wiederum einschränken würden.

- Die bereits im ersten Teil dieser Arbeit angeführte Bedingung für eine pareto-optimale Risikenteilung lautet:[2] Für jeden möglichen Umweltzustand muß die Ergebnisteilung so erfolgen, daß das Verhältnis der Grenznutzen, die die Vertragspartner aus ihrem jeweiligen Anteil zu ziehen erwarten, für jeden Umweltzustand gleich ist und der positiven Konstanten  entspricht. Für einen "gestutzten" Teilungsvertrag, wie ihn der Kreditvertrag darstellt, kann diese Bedingung nur in Sonderfällen erfüllt sein, denn in allen Umweltzuständen, in denen eine ordnungsgemäße Erfüllung der Zahlungsverpflichtungen erfolgt, erhält der Kreditgeber einen gleich hohen, der Kreditnehmer jedoch einen ergebnisabhängigen Anteil am Ergebnis. In all den Umweltzuständen dagegen, die mit Kreditausfallrisiko behaftet sind, erhält der Kreditgeber einen ergebnisabhängigen und der Kreditnehmer einen konstanten Anteil von Null.[3] Daraus ist zu schließen, daß optimale Risikenteilung zumindest nicht das vorrangige Anliegen eines Fremdfinanzierungsvertrages sein kann bzw. daß - vielleicht gerade weil er Anreizprobleme im Vergleich zur Finanzierung durch Eigenkapital besser lösen kann[4] - der Fremdfinanzierungsvertrag gewählt wird, obwohl er die Bedingung für optimale Risikenteilung in einer Welt ohne Anreizprobleme nur in Sonderfällen erfüllt. Insofern erscheint auch aus diesem Grund eine Konzentration auf Anreizprobleme durch Annahme von Risikoneutralität beider Vertragsparteien, unter der die Bedingung optimaler Risikenteilung wegen der Konstanz der Grenznutzens immer erfüllt ist, eine vertretbare Vereinfachung.

---

2. Vgl. S. 42 dieser Arbeit und die dort angegebene Literatur.

3. Vgl. hierzu auch KRAHNEN (1985), S. 106 - 109 und die dort angegebene Literatur.

4. Insbesondere erfüllt ein Kreditvertrag im Gegensatz zur Eigenkapitalfinanzierung die sogenannte Wahrheitsbedingung, d. h. er gibt dem Kapitalnehmer keinen Anlaß zu falschen Angaben bezüglich des Ergebnisses, das die Investition erzielt hat, um hieraus einen Vorteil bei der Teilung zu erzielen. Vgl. HELLWIG, Martin/GALE, David: Incentive compatible debt contracts I: The one-period problem, Manuskript, London School of Economics, London 1983, KRAHNEN (1985), S. 122 - 125, sowie TOWNSEND, Robert M.: Optimal multiperiod contracts and the gain from enduring relationships under private information, in: Journal of Political Economy, Vol. 90 (1982), S. 1166 - 1186.

Doch sollten all diese Argumente nicht darüber hinwegtäuschen, daß die Anreiz- und Risikoteilungsproblematik untrennbar miteinander verknüpft sind, denn beide Probleme müssen durch die Ausgestaltung ein und desselben Kreditvertrages unter Beachtung aller anderen möglichen Marktbeziehungen gelöst werden.

Die Zielsetzung der folgenden Ausführungen besteht darin, zu verdeutlichen, wie entscheidend die Auswirkungen von Zusatzvereinbarungen von den jeweiligen Gegebenheiten einer Kreditvergabeentscheidungssituation, von den Handlungsmöglichkeiten des Kreditnehmers sowie von den Möglichkeiten des Kreditgebers, diese zu antizipieren bzw. sich davor zu schützen, geprägt sind, so daß keinesfalls der Schluß gezogen werden kann, daß Zusatzvereinbarungen in Kreditverträgen immer vorteilhaft sind.

## II. Grundmodell und Untersuchungsrahmen

### 1. Der Annahmenrahmen

Betrachtet wird ein risikoneutraler Produzent, der die Durchführung eines einperiodigen Investitionsprojektes erwägt. Sein Ziel besteht in der Maximierung seines erwarteten Einkommens E(W) am Periodenende.[5]

Investiert wird, um ein Gut in der Menge Q herzustellen. Die Produktion erfordere den Einsatz von zwei Produktionsfaktoren, des Produktionsfaktors Kapital C und des Produktionsfaktors Arbeit L[6], deren Einsatzmengen über eine vorgegebene Produktionsfunktion die hergestellte Menge des Gutes Q(C,L) bestimmen. Die Produktionsfunktion weist die Eigenschaften abnehmender Grenzerträge beider Produktionsfaktoren auf:

---

5. Eine entsprechende Modellkonstruktion verwendet KEETON (1979), vgl. bes. S. 213 - 221, ähnliche Annahmen finden sich jedoch vielerorts in der Principal/Agent-Literatur, vgl. z. B. bei STIGLITZ, Joseph E.: Incentives and Risk in Sharecropping, in: Review of Economic Studies, Vol. 41 (1974), S. 219 - 255.

6. Der Produktionsfaktor L muß nicht als Arbeit, sondern kann z. B. auch als ein Rohstoff interpretiert werden, der für die Herstellung des Gutes benötigt wird.

$$(1)\quad \begin{array}{ll} \frac{\delta Q}{\delta C} > 0\,, & \frac{\delta^2 Q}{\delta C^2} < 0\,; \\ \frac{\delta Q}{\delta L} > 0\,, & \frac{\delta^2 Q}{\delta L^2} < 0\,. \end{array}$$

Der Produktionsfaktor L verursache pro eingesetzter Einheit Lohnkosten in Höhe von w, die aus dem Umsatzprozeß abgegolten werden; die Kosten des Produktionsfaktors C hängen von der Art der Kapitalbeschaffung ab. Handelt es sich um Eigenkapital EK, entstehen Opportunitätskosten in Höhe des Alternativertrages (1+i), handelt es sich um Fremdkapital K, so sind die Forderungen der Fremdkapitalgeber (1+r) entscheidend.

Das herzustellende Gut sei mit Sicherheit in beliebiger Menge Q am Markt absetzbar; Unsicherheit bestehe lediglich über den zu erzielenden Preis p, der alle Ausprägungen zwischen einem Minimalpreis $\underline{p}$ und einem Maximalpreis $\bar{p}$ annehmen kann.[7] Das Wahrscheinlichkeitsurteil des Produzenten über die möglichen Preisrealisationen wird durch die Wahrscheinlichkeitsfunktion f(p) ausgedrückt. Reichen die Erlöse pQ aus dem Verkauf des Gutes nicht aus, um die Kosten des Produktionsfaktors Arbeit wL aus dem Umsatzprozeß zu decken, d. h. gilt für p

$$(2)\quad p < p^{\#} = \frac{w\,L}{Q}\,,$$

so wird - um negative Investitionseinzahlungen auszuschließen - angenommen, daß es noch möglich ist, die Produktion zu stoppen[8], bzw. daß die Arbeitskräfte das Risiko ausbleibender Lohnzahlungen tragen. Das minimal mögliche Investitionsergebnis beträgt damit Null. Um Veränderungen von $p^{\#}$, die durch eine Variation des Einsatzes von L entstehen, nicht berücksichtigen zu müssen, sei angenommen, daß der Minimalpreis $\underline{p}$ eine Höhe aufweist, die den Fall der Nichtdeckung der Lohnkosten ausschließt ($\underline{p} < p^{\#}$). Beeinträchtigt diese Annahme die erzielten Ergebnisse, so wird an entsprechender Stelle darauf hingewiesen.

Der erwartete Gewinn des Produzenten läßt sich somit bei fehlender Kreditaufnahmemöglichkeit und einer Ausstattung mit einem Vermögen in

---

7. Dies entspricht dem Fall der vollkommenen Konkurrenz auf dem Absatzmarkt. Der Preis wird vom Markt vorgegeben und der Produzent kann lediglich die Produktionsmenge seinen Erwartungen über die Höhe des Preises anpassen.

8. Diese Annahme wird vor allem getroffen, da sonst eigentlich risikoabhängige Lohnkosten eingeführt werden müßten.

$t_o$ in Höhe von $W_o$ wie folgt formulieren:

$$(3)\quad E(W) = \int_{\underline{p}}^{\bar{p}} (pQ(C,L) - wL + (W_o - EK)(1+i))f(p)dp \qquad \text{mit } C = EK \leq W_o.$$

Für den Produzenten bestehe die Möglichkeit, einen Teil des zu investierenden Kapitals C durch die Aufnahme eines Kredites zum Zinssatz $r > i$ mit einperiodiger Laufzeit zu beschaffen. Der Produzent sei aufgrund seiner Vermögensausstattung $W_o$ in seinen Möglichkeiten zur Finanzierung mit Eigenkapital beschränkt und somit bei einem gewünschten Kapitaleinsatz $C > W_o$ gezwungen, Fremdkapital in Anspruch zu nehmen.

Durch die Kreditaufnahme räumt der Produzent seinem Gläubiger einen festen Anspruch auf einen Teil der Zahlungen aus dem Investitionsprojekt in Höhe von $K(1+r)$ ein. Einen positiven Gewinn erzielt der Produzent nur dann, wenn die Einzahlungen aus dem Investitionsprojekt sowohl die Lohnkosten als auch die Zahlungsverpflichtungen aus der Kreditaufnahme decken. Dies gilt für alle Preisrealisationen $p < \hat{p}$, mit

$$(4)\quad \hat{p} = \frac{wL + K(1+r)}{Q(C,L)}\,.$$

Da die Haftung des Produzenten als auf die Zahlungen aus dem Investitionsobjekt beschränkt angenommen wird, wird er die Verpflichtungen aus der Fremdkapitalaufnahme für $p < \hat{p}$ nicht voll erfüllen. Die nach Befriedigung der Lohnkosten verbleibenden Einzahlungsüberschüsse erhält der Fremdkapitalgeber, das Einkommen des Produzenten (und Kreditnehmers) aus der Unternehmung ist gleich 0.

Das zu maximierende erwartete Einkommen des Produzenten bei Aufnahme von Fremdkapital ergibt sich damit wie folgt:

$$(5)\quad E(W) = \int_{\hat{p}}^{\bar{p}} (pQ(C,L) - wL - K(1+r))f(p)dp + \int_{\underline{p}}^{\bar{p}} (W_o - EK)(1+i)f(p)dp\,.$$

Bezüglich der Entscheidungssituation des <u>Kreditgebers</u> wird angenommen, daß er über unbeschränkte Refinanzierungsmöglichkeiten am Kapitalmarkt zu einem dem sicheren Alternativertragssatz des Produzenten/Kreditnehmers entsprechenden Zinssatz i verfügt. Er wird wie der Kreditnehmer als risikoneutral angenommen und strebt die Maximierung seines erwarteten Gewinns G an. Aufgrund der Wettbewerbssituation am Kreditmarkt (vollkommene Konkurrenz bei freiem Marktzutritt) ist der Gewinn auf maximal 0 beschränkt. Einen Kreditvertrag, der ihn einen Verlust erwarten läßt, wird er ablehnen. Sein Mindestnutzen bzw. Mindesterwartungswert beträgt damit Null.

Ist ein positives Kreditausfallrisiko vorhanden, so ist sein Gewinn von der produzierten Menge Q und dem realisierten Preis abhängig, bezüglich dessen sein Wahrscheinlichkeitsurteil dem des Produzenten gleicht. Weiterhin wird angenommen, daß der Kreditgeber Sicherheit über das Entscheidungskalkül des Produzenten hat. Somit ist ihm bekannt, welche Menge Q dieser produzieren wird, so daß sich der erwartete Gewinn des Fremdkapitalgebers bestimmt als:

$$(6)\quad E(G) = \int_{\underline{p}}^{\hat{p}} (pQ(C,L) - wL)f(p)dp + \int_{\hat{p}}^{\bar{p}} K(1+r)f(p)dp - K(1+i)\ .$$

Zusätzlich bestehe die Möglichkeit einer (ebenfalls einperiodigen) Kreditaufnahme von einem zweiten Kreditgeber. Bezüglich seiner Zielsetzung, seiner Wettbewerbssituation und seines Wahrscheinlichkeitsurteils über p gelten die gleichen Annahmen wie für den ersten Gläubiger. Alle an den Zahlungen aus der Unternehmung Beteiligten haben damit homogene Erwartungen über den Preis.

Durch die Möglichkeit der Aufnahme eines weiteren Kredites verändert sich die Definition der Konkursgrenze $\hat{p}$ wie folgt:

$$(7)\quad \hat{p} = \frac{wL + K_1(1+r_1) + K_2(1+r_2)}{Q}\ .$$

Im Konkursfall tritt das Problem auf, daß sich die beiden Kreditgeber die aus dem Investitionsobjekt fließenden Zahlungen teilen müssen. Der prozentuale Anspruch des ersten Kreditgebers sei durch $(1-\alpha)$, der des zweiten durch $\alpha$ repräsentiert. Eine Spezifizierung der Annahmen, nach welcher Regel sich $\alpha$ bestimmt, wird an späterer Stelle vorgenommen.

Berücksichtigt man die Möglichkeit der Finanzierung des Investitions- und Produktionsprogramms mit Eigenkapital sowie mit Fremdkapital von zwei Kreditgebern, stellen sich die erwarteten Gewinne bzw. das Einkommen für die Beteiligten wie folgt dar:

Kreditnehmer und Produzent

$$(8)\quad E(W) = \int_{\hat{p}}^{\bar{p}} (pQ - wL - K_1(1+r_1) - K_2(1+r_2))f(p)dp + (W_o - EK)(1+i)$$

Kreditgeber 1

$$(9)\quad E(G_1) = \int_{\underline{p}}^{\hat{p}} (pQ - wL)(1-\alpha)f(p)dp + \int_{\hat{p}}^{\bar{p}} K_1(1+r_1)f(p)dp - K_1(1+i)$$

Kreditgeber 2

$$(10)\quad E(G_2) = \int_{\underline{p}}^{\hat{p}} (pQ - wL)\alpha f(p)dp + \int_{\hat{p}}^{\bar{p}} K_2(1+r_2)f(p)dp - K_2(1+i)\,.$$

## 2. Die Vorgehensweise bei der Untersuchung der Vorteilhaftigkeit von Zusatzvereinbarungen

Um im Rahmen des durch die vorgestellten Annahmen vorgegebenen Grundmodells die Auswirkung von zusätzlichen, über den Kreditbetrag und die vereinbarte Verzinsung hinausgehenden Vereinbarungen abschätzen zu können, ist zunächst zu klären, welche Anreizprobleme in der skizzierten Fremdfinanzierungsbeziehung auftreten können.

Die Vergleichsbasis dafür, ob ein Anreizproblem vorliegt, bildet das Investitions- und Finanzierungsprogramm, das sich bei kooperativer, d. h. im Interesse aller Vertragsparteien erfolgender Festlegung als optimal erweist. Die Bedingungen, die das optimale Investitions- und Finanzierungsprogramm in einer solchen Welt ohne Anreizprobleme erfüllt, werden im folgenden Abschnitt III. abgeleitet. Sie werden als die Bedingungen für das "first best" Optimum bezeichnet.

In den darauf folgenden Abschnitten wird untersucht, wie sich die Wahl des Investitions- und Finanzierungsprogramms ändert, wenn man einzelne Entscheidungen nicht kooperativ fällt bzw. fällen kann, sondern diese dem Kreditnehmer in der Rolle des Agenten allein obliegen, der die Zielsetzung der Maximierung des Erwartungswertes seines Anteils an den Zahlungen verfolgt. Der Grund für die nicht-kooperative Entscheidung liegt darin, daß sich die festzulegende Größe einer Festschreibung im Vertrag entzieht. Hierfür können unterschiedliche Faktoren verantwortlich sein, z. B. die Tatsache, daß die Entscheidung des Kreditnehmers vom Kreditnehmer nicht beobachtbar ist und deshalb ein Vertragsbruch nicht sanktioniert werden könnte. Unterscheidet sich das dann gewählte Investitions- und Finanzierungsprogramm von dem bei kooperativer Entscheidung gewählten, liegt ein Anreizproblem vor. Nicht das first best Optimum, sondern nur das "second best" Optimum wird realisiert. Es treten Opportunitätsverluste durch mangelnde Kooperation auf.

Führt man nun die Möglichkeit ein, zusätzliche Vereinbarungen in den

Kreditvertrag aufzunehmen, so läßt sich die Vorteilhaftigkeit solcher Vertragsvereinbarungen daran messen, ob sie die Opportunitätsverluste durch mangelnde Kooperation mindern. Da aufgrund der Bedingung, daß der erwartete Gewinn des Kreditgebers 0 nicht überschreiten kann, alle zusätzlichen Kooperationsvorteile, die durch Zusatzvereinbarungen realisierbar werden, dem Kreditnehmer zufallen, läßt sich die Vorteilhaftigkeit einer Zusatzvereinbarung unter den hier getroffenen Annahmen messen, indem das erwartete Einkommen des Kreditnehmers, das sich bei optimaler Festlegung von K und r in einer Welt mit Anreizproblemen ergibt, verglichen wird mit dem maximalen erwarteten Einkommen, wenn die zusätzliche Vertragsvariable eingeführt wird. Eine Zusatzvereinbarung hat dann einen (positiven) Wert, wenn die Differenz aus dem erwarteten Einkommen mit Zusatzvereinbarung und dem erwarteten Einkommen ohne Zusatzvereinbarung positiv ist. Konkrete Zahlenangaben lassen sich allerdings nur ermitteln, wenn man spezifische Annahmen über die Gestalt der Produktionsfunktion, die Wahrscheinlichkeitsfunktion und die Höhe der Zinssätze r und i trifft, worauf hier verzichtet wird.

Die Aufnahme der zusätzlichen Vereinbarung in den Kreditvertrag ist dann vorteilhaft, wenn ihr Wert die durch sie verursachten Kosten übersteigt. Kosten von Zusatzvereinbarungen können bestehen in zusätzlichen Kosten für den Vertragsabschluß oder aber in Kosten, die durch die Überwachung ihrer Einhaltung entstehen. Opportunitätskosten, die durch die Aufnahme von Vereinbarungen in den Kreditvertrag entstehen können, indem sie den Kreditnehmer z. B. auch an Handlungen hindern, die den Erwartungswert seines Gewinns erhöhen würden, können bei der Bestimmung des Wertes einer Zusatzvereinbarung schon implizit erfaßt sein. Dies ist dann der Fall, wenn sich die Unterbindung der Wahrnehmung von Handlungen mit positivem Erwartungswert auf den Erwartungswert seines Anteils an den Zahlungen aus dem Investitionsobjekt auswirkt. Bestehen die Opportunitätskosten der Vertragsvereinbarung aber darin, daß alternative Verwendungsmöglichkeiten eines als Sicherheit gestellten Gutes außerhalb der betrachteten Unternehmung nicht realisiert werden können, sind sie den Kosten der Vertragsvereinbarung zuzurechnen.

Die möglichen zusätzlichen Vertragsvereinbarungen, die hier betrachtet werden, lassen sich in zwei Gruppen einteilen.[9]

Die erste Gruppe von vertraglichen Abmachungen ist dadurch charakteri-

9. Eine ähnliche Einteilung nimmt RUDOLPH vor, vgl. RUDOLPH (1984), bes. S. 18 - 21.

siert, daß die Vereinbarungen den Handlungsspielraum des Kreditnehmers direkt beeinflussen, indem sie Gebote oder Verbote beinhalten. Als dieser Gruppe zugehörig werden im folgenden die zweckgebundene Kreditfinanzierung (Auflage für die Verwendung des Kredites), die Vereinbarung einer Negativklausel, die die Aufnahme von Fremdkapital bei weiteren Gläubigern verbietet, und die Vereinbarung der Einhaltung von Finanzierungsregeln in der Ausprägung der Einhaltung einer bestimmten Kapitalstruktur untersucht.

Die zweite Gruppe wird durch solche Vereinbarungen gebildet, die das Kalkül des Kreditnehmers nicht direkt über Verbote und Gebote, sondern indirekt über die Änderung der Regel zur Teilung der Einzahlungen des Investitionsobjektes beeinflussen. Diese Gruppe wird im folgenden zum einen durch die Vereinbarung der Stellung einer Sicherheit von "außen", zum anderen durch die Vereinbarung der Stellung einer Sicherheit von "innen" repräsentiert. Eine Sicherheit von außen sei dadurch charakterisiert, daß diese Sicherheit das Haftungspotential des Kreditnehmers verstärkt. Die Sicherung muß somit entweder durch ein nicht bereits der Haftung unterliegendes Vermögensobjekt, z. B. durch einen Vermögensgegenstand aus dem Privatvermögen des Kreditnehmers, oder durch die Bürgschaft eines Dritten erfolgen. Die Stellung einer Sicherheit von "innen", d. h. die Vereinbarung einer im Konkursfall vorrangigen Befriedigung aus einem bereits der Haftung unterliegenden Vermögensgegenstand, läßt sich in dem vorgegebenen Modellrahmen schwerlich analysieren, da das gesamte Unternehmensvermögen lediglich aus einem Investitionsobjekt besteht. Deshalb kann die Stellung einer Sicherheit von innen in dem hier vorgegebenen Untersuchungsrahmen gleichgesetzt werden mit der Vereinbarung einer "me-first-rule", dem Recht auf eine im Konkursfall vorrangige Befriedigung aus den gesamten eingehenden Einzahlungen des Investitionsobjektes. Auf abzusehende abweichende Ergebnisse, die sich durch die Beschränkung auf eine bevorrechtigte Befriedigung aus nur einem Vermögensgegenstand ergeben könnten, wird an entsprechender Stelle zumindest verbal hingewiesen.

Es ist offensichtlich, daß durch die betrachteten Zusatzvereinbarungen die potentiellen Möglichkeiten der Vertragsgestaltung nicht vollständig und nur sehr grob erfaßt sind. So fehlt z. B. die Gruppe der Zusatzvereinbarungen, die dem Kreditgeber Informationsrechte einräumen. Teilweise sind solche Vereinbarungen jedoch implizit erfaßt, denn sie bilden oft die Voraussetzung für einen wirksamen Einsatz der oben angesprochenen Vertragsklauseln. Es kann nicht sinnvoll sein, die Stellung eines Vermögensgegenstandes als Sicherheit zu vereinbaren, wenn der Kreditgeber nicht das Recht besitzt zu kontrollieren, ob das Sicherungsgut auch noch vorhanden ist.

Die Untersuchung schließt mit dem Hinweis auf einige Probleme, die den Wert einer Zusatzvereinbarung beeinflussen können, im Rahmen der vorliegenden Arbeit aber keine eingehendere Berücksichtigung erfahren konnten: die Auswirkungen des Zugangs von Information nach Vertragsabschluß und die Auswirkungen einer Unsicherheit des Kreditgebers über das Entscheidungskalkül des Kreditnehmers bei Vertragsabschluß. Auf die Analyse der Einflüsse, die sich durch die Annahme der Mehrperiodigkeit einer Kreditbeziehung ergeben, wird verzichtet.

## III. Die optimale Investitions- und Finanzierungsentscheidung in einer Welt ohne Anreizprobleme als Ausgangspunkt der Untersuchung

### 1. Die Ein-Personen-Entscheidung

Um eine Beurteilungsgrundlage dafür zu haben, welche Anreizprobleme die Einführung der Teilungsregel eines Kreditvertrages mit sich bringt, sei zunächst geklärt, welche Investitions- und Produktionsentscheidung in einer Welt ohne Anreizprobleme das Optimum charakterisieren. Hierzu sei angenommen, daß der Produzent ausreichendes Eigenkapital zur Finanzierung besitzt, so daß EK der Variablen C entspricht.

Das Entscheidungsproblem lautet:

$$(1)\quad \max_{C,L} E(W) = \int_{\underline{p}}^{\bar{p}} (Q(C,L) - wL) f(p)dp + (W_o - EK)(1+i) \qquad \text{mit } C = EK < W_o \,.$$

Die Bedingungen erster Ordnung für ein Maximum lauten:

$$(2a)\quad \frac{\delta E(W)}{\delta C} = \int_{\underline{p}}^{\bar{p}} p \frac{\delta Q}{\delta C} f(p)dp - (1+i) = 0$$

$$(2b)\quad \frac{\delta E(W)}{\delta L} = \int_{\underline{p}}^{\bar{p}} (p \frac{\delta Q}{\delta L} - w) f(p)dp = 0 \,.$$

Der Einsatz von Kapital bzw. Arbeit lohnt sich solange, bis das jeweilige erwartete Wertgrenzprodukt, d. h. der erwartete Preis multipliziert mit dem Grenzprodukt, den Grenzkosten des betrachteten Produktionsfaktors entspricht.

Die Bedingungen zweiter Ordnung für ein Maximum werden hier und im folgenden jeweils als erfüllt angenommen.

## 2. Die kooperative Mehr-Personen-Entscheidung

Wie im folgenden zu zeigen ist, ändert sich an den Marginalbedingungen für die optimale Festlegung der Produktionsfaktoren C und L auch dann nichts, wenn die zu erwartenden Einzahlungen aus dem Investitionsprojekt nach der Regel eines Kreditvertrages zu teilen sind, solange die Variablen C und L kooperativ festgelegt werden. Unter einer kooperativen Festlegung wird verstanden, daß der Produzent bzw. Kreditnehmer die Entscheidung gemeinsam mit dem bzw. den Kreditgeber(n) fällt.

Nimmt man an, daß die Möglichkeit zur Finanzierung mit Eigenkapital und die der Fremdkapitalaufnahme von einem Kreditgeber besteht, lautet das Pareto-Programm zur Bestimmung des optimalen C, L, EK, K und r in einer Welt ohne Anreizprobleme:

$$(3)\quad \max_{EK,K,L,r} Z = E(W) + \lambda\, E(G) = \int_{\hat{p}}^{\bar{p}} (pQ - wL - K(1+r))f(p)dp + (W_o - EK)(1+i)$$
$$+ \lambda \left[ \int_{\underline{p}}^{\hat{p}} (pQ-wL)f(p)dp + \int_{\hat{p}}^{\bar{p}} K(1+r)f(p)dp - K(1+i) \right].$$

Die Bedingungen erster Ordnung ergeben sich als:

$$(4a)\quad \frac{\delta Z}{\delta EK} = \int_{\hat{p}}^{\bar{p}} p \frac{\delta Q}{\delta C} f(p)dp - (1+i) + \lambda \int_{\underline{p}}^{\hat{p}} p \frac{\delta Q}{\delta C} f(p)dp = 0$$

$$(4b)\quad \frac{\delta Z}{\delta K} = \int_{\hat{p}}^{\bar{p}} (p \frac{\delta Q}{\delta C} - (1+r))f(p)dp + \lambda \left[ \int_{\underline{p}}^{\hat{p}} p \frac{\delta Q}{\delta C} f(p)dp + \int_{\hat{p}}^{\bar{p}} (1+r)f(p)dp - (1+i) \right] = 0$$

$$(4c)\quad \frac{\delta Z}{\delta L} = \int_{\hat{p}}^{\bar{p}} (p \frac{\delta Q}{\delta L} - w)f(p)dp + \lambda \int_{\underline{p}}^{\hat{p}} (p \frac{\delta Q}{\delta L} - w)f(p)dp = 0$$

$$(4d)\quad \frac{\delta Z}{\delta r} = \int_{\hat{p}}^{\bar{p}} -Kf(p)dp + \lambda \int_{\hat{p}}^{\bar{p}} Kf(p)dp = 0$$

$$(4e)\quad \frac{\delta Z}{\delta \lambda} = \int_{\underline{p}}^{\hat{p}} (pQ-wL)f(p)dp + \int_{\hat{p}}^{\bar{p}} K(1+r)f(p)dp - K(1+i) = 0$$ .[10]

Die Bedingung (4e) ist die sogenannte Wettbewerbsnebenbedingung, die sicherstellt , daß eine der Vertragsparteien, in diesem Fall der Kreditgeber, einen bestimmten erwarteten Mindestgewinn, der hier die Höhe von Null hat, nicht unterschreitet.

Da beide am Investitionsobjekt beteiligten Personen risikoneutral sind und homogene Erwartungen bezüglich des unsicheren Preises hegen, ist der Lagrange-Multiplikator $\lambda$ unabhängig von der Teilung der Investitionserträge gleich 1, d. h. die Verminderung des Nutzenerwartungswertes des Fremdkapitalgebers um eine Einheit führt zu einer Steigerung des Nutzenerwartungswertes des Kapitalnehmers in gleicher Höhe, wie sich durch die Auflösung von (4d) nach $\lambda$ bestätigen läßt:

$$(5)\quad \lambda = \frac{\int_{\hat{p}}^{\bar{p}} Kf(p)dp}{\int_{\hat{p}}^{\bar{p}} Kf(p)dp} = 1 \; .$$

Daraus folgt, daß sich (4a), (4b) und (4c) vereinfachen zu:

$$(6a)\quad \frac{\delta Z}{\delta EK} = \int_{\underline{p}}^{\bar{p}} p \frac{\delta Q}{\delta C} f(p)dp - (1+i) = 0$$

$$(6b)\quad \frac{\delta Z}{\delta K} = \int_{\underline{p}}^{\bar{p}} p \frac{\delta Q}{\delta C} f(p)dp - (1+i) = 0$$

$$(6c)\quad \frac{\delta Z}{\delta L} = \int_{\underline{p}}^{\bar{p}} (p \frac{\delta Q}{\delta L} - w) f(p)dp = 0 \; .$$

(6c) entspricht der Marginalbedingung für die Festlegung von L bei der Entscheidung durch eine Person, (6a) und (6b) sind identisch und entsprechen der Bedingung für die optimale Festlegung von C bei der Entscheidung durch eine Person. Die Teilung des Investitionsertrages auf den Kreditnehmer und einen Kreditgeber hat keinen Einfluß auf die Investitions- und Produktionsentscheidung.

---

10. Die Ableitungen nach den Konkursgrenzen ergeben jeweils oder addieren sich zu Null. Dasselbe gilt, würde p durch das eigentlich korrektere $p^{\#} = \frac{w\,L}{Q}$ ersetzt.

Aus der Identität der Bedingung für die optimale Festlegung des Eigen- und des Fremdkapitals läßt sich weiterhin folgern, daß es irrelevant ist, wie die Investition finanziert wird. Da die Opportunitätskosten des Eigenkapitals den Refinanzierungskosten des Gläubigers entsprechen, hat die Art der Kapitalbeschaffung keinen Einfluß auf das optimale Investitions- und Produktionsprogramm und damit auf den zu verteilenden erwarteten Gewinn. Die Kapitalstruktur ist irrelevant.

Der Kreditvertrag hat lediglich Teilungsfunktion; die Einkommensparten der beiden Vertragsparteien addieren sich so, daß das Maximierungsprogramm mit dem bei einer Ein-Personen-Entscheidung identisch ist.

Die Ergebnisse ließen sich auch unter der Annahme reproduzieren, daß die Aufnahme eines Kredites von einem zweiten Kreditgeber möglich ist.

## 3. Erweiterung der Problemstellung durch die Einführung von Anreizproblemen

Im allgemeinen ist nicht davon auszugehen, daß bei der Aufnahme von Fremdkapital die Investitions- und Produktionsentscheidungen kooperativ gefällt werden, da dem Kreditnehmer als dem Agenten Handlungsspielräume verbleiben, die er in seinem Interesse nutzen kann.

Dies ist bei der Bestimmung des optimalen Investitions- und Produktionsprogramms durch sogenannte Anreiznebenbedingungen zu berücksichtigen. Sie schränken den Bereich der Lösungen für das Pareto-Programm auf die Lösungen ein, die bei einer Entscheidung des Agenten im Eigeninteresse erreichbar sind. Wird eine Anreiznebenbedingung bindend und hat damit einen Einfluß auf die Lösung, so ist zu folgern, daß bei Anreizproblemen die Unabhängigkeit der Investitions- und Produktionsentscheidung von der Finanzierung nicht mehr unbedingt Gültigkeit besitzt.

Interessenkonflikte zwischen Kreditnehmer und Kreditgeber treten auf, wenn der Kreditnehmer nach Erhalt des Fremdkapitals einen Anreiz zur Vermögensverschiebung zu Lasten der Gläubigerposition besitzt. Eine Verbesserung seiner eigenen Position könnte der Kreditnehmer einerseits dadurch erreichen, daß er die Riskanz des Investitions- und Produktionsprogramms und damit das Ausfallrisiko des Kreditgebers erhöht. Andererseits kann der Kreditnehmer ein Finanzierungsverhalten zeigen, das durch die Aufnahme neuer Fremdkapitalgeber bzw. die Verminderung des Eigenkapitals die Ansprüche des ersten Kreditgebers verwässert. Wie sich solche Handlungsspielräume auswirken, sollen die folgenden Abschnitte aufzeigen.

## IV. Möglichkeiten der Steuerung des Anreizes zur Erhöhung der Riskanz des Investitions- und Produktionsprogramms

### 1. Die Entscheidung des Produzenten über den Arbeitseinsatz

Es sei davon ausgegangen, daß nur die Variablen K und r im Kreditvertrag kooperativ festgelegt werden können; die Festlegung aller anderen Variablen obliegt dem Kreditnehmer/Produzenten in der Rolle des Agenten. Es wird also unterstellt, daß nur ein sogenannter Blankokreditvertrag geschlossen werden kann.

Um die Wirkung einer Erhöhung der Riskanz des Investitionsobjektes zu isolieren, sei davon ausgegangen, daß das Eigenkapital des Produzenten fix ist und - aus Vereinfachungsgründen - die Höhe von Null besitzt[11]. Weiterhin sei angenommen, daß die Möglichkeit zur Aufnahme von Fremdkapital lediglich von einem Kapitalgeber bestehe. Die einzige Entscheidungsvariable, die sich damit der Kontrolle des Fremdkapitalgebers entzieht, ist die Festlegung des Arbeitseinsatzes L.

Als Anreiznebenbedingung im Pareto-Programm ist damit zu berücksichtigen, daß der Produzent die Variable L so festlegt, daß der auf ihn entfallende Anteil der erwarteten Einzahlungen des Investitionsobjektes maximal wird. Für jeden beliebigen abschließbaren Blankokreditvertrag wählt der Investor L so, daß $\frac{\delta E(W)}{\delta L} = 0$ gilt.

Das Pareto-Programm unter der Berücksichtigung dieser Anreiznebenbedingung lautet dann:

---

11. Die Annahme, daß das als gegeben angenommene Eigenkapital die Höhe von Null besitzt, bleibt ohne Auswirkungen. Sie vereinfacht lediglich die Schreibweise des Pareto-Programms, da das Einkommen des Investors im Konkursfall wegfällt.

$$(1)\quad \max_{K,L,r} Z = E(W) + \lambda\, E(G) + \mu \frac{\delta E(W)}{\delta L} =$$

$$= \int_{\hat{p}}^{\bar{p}} (pQ(C,L) - wL - K(1+r))f(p)dp + \lambda \left[ \int_{\underline{p}}^{\hat{p}} (pQ(C,L) - wL)f(p)dp + \right.$$

$$\left. + \int_{\hat{p}}^{\bar{p}} K(1+r)f(p)dp - K(1+i) \right] + \mu \left[ \int_{\hat{p}}^{\bar{p}} (p \frac{\delta Q}{\delta L} - w)\, f(p)dp \right] .$$

Die Bedingungen erster Ordnung für ein Maximum lauten:

$$(2a)\quad \frac{\delta Z}{\delta K} = \int_{\hat{p}}^{\bar{p}} (p\frac{\delta Q}{\delta C} - (1+r))\; f(p)dp + \lambda \left[ \int_{\underline{p}}^{\hat{p}} p \frac{\delta Q}{\delta C} f(p)dp + \int_{\hat{p}}^{\bar{p}} (1+r)f(p)dp - (1+i) \right]$$

$$+ \mu \left[ \int_{\hat{p}}^{\bar{p}} p \frac{\delta^2 Q}{\delta L \delta K} f(p)dp - \frac{\delta \hat{p}}{\delta K} (\hat{p} \frac{\delta Q}{\delta L} - w) f(\hat{p}) \right] = 0$$

$$(2b)\quad \frac{\delta Z}{\delta L} = \int_{\hat{p}}^{\bar{p}} (p\frac{\delta Q}{\delta L} - w)\, f(p)dp + \lambda \int_{\underline{p}}^{\hat{p}} (p \frac{\delta Q}{\delta L} - w)\, f(p)dp$$

$$+ \mu \left[ \int_{\hat{p}}^{\bar{p}} p \frac{\delta^2 Q}{\delta L^2} f(p)dp - \frac{\delta \hat{p}}{\delta L} (\hat{p} \frac{\delta Q}{\delta L} - w) f(\hat{p}) \right] = 0$$

$$(2c)\quad \frac{\delta Z}{\delta r} = \int_{\hat{p}}^{\bar{p}} (-K)\, f(p)dp + \lambda \int_{\hat{p}}^{\bar{p}} Kf(p)dp + \mu \left[ - \frac{\delta \hat{p}}{\delta r} (\hat{p} \frac{\delta Q}{\delta L} - w)\, f(\hat{p}) \right] = 0$$

$$(2d)\quad \frac{\delta Z}{\delta \lambda} = \int_{\underline{p}}^{\hat{p}} (pQ(C,L) - wL)f(p)dp + \int_{\hat{p}}^{\bar{p}} K(1+r)f(p)dp - K(1+i) = 0$$

$$(2e)\quad \frac{\delta Z}{\delta \mu} = \int_{\hat{p}}^{\bar{p}} (p \frac{\delta Q}{\delta L} - w)f(p)dp = 0 .$$

(2e) gibt das Marginalkalkül des Produzenten bezüglich der Festlegung von L an. Es läßt sich umformen zu:

$$(3)\quad \frac{\int_{\hat{p}}^{\bar{p}} pf(p)dp}{\int_{\hat{p}}^{\bar{p}} f(p)dp} \; \frac{\delta Q}{\delta L} - w = 0 .$$

Vergleichen wir dies mit dem durch die Gleichung (7) im Abschnitt III. gegebenen Marginalkalkül in einer Welt ohne Anreizprobleme, so läßt sich - der Argumentation von KEETON[12] folgend - zeigen, daß für jedes beliebige K gilt:

Der Produzent und Kreditnehmer maximiert seinen Anteil an den erwarteten Einzahlungen des Investitionsobjektes - unter der Voraussetzung, daß ein Kreditausfallrisiko vorhanden ist - dann, wenn er den Arbeitseinsatz L höher festlegt, als es im Interesse beider Vertragsparteien optimal wäre. Dies gilt für jeden beliebigen formulierbaren Blankokreditvertrag, wie zu beweisen ist.

Da das Kalkül des Kreditnehmers bezüglich der Festlegung von L gerade alle hohen p-Realisationen berücksichtigt, während die niedrigen p-Realisationen ($p < \hat{p}$) unberücksichtigt bleiben, gilt für jedes L:

$$(4) \quad \frac{\int_{\hat{p}}^{\bar{p}} p f(p) dp}{\int_{\hat{p}}^{\bar{p}} f(p) dp} \frac{\delta Q}{\delta L} > \frac{\int_{\underline{p}}^{\bar{p}} p f(p) dp}{\int_{\underline{p}}^{\bar{p}} f(p) dp} \frac{\delta Q}{\delta L}$$

wobei die rechte Seite der Ungleichung (4) das entsprechend der Gleichung (3) umgeformte Marginalkalkül zur Festlegung von L in einer Welt ohne Anreizprobleme darstellt und (- w) auf beiden Seiten eliminiert wurde.

Da sowohl der Ausdruck auf der linken Seite als auch der auf der rechten Seite bei der Bestimmung von L gleich w gesetzt werden, folgt aus (4), daß für jede beliebige Kombination aus K und r gelten muß:

$$(5) \quad \frac{\delta Q}{\delta L}_{m.A.} < \frac{\delta Q}{\delta L}_{o.A.},$$

wobei m. A. für 'mit Anreiznebenbedingung' und o.A. für 'ohne Anreiznebenbedingung', d. h. kooperative Festlegung von L steht.

Aus $\frac{\delta^2 Q}{\delta L^2} < 0$ folgt damit: $L_{m.A.} > L_{o.A.}$ .

Dieses Ergebnis ist unmittelbar einleuchtend, denn wL, die Lohnkosten, werden annahmegemäß aus dem Umsatzprozeß, d. h. vor Befriedigung des Fremdkapitals abgegolten, und üben so eine Hebelwirkung auf die zu

---

12. Vgl. KEETON (1979), S. 214 - 218, vgl. auch NICKELL, Stephen J.: The Investment Decisions of Firms, Cambridge 1978, S. 72 - 75.

verteilenden Zahlungen aus dem Investitionsobjekt, die Deckungsbeiträge zur Begleichung der Kapitalkosten, aus. Die "Früchte" des Zuviels an Arbeit fallen dem Kreditnehmer immer dann zu, wenn das unsichere Wertgrenzprodukt über den Kosten der Arbeit liegt, während der Fremdkapitalgeber nur dann an den zusätzlichen Erträgen der Arbeit beteiligt ist, wenn diese - wegen $p < \hat{p}$ - unter den zusätzlichen Kosten liegen.[13] L ist eine Variable, die es dem Kreditnehmer ermöglicht, die Riskanz des zu teilenden Zahlungsstromes zu erhöhen und den Kreditgeber hierdurch zu schädigen.

Dieser Effekt ist dem sogenannten Operating-Leverage-Effekt[14] vergleichbar, der Hebelwirkung auf die Bruttogewinne eines Unternehmens, die auf zu deckende Fixkosten zurückgeführt wird. Das Interessante hier ist jedoch, daß die Hebelwirkung nicht vom Anlagevermögen, wie es allgemein bei der Diskussion des Operating-Leverage-Effektes angenommen wird[15], sondern von der Arbeitsintensität des Produktionsprozesses ausgeht. Da die Variable L auch als ein beliebiger anderer Produktionsfaktor, z. B. als ein in den Produktionsprozeß eingehender Rohstoff interpretiert werden könnte[16], ist der Hebeleffekt, der den Fremdkapitalgeber schädigt, gerade nicht dem Anlagevermögen, sondern eher dem Umlaufvermögen zuzurechnen.[17]

Die Bedingung (2d), die Ableitung der Zielfunktion Z nach $\lambda$, drückt aus, daß der erwartete Gewinn des Kreditgebers 0 nicht unterschreiten darf. Sie impliziert, daß der Gläubiger das schädigende Verhalten des Kreditnehmers antizipieren kann, denn wäre der Gläubiger naiv und würde von einer kooperativen und nicht von der zu hohen Festlegung von L durch den Schuldner ausgehen, so würde er auf einen Kreditvertrag eingehen, der einen erwarteten Verlust mit sich bringt. (2d) ist also mit

---

13. Eigentlich müßte berücksichtigt werden, daß durch eine Erhöhung von L auch die Lohnkosten wL und damit $p^{\#}$ steigen. Dies berührt jedoch nur die erwarteten Zahlungen an den Kreditgeber, so daß es für den Beweis keine Auswirkungen hat.

14. Zum Operating-Leverage vgl. bes. WESTON, J. Fred/BRIGHAM, E. F.: Managerial Finance, 7. Aufl., Hinsdale 1981, bes. S. 571 - 574.

15. Vgl. bes. SÜCHTING (1984), S. 344 - 346.

16. Vgl. Fußnote 6 in diesem Kapitel, S. 162.

17. Vgl. hierzu auch KRAHNEN, Jan P./SCHMIDT, Reinhard H./TERBERGER, Eva: Der ökonomische Wert von Flexibilität und Bindung, in: BALLWIESER, W./BERGER, K.-H. (Hrsg.): Information und Wirtschaftlichkeit, Wiesbaden 1985, S. 253 - 285, bes. S. 270 - 280.

der Annahme gleichzusetzen, daß der Kreditgeber um das eigennützige Verhalten des Kreditnehmers weiß und sich demnach vor einer Schädigung schützen kann, indem er die Konditionen des Kreditvertrages bezüglich K und r so festlegt, daß ein erwarteter Gewinn von Null nicht unterschritten wird. Die Auflösung von (2d) nach (1+r) zeigt, welche Höhe die vereinbarte Verzinsung in Abhängigkeit von K und L annimmt.

$$(6)\quad (1+r) = \frac{(1+i)}{(1-F(\hat{p}))} - \frac{\int_{\underline{p}}^{\hat{p}} (pQ(C,L) - wL)f(p)dp}{K(1-F(\hat{p}))} ,$$

wobei F(p) der Verteilungsfunktion von f(p) entspricht.

Die Antizipation des Schuldnerverhaltens durch den Gläubiger und die dementsprechende Festlegung von K und r können den Kooperationsverlust, der aus dem Anreiz des Kreditnehmers zur Erhöhung der Riskanz der Zahlungen entsteht, jedoch nicht verhindern, wie die Auflösung von (2c) und (2b) nach $\lambda$ bzw. $\mu$ zeigt. $\lambda$ bestimmt sich aus (2c) wie folgt:

$$(7)\quad \lambda = 1 + \frac{\mu(\hat{p}\frac{\delta Q}{\delta L} - w)f(\hat{p})\frac{\delta \hat{p}}{\delta r}}{K(1-F(\hat{p}))} .$$

Daraus ist bereits ersichtlich, daß $\lambda$ bei positivem Ausfallrisiko und einem $\mu$ ungleich 0 nicht den Wert 1, wie im kooperativen Fall annimmt.

Die Auflösung von (2b) nach $\mu$ unter Berücksichtigung, daß der erste Term wegen der Anreiznebenbedingung (2e) gleich 0 ist

$$(8)\quad \mu = \frac{-\lambda \int_{\underline{p}}^{\hat{p}} (p\frac{\delta Q}{\delta L} - w)f(p)dp}{\int_{\hat{p}}^{\bar{p}} p\frac{\delta^2 Q}{\delta L^2} f(p)dp - (\hat{p}\frac{\delta Q}{\delta L} - w)f(\hat{p})\frac{\delta \hat{p}}{\delta L}} ,$$

läßt erschließen, daß sich für ein positives $\lambda$ - und $\lambda$ ist positiv, da es den Schattenpreis für die Verminderung des Erwartungswertes des Kreditgebers um eine Einheit angibt[18] - ein negativer Wert für $\mu$ ergibt, denn der Multiplikator von ($-\lambda$) im Zähler ist negativ[19] und der

---

18. Auf einen Nachweis wird aus Vereinfachungsgründen verzichtet.

19. Dies gilt, weil die Anreiznebenbedingung (2e) erfüllt ist, denn der Bereich der p-Realisationen in dem betrachteten Ausdruck enthält nur solche, die kleiner sind als die, die in die Entscheidung des Kreditnehmers über L eingehen.

Nenner ebenfalls, da dieser der Bedingung zweiter Ordnung des Kreditnehmers für die Bestimmung des gewinnmaximalen L entspricht.

Aus $\mu < 0$ folgt wiederum, daß $\lambda$ einen Wert größer als 1 annimmt, denn damit wird der zu 1 zu addierende Term in (7) positiv, weil der Multiplikator von $\mu$ wegen der Anreiznebenbedingung einen negativen Wert annehmen muß.[20]

Die Ergebnisse $\mu < 0$ und $\lambda > 1$ sind einer Interpretation unmittelbar zugänglich, denn sie zeigen, wie sich der Nutzen des Kreditnehmers verändert, wenn die korrespondierende Nebenbedingung um eine Einheit gelockert wird.

Eine Verminderung des an den Kreditgeber abzuführenden Anteils um eine Einheit würde den erwarteten Gewinn des Kreditnehmers um mehr als eine Einheit erhöhen. Hieraus wird ersichtlich, daß K und L nicht so festgelegt werden (können), daß der Erwartungswert des zwischen den risikoneutralen Parteien zu teilenden Gewinns maximal ist. Der Kreditvertrag erfüllt also hier nicht mehr nur die Funktion einer Teilungsregel, sondern wirkt sich auch auf die die Zahlungen determinierenden Größen K und L aus, denn sonst müßte eine Erwartungswerterhöhung insgesamt durch eine Lockerung der Wettbewerbsnebenbedingung ausgeschlossen sein. Zurückzuführen ist diese Abhängigkeit des Investitions- und Produktionsprogramms von der Teilungsregel auf die bindende Nebenbedingung bezüglich der Festlegung von L durch den Kreditnehmer.

Eine Lockerung dieser Anreiznebenbedingung um eine Einheit würde den Nutzen des Kreditnehmers nicht erhöhen, sondern vermindern, d. h. er wäre sogar bereit, für eine Verschärfung der Nebenbedingung, da sie zu einer Verminderung von L führt, zu zahlen. Auch dies ist einleuchtend, denn der Kreditgeber erhält - da er das Verhalten des Kreditnehmers antizipiert - immer einen Anteil an den Zahlungen, der einem erwarteten Gewinn von 0 entspricht. Opportunitätsverluste durch fehlende Kooperation, die der Anreiz zur Erhöhung der Riskanz verursacht, fallen nicht dem Kreditgeber zu, denn er weiß sich zu schützen. Sie mindern den Erwartungswert des auf den Kreditnehmer entfallenden Anteils, so

---

20. Dies gilt, weil die Anreiznebenbedingung erfüllt ist, und $\hat{p}$ stellt die kleinste mögliche p-Realisation dar, die der Kreditnehmer bei seiner Entscheidung über L berücksichtigt. $\hat{p}$ muß also unter dem Erwartungswert der möglichen Preise liegen, die in das Kalkül des Kreditnehmers eingehen. Da $\hat{p}$ mit r zunimmt, ist der zweite Multiplikator von $\mu$ positiv.

daß dieser bereit wäre, dafür zu zahlen, sich hinsichtlich der Festlegung von L binden zu können. Es besteht eine Möglichkeit, durch Vereinbarungen im Kreditvertrag, die über K und r hinausgehen, zusätzliche Kooperationsvorteile zu realisieren.[21]

## 2. Das Kreditvolumen als Steuerungsinstrument

Die Möglichkeit des Produzenten, die Riskanz seines potentiellen Rückzahlungsvermögens durch die Wahl von L zu erhöhen, bleibt in der Regel nicht ohne Auswirkungen auf die Rolle, die das Kreditvolumen K in der Beziehung zwischen Kreditnehmer und Kreditgeber spielt. K hat nicht mehr die alleinige Funktion, das Investitions- und Produktionsprogramm zu finanzieren, K übt vielmehr auch die Funktion der Steuerung des Entscheidungsverhaltens des Kreditnehmers bei der Festlegung von L aus. Deutlich wird dies in der bereits im vorhergehenden Abschnitt vorgenommenen Ableitung des Pareto-Programms nach K. Sie enthält im Vergleich zur Optimalitätsbedingung für K in einer Welt ohne Anreizprobleme zusätzlich die Ableitung der Anreiznebenbedingung nach K:

$$(9)\quad \frac{\delta^2 E(W)}{\delta L \delta K} = \int_{\hat{p}}^{\bar{p}} p \frac{\delta^2 Q}{\delta L \delta K} f(p)dp - \frac{\delta \hat{p}}{\delta K} \left(\hat{p} \frac{\delta Q}{\delta L} - w\right) f(\hat{p})$$

$$\text{mit } \frac{\delta \hat{p}}{\delta K} = \frac{(1+r)\, Q - (K(1+r)+wL) \frac{\delta Q}{\delta C}}{Q^2} .$$

Eine Erhöhung von K

- erhöht die festen Zahlungsverpflichtungen, übt hierdurch einen die Konkursgrenze erhöhenden Einfluß aus und wirkt so den Anreizkonflikt verstärkend,

- erhöht die produzierte Menge Q, wirkt so Konkursgrenzen vermindernd und den Anreizkonflikt mildernd,

- hat Auswirkungen auf die Grenzproduktivität des Arbeitseinsatzes L, die je nach Gestalt der Produktionsfunktion den Anreizkonflikt mildern oder verstärken können.

---

21. Vgl. SCHELLING, Thomas C.: The Strategy of Conflict, Cambridge (Mass.) 1960, paperback edition, S. 34.

Ob diese partiellen Auswirkungen sich derart addieren,

- daß eine Erhöhung von K eine Verstärkung des Interessenkonflikts bezüglich der Festlegung des Arbeitseinsatzes mit sich bringt, so daß K gegenüber seiner Höhe in einer Welt ohne Anreizprobleme eine niedrigere Ausprägung annimmt, oder

- daß sie sich gerade aufheben, so daß K vom Anreizproblem unberührt bleibt, oder aber

- daß eine Erhöhung von K trotz der zusätzlichen Kapitalkosten von (1+i) vorteilhaft ist, da K den Anreizkonflikt stark mildert,

läßt sich ohne spezifische Annahmen über die Wahrscheinlichkeitsfunktion von p und die Investitions- und Produktionsalternativen nicht bestimmen.

Gegen den Einsatz des Kreditvolumens als Steuerungsinstrument könnte eingewendet werden, daß der Kreditgeber kein originäres Interesse an der Lösung des Anreizproblems hat, denn er hat aufgrund der Wettbewerbsbedingung daraus keinen Vorteil zu erwarten, und die Opportunitätsverluste durch mangelnde Kooperation sind durch den Kreditnehmer zu tragen. Dieser Einwand ist jedoch nicht stichhaltig, da ein das Anreizproblem milderndes Kreditangebot die Realisierung von zusätzlichen Kooperationsvorteilen erlaubt, die zwischen den Vertragsparteien geteilt werden können. Ein Kreditanbieter könnte demnach durch den Einsatz des Kreditvolumens als Steuerungsinstrument die Position des Kreditnehmers auch dann verbessern, wenn er als Kreditgeber noch positive Gewinne erzielt. Die vollkommene Konkurrenz bei freiem Marktzutritt würde zwar diese positiven Gewinne langfristig verhindern, es besteht jedoch ein Anreiz für den Kreditgeber, das Kreditvolumen als Steuerungsinstrument einzusetzen, so daß nur der <u>optimale</u> steuernde Blankokreditvertrag ein Gleichgewicht darstellt.

Das qualitative Ergebnis des vorhergehenden Abschnitts, daß durch die Wahl des Arbeitseinsatzes im alleinigen Interesse des Kreditnehmers unrealisierte Kooperationsvorteile existieren, wird durch die Möglichkeit des Einsatzes von K als Steuerungsinstrument nicht berührt, denn das Problem eines zu hohen Arbeitseinsatzes besteht für jede beliebige Festsetzung von K. Die Frage jedoch, ob durch zusätzliche Vereinbarungen in Kreditverträgen, durch Kreditsicherheiten im weitesten Sinne, Kooperationsvorteile erzielbar sind und ob diese die zusätzlichen Vertragskosten rechtfertigen, setzt eine Ermittlung des optimalen Blankokreditvertrages unter Ausnutzung seiner Steuerungsfunktion voraus. Dieser Kreditvertrag - und nicht derjenige, der sich bei einer Festlegung von K gemäß der Optimalitätsbedingung in einer Welt ohne Anreizprobleme ergibt - bildet die Vergleichsbasis für die Beurteilung der Auswirkung der Einführung von zusätzlichen Vertragsvariablen.

## 3. Die Auswirkung von Zusatzvereinbarungen auf die Entscheidung des Kreditnehmers über den Arbeitseinsatz

### a) Zusatzvereinbarungen zur Beeinflussung des Handlungsspielraums des Kreditnehmers

Da das betrachtete Anreizproblem in der Wahl einer zu hohen Riskanz des Investitions- und Produktionsprogramms begründet liegt, kommt als zusätzliche, die Entscheidungen des Kreditnehmers direkt beeinflussende Vertragsvariable zur Minderung der Kooperationsverluste eine Zweckbindung des Kredites in Betracht.

Dabei ist zu beachten, daß durch die hier gewählte Annahme, daß das gesamte investierte Kapital nur durch die Aufnahme von Fremdkapital von einem Gläubiger beschaffbar ist, die Festlegung des Kreditbetrages K bereits einen Einfluß auf das Investitions- und Produktionsprogramm ausübt, der als Zweckbindung des Kredites gedeutet werden kann. K kann dahingehend interpretiert werden, daß damit der Kauf einer bestimmten Produktionsanlage finanziert wird, die den Kreditnehmer auf eine bestimmte Kapitalintensität der Produktion festlegt. Diese Zweckbindung erfolgt allerdings indirekt. Es ist aufgrund der Annahme der kooperativen Festlegbarkeit von K und der Annahme, daß K dem gesamten eingesetzten Kapital C entspricht, nicht notwendig, diese Zweckbindung vertraglich zu fixieren.

Soll eine zusätzliche Vertragsvereinbarung eine Pareto-Verbesserung ermöglichen, so muß sie einen Einfluß auf die Wahl von L ausüben, der über den Einfluß von K hinausgeht. Die einfachste Form, die Pareto-Ineffizienz zu beheben, wäre offensichtlich, den Arbeitseinsatz L vertraglich so zu fixieren, daß er dem Optimum entspricht. Ob eine solche vertragliche Vereinbarung vorteilhaft und möglich ist, hängt davon ab, ob der Arbeitseinsatz L beobachtbar ist und somit ein Vertragsbruch auch festgestellt und sanktioniert werden kann, und - falls dies der Fall sein sollte - von den Kosten, die für die Beobachtung anfallen.

Wieweit eine Beobachtung und vertragliche Fixierung von L realistisch erscheint, hängt ab von den technischen Bedingungen der Produktion. Handelt es sich bspw. um eine sogenannte "putty-clay"-Technologie,[22] bei der zwar vor der Investition von K jede Kombination von K und L realisierbar ist, jedoch in dem Moment, in dem die Entscheidung für die Investition des Kapitals in einen bestimmten Maschinentypus gefallen ist, dieser Maschinentypus den Einsatz von K und L nur in einem konstanten Verhältnis erlaubt, so kann die Zweckbindung des Kredites an den Kauf eines bestimmten Maschinentypus das Anreizproblem beheben. Die Kontrolle, ob die Vereinbarung eingehalten wird, ist möglich, und die Kosten dürften sich in vertretbaren Grenzen halten. Als zusätzliche Vertragsvariable würde eingeführt, daß das Verhältnis von L zu K den Wert, der sich als Lösung der Marginalbedingungen für K und L in einer Welt ohne Anreizprobleme ergibt, mit $K_{opt}$ und $L_{opt}$ bezeichnet, nicht überschreiten darf:

$$(10) \quad \frac{L}{C} \leq \frac{L_{opt}}{C_{opt}} \quad .$$

Die Einführung dieser zusätzlichen Nebenbedingung beschränkt den Handlungsspielraum des Kreditnehmers derart, daß er bei der Festlegung von K als $C_{opt}$ immer das L wählen muß, das dem optimalen L in einer Welt ohne Anreizprobleme entspricht, denn die Wahl eines höheren L würde dazu führen, daß die zusätzliche Nebenbedingung (10) verletzt würde. Das Anreizproblem ist gelöst. Der Erwartungswert des Kreditvertrages mit Zusatzvereinbarung entspricht demjenigen in einer Welt ohne Anreizproblem abzüglich der zusätzlichen Vertragskosten.

Ein ex post limitationales Verhältnis des Einsatzes von K und L, wie es die "putty-clay"-Technologie unterstellt, dürfte in der Realität die Ausnahme bilden, da normalerweise die Möglichkeit einer Veränderung der Ausbringungsmenge durch zeitliche und intensitätsmäßige[23] Anpassung besteht. Eine Kontrolle von L und Behebung des Anreizproblems allein durch die Überwachung des Kaufs der Produktionsanlage wird des-

---

22. Vgl. z. B. ALBRECHT, James W./HART, Albert G.: A Putty-Clay Model of Demand Uncertainty and Investment, in: Scandinavian Journal of Economics, Vol. 85 (1983), S. 393 - 402.

23. Vgl. GUTENBERG (1968), S. 349 - 366.

halb in der Regel nicht möglich sein. Wahrscheinlicher ist es, daß durch die Zweckbindung des Kredites an den Kauf einer bestimmten Produktionsanlage eine gewisse Kontrolle über den möglichen Höchst- und Mindesteinsatz des Faktors L ausgeübt werden kann. Hierdurch kann zumindest ein Teil der Opportunitätsverluste durch mangelnde Kooperation bei der Festlegung von L verhindert werden, wenn das durch die Produktionstechnologie fixierte maximal mögliche L das Schädigungspotential des Produzenten beschränkt, d. h. eine Verschärfung der Anreiznebenbedingung bedeutet.

Die vollständige vertragliche Fixierung des Einsatzes von L durch zusätzliche Fixierung der Produktionsintensität und Arbeits- bzw. Produktionszeit dürfte schon wegen zu hoher Kontrollkosten nicht vorteilhaft sein. Doch abgesehen von dem Kontrollkostenargument wird dies in vielen Fällen auch nicht sinnvoll sein, da die Möglichkeit einer zeitlichen und intensitätsmäßigen Anpassung Flexibiliät bedeutet, die nicht nur ein Schädigungspotential, sondern auch eine beiden Vertragsparteien Vorteil bringende Möglichkeit der Reaktion auf neu zugehende Informationen, z. B. über die Höhe des Preises, darstellt. Das Problem neu zugehender Informationen wurde jedoch bisher nicht berücksichtigt; eine Diskussion dieses Punktes sei deshalb dem Abschnitt D.VIII dieser Arbeit vorbehalten.

Festgehalten werden kann, daß die Zweckbindung von Krediten ein Potential für die Eindämmung des Anreizkonflikts bietet; sie wird dann durchgeführt, wenn die durch sie vermeidbaren Kooperationsverluste die zusätzlichen Kosten des Vertragsabschlusses und der Überprüfung seiner Einhaltung übersteigen. Zu beachten ist jedoch, daß die Zweckbindung nur dann einen Wert hat, wenn damit das Schädigungspotential des Kreditnehmers begrenzt wird. Erfolgt keine Verschärfung der Anreiznebenbedingung, so hat die Zweckbindung einen Wert von Null und verursacht lediglich Kosten. Jedoch kann der Wert der Zweckbindung auch negativ sein, nämlich dann, wenn sie den Kreditnehmer zu einer - im Vergleich zum Kooperationsfall - so niedrigen Festlegung von L zwingt, daß die Opportunitätsverluste aus einer zu geringen Höhe von L diejenigen aus einer die Anreizbedingung erfüllenden zu hohen Wahl von L übersteigen. Hierin wird deutlich, daß sich vertragliche Zusatzvereinbarungen - selbst wenn sie kostenlos wären - auch schädlich, d.h. den Erwartungswert mindernd, auswirken können. Da jedoch annahmegemäß dem Kreditgeber das Entscheidungskalkül des Kreditnehmers bekannt ist, würden beide Vertragsparteien die schädigende Wirkung einer Zusatzvereinbarung erkennen und von deren Aufnahme in einen Vertrag absehen.

Daraus folgt, daß im Falle der Sicherheit des Kreditgebers über das Entscheidungskalkül des Kreditnehmers die Möglichkeit der kooperativen Festlegung von vertraglichen Zusatzvereinbarungen besteht, die die Realisierung von solchen mit einem negativen Wert und solchen, deren Wert geringer ist als ihre Kosten, ausschließt.

## b) Zusatzvereinbarungen zur Änderung der Teilungsregel

Vereinbarungen in Kreditverträgen, die über die Festlegung der Kredithöhe und des geforderten Zinssatzes hinausgehen, können neben der direkten Einflußnahme auf den Handlungsspielraum des Kreditnehmers auch Regelungen beinhalten, die die Teilung der zu erwartenden unsicheren Ergebnisse betreffen. Da die Teilungsregel eines Kreditvertrages den Anreiz zu einer Erhöhung der Riskanz der Zahlungen liefert, kann auch versucht werden, durch Änderungen dieser Teilungsregel indirekt auf die Wahl von L Einfluß zu nehmen und so den Anreizkonflikt zu mildern. Vereinbarungen dieser Art betreffen die Stellung von Sicherheiten.

Betrachten wir zunächst die Auswirkungen, die durch die Stellung einer Sicherheit zu erwarten sind, die nicht zum Unternehmensvermögen gehört, sondern von außen, d. h. etwa aus dem nicht der Haftung unterliegenden Privatvermögen des Kreditnehmers eingebracht wird. Es sei hier und im folgenden aus Vereinfachungsgründen angenommen, daß der Verwertungserlös der Sicherheit nicht mit Unsicherheit behaftet ist.

Die Teilung der zu erwartenden Zahlungen aus dem Investitionsobjekt ändert sich dann dahingehend, daß der Kreditnehmer einen Verlust in Höhe des Wertes der Sicherheit erleidet, falls die Sicherheit und die eingehenden Zahlungen aus der Unternehmung nicht ausreichen, die Zahlungsverpflichtungen aus der Fremdkapitalaufnahme zu erfüllen. Der Preis, bei dem der Konkurs der Unternehmung eintritt, verringert sich durch die Stellung der Sicherheit S auf:

$$(11)\quad \hat{p} = \frac{K(1+r) + wL - S}{Q} .$$

Für $p < \hat{p}$ ergibt sich folgende Teilung

$$(12)\quad \begin{array}{l} \text{Kreditnehmer } (-S) \\ \text{Kreditgeber } (pq - wL + S) \end{array}$$

Ein die Konkursgrenze ebenfalls senkender Effekt wird zusätzlich davon ausgehen, daß wegen des bei gegebenem K und L geringeren Ausfallrisikos des Kreditgebers eine Verringerung der vereinbarten Verzinsung r eintritt.

Welche Auswirkung hat nun diese Änderung der Teilungsregel - die Erhöhung des Einkommens des Kreditgebers im Konkursfall um den Wert der Sicherheit bei gleichzeitiger Senkung des Einkommens des Kreditnehmers um denselben Betrag - auf das Marginalkalkül des Kreditnehmers bezüglich der Festsetzung von L? Es lautet bei Vereinbarung der Sicherheit:

$$(13)\quad \frac{\delta E(W)}{\delta L} = \int_{\hat{p}}^{\bar{p}} \left(p \frac{\delta Q}{\delta L} - w\right) f(p)\,dp - \frac{\delta \hat{p}}{\delta L}\left(\hat{p}Q - wL - K(1+r)\right) f(\hat{p}) + \frac{\delta \hat{p}}{\delta L}(-S)\, f(\hat{p}) = 0$$

Der zweite und dritte Term addieren sich wegen der Konkursgrenzendefinition zu Null. Der erste Term, der dem Marginalkalkül des Kreditnehmers bei fehlender Sicherheitenstellung entspricht, muß wegen

$$(14)\quad \frac{\delta^2 E(W)}{\delta L \delta \hat{p}} = -\left(\hat{p} \frac{\delta Q}{\delta L} - w\right) f(\hat{p}) > 0$$

bei sinkender Konkursgrenze einen kleineren Wert annehmen. Daraus folgt, daß für das L, welches das Marginalkalkül des Kreditnehmers ohne Sicherheitenstellung erfüllt, (13) bereits negativ ist. Aus der sinkenden Grenzproduktivität der Arbeit ergibt sich, daß ein kleineres L zur Erfüllung von (13) gewählt werden muß, so daß für jedes gegebene K die Sicherheitenstellung das Anreizproblem der zu hohen Festlegung des Arbeitseinsatzes mildert. Eine Behebung des Anreizproblems erfolgt allerdings nicht, da in (13) das Wertgrenzprodukt der Arbeit für Preisrealisationen zwischen $\underline{p}$ und p keine Berücksichtigung findet, es sei denn, es gelänge, den Konkurspreis durch die Sicherheit auf $\underline{p}$ zu drükken, so daß ein Ausfallrisiko des Kreditgebers nicht mehr besteht.

Eine zu hohe Besicherung des Kredites in dem Sinne, daß die Stellung von Sicherheiten zu einem zu geringen Arbeitseinsatz führt, ist ausgeschlossen, da eine Besicherung maximal zur Vermeidung des Ausfallrisikos und damit zu einer Übereinstimmung des vom Kapitalnehmer gewählten Arbeitseinsatzes mit dem optimalen Arbeitseinsatz in einer Welt ohne Anreizprobleme führen kann.

Eine Besicherung zum Zwecke der Milderung des Anreizproblems einer pareto-suboptimalen Wahl der Riskanz des Investitions- und Produktionsprogramms ist dann vorteilhaft, wenn die Kosten der Sicherheitenstellung durch die Erwartungswertsteigerung gedeckt sind. Zu den Kosten der Sicherheitenstellung sind in diesem Fall auch die Opportunitätskosten zu rechnen, die dadurch entstehen können, daß das Sicherungsgut einer alternativen Verwendungsmöglichkeit entzogen wird.

Eine weitere Form der dinglichen Besicherung eines Kredites stellt die Vereinbarung der im Konkursfall bevorzugten Befriedigung des Kreditgebers aus einem Gegenstand dar, der dem der Haftung unterliegenden Vermögen der Unternehmung angehört.

Da das hier betrachtete Anreizproblem unter der Annahme diskutiert wird, daß die Aufnahme von Kapital von weiteren Gläubigern ausgeschlossen ist, kann der Zweck einer Sicherheitenbestellung aus dem Unternehmensvermögen nicht in einer Sicherung von Vorrechten im Konkursfall liegen, sondern muß in der Möglichkeit gesucht werden, auf die Investitions- und Produktionsentscheidung Einfluß zu nehmen. Eine Sicherung des Kreditgebers aus dem Unternehmensvermögen, die den Anreiz zur Erhöhung der Riskanz mildern soll, muß demnach eine indirekte Zweckbindung des Kredites zum Ziel haben. Eine Sicherung des Anrechtes auf das gesamte Unternehmensvermögen im Konkursfall - eine sogenannte "me-first-rule" - kann in diesem Zusammenhang nicht von Vorteil sein, denn dieses Recht übt keinerlei Einfluß auf die Entscheidungen des Kreditnehmers aus. Die Sicherung der bevorrechtigten Befriedigung aus einem bestimmten Vermögensgegenstand im Konkursfall allerdings hat einen indirekten Einfluß auf die Investitions- und Produktionsentscheidung des Kreditnehmers; sie kann auch dann einen Sinn haben, wenn die Kreditaufnahme von weiteren Gläubigern ausgeschlossen ist, wie im folgenden erläutert wird.

Die Stellung einer dinglichen Sicherheit von innen, wie die Eintragung einer Grundschuld auf ein dem Unternehmensvermögen zugehöriges Grundstück, kann als Instrument gedeutet werden, die Riskanz des Investitionsprogramms zu beschränken, denn durch die Grundschuldseintragung wird die Veräußerung des Grundstücks und die Investition des Kapitals in ein riskanteres Vermögensgut verhindert, und eventuell, wenn der Wert des Sicherungsgutes relativ stabil ist, kann ein bestimmtes Mindestergebnis gesichert werden. Eine solche indirekte Zweckbindung des Kredites durch die Verhinderung der Veräußerung eines Teils der Unternehmensaktiva läßt sich jedoch in dem hier angenommenen Modellrahmen nicht erörtern, da das gesamte Unternehmensvermögen aus einem zu finanzierenden Investitionsobjekt besteht, so daß die Diskussion über die Stellung von Sicherheiten aus dem Unternehmensvermögen zu demselben Ergebnis führen würde, wie die Zweckbindung des Kredites, indem nämlich der Kauf der Produktionsanlage, die sich bezüglich der Einschränkung des Arbeitseinsatzes als optimale erweist, nicht durch die Zweckbindung, sondern durch die Forderung dieser Produktionsanlage als Sicherheit durchgesetzt wird.

## V. Möglichkeiten der Steuerung des Anreizes zur Verminderung des Einsatzes von Eigenkapital

### 1. Die Entscheidung des Kreditnehmers über den Einsatz von Eigenkapital

Um die Anreizwirkung einer Kreditfinanzierung auf die Entscheidung über den Einsatz von Eigenkapital zu untersuchen, sei aus Vereinfachungsgründen angenommen, daß die Variable L gegeben ist. Die Variablen r und K seien wiederum im Kreditvertrag kooperativ festlegbar, die Entscheidung über das Eigenkapital - und damit über das Kapitalvolumen C - obliegt allein dem Kreditnehmer bzw. Produzenten, der diese Entscheidung gemäß der Zielsetzung der Maximierung des erwarteten Gewinns seines Anteils fällt.

Unter Einfügung der Nebenbedingung einer den Erwartungswert des Kreditnehmers maximierenden Eigenkapitalinvestition läßt sich das Pareto-Programm wie folgt formulieren:

$$(1)\quad \max_{K,r,EK} Z = E(W) + \lambda\, E(G) + \mu \frac{\delta E(W)}{\delta EK} =$$

$$= \int_{\hat{p}}^{\bar{p}} (pQ - wL - K(1+r))\, f(p)dp + (W_o - EK)(1+i)$$

$$+ \lambda \left[ \int_{\underline{p}}^{\hat{p}} (pQ - wL) f(p)dp + \int_{\hat{p}}^{\bar{p}} K(1+r) f(p)dp - K(1+i) \right]$$

$$+ \mu \left[ \int_{\hat{p}}^{\bar{p}} p \frac{\delta Q}{\delta C} f(p)dp - (1+i) \right]$$

$$\text{mit } C = EK + K.$$

Die Bedingungen erster Ordnung lauten:

$$(2a) \quad \frac{\delta Z}{\delta K} = \int_{\hat{p}}^{\bar{p}} \left(p\frac{\delta Q}{\delta C} - (1+r)\right) f(p)dp + \lambda \left[\int_{\underline{p}}^{\hat{p}} p \frac{\delta Q}{\delta C} f(p)dp + \int_{\hat{p}}^{\bar{p}} (1+r)f(p)dp - (1+i)\right]$$

$$+ \mu \left[\int_{\hat{p}}^{\bar{p}} p \frac{\delta^2 Q}{\delta C^2} f(p)dp - \frac{\delta \hat{p}}{\delta K} \hat{p} \frac{\delta Q}{\delta C} f(\hat{p})\right] = 0$$

$$(2b) \quad \frac{\delta Z}{\delta EK} = \int_{\hat{p}}^{\bar{p}} p \frac{\delta Q}{\delta C} f(p)dp - (1+i) + \lambda \int_{\underline{p}}^{\hat{p}} p \frac{\delta Q}{\delta C} f(p)dp$$

$$+ \mu \left[\int_{\hat{p}}^{\bar{p}} p \frac{\delta^2 Q}{\delta C^2} f(p)dp - \frac{\delta \hat{p}}{\delta EK} \hat{p} \frac{\delta Q}{\delta C} f(\hat{p})\right] = 0$$

$$(2c) \quad \frac{\delta Z}{\delta r} = \int_{\hat{p}}^{\bar{p}} -Kf(p)dp + \lambda \int_{\hat{p}}^{\bar{p}} Kf(p)dp - \mu \hat{p} \frac{\delta Q}{\delta C} f(\hat{p}) \frac{\delta \hat{p}}{\delta r} = 0$$

$$(2d) \quad \frac{\delta Z}{\delta \lambda} = \int_{\underline{p}}^{\hat{p}} (pQ - wL)f(p)dp + \int_{\hat{p}}^{\bar{p}} K(1+r)f(p)dp - K(1+i) = 0$$

$$(2e) \quad \frac{\delta Z}{\delta \mu} = \int_{\hat{p}}^{\bar{p}} p \frac{\delta Q}{\delta C} f(p)dp - (1+i) = 0 .$$

(2e) gibt das Marginalkalkül für die Eigenkapitalentscheidung des Produzenten an. Es zeigt, daß im Vergleich zu einer Welt ohne Anreizprobleme, in der die Finanzierungsentscheidung bei gleichen Kosten des Fremd- und Eigenkapitals von (1+i) irrelevant ist, der Kreditnehmer einen Anreiz besitzt, zu <u>wenig Eigenkapital</u> zu investieren.[24] In einer 'kooperativen Welt' wird Kapital, gleich ob es sich um Eigen- oder Fremdkapital handelt, eingesetzt, bis sein erwartetes Wertgrenzprodukt den Grenzkapitalkosten von (1+i) entspricht. Da der Eigenkapitalgeber im Falle von festen Zahlungsansprüchen eines Fremdkapitalgebers nur dann von der Produktivität des eingesetzten Eigenkapitals profitiert, wenn sich ein Preis einstellt, der über dem Konkurspreis $\hat{p}$ liegt, während er die Opportunitätskosten des Eigenkapitaleinsatzes in jedem Fall zu tragen hat, ist er an einem Einsatz von Eigenkapital nur bis zu der Höhe interessiert, in der das erwartete Wertgrenzprodukt im Nicht-Konkursfall den Grenzkapitalkosten gleicht.

---

24. Dies entspricht dem Ergebnis von V. L. SMITH (1972), vgl. auch NICKELL (1978), S. 165 - 188.

Aus

$$(3)\quad \int_{\hat{p}}^{\bar{p}} p \frac{\delta Q}{\delta C} f(p)dp < \int_{\underline{p}}^{\bar{p}} p \frac{\delta Q}{\delta C} f(p)dp$$

folgt

$$(4)\quad \frac{\delta Q}{\delta C_{m.A.}} > \frac{\delta Q}{\delta C_{o.A.}} \qquad \text{und wegen} \quad \frac{\delta Q^2}{\delta C^2} < 0 \quad \text{folgt}$$

bei gegebenem Fremdkapital K und Arbeitseinsatz L

$$(5)\quad (K+EK)_{m.A.} < (K+EK)_{o.A.} \Rightarrow C_{m.A.} < C_{o.A.},$$

wenn die Nebenbedingung hinsichtlich der Festlegung von EK bindend ist.

In Analogie zur Interpretation im vorhergehenden Abschnitt läßt sich aus (2d) wiederum die Möglichkeit des Schutzes des Kreditgebers durch Antizipation und eine entsprechende Festlegung von K und r ableiten.

Aus (2b) und (2c) läßt sich auf $\lambda$ und $\mu$ schließen. (2c) aufgelöst nach $\lambda$ zeigt, daß bei bindender Anreiznebenbedingung $\lambda$ einen Wert ungleich 1 annehmen muß:

$$(6)\quad \lambda = 1 + \frac{\mu\, \hat{p} \frac{\delta Q}{\delta C} f(\hat{p}) \frac{\delta \hat{p}}{\delta r}}{\int_{\hat{p}}^{\bar{p}} K f(p)dp} \qquad \text{mit } \frac{\delta \hat{p}}{\delta r} = \frac{K}{Q} > 0\,.$$

Aus der Auflösung von (2b) nach $\mu$ ist abzuleiten, daß für jedes positive $\lambda$ der Wert von $\mu$ ebenfalls positiv sein muß.

$$(7)\quad \mu = \frac{-\left[\int_{\hat{p}}^{\bar{p}} p \frac{\delta Q}{\delta C} f(p)dp - (1+i)\right] - \lambda \int_{p}^{p} p \frac{\delta Q}{\delta C} f(p)dp}{\int_{\hat{p}}^{\bar{p}} p \frac{\delta^2 Q}{\delta C^2} f(p)dp - \frac{\delta \hat{p}}{\delta EK} \hat{p} \frac{\delta Q}{\delta C} f(\hat{p})} > 0$$

Der erste Term des Zählers entspricht der Bedingung erster Ordnung für die Festlegung des optimalen EK, der Anreiznebenbedingung, und hat somit - wenn diese bindend ist - den Wert Null, der Multiplikator von $\lambda$ ist positiv, so daß der Zähler bei positivem $\lambda$ einen negativen Wert annimmt, und der Nenner ist negativ, da er der Bedingung zweiter Ordnung für die Festlegung des EK durch den Kreditnehmer entspricht.

Aus einem positiven $\mu$ folgt, daß $\lambda$ einen Wert größer als 1 annimmt. Die Interpretation dieses Ergebnisses ist analog zum vorhergehenden Abschnitt vorzunehmen.

Der im Unterschied zum Anreizproblem eines zu hohen Arbeitseinsatzes positive Wert von $\mu$ läßt darauf schließen, daß der Kreditnehmer für eine 'Lockerung' der nun betrachteten Nebenbedingung zahlen würde. Eine Lockerung der Nebenbedingung ist hier so zu verstehen, daß das Kalkül des Kreditnehmers, die Bedingung 1. Ordnung, für die Bestimmung seines Eigenkapitaleinsatzes nicht Null werden, sondern einen Wert kleiner Null annehmen könnte. Dies würde einen höheren Eigenkapitaleinsatz als Lösungsbereich für das Pareto-Programm zulassen, was zu interpretieren ist als Möglichkeit des Kreditnehmers, sich an einen höheren Eigenkapitaleinsatz glaubhaft zu binden. Das Anreizproblem, ein im Vergleich zur kooperativen Festlegung zu geringes Eigenkapital zu investieren, wäre gemildert.

Es ist darauf hinzuweisen, daß das Problem so konstruiert ist, daß der Kapitaleinsatz nicht konstant gehalten wird, sondern sich ein Anreiz zur Verminderung des Eigenkapitaleinsatzes auf das insgesamt investierte Kapitalvolumen auswirkt. Eine zu geringe Investition von Eigenkapital liefert nicht nur den Hinweis auf bestimmte durch den Kreditnehmer präferierte Finanzierungsstrukturen, sondern stellt gleichzeitig eine Ausprägung des Risikos der Minderinvestition dar.[25] Ein Interesse des Kreditnehmers an einer Eigenkapitalinvestition über die durch sein Marginalkalkül bestimmte Höhe hinaus besteht deshalb nicht, weil die Vorteile, die der Kreditgeber aus der Erhöhung des Kapitaleinsatzes zieht, keine Berücksichtigung finden.

## 2. Das Kreditvolumen als Steuerungsinstrument

Wie schon die Formulierungen im vorhergehenden Abschnitt andeuten, gelten die Ausführungen über den Anreiz des Kreditnehmers, bei Kreditfinanzierung und positivem Ausfallrisiko zu wenig Eigenkapital zu investieren, nicht für jedes beliebige Kreditvolumen, sondern nur für ein solches, für das die Anreiznebenbedingung bindend wird. Im Unter-

---

25. Vgl. MYERS (1977) und vgl. die Ausführungen zum Modell von V. L. SMITH im Gliederungspunkt C.V.3.

schied zum Problem der Erhöhung der Riskanz der Zahlungen durch einen zu hohen Arbeitseinsatz besteht die Möglichkeit, die suboptimale Festlegung des Kapitaleinsatzes aufgrund der Eigenkapitalentscheidung des Produzenten durch die Verwendung des Kreditvolumens als Steuerungsinstrument nicht nur zu mildern, sondern zu verhindern.

Da die Opportunitätskosten für Eigenkapital den Refinanzierungskosten des Gläubigers entsprechen, ist es für den Erwartungswert der zwischen dem Produzenten und dem Kreditgeber insgesamt zu verteilenden Zahlungen irrelevant, aus welcher Finanzierungsquelle das eingesetzte Kapital C stammt. Wichtig ist lediglich, daß die Summe aus Eigen- und Fremdkapital dem optimalen Kapitaleinsatz in einer kooperativen Welt, $C_{opt}$, entspricht. Dafür aber könnte der Kreditgeber durch eine Kreditvergabe in Höhe von $C_{opt}$ sorgen. Ein Eigenkapitaleinsatz lohnt sich dann zwar nicht mehr, da das erwartete Wertgrenzprodukt des (Eigen-) Kapitals für Preisrealisationen über dem Konkurspreis abzüglich der sicheren Opportunitätskosten von (1+i) bereits negativ ist, jedoch ist dies für den Gläubiger nicht unvorteilhaft, da er den fehlenden Eigenkapitaleinsatz antizipiert und somit eine Kompensation des Ausfallrisikos gemäß (2d) verlangen wird. Unter den oben getroffenen Annahmen existiert demnach ein das Problem lösender Blankokreditvertrag.

Dieser Vertrag impliziert jedoch eine 100prozentige Fremdfinanzierung, eine Lösung, die sich aus Gründen als unvorteilhaft erweisen kann, die in dem hier verwendeten, sehr einfachen Modellrahmen nicht erfaßt werden. So wird z. B. angenommen, daß die Entscheidung des Produzenten über das Eigenkapital das einzige Anreizproblem darstellt, denn der Arbeitseinsatz wurde als gegeben unterstellt. Übernimmt jedoch der Fremdkapitalgeber das gesamte Risiko der Investition für einen festen Zahlungsanspruch, der nur im Nicht-Konkursfall erfüllt wird, ist der Anreiz des Kreditnehmers, die Riskanz des Investitionsobjekts zu erhöhen, sehr stark ausgeprägt. Zusätzlich können aber auch noch andere Anreizprobleme auftreten, die für die Beziehung zwischen Kapitalgebern und Managern als typisch gelten, wie das Problem der 'fringe-benefits' und des 'consumption on the job',[26] denn die Position des Kreditnehmers ist jetzt der eines am Gewinn beteiligten Managers ähnlich. Deshalb soll im folgenden Abschnitt untersucht werden, ob auch ohne eine volle Fremdfinanzierung das Problem eines zu geringen Eigenkapitaleinsatzes durch zusätzliche vertragliche Abmachungen gelöst werden kann.

26. Vgl. JENSEN/MECKLING (1976), S. 315 - 317.

## 3. Die Auswirkung von Zusatzvereinbarungen auf die Entscheidung des Kreditnehmers über den Einsatz von Eigenkapital

### a) Zusatzvereinbarungen zur Beeinflussung des Handlungsspielraums des Kreditnehmers

Eine Zusatzklausel in Kreditverträgen, die offensichtlich darauf abzielt, die Eigenkapitalbeteiligung des Kreditnehmers am gesamten Investitionsvolumen festzuschreiben, ist die Vereinbarung von Kapitalstrukturkennziffern. Durch die Festlegung der Einhaltung einer bestimmten Kapitalstruktur $\ell$ kann ein Gläubiger unter der Annahme, daß ihm die Entscheidungssituation des Investors bekannt ist, das optimale Kapitalvolumen für jede beliebige Kredithöhe durchsetzen. Er legt die Kapitalstruktur jeweils so fest, daß gilt

(8) $K + EK = C_{opt}$ ,

so daß die Kapitalstrukturkennziffer den Wert

(9) $\bar{\ell} = \frac{K}{EK} = \frac{K}{C_{opt} - K}$

annimmt.

Wird der Höchstwert für die Kapitalstrukturkennziffer gemäß (9) festgesetzt, kann die Anreiznebenbedingung nie bindend werden, denn für jede Höhe von EK, die zu einem kleineren Gesamtkapitalvolumen als $C_{opt}$ führt, ist der Höchstwert für $\ell$ überschritten.

Es ist zu bemerken, daß durch die Festlegung der Kapitalstrukturkennziffer der Wert des Investitionsobjektes trotz Anreizproblem wieder unabhängig von der Kapitalstruktur wird. Welchen Wert die Kapitalstrukturkennziffer annimmt, ist irrelevant. Entscheidend ist, daß die Vereinbarung der Kapitalstruktur in Kombination mit der Festlegung des Kreditbetrages zur Investition des optimalen Kapitalvolumens führt. Wie hoch der Eigenkapitalanteil ist, ist somit nicht von Bedeutung. Wichtig ist lediglich, daß die Höhe des Eigenkapitalanteils festgeschrieben ist, d. h. nach Kreditvergabe nicht vermindert werden kann, denn dann kann das optimale Investitionsvolumen durch die Ergänzung des Kapitalstocks mit Fremdkapital realisiert werden, wobei sich der Kreditgeber das zu tragende Kapitalstrukturrisiko im Zinssatz abgelten läßt.

Als die Funktion einer Eigenkapital-Festschreibung ausübend und somit Kreditverträge von der individuellen Vereinbarung einer solchen Regelung entlastend können die Vorschriften zur Ausschüttungssperre im Aktiengesetz verstanden werden, denn sie schreiben das Eigenkapital auf eine Mindesthöhe fest. Bezüglich einer Erhöhung des Eigenkapitals bestehen keine Interessenkonflikte zwischen Eignern und Gläubigern, und eine nachträgliche Verminderung des Eigenkapitals wird so ausgeschlossen, es sei denn, es wird durch Verluste aufgezehrt.[27] Wie wahrscheinlich dies ist, hängt von der Riskanz der Investitionspolitik ab, worin die enge Verbindung zwischen Regelungen zur Milderung von Anreizproblemen im Rahmen der Finanzierungspolitik und solchen zur Milderung von Anreizproblemen in der Investitionspolitik deutlich wird.

Ist die Fremdkapitalaufnahme von einem zweiten Gläubiger nicht möglich, ist die Vermeidung der Investition von zu wenig Kapital aufgrund des Anreizes zur Verminderung des Eigenkapitals unter Umständen auch durch eine Zweckbindung des Kredites zu erreichen, nämlich z. B. dann, wenn das optimale Kapitalvolumen der Anschaffungsauszahlung für die optimale Produktionsanlage entspricht und durch eine Bindung des Kredites an diese Anlage durchgesetzt werden kann, daß der Kreditnehmer den Rest durch Eigenkapital finanziert.

### b) Zusatzvereinbarungen zur Änderung der Teilungsregel

Die Vereinbarung eines Vermögensgegenstandes als Sicherheit, der nicht dem der Haftung unterliegenden Unternehmensvermögen angehört, kann den Anreiz des Kreditnehmers, zu wenig Eigenkapital zu investieren bzw. dies nach erfolgter Kreditvergabe zu vermindern, zwar mildern, jedoch dann nicht beseitigen, wenn noch ein Kreditausfallrisiko verbleibt.

Das Marginalkalkül des Kreditnehmers zur Bestimmung der Eigenkapitalhöhe stellt sich bei Vereinbarung einer Sicherheit wie folgt dar:

$$(10)\quad \frac{\delta E(W)}{\delta EK} = \int_{\hat{p}}^{\bar{p}} p \frac{\delta Q}{\delta C} f(p)dp - \frac{\delta \hat{p}}{\delta EK}(\hat{p}Q - wL - K(1+r))\, f(\hat{p}) + \frac{\delta \hat{p}}{\delta EK}(-S)\, f(\hat{p}) - (1+i) = 0$$

---

27. Zur Ausschüttungssperre vgl. MOXTER, Adolf: Bilanzlehre, 2. Aufl., Wiesbaden 1976, bes. S. 51 - 55.

Der zweite und dritte Term addieren sich aufgrund der Konkursgrenzendefinition bei Stellung einer Sicherheit zu Null, der erste Term nimmt für ein gegebenes K im Vergleich zum Fall fehlender Besicherung einen höheren Wert an, so daß - wenn die Anreiznebenbedingung bindend ist - die das Marginalkalkül erfüllende Eigenkapitalhöhe steigt.

Eine Überbesicherung ist wiederum unmöglich, da eine Besicherung maximal zur Folge haben kann, daß das Ausfallrisiko und damit auch das Anreizproblem beseitigt wird. Den Kosten der Besicherung sind wiederum die Opportunitätskosten des Ausschlusses des Sicherungsgutes von einer alternativen Verwendung außerhalb der Unternehmung zuzurechnen.

Im Hinblick auf die Sicherheitenstellung aus dem Unternehmensvermögen gelten die Ausführungen zum Problem der Erhöhung der Riskanz des Investitionsprojektes analog. Die Vereinbarung eines Konkursvorrechtes auf das gesamte Unternehmensergebnis, der sogenannten "me-first-rule", hat auf die Eigenkapitalentscheidung des Investors keinerlei Einfluß. Die Auswirkung, die die Stellung einer Sicherheit aus dem Unternehmensvermögen hat, erlaubt der hier vorliegende Modellrahmen nicht zu erörtern, es sei denn, man setzt sie mit der oben bereits angesprochenen Zweckbindung des Kredites gleich.

## VI. Möglichkeiten der Steuerung des Anreizes zur Aufnahme von weiterem Fremdkapital

### 1. Die Entscheidung des Kreditnehmers über die Aufnahme eines zweiten Kredites

Eine weitere Gefahr, vor der sich ein Kreditgeber zu schützen hat, entsteht dadurch, daß der Kreditnehmer einen Anreiz besitzen könnte, seine eigene Position durch die Aufnahme weiterer Kredite zu verbessern, hierdurch jedoch die Position des ersten Fremdkapitalgebers aufgrund der Ansprüche der neuen Gläubiger im Konkursfall zu verschlechtern. Um dieses Problem erfassen zu können, wird der Annahmenrahmen dahingehend erweitert, daß der Produzent nach Erhalt des ersten Kredites die Möglichkeit besitzt, das zu investierende Kapitalvolumen durch die Aufnahme eines Darlehns von einem zweiten Gläubiger auszudehnen. Die Annahmen hinsichtlich des Entscheidungskalküls dieses zweiten Kreditgebers seien denen über die Entscheidungssituation des ersteren äquivalent. Aus Vereinfachungsgründen, d. h. um das Problem der Aufnahme weiteren Fremdkapitals zu isolieren, sei wiederum das Eigenkapital in seiner Höhe fix und gleich Null und der Arbeitseinsatz L ebenfalls als feste Größe angenommen. Weder der erste noch der zweite Kreditgeber haben damit einer Schädigung in dieser Hinsicht vorzubeugen.

Um die Darstellung zu erleichtern, sei zunächst angenommen, daß die Entscheidung über den ersten Kredit bereits gefallen ist, so daß von einem gegebenen Kredit $K_1$ und einem gegebenen Zinssatz $r_1$ ausgegangen werden kann. Das Entscheidungskalkül bezüglich der Gestaltung des Vertrages mit dem zweiten Kreditgeber präsentiert sich dann wie folgt:

$$(1) \quad \max_{K_2, r_2} Y = \int_{\hat{p}}^{\bar{p}} (pQ - wL - K_1(1+r_1) - K_2(1+r_2)) f(p)dp +$$

$$\psi \left[ \int_{\underline{p}}^{\hat{p}} (pQ - wL)\,\alpha\, f(p)dp + \int_{\hat{p}}^{\bar{p}} K_2(1+r_2) f(p)dp - K_2(1+i) \right]$$

$$\text{mit} \quad \alpha = \frac{K_2(1+r_2)}{K_1(1+r_1) + K_2(1+r_2)}$$

$\alpha$ stellt den prozentualen Anteil an der Konkursmasse dar, der dem zweiten Kreditgeber zusteht. Er ist definiert als das Verhältnis des Anspruchs des zweiten Kreditgebers zu den Gesamtansprüchen aller Gläubiger, in unserem Fall der Summe der Forderungen beider Kreditgeber. $\Psi$ symbolisiert die Lagrange-Variable.

Der optimale Blankokreditvertrag mit dem zweiten Kreditgeber muß folgende Bedingungen erfüllen:

$$(2a) \quad \frac{\delta Y}{\delta K_2} = \int_{\hat{p}}^{\bar{p}} (p \frac{\delta Q}{\delta C} - (1+r_2)) f(p)dp + \psi \left[ \int_{\underline{p}}^{\hat{p}} ( p \frac{\delta Q}{\delta C} \alpha + (pQ - wL) \frac{\delta \alpha}{\delta K_2}) f(p)dp \right.$$

$$\left. + \int_{\hat{p}}^{\bar{p}} (1+r_2) f(p)dp - (1+i) \right] = 0$$

$$(2b) \quad \frac{\delta Y}{\delta r_2} = \int_{\hat{p}}^{\bar{p}} - K_2 f(p)dp + \psi \left[ \int_{\underline{p}}^{\hat{p}} (pQ - wL) \frac{\delta \alpha}{\delta r_2} f(p)dp + \int_{\hat{p}}^{\bar{p}} K_2 f(p)dp \right] = 0$$

$$(2c) \quad \frac{\delta Y}{\delta \psi} = \int_{\underline{p}}^{\hat{p}} (pQ - wL)\,\alpha\, f(p)dp + \int_{\hat{p}}^{\bar{p}} K_2(1+r_2) f(p)dp - K_2(1+i) = 0$$

Die Aufnahme eines zweiten Kredites ist für den Produzenten dann vorteilhaft, wenn ihn die Investition dieses Kapitals noch eine Erhöhung seines Einkommens erwarten läßt, obwohl seine Zahlungsverpflichtungen im Nicht-Konkursfall um $(1+r_2)$ pro aufgenommener Einheit Fremdkapital steigen, d. h. der erste Term von (2a) muß bei gegebenem $K_1$ und $r_1$ für ein infinitesimal kleines $K_2$ noch positiv sein. Die Zinsforderungen des zweiten Kreditgebers $r_2$ nehmen dabei eine Höhe an, die sicherstellt, daß der zweite Gläubiger einen erwarteten Gewinn von Null nicht unterschreitet, d. h. (2c) muß erfüllt sein.

Die Optimalitätsbedingungen erster Ordnung für die Kreditaufnahme von einem zweiten Kreditgeber sind im Pareto-Programm zur Determinierung des optimalen Kreditvertrages mit dem ersten Kreditgeber als Anreiznebenbedingungen aufzunehmen, so daß das vollständige Programm lautet:

$$(3) \quad \max_{K_1,K_2,r_1,r_2} Z = E(W) + \lambda\, E(G_1) + \mu \left[\frac{\delta E(W)}{\delta K_2} + \Psi \frac{\delta E(G_2)}{\delta K_2}\right] + \sigma \left[\frac{\delta E(W)}{\delta r_2} + \Psi \frac{\delta E(G_2)}{\delta r_2}\right] + \gamma\, E(G_2)$$

$\sigma$ und $\gamma$ stellen dabei Lagrange-Multiplikatoren dar.

Als Bedingungen erster Ordnung ergeben sich:

$$(4a) \quad \frac{\delta Z}{\delta K_1} = \frac{\delta E(W)}{\delta K_1} + \lambda \frac{\delta E(G_1)}{\delta K_1} + \mu \left[\frac{\delta^2 E(W)}{\delta K_2 \delta K_1} + \Psi \frac{\delta^2 E(G_2)}{\delta K_2 \delta K_1}\right] + \sigma \left[\frac{\delta^2 E(W)}{\delta r_2 \delta K_1} + \Psi \frac{\delta^2 E(G_2)}{\delta r_2 \delta K_1}\right] + \gamma \frac{\delta E(G_2)}{\delta K_1} = 0$$

$$(4b) \quad \frac{\delta Z}{\delta K_2} = \frac{\delta E(W)}{\delta K_2} + \lambda \frac{\delta E(G_1)}{\delta K_2} + \mu \left[\frac{\delta^2 E(W)}{\delta K_2^2} + \Psi \frac{\delta^2 E(G_2)}{\delta K_2^2}\right] + \sigma \left[\frac{\delta^2 E(W)}{\delta r_2 \delta K_2} + \Psi \frac{\delta^2 E(G_2)}{\delta r_2 \delta K_2}\right] + \gamma \frac{\delta E(G_2)}{\delta K_2} = 0$$

$$(4c) \quad \frac{\delta Z}{\delta r_1} = \frac{\delta E(W)}{\delta r_1} + \lambda \frac{\delta E(G_1)}{\delta r_1} + \mu \left[\frac{\delta^2 E(W)}{\delta K_2 \delta r_1} + \Psi \frac{\delta^2 E(G_2)}{\delta K_2 \delta r_1}\right] + \sigma \left[\frac{\delta^2 E(W)}{\delta r_2 \delta r_1} + \Psi \frac{\delta^2 E(G_2)}{\delta r_2 \delta r_1}\right] + \gamma \frac{\delta E(G_2)}{\delta r_1} = 0$$

(4d) $$\frac{\delta Z}{\delta r_2} = \frac{\delta E(W)}{\delta r_2} + \lambda \frac{\delta E(G_1)}{\delta r_2} + \mu \left[\frac{\delta^2 E(W)}{\delta K_2 \delta r_2} + \Psi \frac{\delta^2 E(G_2)}{\delta K_2 \delta r_2}\right]$$

$$+ \sigma \left[\frac{\delta^2 E(W)}{\delta r_2^2} + \Psi \frac{\delta^2 E(G_2)}{\delta r_2^2}\right] + \gamma \frac{\delta E(G_2)}{\delta r_2} = 0$$

(4e) $$\frac{\delta Z}{\delta \lambda} = E(G_1) = 0$$

(4f) $$\frac{\delta Z}{\delta \mu} = \frac{\delta E(W)}{\delta K_2} + \Psi \frac{\delta E(G_2)}{\delta K_2} = 0$$

(4g) $$\frac{\delta Z}{\delta \sigma} = \frac{\delta E(W)}{\delta r_2} + \Psi \frac{\delta E(G_2)}{\delta r_2} = 0$$

(4h) $$\frac{\delta Z}{\delta \gamma} = E(G_2) = 0 \quad ,$$

wobei (4f), (4g) und (4h) den Bedingungen (2a), (2b) und (2c) entsprechen.

Ist die Aufnahme eines zweiten Kredites vorteilhaft, d. h. werden die Anreiznebenbedingungen bindend, so wird das Volumen des gesamten Kapitaleinsatzes $C = K_1+K_2$ letztlich durch das Marginalkalkül des Produzenten für die Aufnahme von $K_2$ determiniert. Ein Vergleich dieses Kalküls mit der Marginalbedingung für den optimalen Einsatz des Produktionsfaktors C in einer Welt ohne Anreizprobleme soll darüber Aufschluß geben, ob es aufgrund von Anreizproblemen zu einem suboptimalen Kapitaleinsatz kommen kann.

Die Marginalbedingung für den optimalen Kapitaleinsatz ohne Anreizprobleme wurde bereits in Abschnitt III entwickelt und lautet:

(5) $$\int_{\underline{p}}^{\bar{p}} p \frac{\delta Q}{\delta C} f(p)dp - (1+i) = 0$$

bzw.

$$\int_{\hat{p}}^{\bar{p}} p \frac{\delta Q}{\delta C} f(p)dp + \lambda \int_{\underline{p}}^{\hat{p}} p \frac{\delta Q}{\delta C} (1-\alpha)f(p)dp + \gamma \int_{\underline{p}}^{\hat{p}} p \frac{\delta Q}{\delta C} \alpha f(p)dp - (1+i) = 0$$

mit $\alpha$ beliebig und $\lambda$ sowie $\gamma$ gleich 1.

Die Frage ist, ob eine Lösung für das Pareto-Programm unter Beachtung der Anreiznebenbedingungen existiert, die mit (5) vereinbar ist, denn dann wäre der optimale Kapitaleinsatz realisierbar.

Stellt man (5) noch einmal um, indem man den für den optimalen Kapitaleinsatz bei fehlender Anreizproblematik irrelevanten Term $\int_{\hat p}^{\bar p}(1+r_2)f(p)dp$ addiert und anschließend wieder subtrahiert

$$\int_{\hat p}^{\bar p} p \frac{\delta Q}{\delta C} f(p)dp - \int_{\hat p}^{\bar p}(1+r_2)f(p)dp + \int_{\underline p}^{\hat p} p \frac{\delta Q}{\delta C}(1-\alpha)f(p)dp + \int_{\underline p}^{\hat p} p \frac{\delta Q}{\delta C}\alpha f(p)dp + \int_{\hat p}^{\bar p}(1+r_2)f(p)dp - (1+i) = 0,$$

so ergibt sich eine unmittelbare Vergleichbarkeit mit der Nebenbedingung (4f) bzw. (2a).

$$\frac{\delta Y}{\delta K_2} = \int_{\hat p}^{\bar p}\left(p \frac{\delta Q}{\delta C} - (1+r_2)\right)f(p)dp + \psi\left[\int_{\underline p}^{\hat p}\left(p\frac{\delta Q}{\delta C}\alpha + (pQ - wL)\frac{\delta \alpha}{\delta K_2}\right)f(p)dp + \int_{\hat p}^{\bar p}(1+r_2)f(p)dp - (1+i)\right] = 0$$

Bei der Ermittlung der optimalen Höhe des zweiten Kredites findet das dem ersten Kreditgeber zufallende Wertgrenzprodukt des Kapitals keine Berücksichtigung. Statt dessen taucht ein Term auf, der die Veränderung des Anteils des zweiten Kreditgebers im Konkursfall darstellt, die zu Lasten des ersten Kreditgebers geht und durch die Erhöhung von $K_2$ hervorgerufen wird.

Zwei Fälle sind denkbar, in denen bei positivem $K_1$ die Nebenbedingung (4f) bzw. (2a) nicht zum Tragen kommt bzw. mit (5) vereinbar ist.

Entweder gilt für ein $K_1$, das dem optimalen Kapitalvolumen $C_{opt}$ in einer Welt ohne Anreizprobleme entspricht, daß (4f) unter Beachtung von (4g) und (4h) bereits negativ ist, denn dann wäre die Aufnahme eines zweiten Kredites unvorteilhaft und die Anreiznebenbedingungen wären nicht bindend. Es müßte gelten:

(4f) < (5) mit $\alpha = 0$ und $K_1 = C = C_{opt}$

Oder aber es ist denkbar, daß eine die Null-Gewinn-Bedingung des ersten Kreditgebers erfüllende $K_1, r_1$-Kombination existiert, für die der gemäß (4f)-(4h) optimale zweite Kredit gerade ein Volumen von $(C_{opt}-K_1)$ annimmt. Es müßte gelten:

$$(4f) = (5) = 0 \qquad \text{mit } \alpha \text{ beliebig und } (K_1+K_2) = C = C_{opt}.$$

Um zu beurteilen, ob bzw. wann diese beiden Fälle, die zu einer Lösung des Anreizproblems führen, eintreten können, ist zu klären, ob die Erfüllung der folgenden Relation möglich ist.

$$(4f) \leq (5) \qquad \text{für } \alpha \text{ beliebig und } (K_1+K_2) = C = C_{opt}$$

Dazu sei zunächst der in (4f) und (5) bei $C = C_{opt}$ identische Term $\int_{\hat{p}}^{\bar{p}} (\frac{\delta Q}{\delta C} - (1+r_2))\, f(p)dp$ eliminiert. Es verbleibt:

$$(6) \quad \Psi\left[\int_{\underline{p}}^{\hat{p}} p\frac{\delta Q}{\delta C}\alpha f(p)dp + \int_{\underline{p}}^{\hat{p}}(pQ - wL)\frac{\delta\alpha}{\delta K_2} f(p)dp + \int_{\hat{p}}^{\bar{p}}(1+r_2)f(p)dp - (1+i)\right]$$

$$\overset{?}{\lesseqgtr} \int_{\underline{p}}^{\hat{p}} p\frac{\delta Q}{\delta C}\alpha f(p)dp + \int_{\underline{p}}^{\hat{p}} p\frac{\delta Q}{\delta C}(1-\alpha)f(p)dp + \int_{\hat{p}}^{\bar{p}}(1+r_2)f(p)dp - (1+i).$$

Ist der eliminierte Ausdruck für $C = C_{opt}$ positiv,

$$\int_{\hat{p}}^{\bar{p}} (\frac{\delta Q}{\delta C} - (1+r_2))\, f(p)dp > 0,$$

ist der verbleibende Rest von (5), d. h. die rechte Seite der Ungleichung (6) negativ - weil (5) den Wert Null annimmt. Der eliminierte Ausdruck ist dann positiv, wenn das dem Kreditnehmer zufallende erwartete Wertgrenzprodukt des Kapitals größer ist als die zusätzlichen erwarteten Fremdkapitalkosten im Nicht-Konkursfall. Dies entspricht dem Fall der Kreditrationierung zur Erreichung des first best Pareto-Optimums, denn eine erhöhte Kreditaufnahme würde den erwarteten Gewinn des Kreditnehmers erhöhen, den des bzw. der Kreditgeber(s) aber vermindern.

Aus (4g) bzw. (2b) kann gefolgert werden, daß die Lagrange-Variable $\Psi$ in (4f) für ein positives $K_1$ einen positiven Wert kleiner 1 annimmt:

$$(7) \quad 0 < \psi = \frac{\int_{\hat{p}}^{\bar{p}} K_2 f(p)dp}{\int_{\hat{p}}^{\bar{p}} K_2 f(p)dp + \int_{\underline{p}}^{\hat{p}}(p - wL)\frac{\delta\alpha}{\delta r_2} f(p)dp} < 1$$

Dies deutet bereits darauf hin, daß die Aufnahme eines zweiten Kredites für den Kreditnehmer/Produzenten vorteilhaft sein könnte, denn der Schattenpreis $\Psi$ für die Erhöhung des Erwartungswertes des zweiten Kreditgebers um eine Einheit ist geringer als 1.

Aus $\Psi < 1$ und der Annahme, daß die rechte Seite der Ungleichung (6) negativ ist, folgt, daß beide denkbaren Fälle der Übereinstimmung von Anreiznebenbedingungen und Pareto-Programm ohne Anreizprobleme bei $\int_{\hat p}^{\bar p}\left(\frac{\delta Q}{\delta C} - (1+r_2)\right) f(p)dp > 0$ nur eintreten können, wenn gilt:

$$(8)\quad \int_{\underline{p}}^{\hat p} p \frac{\delta Q}{\delta C}\alpha f(p)dp + \int_{\underline{p}}^{\hat p}(pQ - wL)\frac{\delta\alpha}{\delta K_2} f(p)dp + \int_{\hat p}^{\bar p}(1+r_2)f(p)dp - (1+i)$$

$$\overset{?}{<} \int_{\underline{p}}^{\hat p} p \frac{\delta Q}{\delta C}\alpha f(p)dp + \int_{\underline{p}}^{\hat p} p \frac{\delta Q}{\delta C}(1-\alpha)f(p)dp + \int_{\hat p}^{\bar p}(1+r_2)f(p)dp - (1+i)\,.$$

Werden wiederum die identischen Terme eliminiert, verbleiben die zwei auf ihre Höhe zu vergleichenden Terme

$$(9)\quad \int_{\underline{p}}^{\hat p}(pQ - wL)\frac{\delta\alpha}{\delta K_2} f(p)dp \overset{?}{<} \int_{\underline{p}}^{\hat p} p \frac{\delta Q}{\delta C}(1-\alpha)f(p)dp\,,$$

wobei die linke Seite die Möglichkeit der Schädigung des ersten Kreditgebers durch eine Erhöhung von $K_2$ mittels der Verschiebung der Verteilung des erwarteten Einkommens beider Kreditgeber im Konkursfall ausdrückt, während die rechte dem Anteil des ersten Kreditgebers am Wertgrenzprodukt des Kapitals im Konkursfall entspricht.

Bestimmen wir $\frac{\delta\alpha}{\delta K_2}$ und $(1-\alpha)$ und formen um, so ergibt sich folgendes:

$$(10)\quad \int_{\underline{p}}^{\hat p}(pQ - wL)\frac{K_1(1+r_1)(1+r_2)}{(K_1(1+r_1) + K_2(1+r_2))^2} f(p)dp \overset{?}{<} \int_{\underline{p}}^{\hat p} p\frac{\delta Q}{\delta C}\,\frac{K_1(1+r_1)}{K_1(1+r_1) + K_2(1+r_2)} f(p)dp\,.$$

Aus den Null-Gewinn-Bedingungen (4d) bzw. (4h) für beide Kreditgeber ergibt sich, daß die vereinbarten Verzinsungen $(1+r_1)$ bzw. $(1+r_2)$ zwar von der Konkurswahrscheinlichkeit, nicht aber von den jeweiligen Anteilen der einzelnen Kreditgeber an der Konkursmasse abhängen,

$$(11)\quad (1+r_1) = \frac{(1+i)}{\displaystyle\int_{\underline{p}}^{\hat p}\frac{(pQ - wL)}{K_1(1+r_1) + K_2(1+r_2)} f(p)dp + \int_{\hat p}^{\bar p} f(p)dp}$$

bzw.

$$(1+r_2) = \frac{(1+i)}{\int\limits_{\underline{p}}^{\hat{p}} \frac{(pQ - wL)}{K_1(1+r_1) + K_2(1+r_2)} f(p)dp + \int\limits_{\hat{p}}^{\bar{p}} f(p)dp},$$

so daß für jede beliebige Aufteilung von $C_{opt}$ auf beide Kreditgeber gelten muß:

(12) $(1+r_1) = (1+r_2)$

Damit vereinfacht sich (10) zu:

(13) $$\int\limits_{\underline{p}}^{\hat{p}} \frac{(pQ - wL)}{K_1+K_2} \frac{K_1}{K_1+K_2} f(p)dp \overset{?}{<} \int\limits_{\underline{p}}^{\hat{p}} p \frac{\delta Q}{\delta C} \frac{K_1}{K_1+K_2} f(p)dp .$$

Die beiden zu vergleichenden Ausdrücke sind jetzt einer Interpretation zugänglich. Die linke Seite, die der Schädigungsmöglichkeit entspricht, stellt die durchschnittliche erwartete Verzinsung des eingesetzten Kapitals im Bereich $p < \hat{p}$ multipliziert mit dem prozentualen Konkursanspruch des ersten Kreditgebers dar, während die rechte Seite der erwarteten Wertgrenzproduktivität im Konkursfall repräsentiert, die ebenfalls mit dem Konkursanteil des ersten Kreditgebers multipliziert wird. Das Ausmaß der Schädigung hängt damit von der durchschnittlichen erwarteten Verzinsung, die dem ersten Kreditgeber zusätzlich zufallenden Erträge dagegen hängen von der erwarteten Grenzverzinsung im Konkursfall ab. Die Gegenüberstellung zeigt, daß eine Kreditaufnahme über $C_{opt}$ hinaus nur vorteilhaft sein kann, wenn für den Konkursfall die durchschnittliche erwartete Verzinsung des Kapitals die erwartete Grenzproduktivität übersteigt.

Eine Übereinstimmung der Anreiznebenbedingungen mit (5), dem Marginalkalkül für den optimalen Kapitaleinsatz in einer Welt ohne Anreizprobleme, für den (kreditrationierenden) Fall

$$\int\limits_{\hat{p}}^{\bar{p}} (p \frac{\delta Q}{\delta C} - (1+r)) f(p)dp > 0$$

setzt demnach als notwendige und hinreichende Bedingung voraus, daß die durchschnittliche Verzinsung des Kapitals im Bereich $p < \hat{p}$ kleiner als die Grenzverzinsung ist.

Formt man die linke Seite der Ungleichung (13) aufgrund der Null-Gewinn-Bedingung um zu:

$$(14) \quad \int_{\underline{p}}^{\hat{p}} \frac{(pQ - wL)}{K_1+K_2} \frac{K_1}{K_1+K_2} f(p)dp = (1+i) - \int_{\hat{p}}^{\bar{p}} (1+r)f(p)dp \frac{K_1}{K_1+K_2}$$

und ersetzt die rechte Seite der Ungleichung (13) aufgrund der Marginalbedingung für $C_{opt}$ durch:

$$(15) \quad \int_{\underline{p}}^{\hat{p}} p \frac{\delta Q}{\delta C} \frac{K_1}{K_1+K_2} f(p)dp = (1+i) - \int_{\hat{p}}^{\bar{p}} p \frac{\delta Q}{\delta C} f(p)dp \frac{K_1}{K_1+K_2},$$

stellt sich (13) wie folgt dar:

$$(16) \quad (1+i) - \int_{\hat{p}}^{\bar{p}} (1+r)f(p)dp \frac{K_1}{K_1+K_2} \overset{?}{<} (1+i) - \int_{\hat{p}}^{\bar{p}} p \frac{\delta Q}{\delta C} f(p)dp \frac{K_1}{K_1+K_2}$$

$$\text{bzw.} \quad \int_{\hat{p}}^{\bar{p}} (p \frac{\delta Q}{\delta C} - (1+r))f(p)dp \overset{?}{<} 0$$

Es ergibt sich ein Widerspruch zu der Annahme

$$\int_{\hat{p}}^{\bar{p}} (p \frac{\delta Q}{\delta C} - (1+r))f(p)dp > 0 ,$$

so daß eine Lösung des Anreizkonfliktes für diesen (kreditrationierenden) Fall nicht möglich ist. Es ist kein Kreditvertrag mit dem ersten Kreditgeber formulierbar, der nicht den Anreiz bieten würde, einen zweiten Kredit in einer Höhe aufzunehmen, daß das optimale Kapitalvolumen in einer Welt ohne Anreizprobleme überschritten wird.[28]

Die einzige Möglichkeit, in diesem Fall ein zu hohes Investitionsvolumen durch einen Kreditvertrag mit den Variablen K und r zu vermeiden, wäre, daß der zweite Kreditgeber den vollen Kapitalbetrag zur Verfügung stellt. Dann wäre die Gefahr der Schädigung des ersten Kreditnehmers verschwunden. Die Lagrange-Variable in (4f), der Schattenpreis für eine Erhöhung des Erwartungswertes des zweiten Kreditgebers, würde - wegen $\frac{\delta \alpha}{\delta K} = 0$ - den Wert 1 annehmen, und die beiden unterschiedli lichen Ausdrücke in (5) und (4f) entfielen wegen $K_1 = 0$, so daß (4f) und (5) übereinstimmen. Dies ist jedoch eine Scheinlösung des Problems

28. Ein ähnliches Ergebnis erzielt KEETON (1979), jedoch geht er von anderen Annahmen aus. Vgl. dazu Gliederungspunkt VI.3. der vorliegenden Arbeit.

denn die beiden Kreditgeber hätten lediglich ihre Rollen getauscht. Der Produzent besäße den Anreiz, den vormals ersten Kreditgeber die Position des schädigenden zweiten Kreditgebers einnehmen zu lassen.

Gilt dagegen, daß das Marginalkalkül des Kreditnehmers für $C = C_{opt}$ bereits Null oder negativ ist,

$$(17) \quad \int_{\hat{p}}^{\bar{p}} (p \frac{\delta Q}{\delta C} - (1+r)) f(p) dp \leq 0$$

so gilt, daß (16) schwach erfüllt ist. Die obige Argumentationskette rückverfolgend ergibt sich daraus für die eigentlich interessierende Relation (5), daß die linke Seite der Ungleichung kleiner oder gleich der rechten Seite sein muß. Da $\Psi$, der Schattenpreis für die Erhöhung des Erwartungswertes des zweiten Kreditgebers, durch die (vermeintliche) Möglichkeit, den ersten Kreditgeber zu schädigen, einen Wert unter 1 annimmt, kann gefolgert werden, daß für $C = C_{opt}$ die Anreiznebenbedingung (2f) bereits negativ ist. Die Aufnahme bzw. Erhöhung eines zweiten Kredites ist, wenn $C = C_{opt}$ gilt, nicht mehr vorteilhaft.

Dieses Ergebnis ist auch plausibel, denn

$$\int_{\hat{p}}^{\bar{p}} (p \frac{\delta Q}{\delta C} - (1+r)) f(p) dp \leq 0$$

bedeutet, daß der Kreditnehmer, richtet er sich allein nach seinem Marginalkalkül, bereits genug bzw. zuviel Kredit erhält. Dies entspricht - der Darstellungsweise der Kreditrationierungsliteratur folgend - dem Fall, daß das optimale Kredit- und Kapitalvolumen durch den Schnittpunkt von Kreditangebots- und Nachfragekurve determiniert wird bzw. der Kreditnehmer nicht in seiner Nachfrage beschränkt, sondern vielmehr zu einer nach seinem Marginalkalkül "zu hohen" Nachfrage gezwungen wird. Eine Verminderung des Kreditvolumens bei gegebenem r wäre für ihn dann vorteilhaft, wenn der Kreditgeber dies weder verhindern noch antizipieren könnte (Anreiz zur Minderinvestition). Daß unter diesen Bedingungen kein Anreiz bestehen kann, noch weiteren Kredit aufzunehmen, ist einleuchtend.

Als Ergebnis läßt sich festhalten, daß in dem Fall, daß der Kreditnehmer bei gegebener vereinbarter Verzinsung r im first best Pareto-Optimum noch Interesse an einer Erhöhung seines Kreditvolumens hat, das Anreizproblem bezüglich der Kreditaufnahme von einem zweiten Kreditgeber nicht durch einen Blankokredit gelöst werden kann. Hervorgerufen wird der Anreiz zur Aufnahme eines zweiten Kredites dadurch, daß die neuen Forderungen die Konkursansprüche des ersten Kapitalgebers um mehr mindern, als ihm am Wertgrenzprodukt des zusätzlichen Kapitals im Konkursfall zufällt. Dies bedeutet, daß der erste Gläubiger einen Teil der zusätzlich entstehenden Refinanzierungskosten des zweiten Gläubigers in Höhe von (1+i) durch die Minderung seines Anteils im Konkursfall abgilt, so daß ein zusätzlicher Kapitaleinsatz lohnend wird, obwohl das erwartete Wertgrenzprodukt des Kapitals schon unter (1+i) liegt. Zwar kann sich der erste Kreditgeber vor der Schädigung, die durch die Aufnahme eines weiteren Kredites entsteht, schützen, da ihm das Entscheidungskalkül des Kreditnehmers bekannt ist und deshalb das tatsächliche Ausfallrisiko antizipiert werden kann. Dies spiegelt sich in der Null-Gewinn-Bedingung des ersten Kreditgebers (4e) wider. Der erste Kreditgeber kann sich entweder auf die nachträgliche Schädigung einstellen und seine Verzinsungsforderungen entsprechend erhöhen, oder aber er vergibt gleich einen Kredit in der Höhe, daß das Marginalkalkül des Kreditnehmers erfüllt ist, so daß der Anreiz zu nachträglicher Aufstockung des Kapitaleinsatzes entfällt. Diese Antizipation kann die Opportunitätsverluste durch fehlende Kooperation jedoch nicht verhindern, die unter den hier getroffenen Annahmen durch den Kreditnehmer zu tragen sind. Es ist zu überprüfen, welche Zusatzvereinbarungen dazu geeignet erscheinen, diese Opportunitätsverluste zu vermindern.

## 2. Das Kreditvolumen als Steuerungsinstrument

Die Frage nach der Wirksamkeit des Einsatzes des Kreditvolumens als Steuerungsinstrument ist durch den vorhergehenden Abschnitt bereits beantwortet: Das Kreditvolumen ist als Steuerungsvariable des ersten Kreditgebers dann wirkungslos, wenn überhaupt ein Anreizproblem hinsichtlich der Aufnahme eines weiteren Kredites besteht.

Trotzdem erscheint es sinnvoll, das Thema des Kreditvolumens als Steuerungsinstrument noch einmal aufzugreifen, denn es läßt die Ergebnisse bezüglich seines Einsatzes zur Milderung der Anreizprobleme einer Erhöhung der Riskanz des Investitionsobjektes sowie einer Verringerung des Eigenkapitals in einem anderen Licht erscheinen. Besteht die Möglichkeit, von einem zweiten Kreditgeber Fremdkapital aufzunehmen, und ist das Kreditvolumen nicht zwischen den drei Beteiligten, sondern nur zwischen dem jeweiligen Kreditgeber und dem Kreditnehmer kooperativ festlegbar, so ist auch ein Einsatz des vom ersten Kreditgeber gewährten Kreditbetrages als Steuerungsinstrument dann wirkungslos, wenn der Kreditnehmer mehr nachfragen würde, legte er die Zielsetzung der Maximierung nur seines Anteils an den zu erwartenden Zahlungen zugrunde. Das Instrument der Kreditrationierung im Sinne einer Beschränkung der Nachfrage zur Milderung oder Lösung von Anreizproblemen funktioniert bei der Möglichkeit der Aufnahme von Kapital von weiteren Fremdkapitalgebern nicht.

## 3. Die Auswirkung von Zusatzvereinbarungen auf die Entscheidung des Kreditnehmers über die Aufnahme weiteren Fremdkapitals

### a) Zusatzvereinbarungen zur Beeinflussung des Handlungsspielraums des Kreditnehmers

Die vertragliche Vereinbarung, die darauf abzielt, das Problem der Aufnahme von zusätzlichem Fremdkapital mit der Wirkung der Schädigung des bzw. der bisherigen Gläubiger zu eliminieren, ist die Negativklausel, die die Aufnahme weiterer Kredite mit gleichem oder höherem Rang der Forderung im Konkursfall verbietet bzw. von einer Zustimmung des bisherigen Fremdkapitalgebers abhängig macht.

Das oben diskutierte Problem wird hierdurch gegenstandslos, doch ist zu bedenken, daß der Wert eines solchen Verbots weiterer Fremdkapitalaufnahme dann negativ ist, wenn der erste Kreditgeber ein zu geringes Kreditvolumen zur Verfügung stellt, so daß die Realisierung des optimalen Investitionsvolumens verhindert wird und durch den zu niedrigen Kapitaleinsatz der Erwartungswert der Investitionserträge noch unter den bei Schädigung durch zusätzliche Fremdkapitalaufnahme fällt. Da jedoch annahmegemäß der Fremdkapitalgeber das Entscheidungskalkül des Kreditnehmers kennt und bezüglich des Investitionsobjektes die Erwartungen des Kreditnehmers teilt, ist die Vereinbarung einer zusätzlichen Vertragsklausel mit negativem Wert ausgeschlossen.

Durch die Auflage der Einhaltung bestimmter Finanzierungsregeln kann der Anreiz zur Aufnahme weiteren Fremdkapitals zwar nicht in jedem Fall beseitigt, jedoch mit Sicherheit gemildert werden. Wird für das

Verhältnis von Fremd- zu Eigenkapital $\ell$ , die Kapitalstrukturkennziffer, ein Höchstwert derart vorgegeben, daß der bei dieser Kennziffer $\bar{\ell}$ vorhandene Fremdfinanzierungsspielraum durch den Kredit des ersten Kapitalgebers bereits ausgeschöpft ist, dann ist eine weitere Kreditaufnahme nur durch die gleichzeitige Erhöhung des Eigenkapitals um $\frac{1}{\bar{\ell}}$ K möglich. Aus der Analyse des Anreizes zur Aufnahme von Fremdkapital von einem zweiten Gläubiger ist bekannt, daß dieser nur dann besteht, wenn das Marginalkalkül des Kreditnehmers bezüglich der Festlegung von K für ein gegebenes EK noch positiv ist, d. h. wenn er in seiner Nachfrage beschränkt wird und deshalb gilt:

$$(18) \quad \int_{\hat{p}}^{\bar{p}} (p \frac{\delta Q}{\delta C} - (1+r))f(p)dp > 0 \; .$$

Ersetzt man (1+r) durch Auflösung der Null-Gewinn-Bedingung des zweiten Kreditgebers, so ergibt sich:

$$(19) \quad \int_{\hat{p}}^{\bar{p}} p\frac{\delta Q}{\delta C} f(p)dp - (1+i) + \int_{\underline{p}}^{\hat{p}} \frac{(pQ - wL)}{K_1+K_2} f(p)dp > 0 \; .$$

Darin wird noch einmal deutlich, daß die Durchschnittsverzinsung im Bereich $p < \hat{p}$ größer als die Grenzverzinsung sein muß, wenn für den Kreditnehmer ein Anreiz existieren soll, das Kapitalvolumen durch die Aufnahme eines zweiten Kredites über $C_{opt}$ hinaus auszudehnen, obwohl er dem zweiten Kreditgeber einen erwarteten Mindestgewinn in Höhe von Null bieten muß.

Wird nun die Auflage der Einhaltung einer bestimmten Kapitalstruktur gemacht, so kann zur Erhöhung des gesamten eingesetzten Kapitals C um eine Einheit, das Fremdkapital nur um $\frac{\bar{\ell}}{1+\bar{\ell}} = \frac{K}{K+EK}$ Einheiten erhöht werden, während gleichzeitig das Eigenkapital um $\frac{1}{1+\bar{\ell}}$ Einheiten zunehmen muß, für das die Opportunitätskosten in Höhe von (1+i) auch im Konkursfall zu tragen sind.

Das Marginalkalkül des Produzenten lautet dann:

$$(20) \quad \int_{\hat{p}}^{\bar{p}} (p \frac{\delta Q}{\delta C} - \frac{\bar{\ell}}{1+\bar{\ell}} (1+r))f(p)dp - \frac{1}{1+\bar{\ell}} (1+i) \; .$$

Ersetzt man (1+r) wiederum durch Auflösung der Null-Gewinn-Bedingung, ergibt sich nach Umformung:

$$(21)\quad \int_{\hat{p}}^{\bar{p}} p \frac{\delta Q}{\delta C} f(p)dp - (1+i) + \frac{\bar{\ell}}{1+\bar{\ell}} \int_{\underline{p}}^{\hat{p}} p \frac{(pQ - wL)}{K_1+K_2} f(p)dp \;.$$

Es zeigt sich, daß (21) für ein gegebenes C und EK in jedem Fall kleiner ist als (19), da die Durchschnittsverzinsung des gesamten Fremdkapitals im Konkursfall jetzt nicht mehr mit 1, sondern nur noch mit $\frac{\bar{\ell}}{1+\bar{\ell}}$ gewichtet wird. Daraus folgt, daß der Anreiz zur Erhöhung des Kapitals durch zusätzliche Fremdkapitalaufnahme kleiner wird bzw. für $C = C_{opt}$ bereits negativ sein kann. Die Forderung der Einhaltung einer bestimmten Kapitalstruktur kann das Anreizproblem dann vollständig lösen, wenn die Kapitalstruktur-Kennziffer so vorgegeben wird, daß

$$(22)\quad \int_{\underline{p}}^{\hat{p}} p \frac{\delta Q}{\delta C_{opt}} f(p)dp = \frac{\bar{\ell}}{1+\bar{\ell}} \int_{\underline{p}}^{\hat{p}} \frac{(pQ - wL)}{K_1+K_2} f(p)dp$$

gilt, denn dann stimmt das Marginalkalkül des Kreditnehmers mit der Optimumbedingung für die Investition von Kapital in einer Welt ohne Anreizprobleme überein.

Eine zweckgebundene Vergabe des ersten Kredites dagegen hat vermutlich keinen Einfluß auf die Entscheidung über die Aufnahme von weiterem Fremdkapital, denn die Verwendungsmöglickeit des zweiten Kredites bleibt dadurch unberührt. Auf eine detailliertere Diskussion soll hier jedoch verzichtet werden, weil dies unter den getroffenen Annahmen wenig sinnvoll erscheint.

### b) Zusatzvereinbarungen zur Änderung der Teilungsregel

Zunächst sei die Möglichkeit betrachtet, mit dem ersten Kreditgeber die Stellung einer Sicherheit aus einem nicht bereits der Haftung unterliegenden Vermögensgut mit dem sicheren Liquidationserlös S zu vereinbaren. S reicht annahmegemäß jedoch nicht aus, um die Zahlungsverpflichtungen aus der ersten Kreditaufnahme voll zu begleichen, so daß ein Restausfallrisiko verbleibt.

Im folgenden soll gezeigt werden, daß sich eine Verstärkung des Haftungspotentials nicht eindeutig mildernd auf das Anreizproblem der Aufnahme weiteren Fremdkapitals auswirkt, wie vielleicht intuitiv vermutet werden könnte.

Die Stellung einer Sicherheit von außen beeinflußt die Regel zur Aufteilung der unsicheren Erträge des Investitionsobjekts in zweierlei Hinsicht:

Erstens übernimmt der Kreditnehmer bei gleichem Fremdkapitaleinsatz einen größeren Teil des Investitionsrisikos. Es findet eine Umverteilung der Investitionserträge derart statt, daß der Anteil des Kreditnehmers im Konkursfall sinkt, denn statt eines Einkommens aus dem Investitionsobjekt von Null verliert er die Sicherheit. Als 'Gegenleistung' steigt das Einkommen des Kreditnehmers bei hohen Preisrealisationen, denn die Verzinsungsforderungen insgesamt werden sich bei gleichem Fremdkapitaleinsatz vermindern und die Wahrscheinlichkeit des Konkurses sinkt durch die Besicherung ebenfalls, denn die Konkursgrenze vermindert sich auf:

$$\text{(23)} \quad \hat{p} = \frac{wL + K_1(1+r_1) + K_2(1+r_2) - S}{Q} \quad .$$

Zweitens bewirkt der Kreditnehmer durch die Stellung der Sicherheit, daß sich im Konkursfall die Verteilung der Erträge aus dem Investitionsobjekt zwischen beiden Kreditgebern verändert, denn die Befriedigung aus der Sicherheit steht nur dem ersten Kreditgeber zu. Seine Forderung geht nur noch in Höhe der Restforderung, die nicht aus der Sicherheit gedeckt werden konnte, in die Berechnung des ihm zustehenden Konkursanteils ein. Die Berechnung von $\alpha$ und $(1-\alpha)$ verändert sich wie folgt:

(24)

$$\text{Kreditgeber 1} \quad (1-\alpha) = \frac{K_1(1+r_1)-S}{K_1(1+r_1) - S + K_2(1+r_2)}$$

$$\text{Kreditgeber 2} \quad \alpha = \frac{K_2(1+r_2)}{K_1(1+r_1) - S + K_2(1+r_2)} \quad .$$

Erinnert man sich noch einmal, worauf der Anreiz zur Erhöhung des Kapitalvolumens beruht, so wird deutlich, daß sich zwar der erste Effekt den Anreizkonflikt mildernd auswirkt, der Einfluß des zweiten Effektes das Anreizproblem aber verstärken kann.

Der Anreiz zur Erhöhung des Kapitalvolumens entsteht dadurch, daß die Konkursansprüche des ersten Kreditgebers verwässert werden, so daß er durch diese Minderung seines Erwartungswertes des Gewinns den zweiten Kredit zum Teil mitfinanziert. Dadurch wird ein zusätzlicher Kapitaleinsatz für den Kreditnehmer und den zweiten Gläubiger gemeinsam auch dann lohnend, wenn die zusätzlichen Grenzkosten des Kapitals nicht mehr durch sein Wertgrenzprodukt gedeckt sind.

Da eine Schädigung des ersten Kreditnehmers nur im Konkursfall möglich ist, mildert die Bestellung der Sicherheit durch ihren ersten, die Konkursgrenze vermindernden Einfluß den Anreizkonflikt: Eine Senkung der Konkursgrenze ist gleichbedeutend mit einer Verminderung der Wahrscheinlichkeit des Ausfalls, so daß auch die Wahrscheinlichkeit, daß die Aufnahme weiteren Fremdkapitals die Ansprüche des ersten Kreditgebers negativ beeinflußt, abnimmt.

Der zweite Effekt dagegen, der von der Tatsache ausgeht, daß die Forderung des ersten Kreditgebers nur noch in Höhe seiner Restforderung in die Berechnung seines Anteils an der Konkursmasse einfließt, kann das Anreizproblem verstärken. Die Umverteilung der erwarteten Zahlungen im Konkursfall selbst ist hierbei nicht das Entscheidende, denn der erste Kreditgeber erhält ja als Ausgleich den Wert der Sicherheit. Das Wesentliche ist, daß die geänderte Berechnung der Anteile an den Zahlungen im Konkursfall den Einfluß des zweiten Kreditgebers auf den Anteil des ersten verstärkt. Dies soll im folgenden gezeigt werden.

Der Einfluß, den die Aufnahme einer weiteren Einheit Fremdkapital von einem zweiten - nun im Gegensatz zum ersten Gläubiger unbesicherten Fremdkapitalgeber - auf die Aufteilung der Zahlungen im Konkursfall ausübt, bestimmt sich durch die Ableitung von $\alpha$ oder $(1-\alpha)$ nach $K_2(1+r_2)$.

$$(25) \quad \frac{\delta\alpha}{\delta(K_2(1+r_2))} = \frac{(K_1(1+r_1)-S)}{(K_1(1+r_1)-S + K_2(1+r_2))^2} > 0$$

Dieser Einfluß ist wie im unbesicherten Fall positiv, da die Sicherheit annahmegemäß die Forderung des ersten Kapitalgebers nicht voll befriedigen kann. Derselbe Ausdruck, nur mit negativem Vorzeichen, drückt die Veränderung des prozentualen Anspruchs des ersten Gläubigers aus. Um zu beurteilen, wie eine Erhöhung der Sicherheit auf die Einflußmöglichkeit des zweiten Kreditgebers wirkt, sei (25) nach S abgeleitet:

$$(26) \quad \frac{\delta^2\alpha}{\delta(K_2(1+r_2))\delta S} = \frac{-(K_2(1+r_2)) + (K_1(1+r_1)-S)}{(K_1(1+r_1)-S + K_2(1+r_2))^3}$$

(26) zeigt, daß die Erhöhung einer Sicherheit, z. B. von 0 auf 1, den Einfluß der Forderung des zweiten Kreditgebers auf den prozentualen Anspruch im Konkursfall dann verstärkt, wenn die Restforderung des ersten Kreditgebers noch größer ist als die Forderung des zweiten Kreditgebers. Da zum Zeitpunkt der Entscheidung über die Aufnahme eines weiteren Kredites der zweite Gläubiger noch kein Kapital in die Unternehmung investiert hat, erhöht die Bestellung einer Sicherheit den Einfluß der Forderungen des zweiten Gläubigers auf den prozentualen Konkursanspruch bis seine Forderungen dieselbe Höhe erreicht haben wie die Restforderung des ersten Gläubigers. Die Bestellung der Sicherheit bewirkt, daß der zweite Gläubiger die Aufteilung der Zahlungen im Konkursfall verstärkt zu seinen Gunsten beeinflussen kann.

Obwohl dieses Ergebnis zunächst der Intuition widerspricht, gibt es eine plausible Erklärung dafür. Durch die Bestellung der Sicherheit sind der erste und der zweite Kapitalgeber pro jeweils investierter Kapitaleinheit nicht mehr gleichmäßig an den Zahlungen im Konkursfall beteiligt. Durch die Sicherheit tauscht der erste Kapitalgeber Ansprüche auf Zahlungen aus dem Investitionsobjekt gegen eine sichere Zahlung im Konkursfall. Sein Konkursanspruch pro investierter Kapitaleinheit wird hiervon dann nicht berührt, wenn er der einzige Gläubiger ist und bleibt. Kommt jedoch ein weiterer Gläubiger, dessen Forderung den gleichen Rang besitzt wie die Restforderung des ersten, hinzu, so wirkt sich die Sicherheit so aus, daß der Konkursanspruch des ersten Kreditnehmers pro investierter Kapitaleinheit höher ist als der des zweiten Kreditnehmers. Dies macht den Unterschied zur Situation ohne Besicherung aus, in denen sich die Konkursansprüche pro investierter Kapitaleinheit gleichen. Das Schädigungspotential im Konkursfall pro investierter Kapitaleinheit wird hierdurch erhöht - ein Effekt, der noch dadurch verstärkt wird, daß die Verzinsungsforderungen des zweiten Kreditgebers, die auch in die Berechnung des Konkursanteils eingehen, aufgrund seiner unbesicherten Forderung über den Verzinsungsforderungen des ersten Kreditgebers liegen dürften.

Ob dieses zusätzliche Schädigungspotential ausreicht, um den den Anreizkonflikt mildernden Effekt, der von der sinkenden Konkursgrenze ausgeht, zu überwiegen, hängt von der spezifischen Entscheidungssituation ab. Jedoch sind Fälle denkbar, in denen dies gilt. Man denke an ein Extrembeispiel, daß nur zwei Preirealisationen eintreten können, ein hoher Preis, der zu hohen Einzahlungsüberschüssen aus dem Verkauf des produzierten Gutes führt, und ein niedriger Preis, bei dessen Eintritt trotz Sicherheit die Einzahlungsüberschüsse nicht ausreichen, um die (Rest-)Forderungen des (ersten) Kreditgebers zu befriedigen. In diesem Fall wird die Wahrscheinlichkeit des Konkurses durch die Sicher heit nicht berührt und nur der das Anreizproblem verstärkende Effekt kommt zum Tragen.

Zusammenfassend kann gefolgert werden, daß die Besicherung durch ein nicht der Haftung unterliegendes Vermögensobjekt zur Milderung oder Beseitigung des Anreizkonfliktes im Hinblick auf die Aufnahme von weiteren Krediten nur mit Einschränkungen geeignet erscheint, es sei denn, das Sicherungsgut deckt die Forderung voll ab, so daß es unmöglich wird, die Position des ersten Kreditgebers durch die Aufnahme weiterer Gläubiger zu verschlechtern.

Betrachtet man die Möglichkeit einer Sicherung der Position des ersten Fremdkapitalgebers durch die Vereinbarung einer bevorrechtigten Befriedigung im Falle des Konkurses, so läßt sich zeigen, daß durch die sogenannte "me-first-rule" unter den geltenden Annahmen der Anreiz zur Aufnahme weiteren Fremdkapitals genommen wird. Da alle Erträge aus dem Unternehmen bei Preis-Realisationen unter p zunächst dem ersten Fremdkapitalgeber zufallen, erhält der zweite Kreditgeber erst dann einen Teil der Konkursmasse, wenn die Forderung des ersten voll befriedigt ist. Der Preis $p^+$, für den gilt, daß die Erträge des Investitionsobjektes gerade zur Erfüllung der Zahlungsverpflichtungen aus der ersten Kreditaufnahme ausreichen, ist definiert als:

$$(27) \quad p^+ = \frac{wL + K_1(1+r_1)}{Q} .$$

Das Pareto-Programm zur Gestaltung des optimalen zweiten Kreditvertrages bei gegebener Zahlungsverpflichtung $K_1(1+r_1)$ aus dem ersten Kreditvertrag lautet dann:

$$(28) \quad \max_{K_2, r_2} Y = \int_{\hat{p}}^{\bar{p}} (pQ - wL - K_1(1+r_1) - K_2(1+r_2))\, f(p)dp + \psi\left[\int_{p^+}^{\hat{p}} (pQ - wL - K_1(1+r_1)) f(p)dp + \int_{\hat{p}}^{\bar{p}} K_2(1+r_2) f(p)dp - K_2(1+i)\right] .$$

Die Bedingungen erster Ordnung für ein Maximum lauten:

$$(29a) \quad \frac{\delta Y}{\delta K_2} = \int_{\hat{p}}^{\bar{p}} \left(p \frac{\delta Q}{\delta C} - (1+r_2)\right) f(p)dp + \psi\left[\int_{p^+}^{\hat{p}} p \frac{\delta Q}{\delta C} f(p)dp + \int_{\hat{p}}^{\bar{p}} (1+r_2) f(p)dp - (1+i)\right] = 0$$

(29b) $$\frac{\delta Y}{\delta r_2} = \int_{\hat{p}}^{\bar{p}} - K_2 f(p)dp + \psi \int_{\hat{p}}^{\bar{p}} K_2 f(p)dp = 0$$

(29c) $$\frac{\delta Y}{\delta \psi} = \int_{p^+}^{\hat{p}} (pQ - wL - K_1(1+r_1)) f(p)dp + \int_{\hat{p}}^{\bar{p}} K_2(1+r_2) f(p)dp - K_2(1+i) = 0 .$$

Aus (29b) läßt sich ableiten, daß $\Psi$ den Wert 1 annimmt. Eingesetzt in (29a) ergibt sich:

(30) $$\int_{\hat{p}}^{\bar{p}} p \frac{\delta Q}{\delta C} f(p)dp + \int_{p^+}^{\hat{p}} p \frac{\delta Q}{\delta C} f(p)dp - (1+i) < 0 .$$

Da im Vergleich zum Marginalkalkül für die optimale Festlegung von C in einer Welt ohne Anreizprobleme das Wertgrenzprodukt von C bei Preisrealisationen kleiner als $p^+$ keine Berücksichtigung findet, muß gelten, daß für ein $K_1$, das $C_{opt}$ entspricht, (30) bereits negativ sein muß. Die Aufnahme eines zweiten Kredites ist nicht mehr vorteilhaft.

Das Ergebnis ist intuitiv einleuchtend, denn durch die Einräumung eines Vorrangs der Befriedigung im Konkursfall ist der Anreiz zur Schädigung des ersten Kreditgebers durch gleichrangige Forderungen eines zweiten Kreditgebers genommen. Die zusätzlichen Refinanzierungskosten von (1+i) sind nicht mehr teilweise durch die (wegen der Antizipation vermeintliche) Schädigung, sondern in voller Höhe durch das Investitionsobjekt zu erwirtschaften. Da das optimale Kapitalvolumen aber gerade so gewählt wird, daß das erwartete Wertgrenzprodukt eines zusätzlichen Kapitaleinsatzes gleich den zusätzlichen Kapitalkosten von (1+i) ist, kann wegen der sinkenden Grenzproduktivität des Kapitals eine Kreditaufnahme über das Optimum hinaus nie vorteilhaft sein.

## VII. Das Zusammenwirken von Anreizproblemen und die Möglichkeiten der Steuerung des Kreditnehmerverhaltens durch Zusatzvereinbarungen

### 1. Das Problem des gleichzeitigen Auftretens mehrerer Anreizprobleme

Um die Anreize zur Änderung des Investitions- und Finanzierungsverhaltens, die mit einer Fremdfinanzierung verbunden sind, einer isolierten

Betrachtung unterziehen zu können, gingen die Ausführungen in den vorangegangenen drei Abschnitten insofern von sehr vereinfachenden Annahmen aus, als die jeweils nicht im Mittelpunkt der Betrachtung stehenden Variablen entweder als konstant oder aber als kooperativ festlegbar betrachtet wurden. Es ist jedoch davon auszugehen, daß in der Realität mehrere Anreizkonflikte gleichzeitig auftreten, wodurch sowohl die Intensität ihrer Ausprägung als auch die Möglichkeiten ihrer Steuerung beeinflußt werden können.

Relativ problemlos zu beurteilen sind die Auswirkungen, die die beiden Anreize zur Änderung des Finanzierungsverhaltens, der Anreiz zur Verminderung des Eigenkapitals und der zur Erhöhung des Fremdkapitals, aufeinander ausüben. So ist leicht einzusehen, daß der eine den anderen nicht ausschließt, sondern sie sich gegenseitig ergänzen. Die Minderinvestition von Eigenkapital wird ausgeglichen durch die Aufnahme von Fremdkapital bei einem zweiten Gläubiger. Diese Ersetzung von Eigenkapital durch Fremdkapital führt zu einer Erhöhung des teilweise durch den ersten Kreditgeber zu tragenden Kapitalstrukturrisikos. Es findet eine Umverteilung der Investitionserträge zu seinen ungunsten statt, vor der er sich wiederum durch Antizipation schützen muß. Zu Kooperationsverlusten kommt es zunächst nicht, denn sie werden gerade durch das Zusammenwirken beider Anreize vermieden. Bis ein Kapitalvolumen von $C = C_{opt}$ erreicht ist, wird der Opportunitätsverlust durch die Verminderung des Eigenkapitals durch die entsprechende Erhöhung des Fremdkapitals ausgeglichen. Ist ein Kapitalvolumen von $C = C_{opt}$ erreicht, so besteht ein Anreiz zur Schädigung des ersten Fremdkapitalgebers durch Aufnahme weiterer Kredite, wenn die im vorangegangenen Abschnitt abgeleiteten Bedingungen Gültigkeit besitzen. Die Kooperationsverluste bei einer fehlenden Bindungsmöglichkeit bezüglich des Finanzierungsverhaltens entsprechen denjenigen, die durch den Anreiz erhöhter Fremdkapitalaufnahme bei einem Eigenkapital von Null entstehen.

Sehr viel schwieriger ist zu beurteilen, wie der Anreiz zur Erhöhung der Riskanz mit den Anreizen zur Änderung des Finanzierungsverhaltens zusammenwirkt. So nimmt eine Erhöhung des Arbeitseinsatzes L über das in einer Welt ohne Anreizprobleme optimale hinaus in dreifacher Hinsicht auf das Kalkül des Kreditnehmers und Eigenkapitalgebers Einfluß:

- Eine Erhöhung von L erhöht die Konkursgrenze und verstärkt so den Anreiz zur Ersetzung von Eigen- durch Fremdkapital bzw. zur Erhöhung des Fremdkapitals über das optimale Kapitalvolumen hinaus.

- Eine Erhöhung von L wirkt sich - je nach Gestalt der Produktionsfunktion - auf die Grenzproduktivität des Kapitals aus. Liegt z. B. eine Produktionsfunktion vom Cobb-Douglas-Typ[28] vor, so steigt die Grenzproduktivität des Kapitals, so daß zumindest eine gewisse Erhöhung des Kapitaleinsatzes für beide Vertragsparteien vorteilhaft ist, wie bereits die Diskussion zu den Möglichkeiten der Milderung des Anreizes zur Erhöhung der Riskanz durch den Einsatz von K als Steuerungsinstrument andeutete.

- Eine Erhöhung von L hat über die bereits genannten Effekte Einfluß auf den Erwartungswert des Gewinns beider Kreditgeber, die eine Anpassung der Zinskonditionen vornehmen werden.

Umgekehrt übt eine Veränderung des Kapitaleinsatzes, je nachdem ob es sich um Eigenkapital oder Fremdkapital handelt, auch einen Einfluß auf das Kalkül des Kreditnehmers bezüglich der Festlegung von L aus. Wirkt sowohl eine Eigenkapitalverminderung als auch eine Fremdkapitalerhöhung die Konkursgrenze steigernd, so ist der Einfluß einer Eigenkapitalverminderung auf die Grenzproduktivität der Arbeit demjenigen einer Fremdkapitalerhöhung entgegengesetzt.

Aufgrund dieser vielfältigen gegenseitigen Einflüsse kann ohne spezifischere Annahmen über die Entscheidungssituation, d. h. die Wahrscheinlichkeitsfunktion und die Produktionsbedingungen, wenig über das sich einstellende Gleichgewicht bei gemeinsamem Auftritt aller Anreizprobleme gesagt werden. Jedoch kann ausgeschlossen werden, daß sich die Anreizprobleme gegenseitig aufheben, denn ein Anreiz zu einem überhöhten Arbeitseinsatz besteht - wie gezeigt wurde - für jedes beliebige Kapitalvolumen, wenn ein positives Ausfallrisiko vorhanden ist.

Nicht auszuschließen ist jedoch, daß durch die Erhöhung der Riskanz der Anreiz zur Aufnahme von Fremdkapital über das für diesen Arbeitseinsatz optimale Kapitalvolumen hinaus verschwindet, denn eine Erhöhung von L erhöht die vor Befriedigung der Fremdkapitalgeber zu erfüllenden Zahlungsverpflichtungen wL, die wiederum die Durchschnittsverzinsung im Bereich $p < \hat{p}$ vermindern und die Konkursgrenze erhöhen. Dies hat eine Steigerung der geforderten Verzinsung (1+r) und somit der durch den Kreditnehmer erwarteten Grenzkosten einer zusätzlichen Fremdkapitalaufnahme zur Folge. Ein dieser Auswirkung vergleichbarer

---

28. Vgl. z. B. HESSE, H./LINDE, R. Gesamtwirtschaftliche Produktionstheorie, Teil II, Würzburg - Wien - 1976, S. 17 - 23.

Einfluß einer Erhöhung des Fremdkapitals auf das Marginalkalkül des Kreditnehmers bezüglich der Festlegung von L fehlt, denn die Grenzkosten der Arbeit w sind vom Kapitalvolumen unabhängig.

Diese Tendenz, den Anreiz zur vermehrten Fremdkapitalaufnahme durch eine Erhöhung der Riskanz zu mildern, ist plausibel. Liegt die Schädigungsmöglichkeit durch die Erhöhung der Riskanz gerade darin, daß sich die im Konkursfall unter den Gläubigern zu verteilenden Zahlungen verringern, während eine Erhöhung der an den Kreditnehmer fließenden Zahlungen bei Nichtkonkurs stattfindet, entsteht der Anreiz zur Aufnahme von Fremdkapital von weiteren Gläubigern durch die Möglichkeit, den oder die bisherigen Gläubiger durch eine Umverteilung der zu erwartenden Zahlungen im Konkursfall zu schädigen. Die Schädigungsmöglichkeit durch eine Umverteilung der Zahlungen im Konkursfall wird jedoch um so weniger ausgeprägt sein, je geringer die zu erwartenden Zahlungen im Konkursfall sind. Deutlich wird dies an dem extremen Fall, daß ein Investitionsobjekt im Konkursfall keinerlei Zahlungen erbringt, in dem offensichtlich keine Schädigung der Gläubiger durch eine nachträgliche Verwässerung ihrer Konkursansprüche erfolgen kann.

Daß das Zusammenwirken von Anreizproblemen nicht ohne einen Einfluß auf die Möglichkeiten ihrer Milderung oder Beseitigung durch die Vereinbarung zusätzlicher Vertragsklauseln ist und daß diese gegenseitige Beeinflussung den Wert einer Zusatzvereinbarung zwar steigern, aber auch mindern kann, soll der folgende Abschnitt aufzeigen.

## 2. Die Abschwächung oder Verstärkung der Steuerungswirkung vertraglicher Zusatzvereinbarungen durch ein Zusammenwirken der Anreizprobleme

Bei der Vereinbarung von Vertragsklauseln, die direkt auf Handlungsspielräume des Kreditnehmers Einfluß nehmen, ist zu beachten, daß der für beide Vertragspartner optimale mit Hilfe der Zusatzvereinbarung zu fixierende Wert für eine Variable, z. B. L, nicht unabhängig ist von der Festlegung des oder der anderen Variablen. So ist es nicht sinnvoll - selbst wenn dies technisch möglich wäre - dem Kreditnehmer den in einer Welt ohne Anreizprobleme optimalen Arbeitseinsatz vorzuschreiben, wenn dieser nicht gleichzeitig an das in einer Welt ohne Anreizprobleme optimale Kapitalvolumen gebunden werden kann. Besteht nämlich für den Kreditnehmer ein Anreiz, das Kapitalvolumen durch die Aufnahme eines zweiten Kredites auszudehnen, und wird er daran nicht durch eine Negativklausel gehindert, so ändert sich der für alle Beteiligten optimale Arbeitseinsatz, da das zusätzliche Kapital die Grenzproduktivität der Arbeit beeinflußt. Wird dies nicht beachtet, kann es zu einem negativen Wert der Zusatzvereinbarung kommen, da der Kreditnehmer und Produzent auf eine Produktionsalternative festlegt werden könnte, die einen geringeren Gewinnerwartungswert erbringt als diejenige, die er ohne Einflußnahme gewählt hätte. Eine solche Gefahr ist desto geringer, je größer der dem Produzenten verbleibende Handlungsspielraum ist. Eine vertragliche Festlegung der Einhaltung einer bestimmten Höchstgrenze für die Arbeitsintensität der Produktion, der Kennziffer von Arbeits- zu Kapitaleinsatz, hält die Möglichkeit einer für alle Vertragsparteien vorteilhaften Anpassung des Arbeiteinsatzes an einen erhöhten Kapitaleinsatz offen, eine Vorschreibung der Höhe des Arbeitseinsatzes dagegen nicht. Jedoch ist die Gefahr einer "falschen" Festlegung der Zusatzvereinbarungen solange nicht von Bedeutung, wie die Annahme der Sicherheit des Kreditgebers über das Entscheidungskalkül des Kreditnehmers gilt, denn der negative Wert einer Zusatzvereinbarung wird unter dieser Annahme von beiden Vertragsparteien erkannt, und dementsprechend werden sie kooperativ die - unter den vorhandenen Anreizproblemen - optimalen Vertragsbedingungen wählen.

Wie die vorhergehenden Abschnitte zeigten, mildert die Vereinbarung der Stellung einer Sicherheit, die das Haftungspotential stärkt, zwar durch den die Konkursgrenze senkenden Effekt den Anreiz zur Erhöhung der Riskanz, der Anreiz zur Schädigung des ersten Kreditgebers durch zusätzliche Fremdkapitalaufnahme kann aber verstärkt werden. Die beiden Auswirkungen sind vor der Vereinbarung einer Sicherheit gegeneinander abzuwägen. Ist die auch das Anreizproblem eines zu hohen Arbeitseinsatzes mildernde Senkung der Konkursgrenze gering im Vergleich zur Erhöhung des Schädigungspotentials im Konkursfall, so könnte es vorteilhaft sein, von einer Besicherung abzusehen.

Verdeutlichen kann man sich dieses Argument wiederum an an dem Extrembeispiel, daß nur zwei mögliche Preise mit einer positiven Wahrscheinlichkeit belegt werden, wobei bei Realisation des niedrigen Preisniveaus der Konkursfall eintritt und die Stellung der Sicherheit nicht ausreicht, um die Forderung des ersten Kreditgebers vollständig abzusichern. Unter der Annahme einer solchen diskreten Wahrscheinlichkeitsfunktion fehlt der Einfluß der Sicherheit auf die Konkursgrenze, der die Anreizprobleme mildert.

Bemerkenswert ist der Einfluß, den der Anreiz zur Erhöhung der Riskanz auf die Wirksamkeit der bevorzugten Befriedigung im Konkursfall, der "me-first-rule", im Hinblick auf die Behebung des Anreizes zur Aufnahme eines zweiten Kredites ausübt. Für den Fall, daß der Arbeitseinsatz L gegeben ist, konnte gefolgert werden, daß die Vereinbarung einer "me-first-rule" den Anreiz zur Schädigung des ersten Kreditgebers durch Aufnahme eines zweiten Kredites nimmt. Dies gilt - wie KEETON zeigt[29] - unter der Annahme, daß L frei wählbar ist, nicht mehr uneingeschränkt. Dies kann folgendermaßen verdeutlicht werden. Im Falle der bevorrechtigten Befriedigung des ersten Kreditgebers stehen dem zweiten Kreditgeber und dem Kreditnehmer nur dann Zahlungen aus dem Investitionsobjekt zu, wenn diese die Forderungen des ersten Kreditgebers übersteigen, d. h. wenn sich ein Preis größer als $p^+$ realisiert.

(1) $$p^+ = \frac{wL + K_1(1+r_1)}{Q}$$

Hierdurch findet eine Art Interessenangleichung zwischen dem Kreditnehmer und dem zweiten Kreditgeber statt, denn für alle Preisrealisationen $p < p^+$ schädigt eine höhere Festlegung von L nur den ersten Kreditgeber. Die zusätzlichen Lohnkosten mindern die an ihn fließenden Zahlungen. Dieses Schädigungspotential kann groß genug sein, daß sich der Kreditnehmer - unter Einhaltung der Null-Gewinn-Bedingung für den zweiten Kreditgeber - eine Erhöhung seines erwarteten Anteils verspricht, wenn er einen zweiten Kredit aufnimmt, den Produktionsfaktor Kapital so erhöht und gleichzeitig den Arbeitseinsatz L steigert. Dies läßt sich wie folgt begründen.

Ein zusätzlicher Kapitaleinsatz kann die Grenzproduktivität der Arbeit bei entsprechender Gestalt der Produktionsfunktion erhöhen und so den Anreiz zu einer Erhöhung der Riskanz durch vermehrten Arbeitseinsatz im gemeinsamen Interesse des Kreditnehmers und des zweiten Kreditgebers verstärken. Dies ist dann der Fall, wenn für den durch den ersten Kredit vorgegebenen Kapitaleinsatz gilt:

(2) $$\frac{\delta^2 Y}{\delta L \delta C} = \int_{p^+}^{\hat{p}} p \frac{\delta^2 Q}{\delta L \delta C} f(p)dp - \frac{\delta p^+}{\delta K_2} (p^+ \frac{\delta Q}{\delta L} - w) f(p^+) > 0$$

Dieser erhöhte Arbeitseinsatz wiederum erhöht die Grenzproduktivität

---

29. Vgl. KEETON (1979), S. 241 - 250.

des Kapitals derart[30], daß, obwohl der Kreditnehmer und der zweite Kreditgeber nur dann an dem Grenzertrag beteiligt sind, wenn sich Preise größer $p^+$ realisieren, die zusätzlichen Refinanzierungskosten von (1+i) durch die zusätzlichen erwarteten Gewinne abgedeckt sein können. Für einen gegebenen Kreditbetrag $K_1$ wird dann trotz "me-first-rule" bei einer gleichzeitigen Erhöhung von L eine zusätzliche Kreditaufnahme vorteilhaft.

Der Anreiz zur Schädigung des ersten Kreditgebers, der ohne die Vereinbarung eines Konkursvorrechts auf die Zahlungen aus dem Investitionsobjekt aus der Umverteilung resultiert, kann durch die "me-first-rule" ausgeschaltet werden, allerdings um den Preis, daß den bevorrechtigten Gläubiger eine Erhöhung der Riskanz des Investitionsobjektes am härtesten trifft und so eine diesbezügliche Interessenangleichung zwischen dem nicht bevorrechtigten Gläubiger und dem Kreditnehmer erfolgt.

Den Ausführungen im Abschnitt VI entsprechend kann nachgewiesen werden, daß der Anreiz, den ersten Kreditgeber durch die Aufnahme eines weiteren Kredites zu schädigen, auch bei der Vereinbarung der bevorrechtigten Befriedigung im Konkursfall nur dann besteht, wenn der Kreditnehmer durch den ersten Kreditgeber in seiner Kapitalnachfrage beschränkt wurde, so daß für den Kreditnehmer zur Maximierung seines Anteils eine Ausdehnung des Kapitalbetrages vorteilhaft erscheint. Dies entspricht wiederum dem Fall der Rationierung des Nachfragers mit dem Ziel einer Vermeidung von zusätzlichen Kooperationsverlusten, das jedoch nicht erreicht wird, da die Steuerungswirkung des ersten Kreditbetrages durch die Möglichkeit der Kreditaufnahme von einem zweiten Gläubiger außer Kraft gesetzt werden kann. Für einen formalen Nachweis sei auf KEETON verwiesen.[31]

---

30. Auf eine Ableitung von Y nach $K_2$ bzw. C kann hier verzichtet werden, denn aufgrund der Symmetrie der gemischten Ableitungen ist $\frac{\delta^2 Y}{\delta C \, \delta L}$ gerade gleich dem Ausdruck (2).

31. Vgl. KEETON (1979), S. 241 - 249.

# VIII. Informationszugang nach Vertragsabschluß und seine Auswirkungen auf die Vorteilhaftigkeit von Zusatzvereinbarungen

## 1. Vorbemerkungen

Anreizprobleme in einer Gläubiger/Schuldner-Beziehung wurden bisher unter der Prämisse behandelt, daß Unsicherheit über die Zahlungen aus dem Investitionsobjekt herrscht und keine Möglichkeit einer Verbesserung des Informationsstandes während der Laufzeit des Kreditvertrages besteht. Bezieht man die Möglichkeit eines Zugangs bzw. der Beschaffung von Informationen nach dem Abschluß des Vertrages mit ein, so kann sich dies sowohl auf die konkrete Ausprägung der Anreizproblematik als auch auf die Beurteilung der Wirkung zusätzlicher Vereinbarungen zu deren Milderung auswirken. Eine detaillierte Diskussion der Konsequenzen einer solchen Modellerweiterung würde den Rahmen dieser Arbeit sprengen, doch sollen zusätzlich auftretende Probleme zumindest angedeutet werden.

Um Mißverständnisse zu vermeiden, sei darauf hingewiesen, daß die Annahme des Informationszugangs nach Vertragsabschluß die Annahme der Sicherheit des Kreditgebers über das Entscheidungskalkül des Kreditnehmers nicht aufhebt. Es wird angenommen, daß der Kreditvertrag bei gleichem Informationsstand von Kreditnehmer und Kreditgeber abgeschlossen wird, jedoch ein Zugang von Informationen nach Vertragsabschluß dem Kreditnehmer als Produzenten die Möglichkeit einer Anpassung seiner Entscheidungen an einen erhöhten Informationsstand liefert. Der Kreditgeber weiß also, daß der Kreditnehmer seine Entscheidungen an dem eingehenden Informationsergebnis ausrichten wird, jedoch ist weder dem Kreditnehmer noch dem Kreditgeber die Ausprägung, die die Information annehmen wird, zum Zeitpunkt des Vertragsabschlusses bekannt.

Die eingehenden Informationen, so sei angenommen, beziehen sich auf die Wahrscheinlichkeit des Eintritts der möglichen Umweltzustände, in unserem Fall der möglichen Preise. Eine Bewertung von Informationen erfolgt gemäß dem entscheidungstheoretischen Kalkül zur Bestimmung des Wertes von Information, das eine Verarbeitung der zugehenden Informationen nach dem Bayesschen Theorem voraussetzt.[32]

---

32. Zur entscheidungstheoretischen Informationsbewertung vgl. LAUX (1982), S. 281 - 314.

## 2. Der Wert von Information in einer Welt ohne Anreizprobleme

Um eine Erfassung der Auswirkungen von Informationen in einer Welt mit Anreizproblemen zu ermöglichen, sei zunächst als Vergleichsmaßstab die Rolle von Informationen in einer Welt ohne Anreizprobleme dargestellt.

Wird die Möglichkeit unkooperativer Entscheidungen ausgeschlossen, sei es durch die Annahme, daß nur eine Person die Entscheidungskonsequenzen trägt, oder aber dadurch, daß alle Entscheidungen von den Vertragsparteien gemeinsam gefällt werden, gilt der Satz, daß der Wert einer Information nicht negativ sein kann. Der Wert einer Information ist - bezogen auf das hier unterstellte Investitionsproblem und unter Risikoneutralität aller Vertragsparteien - definiert als Differenz des (a posteriori) Gewinnerwartungswertes bei Informationsbeschaffung und des (a priori) Gewinnerwartungswertes der ohne Informationszugang gewählten Investitionsalternative. Der Gewinnerwartungswert bei Informationsbeschaffung setzt sich aus der gewichteten Summe der Gewinnerwartungswerte der jeweils im Lichte eines möglichen Informationsergebnisses optimalen Investitionsalternativen zusammen, wobei als Gewichtungsfaktor die Wahrscheinlichkeiten derjenigen Informationsergebnisse dienen, die zur Wahl der jeweiligen Investitionsalternative führen.

Der Wert der Information kann nicht negativ sein, weil die Information keine unmittelbaren Handlungskonsequenzen hat, sondern sich lediglich auf die Wahrscheinlichkeitsfunktion auswirkt. Nur dann, wenn eine andere Investitionsalternative als die vor Informationsbeschaffung vorteilhafteste im Lichte des veränderten Wahrscheinlichkeitsurteils einen höheren Gewinnerwartungswert aufweist, wird diese gewählt. Ist nach dem Zugang jedes möglichen Informationsergebnisses immer diejenige Handlungsalternative die optimale, die auch ohne Informationsbeschaffung den höchsten Erwartungswert aufweist, so ist der Erwartungswert mit und ohne Information gleich und somit der Wert der Information Null. Eine kostenlose Informationsbeschaffung kann deshalb nie von Nachteil sein. Eine Information, die nicht kostenlos zur Verfügung steht, wird nur dann eingeholt, wenn ihr Wert die durch sie verursachten Kosten übersteigt.

Der Maximalwert einer Information ist der Wert der vollkommenen Information. Vollkommene Information heißt, daß nach Informationsbeschaffung der eintretende Umweltzustand - in unserem Beispiel der Preis p - mit Sicherheit bekannt ist, so daß jeweils diejenige Handlungsalternative gewählt werden kann, die in diesem Umweltzustand den maximalen Gewinn aufweist.

Um den Wert der Informationsbeschaffung im Rahmen des hier verwendeten Grundmodells zu verdeutlichen, sei angenommen, daß mit der Entscheidung über den Arbeitseinsatz L gewartet werden kann, bis nähere Informationen über den Preis p vorliegen, während der Kapitaleinsatz C wie bisher aufgrund der ursprünglichen Wahrscheinlichkeitsfunktion über p bestimmt werden muß. Aus Vereinfachungsgründen sei C gegeben.

Der Wert der vollkommenen Information berechnet sich aus der Differenz des Gewinnerwartungswertes unter der Annahme, daß die Preisrealisation bei der Wahl von L mit Sicherheit bekannt ist, und des Gewinnerwartungswertes, der sich ergibt, wenn L zum selben Zeitpunkt wie C festgelegt werden muß, wie bisher immer unterstellt wurde. Ist der Preis p bei der Entscheidung über L bekannt, so ist das Wertgrenzprodukt von L sicher, und L kann in Abhängigkeit von p so festgelegt werden, daß das Wertgrenzprodukt den zusätzlichen Lohnkosten von w entspricht:

$$(1) \quad p\frac{\delta Q}{\delta L} - w = 0 \qquad \text{für jedes } p.$$

Durch die Festlegung von L gemäß (1) muß der Erwartungswert des Gewinnes gegenüber der Situation bei Festlegung von L unter Unsicherheit, in der die Grenzproduktivität von L multipliziert mit dem Erwartungswert von p den zusätzlichen Lohnkosten gleicht, steigen: Es ist ausgeschlossen, daß sich der Arbeitseinsatz im Nachhinein als zu hoch herausstellt, weil sich ein Preis eingestellt hat, der unter dem Erwartungswert des Preises liegt. Ebenso ist ausgeschlossen, daß sich der Arbeitseinsatz im Nachhinein als zu niedrig erweist, da sich ein Preis über dem Erwartungswert realisiert hat, so daß eine Mehrproduktion gewinnsteigernd gewesen wäre. Lediglich dann, wenn sich der Preis realisiert, der mit dem Erwartungswert des Preises übereinstimmt, ist der Gewinn bei Festlegung von L unter Sicherheit gleich dem bei Festlegung unter Unsicherheit, während er für alle anderen Preisrealisationen diesen übersteigt.

Dieser Zusammenhang sei noch einmal in der folgenden Abbildung verdeutlicht, in der die gesamten Kapitalkosten in Höhe von C(1+i) unberücksichtigt bleiben, da sie von der Informationsbeschaffung unabhängig sind. Die Kurven stellen den Bruttogewinn BG in Abhängigkeit von dem sich einstellenden Preis p, der den Erwartungswert E(p) besitzt, dar. $BG_{oI}$ bezeichnet den Bruttogewinn ohne Informationsbeschaffung und

$BG_{vI}$ den Bruttogewinn bei vollkommener Information über den Preis.

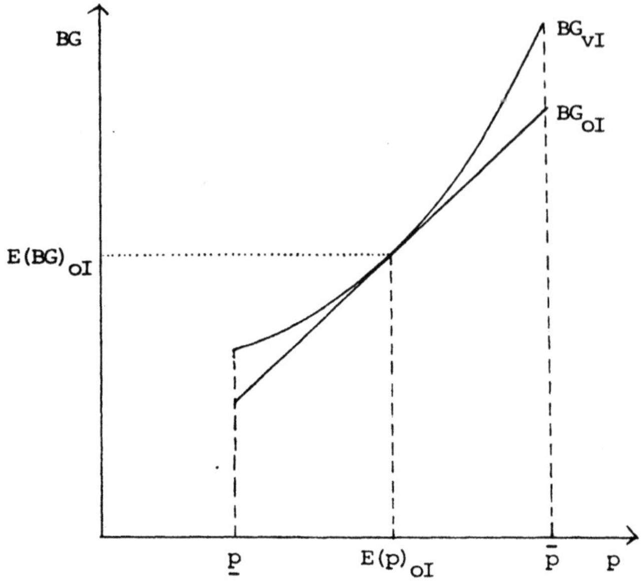


Abb. 19: Die Auswirkungen vollkommener Information über den Preis vor der Festlegung des Arbeitseinsatzes L[33]

Quelle: KRAHNEN/SCHMIDT/TERBERGER (1985), S. 260.

Der Wert der vollkommenen Information läßt sich bei gleicher Dichte aller a priori möglichen Preise als Flächeninhalt zwischen den beiden Kurvenverläufen bestimmen.

Die Darstellungsweise der Zeichnung ermöglicht es ebenfalls, den Wert unvollkommener Information abzulesen. Nehmen wir an, es werde die Beschaffung einer Information erwogen, die zwei unterschiedliche Informationsergebnisse erwarten läßt. Das Informationsergebnis $I_1$ ließe auf einen Erwartungswert des Preises $E(p)_{I1}$ schließen, der über dem a priori Erwartungswert liegt, das Informationsergebnis $I_2$ auf einen Erwartungswert des Preises $E(p)_{I2}$, der unter dem a priori Erwartungswert liegt. Da die mit der Wahrscheinlichkeit des Informationsergebnisses gewichtete Summe der Preiserwartungswerte wiederum dem a priori Erwartungswert entsprechen muß, läßt die folgende Abbildung 20 ablesen, daß der Gewinnerwartungswert bei Informationsbeschaffung $E(BG)_{m.I.}$ den

33. Der positive Informationswert folgt aus dem konvexen Kurvenverlauf aufgrund von JENSENs Ungleichung.

a priori Gewinnerwartungswert $E(BG)_{o.I.}$ übersteigt.

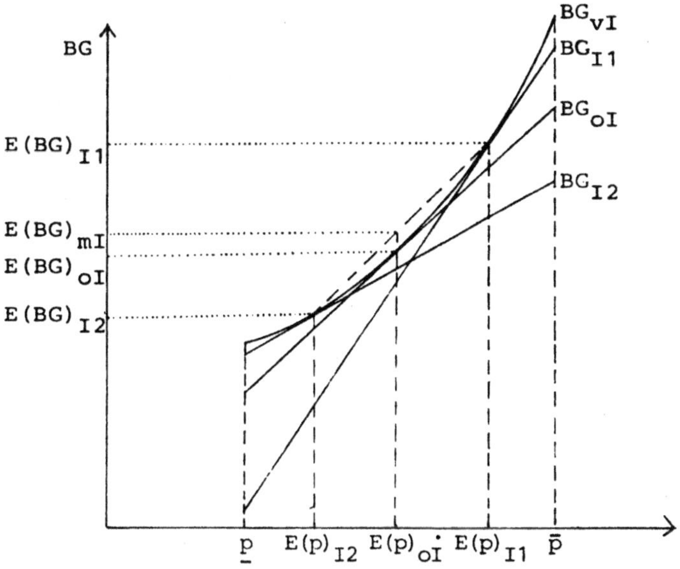


Abb. 20: Der Wert einer unvollkommenen Information über den Preis

Die allgemeine Formel zur Bestimmung des Informationswertes ohne Berücksichtigung der von der Informationsbeschaffung unabhängigen Kapitalkosten lautet:

$$(2) \quad WI = E(BG)_{mI} - E(BG)_{oI} =$$

$$= \sum_{i=1}^{\bar{I}} y(I_i) \left[ \int_{\underline{p}}^{\bar{p}} (pQ - wL(I_i))\, f(p/I_i)\, dp \right] - \int_{\underline{p}}^{\bar{p}} (pQ - wL)\, f(p)dp$$

wobei

$y(I_i)$ die unbedingte Wahrscheinlichkeit für das Informationsergebnis $I_i$ $(i=1,2,\ldots\bar{I})$

$f(p/I_i)$ die (bedingte) Wahrscheinlichkeitsfunktion für p nach Zugang des Informationsergebnisses $I_i$ und

$L(I_i)$ den in Abhängigkeit vom Informationsergebnis $I_i$ zu wählenden Arbeitseinsatz ausdrückt.

Ist der Wert der Information größer als die Kosten, ist die Informationsbeschaffung von Vorteil.

## 3. Anreizprobleme und Informationszugang nach Vertragsabschluß

Bezieht man nun als Problem mit ein, daß Entscheidungen nach Informationszugang nicht kooperativ gefällt werden, sondern von einem Agenten, der die Maximierung des Nutzens seines Anteils an den zu erwartenden Zahlungen verfolgt, läßt sich die Gültigkeit des Satzes von der Nichtnegativität des Informationswertes nicht aufrechterhalten. Da der Agent die Information zu seinem eigenen Vorteil verwertet, ist es für den Wert einer Informationsbeschaffung in einer Welt mit Anreizproblemen entscheidend, ob der Agent die Information zur Schädigung des bzw. der anderen Vertragsparteien nutzen kann, oder aber ob die Information die Entscheidungen so beeinflußt, daß sie allen Vertragsparteien zum Vorteil gereicht.

Drei Fälle sind denkbar, wie sich ein Informationergebnis auf das Kalkül des Agenten und die nach Informationszugang gewählte Alternative auswirken kann:

- Das Informationsergebnis hat keinerlei Einfluß auf das Kalkül des Entscheiders, und die durch ihn nach Information gewählte Handlungsalternative stimmt mit der ohne Information gewählten überein. Dieser Fall kann auch dann eintreten, wenn bei fehlender Anreizproblematik ein Wechsel der Alternativenwahl aufgrund des Informationsergebnisses vorteilhaft gewesen wäre. Je nachdem, wie sich die Alternativenwahl nach Erhalt des Informationsergebnisses bei einer kooperativen Entscheidung geändert hätte, können sich die Opportunitätsverluste aufgrund des Anreizproblems vermindern oder verstärken.

- Das Informationsergebnis beeinflußt das Kalkül des Agenten derart, daß eine Handlungsalternative gewählt wird, deren Gewinnerwartungswert über dem Gewinnerwartungswert liegt, den die ohne Information gewählte Handlungsalternative im Lichte der zusätzlichen Information aufweist. Erst ein Vergleich mit der Auswirkung, die die zugehende Information in einer kooperativen Welt gehabt hätte, ermöglicht Aussagen über die Änderung der Opportunitätsverluste durch den Informationszugang.

- Das Informationsergebnis führt zur Wahl einer Handlungsalternative, deren Gewinnerwartungswert unter dem Gewinnerwartungswert liegt, den die ohne Information gewählte Alternative im Lichte des erhöhten Informationsstandes aufweist. In diesem Fall hat der Informationszugang die Anreizproblematik offensichtlich verschärft.

Lassen sich die Auswirkungen aller erwarteten Informationsergebnisse dem ersten der drei Fälle zuordnen, so ist der Informationswert Null, obwohl er in einer Welt ohne Anreizprobleme hätte positiv sein können. Die Opportunitätsverluste haben sich dann durch den Informationszugang um den Wert der Information bei kooperativer Entscheidung erhöht.

Sind die möglichen Informationsergebnisse dem Fall 1 und 2 zuzuordnen, so ist der Wert der Information positiv. Der Wert der Information kann über oder unter demjenigen derselben Information bei kooperativer Entscheidung liegen, je nachdem, ob der Informationszugang zu einer Milderung oder Verschärfung der Anreizproblematik führt. Trifft ersteres zu, verringern sich die Opportunitätsverluste aus mangelnder Kooperation um die Differenz der beiden Informationswerte, verschärft sich dagegen der Interessenkonflikt, steigen die Opportunitätsverluste um den entsprechenden Betrag.

Sind Informationsergebnisse möglich, die zu dem dritten der oben geschilderten Fälle führen, so kann der Informationswert negativ sein. Ob dies tatsächlich eintritt, hängt von den Wahrscheinlichkeiten der jeweiligen Informationsergebnisse ab, mit der die Gewinnerwartungswerte der nach ihrem Zugang zu wählenden Handlungsalternativen zu gewichten sind.

Um die Ausführungen zu verdeutlichen, sei wiederum die Entscheidung über den Arbeitseinsatz L unter der Prämisse betrachtet, daß sie auf der Basis zusätzlicher Informationen über den Preis p erfolgt, die nach Abschluß des Kreditvertrages zugehen. Im Unterschied zu den Ausführungen über den Informationswert in einer Welt ohne Anreizprobleme sei jedoch jetzt angenommen, daß die Entscheidung über den Arbeitseinsatz dem Kreditnehmer allein obliegt, so daß der in Abschnitt IV behandelte Anreiz zu einer zu hohen Festlegung von L wirksam werden könnte.

Betrachten wir zunächst eine Situation, in der nach Kreditvergabe aber vor Wahl von L vollkommene Information über den Preis für das zu produzierende Gut beschafft werden kann.[34]

---

34. Vgl. hierzu KRAHNEN/SCHMIDT/TERBERGER (1985).

Das Kalkül des Kreditnehmers verändert sich durch die Information über den Preis wie folgt:

(2) für alle $p > \hat{p}$ $\quad p\frac{\delta Q}{\delta L} - w = 0$

(3) für alle $p \leq \hat{p}$ $\quad 0 = 0$

Für alle p-Realisationen über dem Konkurspreis verschwindet das Anreizproblem, so daß der Arbeitseinsatz dem optimalen L im first best Optimum entspricht; für alle p-Realisationen unter und gleich dem Konkurspreis ist der Kreditnehmer gegenüber der Höhe des Arbeitseinsatzes indifferent, da er weiß, daß sein Anteil an den nun sicheren Zahlungen aus dem Investitionsobjekt unabhängig vom Arbeitseinsatz immer Null betragen wird.

Nehmen wir an, daß der Kreditnehmer bei Indifferenz gegenüber der Höhe von L diese dem Interesse des Kreditgebers folgend festlegt, so verschwindet für Preisrealisationen unter dem Konkurspreis das Anreizproblem ebenfalls, so daß bei vollkommener Information über p vor der Festlegung von L das vom Kreditnehmer gewählte Produktionsprogramm mit dem in einer Welt ohne Anreizprobleme durchgeführten übereinstimmt. Der Wert der vollkommenen Information bei vorhandener Anreizproblematik übersteigt demnach noch den Wert der vollkommenen Information in einer kooperativen Welt, denn neben der Anpassung von L an den sich einstellenden Preis wird die Vermeidung von Opportunitätsverlusten durch mangelnde Kooperation möglich.

Nehmen wir dagegen an, daß der Kreditnehmer 'marginales Arbeitsleid' trägt, so daß er dann, wenn er selbst nicht an den Zahlungen aus dem Investitionsobjekt partizipiert, die Produktion trotz erzielbarer positiver Deckungsbeiträge einstellt, so kann der Wert der vollkommenen Information auch negativ sein. Da der Kreditnehmer immer dann, wenn er die Information erhält, daß der Preis unter dem Konkurspreis $\hat{p}$ liegt bzw. gleich diesem ist, ein L von Null wählt, gehen für diese Umweltzustände mögliche positive Einzahlungsüberschüsse verloren. Der Wert der vollkommenen Information ist negativ, wenn der Erwartungswert des Gewinns, der bei Preisrealisationen über $\hat{p}$ im Vergleich zur Entscheidung ohne Information zusätzlich zu erzielen ist, geringer ist als der Erwartungswert der Zahlungen für Preisrealisationen unter $\hat{p}$, die dadurch entgehen, daß an Stelle des ohne Information geleisteten - im Lichte des wahren Preises zwar zu hohen, aber zumindest positiven - Arbeitseinsatzes ein L von Null gewählt wird:

$$(4)\quad WI_{v.I./m.A.} = E(BG)_{v.I./m.A.} - E(BG)_{o.I./m.A.} =$$

$$\int_{\hat{p}}^{\bar{p}} (pQ - wL(p))f(p)dp - \int_{\underline{p}}^{\bar{p}} (pQ - wL_{m.A.})f(p)dp =$$

$$\int_{\hat{p}}^{\bar{p}} \left[(pQ - wL(p)) - (pQ - wL_{m.A.})\right] f(p)dp - \int_{\underline{p}}^{\hat{p}} (pQ-wL_{m.A.})f(p)dp \overset{?}{\gtrless} 0 .$$

Gestaltet sich die Ermittlung des Wertes der vollkommenen Information noch einfach, so sind die Auswirkungen einer unvollkommenen Information über p ungleich schwieriger zu beurteilen.

Der einfachste Fall liegt dann vor, wenn sich die Informationen lediglich auf den Bereich der Wahrscheinlichkeitsverteilung für $p < \hat{p}$ beziehen, denn das Kalkül des Kreditnehmers und damit seine Wahl von L bleiben durch solche Informationen unbeeinflußt. Das heißt, daß Informationen, die nur diesen Bereich der Wahrscheinlichkeitsfunktion berühren, in einer Welt mit Anreizproblemen keinen Wert besitzen, obwohl ihr Wert in einer kooperativen Welt positiv wäre. Ein Informationsergebnis, das höhere Preise als bisher erwarten läßt, würde hier zur Wahl eines höheren L führen; zeigte das Informationsergebnis dagegen eine Verminderung des Erwartungswertes des Preises an, so hätte es die Wahl eines geringeren L zur Folge. Die durch Anreizprobleme verursachten Opportunitätsverluste sind durch die Nichtnutzung der Information um den Informationswert bei kooperativer Entscheidung gestiegen. Wirkt sich der Zugang von Informationen auch auf den Bereich der Wahrscheinlichkeitsfunktion $p > \hat{p}$ aus und verändert damit das Entscheidungskalkül des Kreditnehmers, so ist ohne spezifische Annahmen über die Produktionsbedingungen, die a priori Wahrscheinlichkeitsfunktion und die Informationsmöglichkeiten nicht mehr abzuschätzen, welche Konsequenzen eine Informationsbeschaffung erwarten läßt. Es läßt sich zwar zeigen, daß dann, wenn sich lediglich der Bereich der Wahrscheinlichkeitsfunktion oberhalb von $\hat{p}$ durch Informationszugang ändert, das Kalkül des Kreditnehmers stärker auf den Informationszugang reagiert als das Marginalkalkül für die Festlegung von L in einer kooperativen Welt, jedoch lassen solche Aussagen nicht auf die Höhe des Informationswertes schließen, denn die Gewinnerwartungswerte sind die relevanten Größen.

Zu fragen bleibt, wie sich der Wert einer Information auf die Vertragspartner aufteilt. Unter der auch in den vorhergehenden Abschnitten getroffenen Annahme, daß dem Kreditgeber das Entscheidungskalkül des Kreditnehmers bekannt ist, kann der Gläubiger die Reaktionen des Schuldners auf zugehende Informationen antizipieren. Läßt die Informationsbeschaffung eine zusätzliche Schädigung erwarten, wird sich der Kreditgeber durch eine entsprechende Festlegung von K und r vor erwarteten Verlusten zu schützen wissen. Durch Informationszugang verursachte zusätzliche Kooperationsverluste hätte damit der Kreditnehmer zu tragen. An einem positiven Informationswert könnte der Kreditgeber unter der Annahme der vollkommenen Konkurrenz aufgrund der Gültigkeit der Null-Gewinn-Bedingung nicht partizipieren, so daß sich auch ein positiver Informationswert lediglich auf den Erwartungswert des Kreditnehmers auswirkt. Kann der Kreditgeber dagegen Folgeentscheidungen des Agenten nicht antizipieren oder wird die Annahme der vollkommenen Konkurrenz aufgehoben, ist - je nach den getroffenen Annahmen - jede Aufteilung des Informationswertes unter den Beteiligten denkbar.

Als Ergebnis bleibt festzuhalten, daß sich der Informationswert bei Auswertung der Information durch einen nicht kooperativen Entscheider von dem in einer Welt ohne Anreizprobleme unterscheidet. Er kann höher liegen, wenn der Informationszugang eine Milderung der Anreizprobleme erwarten läßt, er kann aber auch geringer, ja sogar negativ werden, weil Information eine Verschärfung von Anreizkonflikten zur Folge haben kann. Die Frage, wie sich ein Informationszugang nach Vertragsabschluß auf die Möglichkeiten zur Milderung von Anreizproblemen durch zusätzliche Vertragsvereinbarungen auswirkt, soll im folgenden zumindest angerissen werden.

## 4. Die Rolle von Zusatzvereinbarungen unter der Annahme von Informationszugang nach Vertragsabschluß

Zusatzvereinbarungen, die darauf abzielen, den Handlungsspielraum des Kreditnehmers direkt zu beeinflussen, sei es in Form einer Zweckbindung des Kredites, der Forderung einer Einhaltung bestimmter Finanzierungsregeln oder aber durch das Verbot der Durchführung bestimmter Handlungen mittels der Vereinbarung von Negativklauseln, sind in ihren Auswirkungen den möglichen positiven Auswirkungen einer Informationsbeschaffung direkt entgegengesetzt.

Ein Nutzen aus einer durch Informationszugang veränderten Einschätzung der Umwelt kann nur dann gezogen werden, wenn Handlungsspielräume vorhanden sind, um eine Anpassung von Entscheidungen vorzunehmen. Zusatzvereinbarungen, die den Kreditnehmer jeglichen Handlungsspielraums berauben, führen dazu, daß der Wert jeder zugehenden Information den Wert Null besitzt. Dies ist zwar dann von Vorteil, wenn die Information - und dies ist in einer Welt mit Anreizproblemen möglich - einen negativen Wert besitzt. Die Zusatzvereinbarung wirkt sich jedoch den möglichen gemeinsamen Gewinn mindernd aus, wenn die Information zum Vorteil aller Vertragsparteien genutzt werden kann. Die Vorteile von Flexibilität, die eine Anpassung an veränderte Einschätzungen der Umweltentwicklung erlaubt, und die Vorteile von Bindung, die die Nutzung von Handlungsspielräumen zum Schaden einer Vertragspartei verhindern und so Kooperationsverluste abbauen kann, müssen gegeneinander abgewogen werden.[35]

Der Nachteil der den Handlungsspielraum des Kreditnehmers direkt beeinflussenden Zusatzvereinbarungen, eine den Erwartungswert steigernde Anpassung von Entscheidungen bei Zugang von neuen Informationen zu verhindern, tritt dann nicht auf, wenn eine erneute Verhandlung des Kreditvertrages bei Informationszugang möglich ist. Dies setzt jedoch voraus, daß noch keine bindenden Entscheidungen getroffen sind. Ist z. B. eine bestimmte, der Zweckbindung des Kredites entsprechende Produktionsanlage, die keine Anpassung des Arbeitseinsatzes mehr erlaubt, bereits gekauft, da die Anschaffung einer Maschine mit flexiblerer Technologie zwar möglich, zum Zeitpunkt des Abschlusses des Kreditvertrages aber wegen Anreizproblemen unvorteilhaft erschien, sind die technischen Voraussetzung für eine Revidierbarkeit der Zweckbindung bei Neuzugang von Information nicht mehr gegeben.

Doch selbst wenn die technischen Voraussetzungen eine Neuverhandlung

---

35. Zum Problem von Flexibilität und Bindung vgl. JONES, Robert A./ OSTROY, Joseph M.: Flexibility and Uncertainty, in: Review of Economic Studies, Vol. 51 (1984), S. 13 - 32, MARSHAK, Thomas/NELSON, Richard: Flexibility, Uncertainty, and Economic Theory, in: Metroeconomica, Vol. 14 (1962), S. 42 - 58, KRAHNEN/SCHMIDT/TERBERGER (1985), vgl. vor allem auch LAUX, Helmut: Flexible Investitionsplanung, Opladen 1971. LAUXs Instrument der Flexiblen Planung ermöglicht ein Abwägen der Vorteile von Flexibilität und Bindung. Er berücksichtigt allerdings nur die Stochastik der Umwelt. Die Einführung von spieltheoretischen Elementen in die Flexible Planung, die Reaktionen von Vertragspartnern zu erfassen erlauben, erscheint eine Möglichkeit der Weiterentwicklung dieses Konzepts. Ansätze dazu bietet das ebenfalls von LAUX entwickelte Konzept zur Bestimmung des Wertes einer Delegation von Entscheidungskompetenzen (vgl. LAUX (1979) bes. S. 69 - 78), das auf der entscheidungstheoretischen Informationsbewertung aufbaut. In diesem Konzept sind Zielkonflikte zwischen der delegierenden Instanz und dem Entscheidungsträger bereits z. T. berücksichtigt, so daß in den Arbeiten von LAUX eine deutsche Parallele zur Principal/Agent-Literatur zu sehen ist.

des Kreditvertrages sinnvoll erscheinen lassen, muß als zweite Voraussetzung gegeben sein, daß der Kreditgeber die Entscheidungskonsequenzen, die sich aus der veränderten Beurteilung der Umweltentwicklung ergeben, abschätzen kann. Wurde auch bisher die Annahme getroffen, daß zum Zeitpunkt des Abschlusses des Kreditvertrages eine symmetrische Informationsverteilung zwischen beiden Vertragsparteien herrscht und somit der Kreditgeber Sicherheit über das Entscheidungskalkül des Kreditnehmers hat, bedeutet dies nicht, daß eine solche symmetrische Informationsverteilung auch zum Zeitpunkt der Neuverhandlung vorhanden ist. Es ist möglich, daß der Kreditgeber den Inhalt des zugegangenen Informationsergebnisses nicht kennt, so daß er auch nicht beurteilen kann, ob der Kreditnehmer dieses seinen Vertragspartner schädigend nutzen kann oder nicht. Eine Diskussion der Probleme, die mit einer solchen asymmetrischen Informationsverteilung, einer Unsicherheit des Kreditgebers über das Entscheidungskalkül des Kreditnehmers bei Vertragsabschluß verbunden ist, sei zumindest in Ansätzen dem nächsten Abschnitt vorbehalten. Doch selbst wenn eine Übertragung der Information, eine Wiederherstellung der symmetrischen Informationsverteilung, möglich sein sollte, ist dies mit zusätzlichen Kosten verbunden, die die Vorteilhaftigkeit einer Neuverhandlung des Kreditvertrages mindern.

Zusatzvereinbarungen in Kreditverträgen, die nicht direkt, sondern indirekt durch die Änderung der Teilungsregel auf die Entscheidungen des Kreditnehmers Einfluß nehmen und so das Anreizproblem mildernd wirken, stehen nicht in so unmittelbar entgegengesetztem Zusammenhang zum Wert von Information.[36] Da sie nicht "zwangsweise" Handlungsanweisungen durchsetzen, sondern vielmehr auf eine Angleichung der Interessen mittels der Teilungsregel abzielen, bleibt diese Angleichung der Interessen auch dann erhalten, wenn ein Zugang von Information die Konsequenzen der Handlungsalternativen in einem anderen Licht erscheinen läßt. Deutet man die Verhinderung der Nutzung von Information mit positivem Wert als Opportunitätskosten, die im Zusammenhang mit zusätzlichen Vereinbarungen in Kreditverträgen auftreten, so fallen diese bei der Vereinbarung von Sicherheiten nur in vermindertem Maße an.

Am deutlichsten wird dies bei der Stellung eines nicht zum Unternehmensvermögen gehörenden Gutes als Sicherheit. Eine solche Sicherheit

---

36. Dies erinnert an die unterschiedlichen Wirkungen von expliziten und impliziten Verhaltensnormen, denn implizite Verhaltensnormen ermöglichen es, den Informationsstand des Entscheiders zu nutzen. Vgl. hierzu HAX, Herbert: Die Koordination von Entscheidungen, Köln - Berlin - Bonn - München 1965, bes. ab S. 75.

beeinflußt die Nutzung von Information zur Anpassung von Entscheidungen innerhalb der Unternehmung nicht. Es könnte allerdings das Problem auftreten, daß Informationen während der Laufzeit des Kreditvertrages auf eine Verbesserung der alternativen Verwendungsmöglichkeit des Sicherungsgegenstandes außerhalb der Unternehmung schließen lassen, so daß die den Kosten der Sicherungsstellung zugerechneten Opportunitätskosten steigen. Doch können solche Informationen nicht zur Schädigung des Kreditgebers genutzt werden, denn sie stehen nicht in unmittelbarem Zusammenhang mit den Erwartungen über die Zahlungsströme aus der Unternehmung und führen deshalb auch nicht zu einer Änderung von Entscheidungen, die diese Zahlungsströme beeinflussen. Zudem wirkt sich auch eine asymmetrische Informationsverteilung über Einflüsse, die den Wert des Sicherungsgutes nach Vertragsabschluß beeinflussen, nicht mehr negativ aus, denn ein Ersuchen des Kreditnehmers um eine Änderung der Sicherheitenregelung gibt dem Kreditgeber das Signal, daß die alternative Verwendungsmöglichkeit die vorteilhaftere ist, so daß die Voraussetzung zu einer kooperativen Entscheidung über eine Neufestsetzung der Sicherungsvereinbarungen und damit zur Nutzung der Information gegeben sind.

Nicht ganz so positiv ist die Sicherheitenstellung aus dem Unternehmensvermögen zu beurteilen, denn sie kommt immer auch einer indirekten Zweckbindung des Kredites gleich. Das Sicherungsgut als Teil der Aktiva ist unmittelbarer Bestandteil des Investitionsprogramms der Unternehmung, so daß die Ausführungen über die Form der Zusatzvereinbarung, die den Handlungsspielraum einengen, wenn auch in abgeschwächter Form, Gültigkeit behalten.

Bedenkt man, daß der Zweck einer Delegation von Entscheidungen an einen Agenten oft gerade darin liegt, daß der Principal sich nicht um jede Entscheidung selbst kümmern muß, d. h. neu zugehende Informationen nicht verarbeiten muß und das Fachwissen des Agenten nutzen kann[37], und sieht man den Kreditvertrag als Elemente einer solchen "freiwilligen" Delegation von Entscheidungen enthaltend an - denn sonst hätte eine Beteiligung als Eigenkapitalgeber erwogen werden können - so deutet dies auf eine tendenzielle Vorteilhaftigkeit solcher Zusatzvereinbarungen hin, die keine direkten Handlungsanweisungen enthalten. Allerdings ist zu beachten, daß Zusatzvereinbarungen, die auf eine Änderung der Teilungsregel abzielen, speziell die nicht zum

37. Vgl. LAUX (1979), S. 17 - 21.

Unternehmensvermögen gehörende Sicherheit, eine Milderung von Anreizproblemen dadurch bewirken, daß sie die Position des Kreditgebers sicherer machen. Damit werden die Vorteile vermindert, die eine Teilung des Investitionsrisikos zwischen Kreditnehmer und Kreditgeber bewirkt und die hier modellmäßig aufgrund der Annahme der Risikoneutralität beider Vertragsparteien nicht erfaßt werden können.

## IX. Die Unsicherheit des Kreditgebers über das Entscheidungskalkül des Kreditnehmers und ihre Auswirkungen auf die Vorteilhaftigkeit von Zusatzvereinbarungen

### 1. Das Problem asymmetrischer Informationsverteilung bei Abschluß des Kreditvertrages

In den bisherigen Ausführungen wurde von der Annahme ausgegangen, daß der Kreditgeber im Zeitpunkt des Vertragsabschlusses sichere Erwartungen über das Entscheidungskalkül des Kreditnehmers besitzt. Der Kreditgeber ist vollkommen über die Handlungsmöglichkeiten des Kreditnehmers, über dessen Informationsstand bezüglich der zu erwartenden Umweltentwicklung und über die möglichen Auswirkungen der Umwelt auf die potentielle Rückzahlungsfähigkeit sowie die Präferenzen des Kreditnehmers informiert. Die Informationen sind zu diesem Zeitpunkt zwischen dem Kreditnehmer und dem Kreditgeber gleich verteilt; bei Vertragsabschluß herrscht eine symmetrische Informationsverteilung.

Diese Annahme ist wirklichkeitsfremd. Vielmehr ist davon auszugehen, daß ein Fremdkapitalgeber nicht vollkommen über das Entscheidungskalkül eines potentiellen Schuldners informiert ist. Die Informationen, die der Gläubiger besitzt, werden auch - zumindest zum Teil - auf die Selbstauskunft des Kreditnachfragers zurückgehen, der ein offensichtliches Interesse daran hat, seine potentielle Rückzahlungsfähigkeit in einem (zu) guten Licht zu schildern, um das Kapital zu möglichst günstigen Konditionen zu erhalten. Das Problem der Kreditvergabe besteht also nicht allein in dem bis hierher diskutierten, als "moral hazard" bezeichneten Anreizproblem, daß der Kreditnehmer nach Abschluß des Kreditvertrages Entscheidungen im eigenen Interesse und unter Umständen zu Lasten der Qualität der Kreditgeberposition fällt. In der Regel kommt hinzu, daß sich der Gläubiger bei Vertragsabschluß in der Rolle des schlechter informierten Vertragspartners befindet, so daß zu diesem Zeitpunkt eine asymmetrische Informationsverteilung herrscht.

Die Informationsasymmetrie kann sich sowohl auf die Handlungsmöglichkeiten des Kreditnehmers und deren mögliche Ergebnisse beziehen, als auch auf den Informationsstand des Kreditnehmers, auf die Schlüsse, die dieser aus Informationen zieht und/oder die Bewertung möglicher Handlungkonsequenzen durch den Kreditnehmer. Die Folge einer solchen Unsicherheit des Kreditgebers über das Entscheidungskalkül des Kreditnehmers ist nicht nur, daß er die Konsequenzen von Handlungen des Kreditnehmers für dessen potentielle Rückzahlungsfähigkeit schlechter abschätzen kann als dieser selbst, ein Problem, daß man unter dem Stichwort "heterogene Erwartungen" diskutieren könnte. Vielmehr sind dem Kreditgeber auch die Handlungsalternativen selbst sowie deren Bewertung durch den Kreditnehmer nicht mit Sicherheit bekannt, so daß Unsicherheit über die Entscheidungen des Kreditnehmers besteht, die die potentielle Rückzahlungsfähigkeit determinieren.

Es bleibt zu fragen, welche Auswirkungen von einer asymmetrischen Informationsverteilung auf die Ausgestaltung des Kreditvertrages zu erwarten sind.

## 2. Asymmetrische Informationsverteilung und ihre Auswirkungen auf den Einsatz von Kreditbetrag und Zinssatz als Steuerungsinstrumente

In den bisherigen Ausführungen wurden der Kreditbetrag und die vertragliche Verzinsung als kooperativ zwischen dem Kreditnehmer und dem Kreditgeber festlegbar betrachtet. Ein derartiges Arrangement setzt eine symmetrische Informationsverteilung zwischen den beiden Parteien bei Vertragsabschluß voraus. In einem solchen Falle ist es möglich, den Kreditbetrag und den Zinssatz so festzulegen, daß das unter den gegebenen Anreizproblemen pareto-optimale Kreditvolumen realisiert und den Mindestanforderungen des Kreditgebers an die Qualität der von ihm gehaltenen Position, einem Erwartungswert des Gewinns aus der Kreditvergabe von Null, entsprochen wird.

Hebt man die Annahme der symmetrischen Informationsverteilung auf, so ist der Kreditgeber lediglich in der Lage, ein Wahrscheinlichkeitsurteil darüber abzugeben, welche Qualität ein Kreditengagement besitzt.

Er wird die Konditionen so gestalten, daß die erwarteten Rückzahlungen nach seinen Informationen seine Refinanzierungskosten mindestens dekken, so daß sein erwarteter Gewinn Null beträgt. Dies bedeutet jedoch nicht, daß der Kreditnehmer die Konditionen der Kreditvergabe genauso beurteilt. Aufgrund seines besseren Informationsstandes - er kennt ja seine Handlungsmöglichkeiten - können die vom Kreditgeber geforderten Konditionen zu einem positiven erwarteten Gewinn führen. Das ist dann der Fall, wenn der Kreditgeber das zu finanzierende Projekt riskanter beurteilt, als es tatsächlich ist. Unter diesen Bedingungen erhält der Kreditnehmer das Fremdkapital zu schlechteren Konditionen, als es bei symmetrischer Informationsverteilung der Fall wäre, was ein Anlaß sein könnte, von der Finanzierung Abstand zu nehmen. Es kann aber auch die umgekehrte Situation eintreten, in welcher der Kreditnehmer die Konditionen des Kreditangebots als ausgesprochen günstig beurteilt, da die Kreditvergabe nach seinen Informationen einen Verlust des Kreditgebers erwarten läßt. Trifft dies zu, so wird der Kreditnehmer kein Interesse besitzen, dies dem Kreditgeber mitzuteilen. Er wird im Gegenteil sofort zugreifen und den Kreditvertrag zu den ihm angebotenen Konditionen abschließen. Da für einen Kreditnehmer, der ein hohes Risiko für den Kreditgeber darstellt, der Anreiz fehlt, sein wahres Ausfallrisiko bekannt zu geben, während für einen Kreditnehmer mit niedrigem Ausfallrisiko dieser Anreiz zwar besteht, aber oft die Voraussetzungen für eine glaubhafte Übermittlung dieser Information nicht vorhanden oder aber die Kosten einer Informationsübertragung prohibitiv hoch sind, ist die Grundlage für eine kooperative Festlegung des Kreditbetrages und der vereinbarten Verzinsung nicht gegeben.[38] Das Wahrscheinlichkeitsurteil des Kreditgebers über die Rückzahlungsfähigkeit des potentiellen Kunden muß für das Kreditangebot den Ausschlag geben.

Die erste Konsequenz, die sich aus einer nicht kooperativen Aushandlung des (Blanko-)Kreditvertrages ergibt, ist die einer Umverteilung der Investitionserträge im Vergleich zur symmetrischen Informationsverteilung. Diese kann sowohl zugunsten des Kreditgebers gehen, nämlich dann, wenn er eine Position mit positivem Gewinnerwartungswert realisiert, als auch zu seinen Lasten, wenn die erwartete Verzinsung des Kreditengagements sich bei Kenntnis des Entscheidungskalküls des Kreditnehmers als negativ erweisen würde. Nimmt man an, daß der Kreditgeber zwar nicht die Qualität jedes einzelnen Kreditengagements,

---

38. Zu den Problemen, die sich aus einer asymmetrischen Informationsverteilung für das Zustandekommen einer Finanzierungsbeziehung ergeben, vgl. SCHMIDT, R. H. (1981), S. 142 - 145.

jedoch die Durchschnittsqualität der Engagements in einer Kreditnehmerklasse kennt, so werden sich bei ihm diejenigen Gewinnabweichungen, die auf seine Unkenntnis des einzelnen Kreditnehmers zurückzuführen sind, ausgleichen. Eine Umverteilung der Investitionserträge findet dann innerhalb einer Kreditnehmerklasse zugunsten solcher Nachfrager mit einem höheren als dem durchschnittlichen Ausfallrisiko statt, denn sie werden von denjenigen Kreditnehmern, die ein niedrigeres Ausfallrisiko als der Durchschnitt aufweisen, aber dennoch den Kredit zu gleichen Konditionen erhalten, subventioniert.

Die veränderte Teilung der Investitionserträge ist jedoch nicht der einzige Effekt, der mit einer nicht kooperativen Festlegung von K und r verbunden ist, denn der Kreditbetrag und die vereinbarte Verzinsung haben auch Rückwirkungen auf die Entscheidungen des Kreditnehmers.

Diese Rückwirkung kann direkter Art sein, denn das Volumen der Kreditvergabe ist eine Determinante des gesamten Investitionsvolumens. Ein zu hohes oder zu niedriges Kreditvolumen kann zu einem pareto-suboptimalen Investitionsvolumen und damit zu im Vergleich zur symmetrischen Informationsverteilung zusätzlichen Kooperationsverlusten führen. Jedoch ist aus den vorhergehenden Abschnitten bereits bekannt, daß dieser direkte Einfluß nicht überschätzt werden sollte, denn die Entscheidungen des Kreditnehmers über das zu investierende Eigenkapital und über eine Kreditaufnahme von weiteren Gläubigern können eine direkte Steuerung des Investitionsvolumens über den Kreditbetrag zunichte machen.

Wichtiger erscheint der indirekte Einfluß, der von den Konditionen der Kreditvergabe auf das Verhalten des Kreditnehmers ausgeht. Wie für den Fall der symmetrischen Informationsverteilung gezeigt wurde, können die Konditionen des Blankokreditvertrages Anreizprobleme nach Kreditvergabe sowohl abschwächen als auch verstärken. Bei asymmetrischer Informationsverteilung kann diese Steuerungswirkung des Blankokreditvertrages auf Folgeentscheidungen nach Kreditvergabe nicht mehr kooperativ genutzt werden, was wiederum zu zusätzlichen Opportunitätsverlusten führen kann. Jedoch kommt noch eine zweite - bisher nicht vorhandene - Anreizwirkung des Kreditvertrages hinzu. Der Kreditbetrag und die vereinbarte Verzinsung determinieren, da mit Ausfallrisiko behaftete Kredite heterogene Güter sind, die erwarteten Fremdkapitalkosten des Kreditnehmers und damit den Preis der Fremdkapitalaufnahme. Da die Qualität der Fremdkapitalposition als dritte Determinante immer die potentielle Rückzahlungsfähigkeit des Kreditnehmers enthält, können - bei Unsicherheit des Kreditgebers über dieselbe - Preise nicht mehr kreditnehmerindividuell bestimmt werden. Werden bei symmetrischer Informationsverteilung die Konditionen der Kreditvergabe immer so gestaltet, daß die erwarteten Fremdkapitalkosten des Kreditnehmers den Refinanzierungskosten von (1+i) entsprechen, ist dies bei asymmetrischer Informationsverteilung nicht mehr garantiert. Da ein Kunde immer die Möglichkeit hat, ein Kreditangebot anzunehmen oder abzulehnen und sich vom Markt zurückzuziehen, können bei Unsicherheit des Kreditgebers über das Entscheidungskalkül des Kreditnehmers unrealisierte Kooperationsgewinne durch die Anreizwirkung von Kreditverträgen entstehen, auch ohne daß Anreizprobleme in Form von moral hazard vorliegen. Ein im Vergleich zu den Investitionsmöglichkeiten des Kreditnehmers "zu hoher" Preis kann zur Verhinderung der Durchführung von vorteilhaften Investitionsprojekten führen, ein "zu niedriger" Preis kann die Durchführung von unvorteilhaften Investitionsprojekten fördern. Asymmetrische Informationsverteilung verzerrt die Allokationswirkung von Preisen auf dem Kreditmarkt.

Die verhaltenssteuernde Wirkung von Kreditverträgen führt im Fall der Unsicherheit des Kreditgebers über das Entscheidungskalkül des Kreditnehmers dazu, daß das Wahrscheinlichkeitsurteil des Kreditgebers über die Rückzahlungsfähigkeit des Kreditnehmers nicht unabhängig von den Konditionen der Kreditvergabe ist.

Die undifferenzierte Preisstellung kann zu einem Prozeß von 'adverse selection'[39] führen, der eine Verschlechterung der (durchschnittlichen) Qualität der Kreditengagements beschreibt. Ist die Kreditnehmerklasse so heterogen bzw. das Wahrscheinlichkeitsurteil des Kreditgebers bezüglich des Entscheidungkalküls des Kreditnachfragers so wenig differenziert, daß eine sehr hohe Risikoprämie in der vereinbarten Verzinsung gefordert werden muß, werden gerade die Kreditnehmer mit niedrigem Ausfallrisiko auf das Kreditangebot nicht eingehen bzw. - wenn sie die Möglichkeit dazu besitzen - dem gewinnmindernden Effekt einer Risikoprämie durch riskanzerhöhende und damit ihren Gewinnanteil steigernde Maßnahmen zu begegnen wissen. Die Folge ist, daß sich zwar das Wahrscheinlichkeitsurteil des Kreditgebers bezüglich der das Angebot potentiell annehmenden Kreditnehmer verbessert, da er weiß, daß sie ein hohes Risiko darstellen. Gleichzeitig muß aber die Risikoprämie wiederum aufgrund der Verschlechterung der erwarteten Qualität so

39. Vgl. AKERLOF (1970), zu adverse selection auf dem Kreditmarkt vgl. z. B. STIGLITZ/WEISS (1981).

erhöht werden, daß die Durchführung von Investitionsobjekten niedrigerer Riskanz nicht mehr lohnend erscheint und sich die Kreditnachfrager, denen keine anderen Investitionsmöglichkeiten zur Verfügung stehen, vom Markt zurückziehen. Dieser Prozeß der Negativauswahl kann dazu führen, daß der Markt zusammenbricht bzw. nur noch solche Nachfrager am Markt verbleiben, deren potentielle Rückzahlungsfähigkeit die höchste Riskanz aufweist. Der Kreditgeber ist sich jetzt zwar sicher, welche Nachfrager er vor sich hat, jedoch ist diese Sicherheit über das Entscheidungskalkül mit dem extremen Nachteil verbunden, daß die Finanzierung aller anderen - unter Umständen lohnenderen Investitionsobjekte - mit niedrigerer Riskanz nicht zustande gekommen ist.

Andererseits wird durch die Abhängigkeit des Wahrscheinlichkeiturteils des Kreditgebers von den Konditionen der Kreditvergabe die Möglichkeit zur Selbsteinordnung der Kreditnehmer, zu 'self selection'[40], eröffnet. Eine Selbsteinordnung gelingt, wenn unterschiedliche "Konditionenbündel" bei der Kreditvergabe angeboten werden können, die dazu führen, daß die Wahl eines der Kreditangebote durch den Kunden dem Kreditgeber einen Rückschluß auf das wahre Ausfallrisiko erlaubt. Allerdings erscheinen die Möglichkeiten des Einsatzes von Blankokreditverträgen als Instrumente zur Selbsteinordnung beschränkt. So wird bei gegebenem Kreditbetrag offensichtlich jeder Kunde den Vertrag mit der geringeren vereinbarten Verzinsung bevorzugen, ebenso wie bei gleicher vereinbarter Verzinsung in der Regel derjenige mit dem höheren Kreditvolumen bevorzugt werden dürfte, da mit steigendem Kreditbetrag das Ausfallrisiko steigt und damit die erwarteten Fremdkapitalkosten sinken. Eine Selbsteinordnungmöglichkeit bietet sich also lediglich dahingehend, daß Kreditverträge mit niedrigem Kreditbetrag und niedriger vereinbarter Verzinsung und solche mit hohen Kreditbeträgen und hoher vereinbarter Verzinsung angeboten werden. Doch auch eine solche Wahlmöglichkeit garantiert noch nicht, daß sich auch ein unterschiedliches Nachfrageverhalten für Kreditnehmer mit hohem und niedrigem Ausfallrisiko zeigt. Dies ist nur dann der Fall, wenn die Opportunitätskosten aufgrund einer Beschränkung des Kreditvolumens für Nachfrager unterschiedlicher Riskanz differieren, so daß die Wahl des Kreditvertrages

---

40. Vgl. SALOP/SALOP (1976), vgl. auch GUASCH, Luis J./WEISS, Andrew: Self-Selection in the Labor Market, in: American Accounting Review, Vol. 71 (1981), S. 275 - 286; die Übertragung dieser Konzepte auf den Kreditmarkt versucht auch die Fortsetzung der Kreditrationierungsliteratur vgl. z. B. MILDE (1981), MILDE/RILEY (1984). Auch NAHR (1980) stellt die Auswirkungen der asymmetrischen Informationsverteilung auf das Gleichgewicht am Kreditmarkt in den Mittelpunkt seines letzten Kapitels.

einen Rückschluß auf die potentielle Rückzahlungsfähigkeit des Kunden ermöglicht.[41]

In der Regel wird eine vollständige Einordnung der Kreditnachfrager und damit eine Überwindung der asymmetrischen Informationsverteilung bei Vertragsabschluß mit Hilfe des Angebots unterschiedlicher Blankokreditverträge nicht gelingen, da vereinbarte Verzinsung und Kreditvolumen die Vorteilhaftigkeit von Kreditverträgen für Kunden mit hohem und mit niedrigem Ausfallrisiko in die gleiche Richtung beeinflussen. Es bleibt die Frage offen, inwieweit Zusatzvereinbarungen in Kreditverträgen die negativen Auswirkungen einer Unsicherheit des Kreditgebers über das Entscheidungskalkül des Kreditnehmers mildern können.

## 3. Die Rolle von Zusatzvereinbarungen unter der Annahme einer asymmetrischen Informationsverteilung bei Vertragsabschluß

An der Zielsetzung, die mit der Aufnahme zusätzlicher Vertragsklauseln in den Kreditvertrag verfolgt wird, hat sich durch die Einführung der asymmetrischen Informationsverteilung bei Vertragsabschluß nichts geändert. Zusatzvereinbarung sollen helfen, Kooperationsvorteile zu realisieren, die aufgrund der Anreizwirkung eines Blankokreditvertrages nicht genutzt werden können.

Da aufgrund der Unsicherheit des Kreditgebers über das Entscheidungskalkül des Kreditnehmers eine Ausnutzung der vollen Kooperationsvorteile, die ein Blankokredit bietet, verhindert wird, und zusätzlich das Problem einer Subventionierung von Kreditnehmern mit hohem Ausfallrisiko auftritt, steigt sogar das Potential für einen vorteilhaften Einsatz von Zusatzvereinbarungen. Zusatzvereinbarungen können nicht nur zur Milderung von Anreizproblemen nach Vertragsabschluß eingesetzt werden, sie können vielmehr auch Anreiz- und Teilungsprobleme, die aufgrund der asymmetrischen Informationsverteilung zwischen Kreditgeber und Kreditnehmer entstehen, abbauen helfen.

Jedoch tritt durch die asymmetrische Informationsverteilung bei der Aufnahme zusätzlicher Vertragsklauseln die gleiche Schwierigkeit wie

---

41. Zu den Möglichkeit des signalling und screening mit Hilfe der Variablen K und r vgl. MILDE/RILEY (1984).

bei dem Abschluß eines Kreditvertrages auf, der nur die vereinbarte Verzinsung und den Kreditbetrag als Variablen enthält. Der Kreditgeber kann die Auswirkungen der Vertragsvereinbarungen auf die Handlungen des Kreditnehmers nicht mit Sicherheit bestimmen, da ihm die Informationen hierfür fehlen. Die Beurteilung muß er aufgrund seines Wahrscheinlichkeitsurteils über das Verhalten des Kreditnehmers vornehmen. Eine kooperative Gestaltung zusätzlicher Vertragsvereinbarungen ist aus demselben Grunde wie eine kooperative Festlegung von Kreditbetrag und vereinbarter Verzinsung ausgeschlossen - ein Problem, das die Ausnutzung von Zusatzvereinbarungen zur Milderung und Beseitigung von Anreizproblemen nach Vertragsabschluß erschwert.

Die fehlende Möglichkeit, zusätzliche Vertragsvereinbarungen kooperativ auszuhandlen, bringt auch das Problem ihrer Bewertung mit sich. Da bei asymmetrischer Informationsverteilung nicht mehr sichergestellt ist, daß der erwartete Gewinn des Kreditgebers auch in den Augen des Kreditnehmers einen Wert von Null annimmt, ist der Wert einer Zusatzvereinbarung nicht mehr als die Differenz der Gewinnerwartungswerte des Kreditnehmers bei optimaler Festlegung von K und r mit und ohne Zusatzvereinbarung bestimmbar. Es kann durchaus der Fall eintreten, daß sich zwar der Gewinnerwartungswert des Kreditnehmers durch die Zusatzvereinbarung erhöht, der Gewinnerwartungswert des Kreditgebers im Lichte der Informationen des Kreditnehmers jedoch um einen noch größeren Betrag gesunken ist, da sich moral hazard-Probleme verstärkt haben. Der Kreditnehmer wird ein solches Kreditangebot mit zusätzlicher Vertragsklausel mit Freuden annehmen. Der Wert der Zusatzvereinbarung ist jedoch negativ, da sich der Erwartungswert des insgesamt zu verteilenden Gewinns vermindert hat. Genauso ist es denkbar, daß die Zusatzvereinbarung die Konditionen der Kreditvergabe für einen Kreditnehmer so verschlechtert, daß er von der Annahme des Kreditangebots absieht, obwohl seine Anlagemöglichkeit des Fremdkapitals einen positiven Gewinnerwartungswert aufweist, der jedoch aufgrund der Kreditvergabekonditionen in voller Höhe dem Kreditgeber zufließen würde. Da der Kreditgeber diese Auswirkungen jedoch nicht mit Sicherheit voraussehen kann, ist sein Wahrscheinlichkeitsurteil über die Auswirkungen von Zusatzvereinbarungen für ein Kreditangebot entscheidend.

Ein Gläubiger wird nur dann ein Kreditangebot, das eine zusätzliche Vertragsklausel enthält, unterbreiten, wenn sein Gewinnerwartungswert dadurch nicht sinkt. Der Kreditgeber stellt dies fest, indem er zunächst die Auswirkungen der Zusatzvereinbarung auf jedes mögliche Entscheidungskalkül bestimmt, das er bei einem potentiellen Kunden mit einer positiven Wahrscheinlichkeit belegt. Dies erfolgt in Analogie zum Fall der symmetrischen Informationsverteilung. Es wird erfaßt, wie sich durch eine Zusatzvereinbarung der Handlungsspielraum und/oder die Ergebnisteilung bei Vorliegen einer bestimmten Entscheidungssituation ändern. Wie bereits bekannt, können Zusatzvereinbarungen auch zur Verstärkung der Anreizprobleme nach Kreditvergabe führen, so daß die Zusatzvereinbarung je nach betrachtetem Entscheidungskalkül eine positive oder auch negative Auswirkung auf den zu verteilenden Gewinnerwartungswert der gewählten Handlungsalternative haben kann.

Der Kreditgeber wird nun die K,r-Kombinationen unter Einbeziehung der Zusatzvereinbarung in den Kreditvertrag anbieten, die ihm unter Einbeziehung aller möglichen Entscheidungskalküle und ihrer Wahrscheinlichkeiten einen erwarteten Gewinn von Null versprechen, wenn der Kreditnehmer seine Entscheidungen gemäß dem für ihn zutreffenden Entscheidungskalkül fällt. Diese Entscheidungen des Kreditnehmers beinhalten auch die Entscheidung über die Annahme oder Ablehnung des Kreditangebots, denn ein Kreditnehmer wird nur dann auf ein Kreditangebot eingehen, wenn er unter Ausnutzung des ihm zur Verfügung stehenden Handlungsspielraumes einen positiven Gewinn erwartet.

Hierin wird der Informationseffekt einer Zusatzvereinbarung deutlich, der bei symmetrischer Informationsverteilung nicht vorhanden ist. Die Wahrscheinlichkeit dafür, daß ein Kreditnehmer, der ein Kreditangebot annimmt, ein bestimmtes Entscheidungskalkül besitzt, ändert sich durch die Aufnahme einer zusätzlichen Klausel in den Kreditvertrag. Diese Abhängigkeit des Wahrscheinlichkeitsurteils des Kreditgebers über die Rückzahlungsfähigkeit eines potentiellen Kunden von der Annahme eines bestimmten Kreditangebots verdeutlicht, daß die Aufnahme zusätzlicher Vertragsklauseln einerseits die Möglichkeiten erweitern kann, einen Abbau der asymmetrischen Informationsverteilung durch self selection herbeizuführen, andererseits aber auch die Gefahr in sich birgt, adverse selection zu verstärken.[42] Dies ist dann der Fall, wenn sich durch die Zusatzvereinbarung die Konditionen der Kreditvergabe gerade für Kunden mit niedrigem Ausfallrisiko so verschlechtern, daß die Annahme für sie unvorteilhaft wird. Allerdings würde ein Kreditvertrag mit Zusatzvereinbarung, der adverse selection verstärkend wirkt, nie angeboten, denn als Kreditvergabealternative steht immer auch der

---

42. Dieser Fall dient bei STIGLITZ/WEISS (1981) und WETTE (1983) zum Nachweis, daß auch bei Besicherung adverse selection und damit Kreditrationierung auftreten kann.

Blankokreditvertrag offen. Dieser würde von den Kreditnehmern mit niedrigem Ausfallrisiko in dem Fall, daß eine Zusatzvereinbarung adverse selection verstärkend wirkt, vorgezogen, und die Kreditnehmer mit hohem Ausfallrisiko müßten dies ebenfalls tun, wollen sie nicht durch die Wahl der Zusatzvereinbarung ihr wahres Ausfallrisiko offenbaren und damit die unfreiwillige Subventionierung durch die Kreditnehmer mit niedrigem Ausfallrisiko verlieren.

Zusammenfassend läßt sich feststellen: Die Annahme der Unsicherheit des Kreditgebers über das Entscheidungskalkül des Kreditnehmers beeinflußt den Wert von Zusatzvereinbarungen in einer Weise, die der Veränderung der Rolle von Informationen bei der Einführung von Anreizproblemen vergleichbar ist.[43] Einerseits läßt sich die Vereinbarung von Vertragsklauseln mit negativem Wert nicht ausschließen, andererseits werden die Möglichkeiten eines vorteilhaften Einsatzes von Zusatzvereinbarungen verstärkt, da die Opportunitätsverluste durch mangelnde Kooperation gestiegen sind sowie Probleme der Subventionierung von Kreditnehmern mit hohem Risiko auftreten. Das Einsatzfeld für Zusatzvereinbarungen erweitert sich im Vergleich zum Fall der symmetrischen Informationsverteilung, da sich durch den Informationseffekt verbesserte Möglichkeiten zu self selection bieten.

Schließlich soll erwähnt werden, daß gerade unter der Annahme einer asymmetrischen Informationsverteilung auch all diejenigen Zusatzvereinbarungen verständlich werden, die Informationsrechte des Kreditgebers verbriefen, denn sie verbessern das Wahrscheinlichkeiturteil des Kreditgebers und ermöglichen so eine kreditnehmerindividuellere Vertragsgestaltung. Ebenso werden faktisch langfristige Kapitalüberlassungen mit dem formalen Recht zur kurzfristigen Neufestsetzung von Vertragskonditionen als Möglichkeit zum Abbau von Kooperations- und Subventionsproblemen interpretierbar.[44]

Letztlich hängt jedoch die Vorteilhaftigkeit einer Zusatzvereinbarung entscheidend von der betrachteten Kreditvergabeentscheidungssituation ab, so daß allgemeine Aussagen über ihren Wert im Vergleich zu ihren Kosten kaum ableitbar erscheinen.

---

43. Dies erinnert an ein Ergebnis von LAUX, der im Rahmen seines Delegationswertkonzepts feststellt, daß der Delegationswert aufgrund der Unsicherheit der delegierenden Instanz über das Kalkül des Entscheidungsträgers negativ werden kann. Vgl. LAUX (1979), S. 76.

44. Vgl. SCHMIDT, R. H. (1981) und bereits auch schon (1979).

## E. Rückblick und Ausblick

Die vorliegende Arbeit mit einer Zusammenfassung der Ergebnisse abzuschließen, wäre unangemessen, denn nimmt man die Problemstellung: 'Die optimale Gestaltung von Kreditverträgen - ein ungelöstes Problem der Betriebswirtschaftslehre' als Ausgangspunkt, läßt die vorgenommene Untersuchung mehr Fragen offen, als sie beantwortet.

In der vorliegenden Arbeit wurde nur versucht zu zeigen, daß und warum die Richtung, in die die neuere Entwicklung der Finanzierungstheorie weist und die auch die neuere Literatur zur Kreditvergabe der Banken beeinflußt, erfolgversprechend für die Weiterentwicklung des Faches sein dürfte. Der Nachweis sollte dadurch geführt werden, daß einzelne Entwicklungsschritte der Literatur zur Kreditrationierung, die von ihrem Ursprung her eher der Bankbetriebslehre zuzuordnen und von der Finanzierungsliteratur nur am Rande diskutiert worden ist, rekonstruierend nachgezeichnet worden sind. Mit Hilfe der Analyse einzelner Modelle zur Erklärung von Kreditrationierung konnte gezeigt werden, daß dieser Zweig der Literatur - obwohl weitgehend unbeeinflußt von der Finanzierungstheorie und der dort entwickelten Kritik an dem Konzept vollkommener Kapitalmärkte - zu einer nahezu identischen Charakterisierung und modellmäßigen Formulierung des bisher weitgehend vernachlässigten Problems einer Kreditbeziehung gelangt: Die Beziehung zwischen Gläubiger und Schuldner ist wesentlich durch Anreizprobleme gekennzeichnet, so daß der Kreditvertrag nicht nur als Teilungsvertrag, d. h. nicht nur als ein Instrument zu verstehen ist, das Rechte auf bestimmte Anteile an unsicheren zukünftigen Zahlungen verbrieft, sondern auch als eines, das Anreizstrukturen festlegt, die das Verhalten der Vertragsparteien bezüglich der Beeinflussung dieser Zahlungen steuern. Um die Wirkungen eines Kreditvertrages adäquat erfassen zu können, müssen deshalb die Verhaltenswirkungen, die er induziert, auch modellmäßig erfaßt werden. Dies erfordert die Einführung von spieltheoretischen Modellelementen, um die Beachtung von Anreiznebenbedingungen bei der Optimierung der Teilung der unsicheren Zahlungen sicherzustellen.

Der letzte Teil der vorliegenden Arbeit versucht, einen Schritt in die durch die Analyse der Finanzierungs- und Kreditrationierungsliteratur aufgezeigte Richtung weiterzugehen. Da die Teilungsregel eines Kreditvertrages, die durch die alleinige Verwendung des Kreditbetrages und der vereinbarten Verzinsung als Vertragsvariablen festgelegt wird, aufgrund von Anreizproblemen zu unrealisierten Kooperationsvorteilen zwischen Gläubiger und Schuldner führen würde, bieten sich zusätzliche Vereinbarungen in Kreditverträgen als Instrumente zur Minderung dieser Opportunitätsverluste an.

Auf die Frage, welche Auswirkungen von der Einführung einzelner zusätzlicher vertraglicher Vereinbarungen zu erwarten sind, konnten erste, wenn auch nur sehr unzureichende Antworten gegeben werden, denn bei den abgeleiteten Ergebnissen handelt es sich keineswegs um Erkenntnisse, die unmittelbar auf die Konstruktion realer Kreditverträge übertragbar sind - dafür wird die komplexe Problemstruktur in den verwendeten Modelle zu sehr vereinfacht. Die - wenn auch vereinfachende - Untersuchung der Wirkung zusätzlicher Vertragsvereinbarungen zeigt allerdings bereits, daß die Vorteilhaftigkeit ihres Einsatzes als eines Instruments zur Vehaltenssteuerung stark von der spezifischen Kreditvergabeentscheidungssituation abhängig ist.

Die Situationsabhängigkeit der Wirkung von Zusatzvereinbarungen wurde deutlich, obwohl auf viele Probleme, die sich bei der Beurteilung der Vorteilhaftigkeit von zusätzlichen Vertragsvereinbarungen ergeben, nur hingewiesen werden konnte. Einer vertiefenden Untersuchung bedürfen vor allem das Zusammenwirken von Anreizen zur Veränderung des Investitions- und Finanzierungsverhaltens, die Auswirkungen von Informationen, die nach Abschluß eines Kreditvertrages zugehen, der Einfluß der asymmetrischen Informationsverteilung zwischen Kreditnehmer und Kreditgeber bei Vertragsabschluß sowie die Bedeutung der Mehrperiodigkeit einer Kreditbeziehung, die in der vorliegenden Arbeit ganz ausgeklammert wurde. Zusätzlich brachte es die Konzentration auf Anreizprobleme mit sich, daß die Auswirkungen der Risikoaversion auf die Bewertung der resultierenden Wahrscheinlichkeitsverteilungen der Zahlungen durch Gläubiger und Schuldner nicht berücksichtigt wurden.

Weiterhin ist zu bedenken, daß sich die vorliegende Arbeit ausschließlich der Fremdfinanzierung widmet. Diese stellt jedoch nur eine der Möglichkeiten dar, Kapital zu beschaffen, so daß zur Lösung des umfassenderen und praktisch wichtigen Problems einer optimalen Unternehmensfinanzierung die Finanzierung durch Eigen- und die Finanzierung durch Fremdkapital gegeneinander abgewogen werden müssen.

Eine abschließende Beurteilung alternativer Gestaltungen eines Kreditvertrages wird erst dann gelingen, wenn nicht nur die unterschiedlichen Möglichkeiten der Kapitalbeschaffung, sondern zusätzlich auch das Netz der sonstigen Markt- und innerorganisatorischen Beziehungen, in das die potentiellen Partner einer Fremdfinanzierungsbeziehung eingebettet sind, in die Bewertung Eingang finden. Denn "markets and hierarchies"[45] wirken in einer Weise auf das Verhalten ein, die sachlich die Anreizwirkungen von Finanzierungsbeziehungen ergänzt und formal analog zu diesen zu analysieren wäre.[46]

Insofern ist noch ein weiter Weg bis zur Lösung des Fremdfinanzierungsproblems zurückzulegen - und daß dieser Weg jemals zum Ziel führt, ist angesichts der Komplexität der Realität, die sich nie vollständig in Modellen erfassen läßt und einem stetigen Wandel unterliegt, zu bezweifeln.

---

45. Vgl. WILLIAMSON, Oliver E.: Markets and Hierarchies: Analysis and Antitrust Implications, New York - London 1975.

46. Vgl. zur formalen Analogie z. B. AZARIADIS, Costas/STIGLITZ, Joseph E., Implicit Contracts and Fixed Price Equilibria, in: Quarterly Journal of Economics, Vol. 98 (1983), Suppl., S. 1 - 22.

**Abbildungsverzeichnis**

## Verzeichnis der verwendeten Symbole

| | |
|---|---|
| a | Handlungsalternative |
| a' | die vom Agenten gewählte Handlungsalternative |
| arg | Argument von |
| A | Menge der Handlungsalternativen |
| b | Kürzel für die Ableitung des nicht zufallsabhängigen Bestandteils des Investitionsertrages g(C) C nach C |
| B | Zahlungseinstellungskosten |
| $B_{min}$ | Minimalausprägung der Zahlungseinstellungskosten |
| BG | Bruttogewinn |
| C | investierter Kapitalbetrag |
| $C_{opt}$ | Kapitaleinsatz im first best Pareto-Optimum |
| E(·) | Erwartungswert |
| EK | Eigenkapitalbetrag |
| $EK^N$ | Eigenkapitalwahlfunktion |
| f(x) | Wahrscheinlichkeitsfunktion des Kreditnehmers und bei homogenen Erwartungen auch des Kreditgebers über den Eintritt des unsicheren Ergebnisses x |
| f(p) | Wahrscheinlichkeitsfunktion des Kreditnehmers und des Kreditgebers über den Eintritt des unsicheren Preises p |
| $f(p/I_i)$ | (bedingte) Wahrscheinlichkeitsfunktion über den Eintritt des Preises p in Abhängigkeit vom Informationsergebnis $I_i$ |
| f( θ) | Wahrscheinlichkeit, die der Agent dem Eintritt des Umweltzustandes θ zumißt, |
| F(x) | Verteilungsfunktion von f(x) |
| F(p) | Verteilungsfunktion von f(p) |
| g(C) | nicht zufallsabhängige Funktion, die den unsicheren Investitionsertrag z an das investierte Kapitalvolumen anpaßt, |
| G | Gewinn bzw. Einkommen des Kreditgebers im Zeitpunkt 1 |
| $G_o$ | Anfangsausstattung des Kreditgebers im Zeitpunkt 0 |
| h(x) | Wahrscheinlichkeitsfunktion des Kreditgebers über den Eintritt des unsicheren Ergebnisses x |
| H(x) | Verteilungsfunktion von h(x) |
| h(θ) | Wahrscheinlichkeit, die der Principal dem Eintritt des Umweltzustandes θ zumißt, |

| | |
|---|---|
| $i$ | sicherer Refinanzierungskostensatz des Kreditgebers und bei einheitlichen Marktzinssätzen auch Ertragssatz der sicheren Anlagemöglichkeit des Kreditnehmers |
| $I_i$ | Informationsergebnis i (i=1,2) |
| $j$ | Ertragssatz der sicheren Anlagemöglichkeit des Kreditnehmers |
| $k$ | erwartete Fremdkapitalkosten bzw. erwartete Rendite des Fremdkapitals |
| $k'$ | erwartete Grenzkosten des Fremdkapitals |
| $K$ | Kreditbetrag bzw. Betrag des Fremdkapitals (Die Indizes 1 bzw. 2 zeigen gegebenenfalls den vom ersten bzw. zweiten Gläubiger erhaltenen Fremdkapitalbetrag an.) |
| $K^A$ | Kreditangebotsfunktion |
| $K_0^A$ | Kreditangebotsfunktion bei einem erwarteten Gewinn des Kreditgebers von Null |
| $K^N$ | Kreditnachfragefunktion |
| $K_o$ | Kreditvolumen im Pareto-Optimum |
| $K_s$ | Kreditbetrag im Schnittpunkt von Kreditangebots- und Nachfragekurve |
| $\ell$ | Kapitalstruktur K/EK |
| $\ell^A$ | Funktion der angebotenen Kapitalstruktur |
| $\ell^N$ | Funktion der nachgefragten Kapitalstruktur |
| $\ell_s$ | Kapitalstruktur, die den Schnittpunkt von Angebots- und Nachfragekurve kennzeichnet, |
| $L$ | Höhe des Arbeitseinsatzes |
| $L_{opt}$ | Höhe des Arbeitseinsatzes im first best Pareto-Optimum |
| m.A. | mit Anreizproblemen |
| m.I. | mit Information |
| o.A. | ohne Anreizprobleme |
| o.I. | ohne Information |
| $p$ | unsicherer Preis |
| $\bar{p}$ | Maximalausprägung des Preises p. |
| $\underline{p}$ | Minimalausprägung des Preises p |
| $\hat{p}$ | Preis, bei dem die Erträge des Investitionsobjektes den Zahlungsverpflichtungen an den bzw. die Fremdkapitalgeber entsprechen (Konkursgrenze), |
| $p^{\#}$ | Preis, bei dem die Erträge aus dem Verkauf des produzierten Gutes den gesamten Lohnkosten entsprechen, |

| | |
|---|---|
| $p^+$ | Preis, bei dem die Erträge des Investitionsobjektes den Zahlungsverpflichtungen an den ersten Gläubiger entsprechen, |
| q | Kürzel für die zweite Ableitung des nicht zufallsabhängigen Bestandteils des Investitionsertrages g(C) C nach C |
| Q(C,L) | Produktionsfunktion, die die Menge des produzierten Gutes in Abhängigkeit von den Produktionsfaktoren C und L angibt, |
| r | vertraglich vereinbarte Verzinsung des Fremdkapitals |
| $r_o$ | vertraglich vereinbarte Verzinsung eines pareto-optimalen Kreditvertrages |
| $r_s$ | vertraglich vereinbarte Verzinsung im Schnittpunkt von Kreditangebots- und -nachfragekurve |
| s(x,a) | Anteil des Agenten am unsicheren Ergebnis x der Handlungsalternative a |
| S | sicherer Liquidationserlös eines als Sicherheit gestellten Gutes |
| $t_o$ | Zeitpunkt 0 |
| $t_1$ | Zeitpunkt 1 |
| u | Prozentsatz der rückzahlungswilligen Kreditnehmer |
| U(·) | Nutzenfunktion des Agenten bzw. des Kreditnehmers |
| U' | Grenznutzen des Agenten bzw. Kreditnehmers |
| U'' | zweite Ableitung der Nutzenfunktion des Agenten bzw. Kreditnehmers |
| $\bar{U}$ | Mindestnutzen bzw. konstanter Nutzen des Agenten und Kreditnehmers |
| v.I. | vollkommene Information |
| V(·) | Nutzenfunktion des Principals bzw. Kreditgebers |
| V' | Grenznutzen des Principals bzw. Kreditgebers |
| V'' | zweite Ableitung der Nutzenfunktion des Principals bzw. Kreditgebers |
| $\bar{V}$ | Mindestnutzen des Principals |
| w | (Lohn-)Kosten pro eingesetzter Arbeitseinheit |
| W | Einkommen des Kreditnehmers im Zeitpunkt 1 (wird, wenn Mißverständnisse möglich sind, auch durch $W_1$ angezeigt) |
| $W_o$ | Anfangsausstattung oder Einkommen des Kreditnehmers im Zeitpunkt 0 |
| WI | Wert der Information |

| | |
|---|---|
| $x$ | unsicheres Ergebnis einer Handlungsalternative bzw. Zufallsvariable, die die Rendite des Investitionsobjektes bestimmt, |
| $\bar{x}$ | Maximalausprägung von x |
| $\underline{x}$ | Minimalausprägung von x |
| $\hat{x}$ | Ausprägung von x, bei der der Investitionsertrag gerade der Zahlungsverpflichtung an den Fremdkapitalgeber entspricht (Konkursgrenze), |
| $X_o$ | sicheres Einkommen des Kreditnehmers im Zeitpunkt 0 |
| $X_1$ | sicheres Einkommen des Kreditnehmers im Zeitpunkt 1 |
| $y(I_i)$ | unbedingte Wahrscheinlichkeit für den Eintritt des Informationsergebnisses $I_i$ |
| $Y$ | Zielfunktion des Pareto-Programms |
| $z$ | unsicherer Ertrag des Investitionsobjektes |
| $Z$ | Zielfunktion des Pareto-Programms |
| $\alpha$ | prozentualer Anteil des zweiten Kreditgebers an der Konkursmasse |
| $\theta$ | eintretender Umweltzustand |
| $\lambda$, $\mu$, $\sigma$, $\Psi$, $\gamma$ | Variablen des Lagrange-Ansatzes |
| $\Phi$ | Kürzel für die Hesse-Matrix |

**Literaturverzeichnis**


ADAMS, Dale W./GRAHAM, Douglas H.: A Critique of Traditional Agricultural Credit Projects and Policies, in: Journal of Development Economics, Vol.8 (1981), S.347-366.

ADAMS, Michael: Ökonomische Analyse der Sicherungsrechte, Königstein 1980.

AKERLOF, George A.: The Market for "Lemons": Quality Uncertainty and the Market Mechanism, in: Quarterly Journal of Economics, Vol.84 (1970), S.488-500.

ALBACH, Horst: Investition und Liquidität, Wiesbaden 1962.

ALBRECHT, James W./HART, Albert G.: A Putty-Clay Model of Demand Uncertainty and Investment, in: Scandinavian Journal of Economics, Vol.85 (1983), S.393-402.

ALCHIAN, Armen A./DEMSETZ, Harold: Production, Information Costs, and Economic Organization, in: American Economic Review, Vol.62 (1972), S.777-795.

APFELTHALER, Siegfried: Das Risikoproblem im Bankbetrieb, Diss. Wien 1939.

ARNOLD, Hans: Risikentransformation, Finanzierungsinstrumente und Finanzierungsinstitute als Institutionen zur Transformation von Unsicherheitsstrukturen, Diss. Saarbrücken 1964.

ARROW, Kenneth J.: Uncertainty and the Welfare Economics of Medical Care, in: American Economic Review, Vol.53 (1963), S.941-973.

ARROW, Kenneth J.: The Role of Securities in the Optimal Allocation of Risk Bearing, Review of Economic Studies, Vol.31 (1964), S.91-96.

ARROW, Kenneth J.: Political and Economic Evaluation of Social Effects and Externalities, in: INTRILIGATOR, M. D. (Hrsg.): Frontiers of Quantitative Economics, Vol.1, Amsterdam - New York - Oxford 1971, S.3-23.

AZARIADIS, Costas/STIGLITZ, Joseph E.: Implicit Contracts and Fixed Price Equilibria, in: Quarterly Journal of Economics, Vol.98 (1983), Suppl., S.1-22.

AZZI, Corry F./COX, James C.: A Theory and Test of Credit Rationing: Comment, in: American Economic Review, Vol.66 (1976), S.911-917.

BALL, Helmut: Bankgeschäfte und Zentralbankpolitik im Lichte der neueren Kapitalmarkttheorie, Frankfurt/M. 1978.

BALTENSPERGER, Ernst: The Borrower-Lender Relationship, Competitive Equilibrium, and the Theory of Hedonic Prices, in: American Economic Review, Vol.66 (1976), S.401-405.

BALTENSPERGER, Ernst: Credit Rationing, Issues and Questions, in: Journal of Money, Credit, and Banking, Vol.10 (1978), S.170-183.

BALTENSPERGER, Ernst/DEVINNEY, Timothy M.: Credit Rationing Theory, A Survey and Synthesis, Diskussionsbeitrag Nr.33, Forschungsgemeinschaft für Nationalökonomie, St.Gallen 1984.

BARNEA, Armir/HAUGEN, Robert A./SENBET, Lemma W.: Agency Problems and Financial Contracting, Englewood Cliffs 1985.

BARRO, Robert J.: The Loan Market, Collateral, and Rates of Interest, in: Journal of Money, Credit, and Banking, Vol.8 (1976), S.439-456.

BAUMOL, William J./QUANDT, Richard E.: Investment and Discount Rates under Capital Rationing - A Programming Approach, in: Economic Journal, Vol.75 (1965), S.317-329.

BLACK, Fischer: The Dividend Puzzle, in: Journal of Portfolio Management, Vol.2 (1976), S.2-5.

BLINDER, Alan S./STIGLITZ, Joseph E.: Money, Credit Constraints, and Economic Activity, in: American Economic Review, Papers and Proceedings 1983, S.297-302.

BOEMLE, Max: Unternehmensfinanzierung, 2. Aufl., Zürich 1967.

BORCH, Karl: Equilibrium in a Reinsurance Market, in: Econometrica, Vol.30 (1962), S.424-444.

BOYLE, Phelim P.: Links between Modern Finance and Insurance, Manuskript des gleichlautenden Vortrages auf der 2.Tagung über Geld, Banken und Versicherungen in Karlsruhe 1982.

BRONSTEIN, Ilja N./SEMENDJAJEW, Konstantin A.: Taschenbuch der Mathematik, 20. Aufl., Thun 1981.

BÜSCHGEN, Hans E.: Bankbetriebslehre, Wiesbaden 1972.

CLAUSSEN, Carsten P. : Die Rolle des Kapitalmarktes und der Börsen bei der Technologiefinanzierung, in: HEILMAYR, E. (Hrsg.), Workshop '83 - Venture Capital für junge Technologieunternehmen, Haar bei München 1983, S.35-50.

CLEMENZ, Gerhard: Theorien der Kreditrationierung, Working Paper No. 8402, Institut für Wirtschaftswissenschaften der Universität Wien, 1984a.

CLEMENZ, Gerhard: Credit Rationing in the Absence of Direct Observability of Efforts and Abilities of Borrowers, Working Paper No. 8405, Institut für Wirtschaftswissenschaften der Universität Wien, 1984b.

COASE, Ronald: The Nature of the Firm, in: Economica, Vol.4 (1937), S.386-405.

COASE, Ronald H.: The Problem of Social Cost, in: Journal of Law and Economics, Vol.3 (1960), S.1-44.

DEAN, Joel: Capital Budgeting, 7. Aufl., New York - London 1959.

DEBREU, Gérard: The Theory of Value, New York 1959.

DEMSETZ, Harold: Toward a Theory of Property Rights, in: American Economic Review, Vol.57 (1967), S.347-359.

DEMSKI, Joel S.: Uncertainty and Evaluation Based on Controllable Performance, in: Journal of Accounting Research, Vol.14 (1976), S.230-245.

DEMSKI, Joel S.: Information Analysis, 2. Aufl., Reading, Massachusetts - Menlo Park, California u. a. 1980.

DEMSKI, Joel S./FELTHAM, Gerald A.: Cost Determination, A Conceptual Approach, Ames, Iowa 1976.

DEMSKI, Joel S./FELTHAM, Gerald A.: Economic Incentives in Budgetary Control Systems, in: Accountig Review, Vol.53 (1978), S.336-359.

DEPPE, H.-D. (Hrsg.): Texte zur wissenschaftlichen Bankbetriebslehre, Bd.I und II, Göttingen 1981.

DEVINNEY, Timothy M.: Incentives and Rationing in Loan Contracts, Paper presented at the Third Symposium on Money, Banking and Insurance, Universität Karlsruhe, 1984.

DROBNIG, Ulrich: Empfehlen sich gesetzliche Maßnahmen zur Reform der Mobiliarsicherheiten? Gutachten F zum 51. Deutschen Juristentag, in: Ständige Deputation des Deutschen Juristentages (Hrsg.): Verhandlungen des 51. Deutschen Juristentages Stuttgart 1975, Bd.I, München 1976, S. F 1 - F 90.

DRUKARCZYK, Jochen: Finanzierungstheorie, München 1980.

DRUKARCZYK, Jochen: Verschuldung, Konkursrisiko, Kreditverträge und Marktwert von Aktiengesellschaften, in: Kredit und Kapital, 14.Jg. (1981), S.287-319.

DRUKARCZYK, Jochen: Kreditverträge, Mobiliarsicherheiten und Vorschläge zu ihrer Reform im Insolvenzrecht, in: Zeitschrift für Betriebswirtschaft, 53.Jg.(1983), S.328-349.

DÜLFER, Eberhard: Welche Relevanz hat der 'Förderungs-auftrag' für die Pflichtprüfung der eingetragenen Genossenschaften?, in: Zeitschrift für das gesamte Genossenschaftswesen, 30.Jg.(1980), S.47-61.

EDGEWORTH, F. Y.: Mathematical Psychics. An Essay on the Application of Mathematics to the Moral Sciences, London 1881.

EISENBEIS, Robert A./MURPHY, Neil B.: Interest Rate Ceilings And Consumer Credit Rationing: A Multivariate Analysis of a Survey of Borrowers, in: Southern Economic Journal, Vol.41 (1974/75), S.115-123.

FALTER, Manuel/HERMANNS, Fritz: Die Praxis des Kreditgeschäfts bei Sparkassen und anderen Kreditinstituten, 10. Aufl. Stuttgart 1980.

FAMA, Eugene F.: The Effects of a Firm's Investment and Financing Decisions on the Welfare of its Security Holders, in: American Economic Review, Vol.68 (1978), S.272-284.

FAMA, Eugene F./MILLER, Merton H.: The Theory of Finance, New York 1972.

FICHTENHOLZ, G. M.: Differential- und Integralrechnung, Bd.I, Berlin 1964.

FISHER, Irving: The Theory of Interest, New York 1930.

FREIMER, Marshall/GORDON, Myron J.: Why Bankers Ration Credit, in: Quarterly Journal of Economics, Vol.65 (1965), S.397-416.

FRIED, Joel/HOWITT, Peter: Credit Rationing and Implicit Contract Theory, in: Journal of Money, Credit, and Banking, Vol.12 (1980), S.471-487.

FRITSCH, Ulrich: Die Eigenkapitallücke in der Bundesrepublik, Köln 1981.

GÖPPL, Hans: Banken und Versicherungen als Finanzmittler, in: GÖPPL, H./HENN, R. (Hrsg.): Geld, Banken und Versicherungen, Königstein 1981, S.635-671.

GONEDES, Nicholas J./DOPUCH, Nicholas: Capital Market Equilibrium, Information Production, and Selecting Accounting Techniques: Theoretical Framework and Review of Empirical Work, in: Studies on Financial Accounting Objectives, Ergänzungsheft zum Journal of Accounting Research, 1974, S.48-169.

GUASCH, Luis J./WEISS, Andrew: Self-Selection in the Labor Market, in: American Accounting Review, Vol.71 (1981), S.275-284.

GÜDE, Udo: Geschäftspolitik der Sparkassen, Stuttgart 1975.

GUTENBERG, Erich: Grundlagen der Betriebswirtschaftslehre Bd.III, Die Finanzen, 3. Aufl., Berlin - Heidelberg - New York 1969.

GUTTENTAG, Jack/HERRING, Richard: Credit Rationing and Financial Disorder, in: Journal of Finance, Vol.39 (1984), S.1359-1382.

HÄRLE, Dietrich: Finanzierungsregeln und ihre Problematik, Wiebaden 1961.

HAGENMÜLLER, Karl F.: Der Bankbetrieb, Bd.II, 4. Aufl., Wiesbaden 1978.

HAGENMÜLLER, Karl F.: Der Bankbetrieb, Bd.III, 4. Aufl., Wiesbaden 1977.

HAGENMÜLLER, Karl F./KOLBECK, Rosemarie: Finanzierung, in: Handbuch der Aktiengesellschaft, Bd.II, 2. Aufl., Stuttgart 1967, V.Teil, S. V 1 - V 290.

HAHN, Oswald: Finanzwirtschaft, München 1975.

HANSEN, Robert S./THATCHER, John G.: On the Nature of Credit Demand and Credit Rationing in Competitive Markets, in: Journal of Banking and Finance, Vol.7 (1983), S.273-284.

HARRIS, Duane G.: Credit Rationing at Commercial Banks, Some Empirical Evidence, in: Journal of Money, Credit, and Banking, Vol.6 (1974), S.227-240.

HARRIS, Milton/RAVIV, Artur: Optimal Incentive Contracts with Imperfect Information, in: Journal of Economic Theory, Vol.20 (1979), S.231-259.

HARTLE, Joachim: Möglichkeiten zur Entobjektivierung der Bilanz - eine ökonomische Analyse, Diss., Frankfurt 1984.

HAUGEN, Robert A./PAPPAS, James L.: Equilibrium in the Pricing of Capital Assets, Risk-Bearing Debt Instruments, and the Question of Optimal Capital Structure, in: Journal of Financial and Quantitative Analysis, Vol.6 (1971), S.943-953.

HAUGEN, Robert A./PAPPAS, James L.: Equilibrium in the Pricing of Capital Assets, Risk-Bearing Debt Instruments, and the Question of Optimal Capital Structure, A Reply, in: Journal of Financial and Quantitative Analysis, Vol.7 (1972), S.2005-2008.

HAX, Herbert: Investitions. und Finanzplanung mit Hilfe der linearen Programmierung, in: Zeitschrift für betriebswirtschaftliche Forschung, 16.Jg.(1964), S.430-446.

HAX, Herbert: Die Koordination von Entscheidungen, Köln -Berlin - Bonn - München 1965.

HAX, Herbert: Investitionstheorie, 4. Aufl., Würzburg - Wien 1979.

HAX, Karl, Langfristige Finanz- und Investitionsentscheidungen, in: HAX, K./ WESSELS, Th. (Hrsg.): Hand buch der Wirtschaftswissenschaften, Bd.1, Betriebswirtschaftslehre, 2. Aufl., Köln - Opladen 1966, S.399-489.

HEIN, Manfred: Einführung in die Bankbetriebslehre, München 1981.

HELLWIG, Martin/GALE, David: Incentive compatible debt contracts I: The one-period problem, Manuskript, London School of Economics, London 1983.

HENDERSON, James M./QUANDT, Richard E.: Mikroökonomische Theorie, Eine mathematische Darstellung, 5. Aufl., München 1983.

HESS, James D.: Imperfect Information and Credit Rationing: Comment, in: Quarterly Journal of Economics, Vol.98 (1984), S.865-868.

HESSE, H./LINDE, R. Gesamtwirtschaftliche Produktionstheorie, Teil II, Würzburg - Wien - 1976.

HIEBLER, Franz: Die Praxis der Kreditgewährung, 4. Aufl., Wiesbaden 1979.

HIRSHLEIFER, Jack/RILEY, John G.: The Analytics of Uncertainty and Information - An Expository Survey, in: Journal of Economic Literature, Vol.17 (1979), S.1375-1421.

HODGMAN, Donald R., Credit Risk and Credit Rationing, in: Quarterly Journal of Economics, Vol.74 (1960), S.258-278.

HOLMSTRÖM, Bengt: Moral Hazard and Observability, in: The Bell Journal of Economics, Vol.10 (1979), S.74-91.

HOOVEN, Eckart van: Verbesserung der Eigenheimfinanzierung - eine vordringliche Gemeinschaftsaufgabe, in: Der langfristige Kredit, 29.Jg. (1978), S.632-635.

HORNE, James C. van: A Linear-Programming Approach to Evaluating Restrictions under a Bond Indenture or Loan Agreement, in: Journal of Financial and Quantitative Analysis, Vol.1 (1966), S.68-83.

HORST, Michael/SCHMIDT, Reinhard H./TERBERGER, Eva: Risikoaufteilung durch Prämiensysteme, in: Zeitschrift für Betriebswirtschaft, 52.Jg.(1982), S.942-958.

HÜBNER, Otto: Die Banken, Leipzig 1854.

JÄHRIG, Alfred/SCHUCK, Hans: Handbuch des Kreditgeschäfts, 3. Aufl., Wiesbaden 1978.

JAFFEE, Dwight M./MODIGLIANI, Franco: A Theory and Test of Credit Rationing, in: American Economic Review, Vol.59 (1969), S.850-872.

JAFFEE, Dwight M./MODIGLIANI, Franco: A Theory and Test of Credit Rationing: Reply, in: American Economic Review, Vol.66 (1976), S.918-920.

JAFFEE, Dwight M./RUSSELL, Thomas: Imperfect Information, Uncertainty, and Credit Rationing, in: Quarterly Journal of Economics, Vol.90 (1976), S.651-666.

JAFFEE, Dwight M./RUSSELL, Thomas: Imperfect Information, Uncertainty, and Credit Rationing: A Reply, in: Quarterly Journal of Economics, Vol.98 (1984), S.869-872.

JENSEN, Michael C./MECKLING, William H.: Theory of the Firm Managerial Behavior, Agency Costs, and Ownership Structure, in: Journal of Financial Economics, Vol.3 (1976), S.305-360.

JONAS, Heinrich H.: Grenzen der Kreditfinanzierung, Wiesbaden 1960.

JONES, Robert A./OSTROY, Joseph M.: Flexibility and Uncertainty, in: Review of Economic Studies, Vol.51 (1984), S.13-32.

KALVERAM, Wilhelm/GÜNTHER, Hans: Bankbetriebslehre, 3. Aufl., Wiesbaden 1961.

KEETON, William R.: Equilibrium Credit Rationing, New York-London 1979.

KÖSTERS, Richard: Die Regulierung externer Effekte, Tübingen 1979.

KOLBECK, Rosemarie: Bankbetriebliche Planung, Wiesbaden 1971.

KOSKELA, Erkki: A Study of Bank Behaviour and Credit Rationing, Helsinki 1976.

KOSKELA, Erkki: Credit Rationing and Non-Price Loan Terms, A Re-Examination, in: Journal of Banking and Finance, Vol.7 (1983), S.405-416.

KOSKELA, Erkki: On the Theory of Rationing Equilibria with Special Reference to Credit Markets: A Survey, in: Zeitschrift für Nationalökonomie, Vol.39 (1979), S.63-82.

KRAHNEN, Jan P.: Zur Entwicklung der mikro-ökonomischen Finanztheorie: Die Diskussion um die optimale Kapitalstruktur, Arbeitspapier FU-Berlin 1981.

KRAHNEN, Jan P.: Kapitalmarkt und Kreditbank, Untersuchungen zu einer mikroökonomischen Theorie der Bankunternehmung, Berlin 1985.

KRAHNEN, Jan P./SCHMIDT, Reinhard H./TERBERGER, Eva: Der ökonomische Wert von Flexibilität und Bindung, in: BALLWIESER, W./BERGER, K.-H. (Hrsg.): Information und Wirtschaftlichkeit, Wiesbaden 1985, S.253-285.

KRÜMMEL, Hans-Jacob: Bankzinsen. Untersuchungen über die Preispolitik von Universalbanken, Köln - Berlin - Bonn - München 1964.

KRÜMMEL, Hans-Jacob: Finanzierungsrisiken und Kreditspielraum, in: Zeitschrift für Betriebswirtschaft, 36.Jg.(1966), Ergänzungsheft, S.134-157.

KRÜMMEL, Hans-Jacob: Liquiditätssicherung im Bankwesen, Teil II: Liquiditätssicherung als Teil der Unternehmenspolitik der Banken, in: Kredit und Kapital, 2.Jg.(1969), S.60-110.

LAUX, Helmut: Flexible Investitionsplanung, Opladen 1971.

LAUX, Helmut: Anreizsysteme bei unsicheren Erwartungen, in: Zeitschrift für betriebswirtschaftliche Forschung, 24.Jg.(1972), S.784-803.

LAUX, Helmut: Grundfragen der Organisation, Berlin - Heidelberg - New York 1979.

LAUX, Helmut: Entscheidungstheorie, Band 1: Grundlagen, Berlin - Heidelberg - New York 1982.

MAHR, Werner: Zur Interdependenz von Prämien und Schäden: Das moralische Risiko, in: BRAESS, P./FARNY, D./SCHMIDT, R.: Praxis und Theorie der Versicherungslehre, Karlsruhe 1972, S.241-282.

MARSCHAK, Thomas/NELSON, Richard: Flexibility, Uncertainty, and Economic Theory, in: Metroeconomica, Vol.14 (1962), S.42-58.

MENGER, Hermann/MÜLLER, Heinrich (Hrsg.): Langenscheidts Taschenwörterbuch Latein - Deutsch, Berlin 1959.

MERTIN, Klaus: Bewertung von Auslandsrisiken, in: Zeitschrift für das gesamte Kreditwesen, 31.Jg.(1978), S.100-104.

MILDE, Hellmuth: Kreditrationierung, Zinsdispersion und Sequentialsuche, Zeitschrift für die gesamte Staatswissenschaft, 136.Jg. (1980), S.266-285.

MILDE, Hellmuth: Bankpolitik bei Informationsasymmetrie, Diskussionsbeiträge Serie A, Fakultät für Wirtschaftswissenschaften und Statistik Universität Konstanz, 1981.

MILDE, Hellmuth/RILEY, John: Signalling in Credit Markets, Diskussionsbeiträge Serie A - Nr.185, Fakultät für Wirtschaftswissenschaften und Statistik Universität Konstanz, 1984.

MILLER, Merton H.: Credit Risk and Credit Rationing: Further Comment, in: Quarterly Journal of Economics, Vol.76 (1962), S.480-488.

MIRRLEES, James A.: The Optimal Structure of Incentives and Authority within an Organization, in: The Bell Journal of Economics, Vol.7 (1976), S.105-131.

MODIGLIANI, Franco/MILLER, Merton H.: The Cost of Capital, Corporation Finance and the Theory of Investment, in: The American Economic Review, Vol.48 (1958), S.261-297.

MODIGLIANI, Franco/MILLER, Merton H.: Corporate Income Taxes and the Cost of Capital: A Correction. in: The American Economic Review, Vol.53 (1963), S.433-443.

MOXTER, Adolf: Bilanzlehre, 2. Aufl., Wiesbaden 1976.

MÜLHAUPT, Ludwig: Umsatz-, Kosten- und Gewinnplanung einer Kreditbank, Ansatzpunkte einer theoretischen Bankbetriebslehre, in: Zeitschrift für handelswissenschaftliche Forschung, 8.Jg.(1956), S.7-74.

MÜLHAUPT, Ludwig: Der Bindungsgedanke in der Finanzierungslehre, Wiesbaden 1966.

MÜLHAUPT, Ludwig: Einführung in die Betriebswirtschaftslehre der Banken, Wiesbaden 1977.

MÜLHAUPT, Ludwig/KÜLLMER, Hermann: Problem der Entscheidungsfindung im Bankbetrieb, in: Kredit und Kapital, 4.Jg.(1971), S.171-194.

MÜLLER, Werner A.: Bankenaufsicht und Gläubigerschutz, Baden-Baden 1981.

MYERS, Stewart C.: Determinants of Corporate Borrowing, in: Journal of Financial Economics, Vol.4 (1977), S.147-175.

NAHR, Gottfried: Kreditrationierung, Information und Unsicherheit: Zur Bestimmung von Kredithöhe und Zinssatz bei Kreditverhandlungen, München 1980.

NICKELL, Stephen J.: The Investment Decisions of Firms, Cambridge 1978.

PARETO, Vilfredo: Manuel d'économie politique, Paris 1906.

PAULY, Marc V.: The Economics of Moral Hazard: Comment, in: American Economic Review, Vol. 58 (1968), S. 531 - 537.

PERRIDON, Louis/STEINER, Manfred: Finanzwirtschaft der Unternehmung, München 1980.

PRIEWASSER, Erich: Bankbetriebslehre, München 1982.

PYLE, David: On the Theory of Financial Intermediation, in: Journal of Finance, Vol.26 (1971), S.737-747.

RADNER, Roy: Competitive Equilibrium under Uncertainty, in: Econometrica, Vol.36 (1968), S.31-58.

RADNER, Roy: New Ideas in Pure Theory - Problems in the Theory of Markets under Uncertainty, in: American Economic Review, Vol.60 (1970), papers and proceedings S.454-460.

RICHTER, Rudolf/SCHLIEPER, Ulrich/FRIEDMANN, Willy: Makroökonomik, Eine Einführung, 4.Aufl., Berlin - Heidelberg - New York 1981.

RONEN, Joshua: The Dual Role of Accounting: A Financial Economic Perspective, in: BICKSLER, J. E. (Hrsg.): Handbook of Financial Economics, Amsterdam 1979, S.415-454.

ROOSA, Robert: Interest Rates and the Central Bank, in: Money Trade and Economic Growth: Essays in Honor of John H. Williams, New York 1951, S.270-295.

ROSEN, Robert: Hedonic Prices and Implicit Markets. Product Differentiation in Pure Competition, in: Journal of Political Economy, Vol.82 (1974), S.34-55.

ROSS, Stephen A.: The Economic Theory of Agency: The Principal's Problem, in: American Economic Review, Vol.63 (1973), S.134-139.

ROSS, Stephen A.: On the Economic Theory of Agency and the Principle of Similarity, in: BALCH, M. S./McFADDEN, D. L./WU, S. Y. (Hrsg.): Essays on Economic Behavior under Uncertainty, Amsterdam - Oxford 1974, S.215-240.

RUDOLPH, Bernd: Die Kreditvergabeentscheidung der Banken, Opladen 1974.

RUDOLPH, Bernd: Kapitalkosten bei unsicheren Erwartungen, Berlin - Heidelberg - New York 1979.

RUDOLPH, Bernd: Können die Banken ihre Kreditsicherheiten "vergessen"?, in: Kredit und Kapital, 15.Jg.(1982), S.317-339.

RUDOLPH, Bernd: Kreditsicherheiten als Instrumente zur Umverteilung und Begrenzung von Kreditrisiken, in: Zeitschrift für betriebswirtschaftliche Forschung, 36.Jg.(1984), S.16-43.

RUDOLPH, Bernd: Zur Funktionsanalyse von Kreditsicherheiten, in: Die Bank 1985, S.503-507.

RÜCHARDT, Konrad: Preis und Wert im Zentrum des Realkredits - Erfahrungen, Beobachtungen, Anregungen, in: Der langfristige Kredit, 34.Jg.(1983), S.706-713.

RYDER, Harl E.: Credit Risk and Credit Rationing: Comment, in: Quarterly Journal of Economics, Vol.76 (1962), S.471-479.

SALOP, Steve/SALOP, Joanne: Self Selection and Turn-over in the Labor Market, in: Quarterly Journal of Economics, Vol.90 (1976), S.619-627.

SCHAUENBERG, Bernd/SCHMIDT, Reinhard H.: Vorarbeiten zu einer Theorie der Unternehmung, in: KAPPLER, Ekkehard (Hrsg.): Rekonstruktion der Betriebswirtschaftslehre als ökonomische Theorie, Spardorf 1983, S.247-276.

SCHELLING, Thomas C.: The Strategy of Conflict, Cambridge (Mass.) 1960, paperback edition.

SCHMALENBACH, Eugen: Kapital, Kredit und Zins, 4. Aufl., Köln - Opladen 1961.

SCHMIDT, Reinhard H.: Die Rolle von Informationen und Institutionen auf Finanzmärkten, Habilitationsschrift, Frankfurt/M. 1979.

SCHMIDT, Reinhard H.: Ökonomische Analyse des Insolvenzrechts, Wiesbaden 1980.

SCHMIDT, Reinhard H.: Ein "neo-institutionalistischer" Ansatz der Finanzierungstheorie, in: RÜHLI, E./THOMMEN, J.(Hrsg.): Unternehmungsführung aus finanz- und bankwirtschaftlicher Sicht, Stuttgart 1981, S.135-154.

SCHMIDT, Reinhard H.: Grundformen der Finanzierung, Eine Anwendung des neo-institutionalistischen Ansatzes der Finanzierungstheorie, in: Kredit und Kapital, 14.Jg.(1981), S.186-221.

SCHMIDT, Reinhard H.: Grundzüge der Investitions- und Finanzierungstheorie, Wiesbaden 1983.

SCHNEIDER, Dieter: Investition und Finanzierung, 5. Aufl., Wiesbaden 1980.

SCHNEIDER, Dieter: Geschichte betriebswirtschaftlicher Theorie, München - Wien 1981.

SCHOLZ, Hellmut/LWOWSKI, Hans-Jürgen: Das Recht der Kreditsicherung, 5. Aufl., Berlin 1980.

SCHOLZ, Walter: Zinsänderungsrisiken im Jahresabschluß der Kreditinstitute, in: Kredit und Kapital, 12.Jg.(1979), S.517-544.

SCHUMANN, Jochen: Grundzüge der mikroökonomischen Theorie, 3. Aufl., Berlin - Heidelberg - New York 1980.

SCOTT, James H.: Bankruptcy, Secured Debt, and Optimal Capital Structure, in: Journal of Finance, Vol.32 (1977), S.1-19.

SHARPE, William F.: Capital Asset Prices: A Theory of Market Equilibrium under Conditions of Risk, in: The Journal of Finance, Vol.19, S.425-442.

SHAVELL, Steven: Risk Sharing and Incentives in the Principal and Agent Relationship, in: The Bell Journal of Economics, Vol.10 (1979), S.55-73.

SMITH, Bruce: Limited Information, Credit Rationing, and Optimal Government Lending Policy, in: American Economic Review, Vol.73 (1983), S.305-318.

SMITH, Clifford W.: On the Theory of Financial Contracting: The Personal Loan Market, in: Journal of Monetary Economics, Vol.6 (1980), S.333-357.

SMITH, Clifford W./WARNER, Jerold B.: On Financial Contracting: An Analysis of Bond Covenants, in: Journal of Financial Economics, Vol.7 (1979), S.117-161.

SMITH, Vernon L.: The Borrower-Lender Contract under Uncertainty, in: Western Economic Journal, Vol.9 (1971), S.52-56.

SMITH, Vernon L.: A Theory and Test of Credit Rationing: Some Generalizations, in: American Economic Review, Vol.62 (1972), S.477-483.

SMITH, Vernon L.: Default Risk, Scale and the Homemade Leverage Theorem, in: American Economic Review, Vol.62 (1972a), S.66-76.

SOLOMON, Ezra: The Theory of Financial Management, New York - London 1963.

SPREMANN, Klaus: Finanzierung, München - Wien 1985.

STACHOWIAK, Herbert: Allgemeine Modelltheorie, Wien - New York 1973.

STAHLSCHMIDT, Dirk: Schutzbestimmungen in Kreditverträgen, Wiesbaden 1982.

STIGLITZ, Joseph E.: Incentives and Risk in Sharecropping, in: Review of Economic Studies, Vol.41 (1974), S.219-255.

STIGLITZ, Joseph E.: On the Irrelevance of Corporate Financial Policy, in: The American Economic Review, Vol 64 (1974a), S.851-866.

STIGLITZ, Joseph E./WEISS, Andrew: Credit Rationing in Markets with Imperfect Information, in: American Economic Review, Vol.71 (1981), S.393-410.

STIGLITZ, Joseph E./WEISS, Andrew: Incentive Effects of Terminations: Applications to the Credit and Labor Markets, in: American Economic Review, Vol.73 (1983), S.912-927.

STREISSLER, Erich/STREISSLER, Monika: Einleitung, in: STREISSLER E./ STREISSLER M. (Hrsg.): Konsum und Nachfrage, Köln - Berlin 1966, S.13-147.

STÜTZEL, Wolfgang: Ist die "Goldene Bankregel" eine geeignete Richtschnur für die Geschäftspolitik der Kreditinstitute? in: Vorträge für Sparkassenprüfer, Kiel 1959 (wiederabgedruckt in H.-D. Deppe (Hrsg.), Texte zur wissenschaftlichen Bankbetriebslehre, Band II, Göttingen 1981, S.765-782.)

STÜTZEL, Wolfgang: Bankpolitik heute und morgen, 2. Aufl., Frankfurt 1964.

SWOBODA, Peter: Investition und Finanzierung, Göttingen 1971.

SWOBODA, Peter: Betriebliche Finanzierung, Würzburg - Wien 1981.

SWOBODA, Peter: The Relevance of Securing Debts, Manuskript, Graz 1982.

SÜCHTING, Joachim: Bankmanagement, Stuttgart 1982.

SÜCHTING, Joachim: Finanzmanagement, 4. Aufl., Wiesbaden 1984.

TOBIN, James: Liquidity Preference as Behaviour toward Risk, in: Review of Economic Studies, Vol.26 (1958), S.65-86.

TOWNSEND, Robert M.: Optimal multiperiod contracts and the gain from enduring relationships under private information, in: Journal of Political Economy, Vol.90 (1982), S.1166-1186.

VANDELL, Kerry D.: Imperfect Information, Uncertainty, and Credit Rationing: Comment and Extension, in: Quarterly Journal of Economics, Vol.98 (1984), S.841-863.

VORMBAUM, Herbert: Finanzierung der Betriebe, 5. Aufl., Wiesbaden 1977.

WÄCHTERSHÄUSER, Manfred: Kreditrisiko und Kreditentscheidung im Bankbetrieb. Zur Ökonomisierung des Kreditentscheidungsprozesses im Bankbetrieb, Wiesbaden 1971.

WEINGARTNER, Martin H.: Mathematical Programming and the Analysis of Capital Budgeting Problems, Englewood Cliffs 1963.

WEINGARTNER, Martin H.: Capital Rationing: n Authors in Search of a Plot, in: The Journal of Finance, Vol.32 (1977), S.1403-1431.

WESTON, J. Fred/BRIGHAM, E. F.: Managerial Finance, 7. Aufl., Hinsdale 1981.

WETTE, Hildegard C.: Collateral in Credit Rationing in Markets with Imperfect Information: Note, in: American Economic Review, Vol.73 (1983), S.442-445.

WILHELM, Jochen: Die Bereitschaft der Banken zur Risikoübernahme im Kreditgeschäft, Mitteilungen des Instituts für das Spar-, Giro- und Kreditwesen an der Universität Bonn Nr.7, Bonn 1982.

WILLIAMSON, Oliver E.: Markets and Hierarchies: Analysis and Antitrust Implications, New York - London 1975

WILSON, Robert: The Theory of Syndicates, in: Econometrica, Vol.36 (1968), S.119-132.

WITTMANN, Waldemar: Betriebswirtschaftslehre, Bd.I, Tübingen 1982.

WÖHE, Günter/BILSTEIN, Jürgen: Grundzüge der Unternehmensfinanzierung, München 1978.

WOLL, Artur: Allgemeine Volkswirtschaftslehre, 6. Aufl., München 1978.

ZINK, Achim, Personal- und Realkredit im Wandel des Marktes, in: Der langfristige Kredit, 32.Jg.(1981), S.100-104.

GPSR Compliance

*The European Union's (EU) General Product Safety Regulation (GPSR) is a set of rules that requires consumer products to be safe and our obligations to ensure this.*

*If you have any concerns about our products, you can contact us on ProductSafety@springernature.com*

In case Publisher is established outside the EU, the EU authorized representative is:

Springer Nature Customer Service Center GmbH
Europaplatz 3
69115 Heidelberg, Germany

**Batch number: 10816188**

Printed by Printforce, the Netherlands